DE LA TRAMA DE LA COTIDIANIDAD A LOS MODOS DE VIDA URBANOS.
EL VALLE DE CHALCO

CENTRO DE ESTUDIOS SOCIOLÓGICOS

DE LA TRAMA DE LA COTIDIANIDAD A LOS MODOS DE VIDA URBANOS. EL VALLE DE CHALCO

Alicia Lindón Villoria

EL COLEGIO DE MÉXICO
EL COLEGIO MEXIQUENSE

917.25
L747d

Lindón Villoria, Alicia Marta
De la trama de la cotidianidad a los modos de vida urbanos.
El Valle de Chalco / Alicia Lindón. — México : El Colegio de
México, Centro de Estudios Sociológicos / El Colegio
Mexiquense, 1999.
xxxviii, 483 p. ; 21 cm.

ISBN 968-12-0933-8

1. Chalco (Valle), México (Estado)-Vida social y costumbres.
2. Vida urbana-Chalco (Valle), México (Estado).

Portada de Irma Eugenia Alva Valencia
Fotografía de la pintura de Remedios Varo, *Emigrantes*, 1962

Primera edición, 1999

D.R. © El Colegio de México
Camino al Ajusco 20
Pedregal de Santa Teresa
10740 México, D.F.

D.R. © El Colegio Mexiquense, A.C.
Ex-Hacienda Santa Cruz de los Patos
Zinacantepec 53150. México
e-mail: public@cmq.colmex.mx

ISBN 968-12-0933-8

Impreso en México/*Printed in Mexico*
Autorización: Comité Editorial de la Administración
Pública Estatal (GEM) A:205/1/192/99

ÍNDICE

AGRADECIMIENTOS

Este libro es el resultado de varios años de esfuerzo y dedicación a la investigación. El proyecto de investigación se empezó a plantear tímidamente en 1991 y, como frecuentemente ocurre, sufrió muchos replanteamientos, en función de las ideas y también en función de lo que la realidad iba mostrando, sobre todo después del trabajo de campo. Finalmente, en 1996 se logró una versión previa de este libro, que fue presentada como tesis doctoral en el Centro de Estudios Sociológicos de El Colegio de México. A lo largo de todo este dilatado proceso, de los avances y retrocesos, muchas personas, de distintas formas, han apoyado, colaborado e influido en este trabajo. Para con todas ellas siento un enorme agradecimiento.

En primer lugar quiero agradecer al doctor Claudio Stern, quien a lo largo de cinco años me fue planteando constantemente advertencias metodológicas, que indirecta y prudentemente me fueron conduciendo a tomar múltiples decisiones, demarcando así, los alcances de la investigación. Más allá de la investigación doctoral, esta relación fue fundamental en mi desarrollo profesional, y en particular para perfilar y profundizar mi interés por la reflexión metodológica en la investigación sociológica.

De igual modo quiero agradecer a El Colegio de México, y en particular al Centro de Estudios Sociológicos, la oportunidad que me ofreció para realizar esta investigación y a la directora del Centro en los primeros años de mis estudios, la doctora Orlandina de Oliveira. Asimismo quiero agradecer a todos los profesores que a lo largo del doctorado supieron ofrecer importantes pautas formativas. Muy en particular mi reconocimiento a Brígida García, María Luisa Tarrés, Vania Salles y Rosa María Rubalcava.

Muy especialmente le doy mi agradecimiento al director del Centro de Estudios Sociológicos, el doctor Francisco Zapata, quien apoyó intensamente la publicación de este libro y siguió de cerca los vericuetos del complejo proceso de publicación.

De manera muy particular quiero agradecer a Daniel Hiernaux, quien representó mi primer acercamiento a la periferia pobre de la ciudad de México y al Valle de Chalco en particular, y también quien a lo largo de todos estos años ha sido mi interlocutor. Siempre tendré una inmensa deuda con él por todo el apoyo recibido y su infinita generosidad.

De igual modo quiero agradecer el apoyo que he recibido de El Colegio Mexiquense, y en particular la confianza depositada en mi trabajo por parte de la doctora María Teresa Jarquín y el doctor Manuel Miño, así como también al doctor Alfonso Iracheta, en este último tramo. Tampoco puedo dejar de mencionar dos importantes apoyos institucionales. Uno de ellos por parte del Seminario de Estudios de la Cultura del Consejo Nacional para la Cultura y las Artes entre 1994 y 1995. El otro, por parte del Mexican Center, Institute of Latin American Studies, de la Universidad de Texas en Austin, a través de la *Bolsa de Viaje C.B. Smith Sr.* 1994-95, y en particular mi reconocimiento al doctor Peter Ward.

También quiero destacar la importancia que tuvo para mí durante los largos años del doctorado, en los cuales se fueron gestando y conformando estas ideas, las vivencias compartidas con mis compañeras de doctorado y amigas, en especial va mi agradecimiento a Emma León, Marcela Benites, Teresita Escotto y Sofía Gallardo, lo mismo para con mis actuales compañeros de trabajo, Beatriz Albores y Enrique Pieck, que por haberse anticipado en este camino, siempre tuvieron las palabras oportunas, y a Haydea Izazola por todo su apoyo. El gran apoyo emocional en esta empresa siempre se lo deberé a mi madre.

Muy en particular va mi agradecimiento para los pobladores del Valle de Chalco, quienes —a pesar del acecho de "encuestadores y entrevistadores" de que fueron objeto a inicios de los noventa— estuvieron dispuestos a hablar y reflexionar con nosotros acerca de su vida cotidiana actual y pasada, e incluso, de su vida privada. A todos ellos mi más sincero agradecimiento.

Por último también quiero agradecer al señor Walter Gruen por haber autorizado la reproducción de la obra de Remedios Varo, *Emigrantes,* en la portada del libro.

PRÓLOGO

Salvador JUAN
Profesor de sociología
de la Universidad de Caen, Francia

Conviene evitar leer este libro porque puede molestar... Estorbará a todos los que se instalan cómodamente en certidumbres empíricas o en clanismos del pensamiento académico; a todos los que se reservan el monopolio de la teorización y de la exégesis, de un lado, también a los que se especializan en la recolección de datos soñando con poseer la realidad, del otro lado; a todos los que, perteneciendo a una especialización sociológica, desprecian o ignoran un entorno sin el que no tiene sentido su actividad propia...

El libro de Alicia Lindón es muy particular. Muy pocas veces tenemos la ocasión de leer un texto como éste. Pues se trata nada más que de una monografía urbana pero enmarcada en interpretaciones tipológicas sobre la vida cotidiana real de los habitantes y tendida hacia horizontes teóricos de largo alcance. Todavía más rarísimo es, en sociología, conseguir una combinación de encuestas a la vez de auge explicativo o extensivo y comprensivo. Lo excepcionalmente interesante es, partiendo del trabajo de campo localizado en un territorio concreto y seguramente único, conseguir datos de valor universal sin negar lo específicamente particular de las personas visitadas.

Claro, todos los barrios periféricos y populares de las grandes ciudades del mundo tienen algo parecido, *un air de famille* como dicen los franceses. Claro, sus habitantes provienen casi siempre del mundo rural, lanzados fuera por el incremento continuo de la productividad agrícola vinculada al proceso general y universal de división del trabajo social... Pero los habitantes del Valle de Chalco, sin poder evitar repetir la historia del capitalismo y del desarrollo económico, (re)inventan nuevas formas de vida y de relaciones sociales, sobre todo conyugales, que van al revés de las lógicas de la dependencia laboral y de la repartición casera de las tareas. No serían los sectores especializados de la sociología, como la sociología del trabajo, de la ciudad o de la familia, los que permitirían expresar lo peculiar de lo que conviene llamar los géneros de vida de estos habitantes: sólo la perspectiva de la sociología de la vida cotidiana, porque considera a la persona en su integridad identitaria y su integración social, permite una visión global de la vida desde el punto de vista de los individuos. Sin perder de vista los mecanismos económicos y las dinámicas históricas que condicionan los territorios de la vivienda, los elementos contextuales relativos a lo que Durkheim llamaba lo morfológico, Alicia Lindón lo muestra muy claramente. Pero hay mucho más en este libro...

Los tipos de vida cotidiana propuestos, que cruzan las oposiciones concentración/policentración y repliegue/despliegue, provienen, a la vez, de la morfología urbana, de la forma del trabajo y de las características de las familias. Esto es muy clásico, pero el (la) sociólogo (socióloga) de la vida cotidiana consigue construir tales tipos solamente considerando los sistemas de prácticas o de conductas —que usan del espacio y del tiempo vividos— de las personas reales y buscando las maneras de atribuir sentido por los actores. En esos sistemas de actividades, la movilidad espacial cotidiana tiene una gran importancia, porque está vinculada con la fragmentación de los ámbitos, la especialización de los territorios que aparece como la proyección espacial de la división del trabajo social, y con la situación social de los actores, sin cesar de expresar su capacidad de acción y su autonomía, incluso su libertad radical. ¿Qué aporta esta tipología frente a los factores institucionales que estructuran también la vida cotidiana de los vallechalquenses?

De clase popular, de similar etapa en el ciclo de vida y de fuerte movilidad residencial, los habitantes del Valle de Chalco parecen constituir, no obstante, una población heterogénea desde el punto de vista de las trayectorias sociales y vitales. Como en otros muchos países, la proximidad espacial no significa siempre emparentamiento social. Hay familias que manifiestan una fuerte apropiación territorial, sabiendo que se quedarán allí, y otras para quienes, situándose en un proceso de movilidad social ascendente, el Valle de Chalco representa una etapa en su trayectoria socio-espacial. Aunque esa distinción es insuficiente para dar sentido a los sistemas de actividades de los diferentes (también inseparables) ámbitos de lo doméstico, lo laboral, lo vecinal y el del tiempo libre... La sociología de la vida cotidiana abre a la relación, desde el punto de vista de las personas, entre esas identidades. Por ejemplo, Alicia Lindón nos enseña que, muchas veces, cuanto más repetitiva es la cotidianidad, más especializados son los roles conyugales. También nos dice, muy sutilmente, que en este caso, son las actividades discontinuas temporalmente las que abren la posibilidad de conjunción en la pareja. Claro, cuando la mujer no trabaja, los roles son más frecuentemente segregados, aunque siempre persiste —la cifra merece atención en esos casos precisamente— entre 30 y 40% de familias fuera de la norma de especialización... Las familias cuyos roles son conjuntos se reparten de modo independiente aun cuando la mujer trabaje o no.

Seguramente, una estratificación fina de las parejas (¿según volumen de recursos?, ¿el artesano emplea o no a otras personas?, ¿los hijos trabajan ya, viviendo todavía en la misma casa que los padres?) permitiría atribuir, en parte, sentido al hecho de que, en las viviendas más pequeñas, se viven más a menudo roles conjuntos, trátese de una obligación o no... Pero la condición salarial de la familia, en sí, parece tener menos potencia explicativa de la vida cotidiana que la libertad de organización de las actividades ordinarias en relación con el tiempo ofrecido por el hecho de trabajar fuera o dentro del Valle de Chalco, fuera o dentro de la casa... Ponerse fuera de las normas culturales es una propiedad relevante del actor. El tiempo de las actividades tiene especial importancia en este tema porque conlleva, a la vez, las leyes de estructuración espacial de la ciudad moderna (especialización de los territorios que rarifica el tiempo de la vida por culpa de la movilidad y que parece difractarse dentro de los hogares en una homóloga diferenciación del trabajo casero) y las posibilidades autónomas de escoger un género de vida que fusione más las actividades de ambos miembros de la pareja.

Justamente en el campo de la visión de las normas sociales y de la manera de respetarlas o no, el análisis de la relación entre el trabajo y la vida familiar es una de las originalidades de este libro.

Algunas veces, se podría hablar de isomorfismo entre la no especialización del trabajo artesanal, la negación de la segregación de los roles conyugales y la repetición de las pautas de conjunción en el tiempo libre externo a la vivienda... Otras veces, más frecuentemente, la localización del trabajo dentro del hogar repite un dominio del tiempo obligatorio, una forma de colonización de la vida cotidiana por las necesidades mercantiles. Muchos autores que han estudiado la vida de los independientes (por ejemplo, en Francia, Zarka, Gresle, Lallement) escribieron que, casi siempre, el trabajo invade el tiempo de la vida cotidiana y el espacio familiar del hogar, haciendo de esas profesiones (comerciantes y artesanos) un género de vida en sí, dominado por la omnipotencia de las exigencias laborales... Alicia Lindón nos muestra que las cosas son más complejas, incluso en esas situaciones ocupacionales. Por ejemplo, subraya el papel de la mujer cuando pertenece a más círculos de sociabilidad que su marido: en esos casos, que podríamos llamar de *hipergamia relacional del hombre*, la conjunción de los roles conyugales es favorecida cualquiera que sea el oficio del hombre...

Continuando con el carácter universalista y particularista del libro, podemos añadir que los numerosos casos de gran movilidad residencial desfavorecen la sociabilidad con el vecindario distante. También tiene el mismo efecto el peso de un trabajo masculino dispersado entre varios ámbitos. En ambos casos, falta el tiempo para establecer relaciones durables. Cuanto más estable es el espacio de la vida, más tiempo hay para la sociabilidad. Este resultado confirma los datos de encuestas francesas en que se descubre una tendencia a establecer relaciones con el vecindario mucho más fuertes cuando el espacio vivido tiene más potencia de identificación positiva (*quand l'ancrage spatial est plus fort,* se dice en fancés). Claro, en esos casos, interviene siempre —en Francia o en México— la mayor o menor dispersión de la existencia vinculada con el número de desplazamientos obligatorios...

Completando y confirmando los datos de la encuesta por cuestionario con *interviews* en profundidad, Alicia Lindón nos ofrece interpretaciones comprensivas de las correlaciones constatadas. Por ejemplo, nos dice cómo y por qué la libertad de organización temporal de las actividades puede favorecer la repartición del trabajo casero, es decir la ruptura con las normas de especialización de las tareas domésticas entre los sexos. En otros casos, nos muestra cómo la vida cotidiana fuertemente rutinizada coincide con un presente omnipresente, cierta imposibilidad de proyectar... También ofrece el conocimiento de los símbolos asociados a las trayectorias sociales, conocimiento necesario para atribuir un sentido a los sistemas de actividades que constituyen los diferentes tipos de vida cotidiana. En función de sus perspectivas sociales (ascendientes o no, fuera o no del Valle de Chalco), los habitantes valoran menos o más los lugares de la vida y el vecindario, porque saben (o no) que podrán despedirse de ellos. Estos resultados confirman y fortalecen los que las psicologías de la vida cotidiana y de lo urbano establecen también en Europa. Cabría preguntarse si los habitantes que tienen la vida cotidiana más autónoma o independiente, la más replegada sobre el hogar o la comunidad cercana y la menos dividida en roles conyugales especializados, conservarían mucho tiempo esas particularidades frente a los asaltos del deseo de consumir, de viajar con un coche comprado, de vivir los modelos culturales vistos en una televisión que tiene tanta importancia en el tiempo libre... Aunque sea de "sociología ficción", tal cuestión plantea el problema de la relación con las normas culturales, esencial en el campo de la sociología de la vida cotidiana.

Alicia Lindón subraya la importancia de las prácticas que ofrecen rupturas en las rutinas de la cotidianidad. Son las mismas que las que introducen rupturas culturales o normativas. Es, sobre todo —por el momento—, en tiempos aislados que se pueden vivir concretamente las pautas de conjunción conyugal fuerte... Se puede plantear la hipótesis de que esos comportamientos innovadores, que parecen reservados al registro de las relaciones matrimoniales, se institucionalizarán en todos los campos de la vida cotidiana. Como lo decía Simmel, el movimiento feminista (que es el *arrière plan* de esos procesos de cambio cultural) conseguirá modificar muy profundamente la sociedad moderna. Las transformaciones que se esperan conciernen a numerosos sectores de la vida social tales como el consumo, el ocio o el funcionamiento de diferentes tipos de establecimientos públicos... La vida cotidiana aparece por lo tanto como el "lugar" de institucionalización de las innovaciones culturales y sociales... Alicia Lindón lo muestra muy claramente cada vez que maneja los factores asociados a las pautas de vida conyugal no segregada. De modo general, cuando las personas viven en la simultaneidad las diferentes facetas de su ser social o, en otros términos, cuando consiguen articular las diversas identidades sociales que el proceso de la división del trabajo social separa —habitante, ser privado, trabajador, *homo-sapiens-ludens* (podríamos añadir, aunque no fuesen incluidos en este trabajo, las identidades de consumidor y de usuario de los equipamientos públicos)— se plantean como actores frente al sistema institucional. Reuniendo esas identidades, se reúnen también las condiciones de formación de movimientos contestatarios y, en consecuencia, de cambio social general...

Este libro aporta conocimientos importantísimos para quienes quieran imaginar otros modos de organización social frente a la triple crisis del trabajo, de la ciudad y de la familia. Es decir que no vale sólo para la reflexión, sino también para la acción. Sólo un análisis como éste permite, desde una descripción meticulosa de la vida cotidiana y de los factores que la condicionan sin determinar, identificar variables de acción estratégica para eventuales políticas de reforma urbana adaptadas a las necesidades de los habitantes —y no solamente a las exigencias funcionales de organizaciones productoras del espacio... Porque tiene la doble legitimidad del trabajo empírico y de la reflexión teórica, este libro quedará en la memoria patrimonial del pensamiento social como un clásico de la sociología de la vida cotidiana.

PRESENTACIÓN

Nuestra investigación busca conocer la vida cotidiana y el trabajo en un fragmento de la ciudad de México: el Valle de Chalco. El interés por conocer sociológicamente la ciudad nace con los clásicos de la sociología. Weber dedicó una parte de su obra al estudio histórico de la ciudad;[1] Tönnies y Simmel en su preocupación por el tránsito de la comunidad a la sociedad, por la modernidad, observaron los procesos de urbanización que se desarrollaban en su entorno.[2] Estos autores nos enseñaron a contemplar la ciudad como fenómeno económico y también como fenómeno sociocultural. Esta herencia sociocultural sobre la ciudad fue recuperada más tarde por la Escuela de Chicago, en un momento en el que la ciudad de Chicago experimentaba intensos procesos de transformación urbana, asociados a la industrialización y las migraciones. Así, en la Escuela de Chicago de los años veinte, se constituía una línea de reflexión dedicada al estudio de los procesos urbanos en su dimensión ecológica (territorial, económica y sociodemográfica), mientras que otra línea (no desvinculada de la anterior) se abocó al estudio sociocultural de la ciudad.[3] En este último contexto se ubica una obra de particular interés para nuestro trabajo, nos referimos a la de Louis Wirth, quien en los años treinta formalizó el concepto de "modo de vida urbano".

Después, el interés sociológico por la ciudad comenzó a confundirse con el interés por la industrialización; la sociología urbana

---

[1] Weber, Max (1944). "La dominación no legítima (tipologías de las ciudades)", *Economía y sociedad,* FCE, México, pp. 938-1046.

[2] Tönnies, Ferdinand (1919). *Comunidad y sociedad,* Editorial Losada, Buenos Aires. Simmel, Georg (1977). "El estilo de vida", en *Filosofía del dinero,* Instituto de Estudios Políticos, Madrid, pp. 535-650.

[3] En algunas ocasiones se ha dicho que la primera de estas líneas se abría hacia la sociología urbana, mientras que la segunda sentaba las bases de la antropología urbana. Aunque no podemos dejar de tener en cuenta que en esa época (y en particular en Chicago), no había una separación nítida entre la sociología y la antropología.

perdía ese lugar destacado que había logrado, hasta que en los años setenta se constituyó una nueva sociología urbana, de corte neo-marxista, que reubicó a la ciudad y la urbanización en un lugar privilegiado dentro de la sociología. Desde un punto de vista, esto fue un paso adelante porque significó un retorno al estudio socio-lógico de la ciudad. No obstante, trajo consigo una particular forma de ver la ciudad: "la ciudad y la urbanización como fenómenos socioeconómicos y a veces sociopolíticos". Algunos autores han señalado que este giro en la sociología urbana coincide con el momento histórico en el cual el tratamiento de los problemas sociales urbanos se institucionalizaba y la ciudad se constituía en un objetivo de la política social.[4] De esta forma, la sociología urbana de los años setenta legitimó el olvido sociológico por la ciudad como fenómeno sociocultural, por la ciudad vista desde el punto de vista del individuo que la habita. Con ello se afianzó la creencia de que podíamos conocer la ciudad con el solo conocimiento de los proce-sos economicopolíticos que en ella suceden.

Creemos que hoy es necesario regresar nuestra lente sociológi-ca sobre las grandes ciudades, pero no exclusivamente en su dimen-sión económica; es necesario detenernos en lo que unas veces ha sido llamado "la vida urbana", otras veces "la cultura urbana", o lo que también podríamos denominar "los modos de vida urbanos", que están articulados con fenómenos económicos de la ciudad aunque también, con dimensiones culturales. En este camino se ubica nuestra investigación.[5]

Cuando nuestros grandes espacios metropolitanos y megalopo-litanos se constituyen en escenarios de complejos procesos de cam-bio social, cuando las grandes megalópolis parecen cada vez más indisociables de distintas formas de violencia urbana, creemos ne-

---

[4] Nos referimos a P. Lassave, citado por: Juan, Salvador (1995). *Les formes élementaires de la vie quotidienne*, col. Le sociologue, PUF, París, p. 132. También: Lindón, Alicia (1998). "Del campo de los estudios urbano-regionales y la reestructu-ración territorial", *Economía, Sociedad y Territorio*, núm. 4, El Colegio Mexiquense, pp. 619-639.

[5] Por todo lo anterior, aun cuando trabajamos con una zona que ha sido foco particular de las políticas de atención a la pobreza, y de interés especial también para otras políticas urbanas, como las vinculadas con la tenencia de la tierra urbana, nuestro enfoque no considera las políticas. Esto no significa negar su relevancia, sino simplemente, el reconocimiento que desde ese ángulo se han realizado numerosos estudios, mientras que desde el punto de vista del individuo habitante son escasos.

cesario regresar a las bases culturales de la vida metropolitana. Nos parece sugerente la hipótesis de Michel Maffesoli respecto a que la violencia metropolitana es característica de los periodos de grandes transformaciones, de ajustes a nuevas formas de vida social, en donde esas formas de violencia no estarían haciendo otra cosa sino expresar los procesos con los cuales se construye y se transita hacia un nuevo orden social.

Este tipo de visiones vienen a integrar un difuso conjunto de reflexiones de nuestro *fin de siècle*, que buscan comprender cómo se está viviendo en estos espacios urbanos. Así, si en el fin del siglo pasado se extendía la preocupación por el tránsito de la comunidad a la sociedad, en donde la sociedad implicaba la vida metropolitana, la prioridad del individuo sobre el grupo y la ruptura de muchos de los vínculos sociales básicos; hoy nos podemos preguntar si nuestras grandes megalópolis, acaso no empiezan a evidenciar un tránsito opuesto, desde la sociedad metropolitana hacia renovadas formas comunitarias.

Tal tránsito no podría significar sino grandes transformaciones en las formas sociales más básicas. Por eso, creemos relevante preguntarnos por estos procesos desde la perspectiva de la vida cotidiana megalopolitana y metropolitana, en donde las células básicas son los hogares: las familias entendidas en su sentido restringido, vale decir, las familias como grupos residenciales. El modo de vida urbano propio de la modernidad,[6] organizó la sociedad urbana a partir de individuos agrupados en hogares que dividían su vida en ámbitos separados y diferentes, como la familia y el trabajo.[7] Hoy, en nuestro fin de siglo y en la ciudad de México, encontramos hogares metropolitanos —donde el núcleo conyugal es la unidad básica— que antes que dividir su vida cotidiana en ámbitos separa-

---

[6] Por ejemplo, cuando Anthony Giddens se pregunta qué es la modernidad, su primera respuesta es que "la noción de 'modernidad' se refiere a los modos de vida....". Giddens, Anthony (1990). *Consecuencias de la modernidad*, Alianza Universidad, Madrid, p. 15.

[7] Barrère-Maurisson trata esta dualidad integrante de un todo con una expresión propia: "la vida en doble". Esta autora dice: "La vida en doble, es la vida en dos partes, el trabajo y la familia, que forman un mismo conjunto. En efecto, el trabajo y la familia son los dos polos de nuestra vida individual, como también de la vida social. Y cada uno es el doble del otro. Son inseparables". Barrère-Maurisson, Marie-Agnès (1992). *La division familiale du travail. La vie en double*, col. Economie en liberté, PUF, París, p. 9. La traducción es nuestra.

dos, distantes y diferentes, reintegran todos esos ámbitos en uno solo. Trabajo y familia se unen bajo el espacio de la vivienda. Esta situación es diferente de la unidad o totalidad existencial que algunos autores, como Barrère-Maurisson, encuentran en la relación entre el trabajo y la familia, cualquiera que sea su espacialidad.

Este tipo de procesos sociales que se están desarrollando en rincones de nuestras ciudades, están dándole renovados contenidos a la vida cotidiana metropolitana. En este sentido, nos preguntamos si estos fenómenos no son indicativos de procesos de cambio social,[8] que en nuestros grandes espacios metropolitanos vienen anticipando el fin del siglo. Si el tiempo —sobre el que se construyen los proyectos y el progreso— fue la clave para comprender buena parte de la lógica de las sociedades urbanas occidentales, hoy creemos que el espacio vivido resulta esencial para comprender microsituaciones cotidianas en las cuales es posible observar los modos de vida metropolitanos. El espacio de vida puede darnos pistas para comprender procesos de cambio social.

En esta perspectiva creemos necesario regresar sobre la dimensión cultural y subjetiva de la vida en las microsituaciones de nuestras grandes ciudades. A inicios de los años sesenta, Nels Anderson, recuperando el pensamiento de Louis Wirth decía: el modo de vida urbano es una forma de proceder y una forma de pensar.[9] Actualmente, la multiplicidad parece indicar que no hay un modo de vida urbano, sino múltiples,[10] pero siempre suponen formas de proceder y de pensar más o menos articuladas. A esas formas de proceder, desde la sociología de la vida cotidiana las denominamos prácticas sociales, y a las formas de pensar las identificamos con el imaginario social, con las representaciones sociales, con la construcción social

---

[8] No hablamos de cambio social a escala de los individuos, por eso en el nivel de los individuos hablamos de fenómenos y en el nivel social, lo hacemos en términos de procesos. Posiblemente, en los individuos concretos que estudiamos, estos fenómenos no representen un cambio respecto a un momento anterior de su trayectoria biográfica. Sin embargo, como modos de vida de nuestras ciudades, parecen indicar un cambio en el sentido en el que se alejan de los patrones conocidos.

[9] Anderson, Nels (1965). *Sociología de la comunidad urbana. Una perspectiva mundial*, FCE, México, pp. 15-21.

[10] Aunque también para otras épocas se ha postulado la multiplicidad. El propio Robert Park describió a la ciudad como "un mosaico de pequeños mundos que se rozan pero no se compenetran".

de contextos de significado, con los sentidos que los individuos les otorgan a sus prácticas cotidianas.

Así, nuestro estudio busca el conocimiento de la vida cotidiana de hogares de la periferia suroriental de la ciudad de México desde una visión espacio-temporal, donde el espacio no sea considerado como una mera localización ni el tiempo como una simple cronología, sino como construcciones socioculturales que integran las vivencias internas y externas de las personas.[11] Aspiramos a que el principal aporte de nuestro trabajo resulte de esa visión espacio-temporal de la vida cotidiana de los sectores populares de una zona particular del área metropolitana de la ciudad de México: el Valle de Chalco, en el entendido de que "si bien la historia se despliega en las grandes escalas de tiempo, se construye en cambio en las escalas del tiempo breve o coyuntural"[12] y en los microespacios asociados a esos tiempos breves.

En este contexto, nos preguntamos si la localización del trabajo dentro del ámbito del hogar —entendida como un proceso histórico que cruza la cotidianidad de algunos hogares del Valle de Chalco— se asocia con un repliegue del grupo familiar sobre sí mismo, recreando hogares cerrados, incluso cerrados respecto al entorno socioterritorial más inmediato, como es el barrio.

Sabemos que esta hipótesis es opuesta a lo que frecuentemente se maneja en cuanto a la participación barrial de los pobres urbanos, en cuanto al supuesto fortalecimiento de los lazos comunitarios como estrategia para afrontar las carencias, respecto a unas supuestas fraternidades comunitarias eslabonadas en redes solidarias. También es opuesta a lo que buena parte de la teoría urbana nos ha mostrado: que el hombre urbano se caracteriza por la alta movilidad en el espacio.[13] Sin embargo, nuestra experiencia en el Valle de

---

[11] Sansot, Pierre (1971). *La poétique de la ville*, Klincksieck, París. Bachelard, Gaston (1965). *La poética del espacio*, Breviarios, Fondo de Cultura Económica, México, 281 pp.

[12] Zemelman, Hugo (1996). *Problemas antropológicos y utópicos del conocimiento*, col. Jornadas, núm. 126, El Colegio de México, México, p. 78.

[13] Por ejemplo, Isaac Joseph, revisando los aportes de la Escuela de Chicago, concluye que el hombre urbano se caracteriza por tres tipos de movilidad: la movilidad-locomoción que genera múltiples encuentros, la movilidad residencial y la movilidad sin desplazamiento. Joseph, Isaac (1988). *El transeúnte y el espacio urbano*.

Chalco,[14] nos ha conducido en el sentido arriba mencionado. Aun cuando estas situaciones no representen a la mayor parte de los hogares locales, su sola presencia es un desafío para el conocimiento sociocultural de esta periferia metropolitana.

En última instancia nos hacemos eco, al menos en esta cuestión, del pensamiento de Oscar Lewis (en su crítica al modelo wirthiano) de "que la vida urbana tiene lugar en gran parte en el seno de pequeños universos —familia, barrio, empresa, secta, pandilla, etc.— y que es necesario estudiar minuciosamente estas esferas".[15] Así, estudiamos la vida urbana a partir de un fragmento: la vida cotidiana de un conjunto de familias habitantes del Valle de Chalco.

Desde dónde se desarrolló el proceso de investigación

En la compleja búsqueda que supone el comenzar a perfilar una investigación doctoral, como es la que originó este libro, nuestro trabajo anterior sobre la periferia de la ciudad de México se constituyó en una experiencia previa e inmediata que nos permitió diferenciar un primer y pequeño fragmento de la realidad, que luego comenzamos a observar desde un conjunto de ideas teóricas, antes no exploradas por nosotros. Este primer fragmento de la realidad que tomó color fue la localización del trabajo generador de ingresos dentro de la vivienda en algunos hogares pobres del Valle de Chalco,[16] lo que después denominamos la unión del lugar de

---

Sobre la dispersión y el espacio público, col. El Mamífero Parlante, Editorial Gedisa, Buenos Aires, p. 21.

[14] Lindón, Alicia (1992). "La informalidad y la periferia metropolitana: el Valle de Chalco", tesis de maestría en Desarrollo Urbano, CEDDU, El Colegio de México, México.

[15] Acordamos con la propuesta de Oscar Lewis, aunque no estamos seguros de que Wirth no compartiera esta visión sobre la necesidad de ir a lo minúsculo de la vida en la ciudad, como pueden ser las familias y el barrio. Incluso su modelo general de la vida urbana consideró a la familia y el barrio. Hannerz, Ulf (1986). *Exploración de la ciudad*, FCE, México, 291 pp.

[16] Desde 1989 comenzamos a acercarnos al Valle de Chalco y a partir de 1990 comenzamos a trabajar sistemáticamente sobre la zona. De esta labor resultaron algunos trabajos más extensos y varios artículos cortos. Lindón, Alicia (1992). "La informalidad y la periferia metropolitana: el Valle de Chalco", tesis de maestría en Desarrollo Urbano, CEDDU, El Colegio de México, México, 318 pp. También: Hiernaux, Daniel y Alicia Lindón (1992). "Producción del espacio y regularización de la

trabajo y el lugar de residencia. La decisión de darle relieve a ese fragmento de la realidad y no a otro vino a constituir ese primer momento subjetivo y en cierta forma arbitrario en el que el investigador decide qué parte de la realidad valorar. En otras palabras, desde este fragmento de la realidad comenzamos un proceso de construcción del objeto de investigación que inmediatamente también supuso la toma de otras decisiones: como por ejemplo, desde qué perspectiva lo íbamos a observar. Nuestra primera respuesta fue hacerlo desde el punto de vista de los individuos, aunque considerados específicamente como individuos situados espacio-temporalmente en un mundo intersubjetivo. Esta decisión trajo nuevas preguntas y nuevas decisiones que afrontar, entre ellas desde qué ideas íbamos a considerar a los individuos involucrados en ese fenómeno, así como también la decisión respecto qué otros fragmentos de la realidad íbamos a ir articulando junto al primero. En suma, nos abocamos a construir un diálogo entre algunas ideas teóricas y ciertos fragmentos de la realidad local del Valle de Chalco. A lo largo de este diálogo la teoría se fue especificando y los fragmentos de la realidad fueron tomando profundidad más allá de lo aparente. Los fenómenos que diferenciamos para nuestra investigación en esa parte de la realidad, resultaron pertenecer a diferentes ámbitos de análisis de la vida social, lo que nos enfrentó desde el inicio a la necesidad de ir considerando ideas teóricas de distintas procedencias disciplinarias y, si se pudiera decir así, de distintos orígenes subdisciplinarios. Así, comenzamos a movernos en áreas de transición de la teoría social. En el mayor nivel de generalidad podemos señalar que recuperamos retazos de la teoría procedente de la sociología y de la geografía, aunque en ambos casos buscamos una coherencia epistemológica, que estuvo dada por la perspectiva fenomenológica. ¿Por qué adoptar una visión fenomenológica del mundo?, porque anteriormente habíamos decidido adoptar el punto de vista de los individuos en situaciones espacio-temporales de interacción.

---

tenencia de la tierra en el Valle de Chalco, México", en *La régularisation des établissements irréguliers dans les villes des pays en développement, Techniques, procédures, politiques,* Contribution au Programme Gestion Urbaine, Banque Mondiale-PNUD-CNUEH, París. También: Hiernaux, Daniel y Alicia Lindón (1991). *Chalco, su proceso de poblamiento, una aproximación sociodemográfica y económica,* Coespo, Toluca, 152 pp.

Estas primeras decisiones fueron muy relevantes para el curso que luego tomaría nuestra investigación; no obstante, no podemos dejar de señalar que el el nivel de las ideas, en ese momento aún estábamos en lo que Jeffrey Alexander denomina las teorías generales,[17] es decir, aquellas que hablan de todo, de la sociedad y los individuos. Aún no entrábamos en el terreno de las teorías particulares, aunque ya habíamos decidido desde que perspectiva observar a los individuos y a la sociedad vallechalquense, con lo que se limitaba el espectro de posibles ideas teóricas particulares de las cuales apropiarnos.

Así, desde la sociología comenzamos a recortar un campo de ideas vinculadas a la concepción y el análisis de la vida cotidiana, del trabajo y la familia, de la ciudad y lo urbano. De la geografía de las percepciones y las representaciones espaciales recuperamos otras ideas relativas a la vivencia de los espacios, a las experiencias espaciales de los individuos.

En un inicio todas estas perspectivas teóricas estuvieron en un mismo nivel, ya que cada una de ellas nos permitía comprender una dimensión de los fenómenos multidimensionales que nos interesaban. Sin embargo, al hacer una reflexión más profunda advertimos que algunas de estas ideas teóricas necesariamente estaban definiendo la línea principal de la investigación, mientras que otras sólo estaban siendo recuperadas de manera más instrumental. En este sentido, entendimos que la perspectiva de la vida cotidiana no la estábamos considerando en el mismo nivel que la sociología de la familia, del trabajo o la sociología urbana. La vida cotidiana tiene relación con el trabajo y la familia; no obstante, su especificidad sociológica no deriva de los ámbitos de las relaciones sociales que aborda sino de la perspectiva que supone: el punto de vista del individuo en interacción, posicionado espacio-temporalmente que crea, recrea o bien reproduce, la sociedad.[18] Por ello, aun cuando recuperamos debates, conceptos e interrogantes de la sociología urbana, de la sociología de la familia y del trabajo, así como de la

[17] Alexander, Jeffrey (1989). *Las teorías sociológicas desde la Segunda Guerra Mundial*, col. Sociología, Gedisa, Barcelona, pp. 12-13.

[18] Asumir la creación y recreación de la sociedad nos lleva hacia una particular concepción de la vida cotidiana (de corte más o menos fenomenológico) mientras que asumir la reproducción nos acerca a los planteamientos marxistas de la vida cotidiana.

geografía de las representaciones, nuestra investigación se define desde la sociología de la vida cotidiana y los elementos recuperados de los anteriores enfoques se vienen a integrar en esta perspectiva principal.

Esta orientación supuso que todos los elementos recuperados de las otras disciplinas y enfoques fueran procesados bajo el cristal de la sociología de la vida cotidiana. Por ejemplo, el trabajo fue visto desde su espacio-temporalidad, lo que remite al problema de la "posición" en la tradición de la sociología fenomenológica de la vida cotidiana;[19] la familia la observamos desde los roles conyugales, lo que marca una mirada sobre lo instituido y lo no instituido, ejes fuertes de la sociología de la vida cotidiana. El sentido del lugar (la forma en que es percibido el espacio de vida) y la territorialidad (el sentido de pertenencia por el territorio inmediato) fueron entendidos desde su interacción con la espacio-temporalidad del trabajo y los roles conyugales, con lo cual la relación de los individuos con su espacio inmediato también entró en el campo de la sociología de la vida cotidiana. Por su parte, la sociología urbana de origen simmeliano nos proporcionó el concepto de modo de vida urbano, con el cual buscamos establecer un puente entre la vida cotidiana vista como las experiencias actuales (interiores y exteriores) de los individuos en los anteriores ámbitos, y la historicidad sobre la cual se crea y recrea la sociedad por las experiencias individuales.

Éste fue un momento decisivo en la orientación de nuestra investigación, ya que implicó asumir explícitamente que aunque estábamos estudiando familias, nuestra investigación no era una investigación de sociología de la familia. De igual modo, a pesar de estar analizando el trabajo, tampoco se trataba de un estudio de sociología del trabajo; ni por referirnos a sectores populares urbanos se la podía identificar como una investigación de las desigualdades sociales o de la segregación intraurbana. Estas reflexiones también son fuertes advertencias respecto a lo que el lector no va a encontrar en este trabajo.

Las afirmaciones anteriores exigen una primera aclaración respecto a qué significa asumir una perspectiva de sociología de la vida cotidiana. El interrogante no es de fácil elucidación, no obstan-

---

[19] En la tradición fenomenológica, el concepto de posición se debe a Alfred Schutz.

te, creemos que las observaciones de Mauro Wolf nos pueden ser de utilidad.[20] Este autor ha destacado que un enfoque de sociología de la vida cotidiana, implica no sólo prioridades sino también exclusiones. Aun cuando no es lo más usual para presentar una perspectiva, el comenzar por excluir, parece muy pertinente en esta ocasión, sobre todo por aquella apreciación de sentido común de que todo forma parte de la vida cotidiana. Esto último, en términos de conocimiento científico, nos puede colocar en la difícilmente aceptable posición de que cualquier análisis vinculado a algo que integre la vida cotidiana, tenga que ser aceptado como un enfoque de vida cotidiana.

En este contexto, nos resulta oportuna la propuesta de Wolf, de comenzar por excluir, sobre todo ante el riesgo de que todo pueda incluirse. En todo caso, esto nos advierte sobre la necesidad de diferenciar al menos los estudios hechos sobre algún elemento de la vida cotidiana de aquellos otros estudios sobre elementos o aspectos de la vida cotidiana y que además, son planteados desde enfoques de la vida cotidiana, o como sociologías de la vida cotidiana. Nuestra investigación pretende ubicarse en el segundo grupo.

Si regresamos a las palabras de Wolf, encontramos que una perspectiva de vida cotidiana excluye el estudio de problemas que han sido centrales para la investigación sociológica, como la estratificación social, a lo que agregamos la temática de las desigualdades sociales y los procesos de movilidad social; también resultan excluidas cuestiones como los procesos de cambio institucional. Seguramente se podrían mencionar varias exclusiones más. La exclusión de este tipo de estudios no implica negar su importancia para otros modelos de investigación sociológica. Los estudios sobre la estratificación y la movilidad sociales parten del conjunto de la estructura social, son visiones planteadas desde las instituciones, desde las estructuras. Por su parte, los estudios de los procesos de cambio social se desplazan a través del tiempo, precisamente para analizar el cambio.

A diferencia de lo anterior, las sociologías de la vida cotidiana se posicionan en el individuo, en la acción de los individuos. Al respecto Salvador Juan ha planteado que las sociologías de la vida

---

[20] Wolf, Mauro (1988). *Sociologías de la vida cotidiana*, colección Teorema, Ediciones Cátedra, Madrid, pp. 13-17.

cotidiana "aprehenden al sujeto en acto y en situación (...) Lo cotidiano es considerado como un espacio-tiempo de la acción individual, lo que no significa que esta acción no sea orientada de alguna manera por las lógicas institucionales".[21]

En nuestro caso, partir de la acción del individuo también implica el reconocimiento del contexto intersubjetivo en el cual se produce y del presente vivido como la temporalidad propia de la acción. Ubicarse en el presente vivido no implica negar la historia, sin embargo, tampoco implica analizar procesos longitudinales en el tiempo, como se hace cuando se estudian procesos de cambio social. El presente vivido supone una estructura temporal compleja, ya que el pasado es incorporado de una manera particular: a través de un acervo de conocimiento social del que dispone el individuo y que va construyendo por medio de su biografía. Esta concepción dista mucho del análisis de procesos a lo largo del tiempo histórico.

Si la sociología de la vida cotidiana excluye lo anteriormente mencionado, además de todo lo no mencionado, lo que prioriza básicamente es la producción de la sociedad a través de las prácticas con sentido de los individuos; vale decir, implica asumir el punto de vista del individuo. Para expresarlo con palabras de Giddens podemos decir que: "La producción de la sociedad es una obra de destreza, sostenida y que "acontece" por la acción de los seres humanos. En verdad, sólo llega a ser posible porque cada miembro de la sociedad es un teórico social práctico; al sostener cualquier clase de encuentro recurre a su conocimiento y teorías, normalmente de un modo espontáneo y rutinario, y el uso de estos recursos prácticos es precisamente la condición misma para que dicho encuentro se produzca".[22]

Todo lo anterior, nos muestra que la sociología de la vida cotidiana implica una particular mirada sobre la realidad, lo que no debería confundirse con estudiar unos ciertos elementos de la realidad. Por ejemplo, Henri Lefebvre[23] ha planteado que la vida cotidiana se integra de múltiples materiales, puntualizando los

[21] Juan, Salvador (1995). *Les formes élementaires de la vie quotidienne*, col. Le sociologue, PUF, París, p. 118.

[22] Giddens, Anthony (1987). *Las nuevas reglas del método sociológico*, Amorrortu Editores, Buenos Aires, p. 17.

[23] Lefebvre, Henri (1972). *La vida cotidiana en el mundo moderno*, Alianza Editorial, Madrid, pp. 114-115.

siguientes: "el trabajo, el ocio, la sexualidad, la residencia, el transporte, la vestimenta".[24] Lo propio de estos enfoques no son estos materiales que la integran, sino que su especificidad deriva de las formas de estudiar la producción de la sociedad a partir de las prácticas con sentido de los individuos, o en palabras de Giddens: "del obrar humano" o "el hacer", que puede manifestarse como un "habitar", un "trabajar"...

Lo anterior busca aclarar desde dónde se posicionan las sociologías de la vida cotidiana; sin embargo, aún resta revisar otra cuestión: cómo estudiar las prácticas con sentido de los individuos. Al respecto, Christian Lalive d'Epinay ha sistematizado cuatro alternativas para estudiar la vida cotidiana,[25] son las siguientes: la socialidad, el espacio, el tiempo y los microrrituales. En nuestra investigación hemos escogido las tres primeras. Si bien a lo largo de la investigación se aclara el sentido otorgado a estos términos, desde un inicio nos parece necesario aclararle al lector que se trata de espacios y tiempos vividos. De igual modo, hablar de la socialidad, antes que de lo social, tiene la especificidad de considerar las relaciones sociales en un contexto de intersubjetividad.

Así, una vez presentados los inicios de este proceso de investigación y el tipo de mirada sobre la realidad que ha supuesto, conviene destacar la pregunta general de investigación que buscamos responder: cuáles los modos de vida urbanos conformados en el Valle de Chalco por la interrelación de las vivencias espacio-temporales, la espacialidad del trabajo y los roles conyugales, considerados como una forma fundante de la socialidad, o como socialidad de base.

Avanzar en el sentido indicado por este interrogante supuso plantear otros más específicos. No vamos a traer a esta presentación todas las preguntas particulares que nos hemos formulado, aunque sí dos de ellas por ser las que siguieron en orden de abstracción a la pregunta general, más arriba citada. En otras palabras, el interro-

---

[24] Independientemente de que el trabajo o el ocio puedan ser vistos como materiales de la vida cotidiana, no podemos confundir un enfoque de sociología de la vida cotidiana sobre el trabajo o el ocio, con otro de sociología del trabajo o sociología del ocio.

[25] Lalive d'Epinay, Christian (1983). "La vie quotidienne. Essai de construction d'un concept sociologique et antropologique", en *Cahiers Internationaux de Sociologie*, vol. LXXIV, PUF, París.

gante más general fue abierto en dos más específicos. El primero de estos interrogantes específicos ha sido el siguiente: cómo se conforma la socialidad, y particularmente los roles conyugales, en los hogares del Valle de Chalco en cada uno de los distintos ámbitos de la cotidianidad, en relación con la espacialidad del trabajo.

En nuestra investigación, esta pregunta significó darle entrada al análisis cuantitativo, ya que los roles conyugales se manejaron en términos nominales[26] a partir de las prácticas cotidianas, lo mismo se hizo con la espacialidad material del trabajo, la consideramos nominalmente.

El análisis cuantitativo se inició con una etapa de construcción de variables complejas con las cuales comenzamos a sintetizar la enorme matriz de datos originaria, así construimos índices sumatorios de los roles conyugales por ámbitos de la vida cotidiana. Luego siguió una segunda etapa de síntesis cuantitativa a través de modelos logísticos. Estos modelos nos permitieron discriminar conjuntos de variables con fuertes interacciones, que en nuestro caso denominamos sistemas parciales de prácticas cotidianas. El resultado de ello fueron seis sistemas parciales de prácticas cotidianas asociados a distintos tipos de roles conyugales y diferentes espacialidades del trabajo.

Si lo anterior se desarrolló a partir del primer interrogante específico, tengamos en cuenta que nos orientamos con dos interrogantes particulares. El segundo interrogante específico que nos planteamos fue en estos términos: cuáles son los procesos de constitución de la vida cotidiana de los hogares del Valle de Chalco desde la perspectiva de la rutinización/invención de la cotidianidad, en relación con la espacio-temporalidad del trabajo. Este otro interrogante constituyó la puerta de entrada al análisis cualitativo, ya que analizar la constitución de la vida cotidiana desde la rutinización/invención requiere de la introducción de los significados otorgados a las prácticas cotidianas. Es posible manipular cuantitativamente las prácticas cotidianas, mientras que descifrar los significados otorgados a dichas prácticas requiere del trabajo interpretativo por parte del investigador. Precisamente, la labor interpretativa constituye el análisis cualitativo.

---

[26] Nos referimos a la escala de medición nominal, presencia o ausencia de un fenómeno.

El análisis cualitativo lo enfocamos como análisis de contenido interpretativo y análisis tipológico. Esta etapa de la investigación adquirió un carácter verdaderamente artesanal ya que mantuvimos nuestra meta —más allá de cuanto haya sido lograda— de reconstruir los conceptos dentro de los datos cualitativos. Todo ello se condensó en tres tipos construidos de procesos de constitución de la vida cotidiana desde la perspectiva de la rutinización/invención, que incluyen los roles conyugales y la espacialidad material del trabajo.

Así, si las dos preguntas de investigación citadas nos permitieron articular metodológicamente el análisis cuantitativo y cualitativo, en términos conceptuales, esa articulación la realizamos a través de nuestro concepto de trama de la vida cotidiana, en el que se integraron las prácticas cotidianas y los roles constituidos sobre esas prácticas, con las vivencias espacio-temporales asociadas a ellas.

Por último y tomando distancia respecto a los contenidos específicos, nos parece necesario advertir que nuestra investigación se puede ubicar entre aquellas que han sido concebidas desde la perspectiva de "los individuos interpretativos que crean la sociedad mediante actos contingentes". El debate final en el que regresamos al modo de vida, en alguna manera marca un acercamiento, aunque muy tenue, hacia aquella otra posición según la cual "los individuos socializados re-crean la sociedad como fuerza colectiva mediante actos contingentes".[27] Este desplazamiento se debe a que la "vida cotidiana" (y la trama de la vida cotidiana) es un concepto fuertemente interaccionista. En tanto que el de "modo de vida" se ubica más bien en el cruce de las situaciones de interacción con la historicidad.

Por último, queremos presentar la organización por capítulos de todo lo dicho hasta ahora. En el capítulo 1 presentamos una particular forma de articular los tres componentes que hemos considerado como fundantes para conocer la vida social en el Valle de Chalco: el modo de vida, la vida cotidiana y la relación trabajo/residencia. En otras palabras, en este capítulo presentamos nues-

---

[27] Alexander, Jeffrey y Bernahard Giesen (1994). "De la reducción a la vinculación: la visión a largo plazo del debate micro-macro", en Alexander, Jeffrey, Bernahard Giesen, Richard Munch y Neil Smelser (comp.). *El vínculo micro-macro*, U.d.G-Gamma Ed., Guadalajara, pp. 9-60.

tro objeto de investigación. Luego, en el capítulo 2 planteamos una reconstrucción de un debate teórico sobre el modo de vida, la vida cotidiana y la relación entre el trabajo y la residencia, que nos proporciona ejes básicos para emprender el análisis del caso particular. En este punto conviene señalar que al hablar de la vida cotidiana lo hacemos desde la perspectiva de los individuos situados, mientras que el modo de vida lo concebimos en la articulación de la vida cotidiana y lo histórico, podríamos decir, en la manera en que los individuos recrean los procesos históricos en su vida cotidiana.

En el capítulo 3 reconstruimos el proceso de expansión de la ciudad sobre el Valle de Chalco, entendido como un proceso territorial. A pesar de la prioridad que le otorgamos en este capítulo a la dimensión territorial de la urbanización, en ella abrimos algunos ejes sobre los que más adelante se viene a integrar la dimensión sociocultural urbana. A continuación, en el capítulo 4 presentamos la propuesta analítica, organizada en torno a nuestro concepto de trama de la vida cotidiana.

Luego iniciamos el análisis propiamente dicho de la información por nosotros producida. Así, en el capítulo 5 comenzamos el estudio de la trama de la vida cotidiana de los hogares del Valle de Chalco, centrándonos en una parte de dicha trama: los roles conyugales, vistos como los vínculos sociales básicos de la construcción de la cotidianidad de estos hogares.

El conocimiento de los roles conyugales requiere del tratamiento de las prácticas cotidianas, sobre las cuales se construyen los roles conyugales. Así, nos dedicamos al dominio de las prácticas cotidianas (en cuatro ámbitos: el trabajo generador de ingresos, el trabajo doméstico, el tiempo libre y el vecinal), aunque el objetivo no es conocer las prácticas en sí mismas, sino la construcción de un particular tipo de vínculo social a partir de la realización de dichas prácticas. Ese vínculo son los roles conyugales, que vienen a operar como una de las formas de construcción social básica en la vida cotidiana; particularmente si se tiene en cuenta que se está estudiando una población que en su amplia mayoría ha constituido hogares a partir de un vínculo matrimonial.

El capítulo 6 lo dedicamos a la otra parte que integra la trama de la vida cotidiana: el fondo espacio-temporal sobre el que se tejen los vínculos sociales en la cotidianidad. Esto significa, que primero abordamos el dominio de las prácticas cotidianas, para luego tratar el ámbito de las significaciones asociadas a dichas prácticas. Introducirnos en los sentidos que los individuos les otorgan a sus prácticas implica ingresar en el dominio de la subjetividad; por ello, en esta parte la estrategia analítica es de carácter enteramente cualitativo. Las significaciones sólo las tratamos desde el ángulo de los procesos de producción de la vida cotidiana a partir de las formas de articulación entre lo rutinario y la invención del acontecimiento. El sentido de lo rutinario y de la invención los buscamos en las vivencias de la espacialidad y la temporalidad. Al estudiar la vida social del Valle de Chalco como conjuntos de prácticas sociales (acciones sociales) con sentido, estamos asumiendo una postura de corte fenomenológico.[28]

En última instancia, buscamos conocer si ciertas dimensiones socioeconómicas de la vida de los hogares del Valle de Chalco, como son el trabajo y su espacialidad, al articularse con las prácticas cotidianas ajenas al trabajo, contribuyen a conformar pautas culturales que se integran en el corazón mismo del modo de vida. Podemos decir que, en términos históricos, nuestra investigación constituye una serie de interrogaciones sobre el regreso del trabajo al espacio del hogar, mientras que en términos sociológicos es un conjunto de interrogantes sobre la vida cotidiana metropolitana desde un enfoque espacio-temporal.

Por último, presentamos nuestras conclusiones (de contenidos y metodológicas) y también un capítulo metodológico integrado de cuatro apartados en los cuales reconstruimos los procedimientos seguidos a lo largo de toda la investigación.

El primero de estos apartados lo dedicamos al diseño del trabajo de campo, entendiéndolo como la instancia de producción de la información. La segunda parte metodológica consiste en la presentación de la estrategia adoptada para construir los datos cuantitativos a partir de la información generada. Primero, mostramos la

---

[28] Ruiz Olabuénaga e Ispizúa, al estudiar las distintas sociologías cualitativas caracterizan a la Sociología Fenomenológica por abordar a la realidad social como un "conjunto de acciones con sentido". Ruiz Olabuénaga, José Ignacio y María Antonia Ispizúa (1989). *La descodificación de la vida cotidiana. Métodos de investigación cualitativa*, Universidad de Deusto, Bilbao, p. 54.

forma en que se organizó la captura de la información cuantitativa para obtener las bases de datos o matrices. Luego, hacemos una presentación detallada de los pasos seguidos para construir las variables complejas, nos referimos a los índices de los roles conyugales por ámbitos de la vida cotidiana. Posteriormente, integramos un tercer apartado metodológico sobre la técnica de análisis cuantitativo multivariado empleada: los modelos de regresión logística. El último apartado metodológico lo dedicamos a la presentación de la estrategia seguida para la construcción y análisis de los datos cualitativos: análisis de contenido de tipo interpretativo y análisis tipológico.

Finalmente destaquemos que, si el lector lo desea puede realizar una lectura continua desde el primer capítulo hasta el séptimo (conclusiones). Así, su recorrido será desde el objeto de investigación, un conjunto de debates y perspectivas teóricas en las cuales toma profundidad el objeto, el área en estudio desde algunos ejes relevantes para el objeto, la propuesta analítica, el análisis cuantitativo y cualitativo y las conclusiones de la investigación. Por último, el cómo se generó la información, cómo se la construyó en datos y cómo se los analizó.

Para aquellos otros lectores que deseen ubicarse desde el ángulo del proceso de investigación antes que desde el tema mismo, la lectura podrá iniciarse por los primeros cuatro capítulos. Luego, se pueden revisar los tres primeros apartados del capítulo metodológico (ocho); siguiendo después con el capítulo 5 (análisis de los vínculos de la trama de la vida cotidiana, en términos cuantitativos). Por último, se puede abordar el cuarto apartado metodológico y a continuación el capítulo 6 (análisis de los vínculos y el fondo espacio-temporal de la trama de la vida cotidiana, en términos cualitativos); para finalizar con el capítulo conclusivo (siete).

1. LOS MODOS DE VIDA URBANOS: ENTRE LA COTIDIANIDAD DEL TRABAJO Y LA SOCIALIDAD FAMILIAR

El Valle de Chalco, nuestra área de estudio, actualmente constituye el suroriente de la Zona Metropolitana de la Ciudad de México, es decir, una de las periferias más externas de la ciudad hacia ese rumbo. Esta zona se fue incorporando a la mancha urbana de la ciudad de México desde la segunda mitad de la década de los setenta. Su incorporación se dio por el conocido procedimiento de fraccionamiento de tierras ejidales, por lo cual es una de las áreas en las que la urbanización se produjo sobre la frontera agrícola.

La magnitud del fenómeno urbano y el acelerado ritmo de crecimiento del proceso de concentración urbana en la zona, la han constituido en uno de los mayores asentamientos urbanos recientes de la periferia del área metropolitana de la ciudad de México, lo que, por sí solo, la constituye en un área de interés para distinto tipo de estudios urbanos, por ejemplo, para quienes se interesan por la dotación de servicios urbanos, por la dinámica de los mercados de suelo, por el problema de la vivienda, etc. Sin embargo, ése no ha sido nuestro interés.

En nuestro caso, observamos empíricamente[1] dos fenómenos que vinieron a actuar como estímulo inicial para comenzar a plantearnos una serie de interrogantes. El primero de estos fenómenos (como anticipamos en la presentación) ha sido la localización del trabajo generador de ingresos dentro del hogar, y el segundo, la movilización del lugar de residencia de zonas urbanas más consolidadas hacia el Valle de Chalco, entendido como un área urbana no consolidada. Además, esta movilización se ha venido a insertar en

---

[1] Estas observaciones proceden de varias fuentes. Una de ellas: las encuestas que manejamos en nuestro trabajo anterior sobre el Valle de Chalco, y la otra la observación directa.

una cadena de movimientos residenciales de la misma naturaleza, lo que significa que no sólo el último de estos movimientos (hacia el Valle) ha sido en detrimento de las condiciones de vida, sino que también los anteriores tuvieron ese sentido.

Ambos fenómenos —la localización del trabajo dentro del espacio de la vivienda y la movilización reiterada de la residencia— son importantes componentes en la constitución de la cotidianidad. De alguna manera ambos remiten a la dualidad básica: el trabajo y la familia, aunque vistos desde su espacialidad. La referencia anterior a la cotidianidad vuelve a afirmar desde qué punto de vista nos interesan estos procesos: desde los sujetos que los protagonizan, antes que el proceso de expansión de la ciudad.

El primero de los fenómenos observados parece oponerse a lo que la teoría sociológica urbana nos enseña como característico de las áreas periféricas metropolitanas: los grandes desplazamientos diarios por trabajo y la constitución de un modo de vida obrero fundado en la disociación de la vida entre el lugar de trabajo y el lugar de residencia. En cambio, el segundo de estos fenómenos reitera empíricamente uno de los rasgos característicos de las áreas periféricas dormitorio,[2] tal como ha sido señalado por la teoría urbana y sintetizado en las palabras de Isaac Joseph: "El habitante de la ciudad acumula las residencias y se deslocaliza constantemente".[3] En otras palabras, observamos en el Valle de Chalco dos fenómenos que desafían y afirman simultáneamente la teoría urbana.

De esta forma, nuestros interrogantes de investigación se han construido en la encrucijada de los dos fenómenos señalados y lo que la teoría nos ha enseñado al respecto. Por un lado, la cotidianidad "trabajo-familia" de individuos de la periferia metropolitana cuando el trabajo se localiza dentro de la vivienda, y por el otro, la deslocalización (o movilización) residencial y la forma de vida de los individuos de las grandes ciudades.

No ha sido tarea sencilla profundizar en esa encrucijada por varias razones. Una de ellas es que la cotidianidad de los individuos, en general ha sido abordada desde ciertas visiones vinculadas a las sociologías de la vida cotidiana. En cambio, la cuestión de la deslo-

[2] Lindón, Alicia (1997).
[3] Joseph, Isaac (1988), p. 21.

Chalco is different

calización residencial y las formas de vida urbanas han sido estudiadas sobre todo desde la sociología urbana. Esta particularidad es más compleja de lo que parece a primera vista ya que, las sociologías de la vida cotidiana trabajan desde el punto de vista del individuo, mientras que la mayor parte de las sociologías urbanas lo hacen desde la ciudad como un todo. En otras palabras, en unos casos la tendencia ha sido a realizar microanálisis y en el otro, macroanálisis.

No obstante, encontramos que lo que queda en esa encrucijada es precisamente el concepto de "modo de vida urbano". Aun cuando este concepto tiene más historia dentro de la sociología urbana que en la sociología de la vida cotidiana, en alguna medida se puede decir que sólo es posible otorgarle contenido conceptual en el cruce de ambas perspectivas.

De la conjunción entre las observaciones empíricas y las afirmaciones teóricas ya mencionadas, elaboramos una hipótesis muy general más o menos en estos términos. El Valle de Chalco no se ha conformado como una típica periferia dormitorio, sino como una periferia metropolitana donde se están dando modos de vida diferentes al clásico (y ampliamente estudiado) de las áreas periféricas dormitorio.

Una cuestión que es importante destacar, es que la hipótesis de que la zona no se define como una clásica área dormitorio, y en consecuencia, que no es una zona organizada con base en el típico modo de vida de un área dormitorio (por ejemplo, grandes desplazamientos diarios de tipo hogar/trabajo), la planteamos como un camino para orientar la investigación de un conjunto de dimensiones de la vida social en un caso particular. Esto implica que no pretendemos ni generalizarlo a otras áreas periféricas ni tampoco buscamos compararlo con otras situaciones, ni evaluarlo en términos de tendencias dominantes y tendencias secundarias. Por otra parte, estudiar lo que representa una tendencia dominante o mayoritaria significa estudiar lo que está claramente instituido, y esto no es nuestro objetivo.

En otras palabras, no nos interesan estos procesos con miras a cuantificar las proporciones en las que se presentan los modos de vida de áreas dormitorio o modos de vida obreros y las proporciones en que aparecen los "otros" modos de vida en el Valle de Chalco. No nos interesa estudiar lo que sea absolutamente mayoritario, no buscamos conocer lo que está claramente instituido y consolidado, sino lo que se está instituyendo.

Por ello, entendemos que la constitución de estos "otros modos de vida" es una cuestión que amerita interés en sí misma, más allá de que sea un fenómeno mayoritario o no,[4] y más allá de la proporción en la que se pudiera registrar.[5] De estar dándose la producción de esos "otros modos de vida" —aunque no estén totalmente instituidos— cabe preguntarse si ello es un indicio de procesos de cambio social no demasiado conocidos, o al menos si estamos frente a simples hechos sociales o ante verdaderos acontecimientos sociales, en el sentido de cambios respecto a las tendencias históricamente conocidas.

Los dos fenómenos empíricos con los cuales partimos, nos llevaron a plantear que para los habitantes del Valle de Chalco, el "movimiento espacial" (bajo dos formas principales: cotidiano y a lo largo de la vida) es una dimensión importante en la estructuración del modo de vida. Por ello, nuestro objeto de estudio lo construimos en torno al movimiento espacial o bien, en torno a su ausencia. La ausencia (igual que la presencia) de movimiento en el espacio tiene implicaciones muy diferentes en la construcción del modo de vida, según sea movimiento espacial cotidiano por trabajo o movimiento espacial del lugar de residencia a lo largo de la vida de las personas.

En términos metodológicos, este tipo de interrogantes de investigación tiene varias implicaciones:

— una de ellas es que el objeto de investigación se construye en la transición de varias dimensiones de la vida social, en consecuencia, en la zona de transición de varias perspectivas disciplinarias. No

---

[4] El asumir esta posición desde los inicios nos ubica más en la investigación cualitativa que en la cuantitativa, más allá de que técnicamente podamos utilizar instrumentos de ambas perspectivas. Al respecto podemos recordar una observación de Kirk y Miller: "la observación cualitativa identifica la presencia o la ausencia de algunas cosas; en contraste, la observación cuantitativa incluye la medición del grado en el cual algunos rasgos están presentes" (la traducción es nuestra). Kirk, Jerome y Marc Miller (1986), p. 9.

[5] Por otra parte, por tratarse de procesos que se están instituyendo, cualquier evaluación en términos de proporciones no tendría más confiabilidad que la correspondiente al instante en la que se hiciera el registro.

obstante, la perspectiva general ha sido la de la sociología de la vida cotidiana.[6] Así, desde el enfoque de la vida cotidiana incursionamos en cuestiones relativas a la sociología del trabajo, la sociología de la pareja,[7] la sociología urbana y la geografía de las representaciones espaciales, pero siempre desde el punto de vista de los individuos situados espaciotemporalmente que interactúan con los otros a través de sus prácticas cotidianas;

— otra de las implicaciones metodológicas es lo referido a la perspectiva espacio-temporal.[8] El espacio se incorpora en el objeto de investigación de dos formas: como espacio material y como vivencias espaciales (espacio vivido). Además, también lo incluimos en dos escalas de análisis: como espacio intrafamiliar y como espacio barrial. Estos microespacios, evidentemente cobran contenido no sólo en sí mismos, sino también en relación con macroprocesos, particularmente todos aquellos procesos que influyen en la reestructuración del trabajo. No obstante, esa relación con los macroprocesos no forma parte de nuestra investigación.

En cuanto al tiempo, también lo consideramos de dos formas: la primera y principal, es la del ciclo cotidiano de los individuos, lo rápido y disperso en distintos escenarios, la sucesión de rutinas y rupturas,[9] y la segunda dimensión temporal es la del tiempo biográfico de estos individuos, aunque la primera —el tiempo cotidiano— es la central.

Nuestro interés por profundizar en el conocimiento de la relación espacio-sociedad en la vida cotidiana, nos ha conducido a buscar en las vertientes sociológicas, distintas formas de acercamiento a las interacciones sociales y los modelos culturales, en tanto que sustentados en un espacio particular que les permite concretarse de una manera específica.[10] Las vertientes geográficas nos han

[6] Al respecto, conviene señalar que nos planteamos a esta última como una perspectiva o un enfoque (y no como una sociología particular), que permite formular cierto tipo de preguntas sobre la realidad social, aunque no sobre ciertos objetos reales predeterminados.

[7] Respecto a la sociología de la pareja, las investigaciones de Kaufmann nos resultaron un referente fundamental. Kaufmann, Jean-Claude (1992 y 1993).

[8] Recordemos una vez más que, el enfoque de la vida cotidiana lo estamos considerando como un punto de vista eminentemente espacio-temporal.

[9] Balandier, Georges (1983), pp. 5-12.

[10] Remy, Jean y Liliane Voyé (1981), p. 238. Remy, Jean y Liliane Voyé (1971), pp. 103-110.

servido para comprender mejor la organización de los microespacios en su dimensión material y como resultado de la interacción hombre-espacio.[11]

— Otra de las implicaciones metodológicas es la relativa a la vinculación entre los niveles y las escalas de análisis. Al estudiar la formas de construcción de los vínculos sociales que realizan los individuos en su vida cotidiana, nos estamos planteando un objeto de estudio microsociológico, ya que el punto de partida es el individuo en interacción. En términos espaciales, se trata de un problema de microescala, que ha sido construido en dos escalas micro, una es la de los hogares: el espacio intrafamiliar, y la otra es la escala del barrio, es decir la escala en la que se estudia a las familias en la relación con su entorno socioterritorial inmediato.[12] Lo anterior significa que en términos sociales estudiamos procesos microsociales y desde el ángulo de la escala territorial, también nos ubicamos en una microescala.

[11] La "sociología de la vida cotidiana" en la perspectiva de Michel Maffesoli, Claude Javeau, Christian Lalive d'Epinay y Georges Balandier, permitiría construir lo cotidiano a partir de la diferenciación de los *espacios de relaciones de los individuos*, y a partir de la *temporalidad propia de estos espacios*. La perspectiva "microgeográfica" (geografía de las percepciones o representaciones) es lo que permitiría definir el corazón del problema en la *escala del espacio vivencial*, es decir, en el nivel de las acciones individuales. Así, es factible indagar la relación directa del hombre con el medio en su vida cotidiana considerando no sólo aquellas acciones que se concretan en comportamientos realizados sino también las percepciones y actitudes asumidas por los individuos en su relación cotidiana con el espacio vivido, aun cuando no lleguen a concretarse en acciones. Esta perspectiva hace posible comprender cuáles son los espacios de vida de los individuos y las familias, cómo son percibidos estos espacios y cómo se interactúa con ellos; en suma, cómo van siendo conformados, todo lo cual es una forma de abordar el problema de la organización de los espacios más próximos a los individuos, así como de considerar en qué medida estos espacios "próximos" están vinculados a la noción de espacios privados. De la *sociología urbana* interesa recuperar la posibilidad de concebir la urbanización —más específicamente, la metropolización— como un proceso a través del cual se transforma la relación espacio-sociedad, por la convergencia de cuestiones de orden tecnológico, que afectan los procesos de trabajo y por modelos culturales vinculados a las relaciones "espacio-sociedad" que se producen en las ciudades. En última instancia, la urbanización permite comprender diferentes *modos de vida urbanos*, a partir de diferentes relaciones espacio-sociedad.

[12] Conviene señalar que la definición de una microescala en términos espaciales, no siempre tiene que suponer un objeto microsociológico. Así, es posible estudiar una microescala desde una perspectiva macrosociológica, preguntándonos por las determinaciones sociales en un microespacio, por ejemplo, un barrio.

A pesar de todo lo mencionado, subsiste un problema: ¿cómo estudiar el modo de vida urbano de los hogares del Valle de Chalco? En realidad, no es simplemente una dificultad técnico-metodológica de encontrar una estrategia para abordarlo, más bien se trata de una dificultad teórico-metodológica. En consecuencia es necesario darle contenido conceptual al modo de vida, para luego construir ese camino y, ante esta situación, la alternativa ha sido la de construir una primera aproximación acerca de lo que estamos entendiendo por modo de vida urbano.

1.1. EL MODO DE VIDA

La temática del modo de vida surgió explícitamente con la sociología urbana, es decir, con la Escuela de Chicago en los años treinta, que recuperó el debate sobre "comunidad y sociedad" abierto por Tönnies y Simmel a fines del siglo pasado. Esa recuperación no fue casual, ya que el debate comunidad/sociedad, aun cuando se definió en torno a los procesos de cambio social de la modernidad, tomó fuertes bases en un proceso de cambio social particular, también ligado a la modernidad: la expansión de la urbanización. Todas las dimensiones de la urbanización (socioeconómicas y culturales) fueron motivo de interés para la Escuela de Chicago de aquellos años.[13] Al pensar culturalmente la urbanización, se conformaron una serie de interpretaciones en torno a lo que más tarde Louis Wirth definió como "el modo de vida urbano". Nacía así, en el Departamento de Sociología de Chicago de los años veinte, el pensamiento cultural sobre la ciudad y en él nuestro concepto. Esto significa que el concepto de modo de vida surge ante las preocupaciones por entender la vida social de los individuos en las ciudades; será mucho después que este concepto se transfiera a los ámbitos rurales.

[13] La sociología urbana nace en el Departamento de Sociología de Chicago a inicios de los años veinte, y de hecho, Robert Park se incorpora de manera completa al Departamento en 1923. En tanto que el concepto de "modo de vida urbano" lo acuñó Wirth a mediados de la década siguiente. No obstante resta una observación: este concepto está fuertemente emparentado con uno anterior, el de género de vida, que surge en las últimas décadas del siglo pasado en la geografía clásica francesa (Paul Vidal de la Blache).

Modos de vida

Este interés por el modo de vida urbano fue recuperado más tarde fuera de los círculos internos de la Escuela de Chicago; permeando una parte de la reflexión de la sociología urbana francófona (sobre todo la etnología urbana de los años setenta) y también algunas sociologías de la vida cotidiana. Más recientemente, las sociologías de la vida cotidiana próximas a la sociología de la familia y la pareja han incursionado en el tema del modo de vida.[14]

Más allá de la diversidad de contenidos que se le ha ido otorgando a este concepto, podemos convenir en que casi siempre se acepta como una noción multidimensional, que es dinámica en el tiempo y que se vincula con hogares o familias. En principio, en nuestro estudio del Valle de Chalco, tomamos (al menos de manera operativa) la visión según la cual los modos de vida dan cuenta de "los procesos de producción de las prácticas cotidianas y los sistemas de significaciones a ellos asociados".[15] Las dimensiones que usualmente se destacan como las más pertinentes para estudiar los modos de vida, son las siguientes:

- El trabajo
- La vida familiar
- El consumo

Con estos pocos elementos podemos comenzar a construir un sistema de relaciones. Si el modo de vida siempre tiene relación con el trabajo, la vida familiar y el consumo, y uno de los fenómenos que observamos empíricamente fue la localización del trabajo dentro del hogar, podemos plantear que de las tres dimensiones mencionadas, escogemos dos de ellas: el trabajo y la vida familiar. Estas dos dimensiones conceptuales vienen a constituir las primeras entradas para estudiar los modos de vida urbanos en el Valle de Chalco. Recuperando nuestras primeras advertencias, podemos decir que estudiamos los modos de vida urbanos a partir del trabajo y la vida

---

[14] Al hablar de modo de vida no nos referimos a las "condiciones de vida"; en todo caso, en el modo de vida se incluyen las respuestas de los individuos a las condiciones de vida.

[15] Curie, Jacques, Gérald Caussade y Violette Hajjar (1986), pp. 313-349. Queremos destacar muy particularmente que este artículo se ha constituido en un referente obligado, dentro de la literatura actual sobre modos de vida, para todos aquellos que nos interesamos en el tema.

familiar desde una perspectiva de situaciones de interacción espaciotemporales.

El consumo no lo hemos incluido en nuestro análisis del modo de vida, debido a que remite más a una dimensión material de la vida cotidiana, muy cercana a los "sistemas de necesidades" (vinculados a las condiciones macroestructurales).[16] Nuestra noción de modos de vida no hace referencia a las "condiciones de vida", sino que en el modo de vida hemos incluido las respuestas de los individuos a las condiciones de vida, considerando que las respuestas tienen una dimensión objetiva y otra subjetiva, dadas a través de la atribución de significados. Si nos interesáramos en las condiciones de vida en sí mismas, el estudio del consumo sería central.

De acuerdo con lo hasta ahora presentado se puede decir que estamos considerando dos dimensiones analíticas para el estudio de los modos de vida: el trabajo y la vida familiar. En cuanto a la primera, el trabajo, por nuestra inquietud originaria, requiere ser redefinida como la espacialidad del trabajo, y sobre la vida familiar nos interesa especificarla en la socialidad en el interior del hogar y la socialidad del hogar con el entorno socioterritorial inmediato: el barrio.

Si recuperamos la conceptuación anterior de los modos de vida, podemos decir que nuestro principal interrogante de investigación es el siguiente:

¿Cómo se conforman los modos de vida urbanos —entendidos como sistemas de prácticas[17] cotidianas y significaciones a ellas asociadas— a partir de la articulación entre la espacialidad del

---

[16] Michel Maffesoli, en una obra reciente, reflexiona sobre el sentido usualmente atribuido al concepto de estilo de vida, como una categoría que ha surgido de visiones de mercado, que se proponen coordinar la producción y el consumo. También ha sido utilizado el término como el estilo de la "gran cultura". La acepción que le da el autor no tiene relación con ellas, ya que Maffesoli se apoya en Guyau, quien en el siglo pasado observó que "el estilo de un hombre o de un grupo, no era más que la cristalización de la época en la cual vivían". En nuestro caso, no vamos a utilizar el concepto de estilo sino el de modo de vida, con la observación de que dentro de estas versiones que señala Maffesoli, la nuestra de modo de vida sería más o menos próxima a la del propio Maffesoli, de estilo; aunque, en nuestro caso es un concepto más particularizado y con menos ambiciones de generalidad. Maffesoli, Michel (1993b), 235pp.

[17] Según Anthony Giddens: "Las actividades sociales humanas son recursivas. Equivale a decir que los actores sociales no les dan nacimiento sino las recrean de

Key Qs

trabajo y la socialidad cotidiana en el caso de las familias vallechalquenses?

Con relación al interrogante principal, nos parece pertinente recuperar una observación de Agnès Pitrou. Esta autora ha expresado que es más enriquecedor un interrogante de investigación como el que formulamos más arriba, que preguntarnos si es que existe tal estructuración (entre el trabajo y la vida familiar), ya que dicha articulación es casi evidente. De modo que siguiendo a Pitrou, decimos que lo relevante es avanzar en el conocimiento de las particularidades que toma esa articulación (el trabajo y la vida familiar)[18] en la conformación de los modos de vida urbanos.

Si recuperamos las dimensiones anteriormente mencionadas, el interrogante previo, aun se puede especificar de la siguiente manera:

¿Cómo se conforman los sistemas de prácticas cotidianas y sus significaciones, a partir de la articulación entre la espacialidad del trabajo y la socialidad del hogar, tanto la interna como la externa con el entorno socioterritorial inmediato?

A continuación reflexionamos sobre cada una de estas dos entradas al estudio de los modos de vida, buscando integrar más sólidamente algunos interrogantes teóricos.

1.1.1. La espacialidad del trabajo o la relación trabajar-residir

Una de las formas de estudiar los modos de vida urbanos en el Valle de Chalco es a través del trabajo, aunque lo hemos especificado en

continuo a través de los mismos medios por los cuales ellos se expresan en tanto actores". El carácter recursivo se asocia con el estiramiento de las prácticas en el espacio y el tiempo, al reiterarse en el espacio y el tiempo dan cuenta de lo social que todos los individuos tienen incorporado como un "saber común" y no del acto de un individuo aislado. Giddens, Anthony (1995a), pp. 40-41.

[18] Aunque sabemos que, por ejemplo para Agnès Pitrou: los sistemas de referencias que el individuo va elaborando a lo largo de su vida, y que en buena medida marcan el modo de vida, siempre se relacionan directamente con su familia de origen. Sin negar esa influencia, nosotros creemos que en el modo de vida también operan otras dimensiones, como la "espacialidad del trabajo". Pitrou, Agnès (1987), pp. 103-113.

la "espacialidad del trabajo", ya que el concepto de trabajo también es multidimensional, y cada una de esas dimensiones da cuenta de procesos de distinta naturaleza social. No obstante, en el campo de la reflexión teórica nos tenemos que remitir al concepto menos especificado de trabajo y no al de espacialidad del trabajo, al menos para comenzar a explorar ese terreno.

Situados en este punto podemos reconocer que la reflexión teórica en torno al trabajo, dentro de la sociología, se inició con el pensamiento de Gurvitch, Friedmann y Naville en la sociología francesa del trabajo, en los años cincuenta y sesenta.[19] Una cuestión relevante de este pensamiento es que comienza a interpretar el trabajo como una condición estructurante de la vida de las personas. Aunque no podemos dejar de señalar que en ese tiempo el trabajo era concebido en un sentido restringido, se hablaba de trabajo casi exclusivamente en referencia al trabajo industrial; que por otra parte en ese contexto local e histórico era una de las modalidades de trabajo más frecuentes y menos conocida. Sin embargo, sobre lo que nos interesa regresar no es sobre esta limitación, sino sobre la primera idea comentada: "el trabajo como condición estructurante de la vida de las personas".

Nos parece importante asignarle este atributo al trabajo porque viene a articular con nuestra perspectiva de partida: "el punto de vista de los individuos". Concebir el trabajo como estructurante de la vida de las personas, en alguna forma supone situarlo en el individuo que trabaja y no en la esfera de la producción que se organiza con ese trabajo. Por ejemplo, Friedmann definió el trabajo como "el común denominador y una condición de toda la vida humana en sociedad".[20]

Una cuestión que resulta más relevante aun, es que en el desarrollo de esta línea de pensamiento no sólo se enfatizó la centralidad del trabajo en la vida de las personas, sino que incluso se planteó explícitamente la centralidad del trabajo en la constitución del modo de vida. El trabajo se constituía en una categoría central en la comprensión de la sociedad,[21] al tiempo que se enfati-

---

[19] Friedmann, Georges y Pierre Naville (1963), Friedmann Georges y Jean-René Tréanton (1958), Touraine, Alain (1962), pp. 203-224.

[20] Friedmann, Georges y Pierre Naville (1963), p. 13.

[21] Zagefka, Polymnia (1990), pp. 118-128.

zaba la esfera técnica como detonante de una serie de transformaciones encadenadas. Por ejemplo, Friedmann también señaló que "el desarrollo de las técnicas de producción impone [...] un ambiente nuevo, no solamente en la fábrica sino también en la vida cotidiana, fuera de la fábrica".[22]

En síntesis, esta pionera sociología del trabajo, desde nuestro interés de investigación, tiene el mérito de haber situado a la categoría trabajo con relación a la cultura, con la vida cotidiana de las personas, con el modo de vida. Eso es todo lo que nos parece importante recuperar de este pensamiento para orientar nuestra investigación, es decir, la centralidad del trabajo en la vida de los individuos, particularmente en el caso de grupos sociales urbanos de escasos recursos.

No podemos dejar de reconocer las múltiples críticas respecto a este uso de la categoría trabajo. Por ejemplo, recientemente Clauss Offe ha cuestionado la capacidad explicativa de la categoría trabajo en las sociedades actuales. Este autor sostiene que si se toma el concepto de trabajo en un sentido restringido, hoy resulta irrelevante por las innumerables modalidades de trabajo que se desarrollan; mientras que si se recupera el interrogante acerca de la centralidad de la categoría, pero dándole un sentido amplio, nos encontramos con que esta categoría cada vez tiene menos fuerza, porque nos dice muy poco acerca de los diversos contenidos que puede tomar, acerca de las percepciones, de los estilos de vida de los trabajadores, etcétera.[23]

Ésta es una de las críticas más conocidas, además de las que se orientan hacia la pérdida de centralidad del trabajo en las sociedades avanzadas frente al aumento del tiempo libre. Ambas críticas pueden ser pertinentes, no obstante, no las vamos a tomar en cuenta. La primera no nos afecta porque nos interesamos en la espacialidad del trabajo y no en el trabajo y además, porque no es nuestra preocupación argumentar en favor de que el trabajo sea considerado en sentido amplio (no limitado al trabajo industrial). Ésta es una discusión teórica que, al menos en las periferias pobres de nuestras ciudades, está superada por la realidad. De hecho, no

---

[22] Friedmann, Georges y Jean-René Tréanton (1958).
[23] Offe, Clauss (1992), p. 26.

podríamos hablar de trabajo en sentido restringido desde el momento en que observamos un fenómeno empírico como es la localización del trabajo dentro de la vivienda. Respecto a la segunda crítica, puede ser muy relevante; no vamos a entrar a esa discusión, pero creemos que su relevancia difícilmente se pueda sostener en una periferia urbana pobre de la ciudad de México, adonde más bien habría que indagar con mucho detenimiento si se puede hablar de tiempo libre, o en qué condiciones es posible hacerlo.

De esta forma, es muy pertinente para nuestra investigación recuperar la idea originaria de la sociología del trabajo (el trabajo como estructurante de la vida de los individuos) aunque, y considerando la advertencia de Offe, le damos nuevo contenido desde dos aspectos. Uno, porque entendemos el trabajo desde una visión amplia, no limitada al trabajo industrial. Otro, y lo que es más relevante en nuestra investigación, le otorgamos nuevo contenido al trabajo porque lo espacializamos. Al espacializar el trabajo lo redefinimos en la "relación trabajar-residir" o bien, en la "espacialidad del trabajo".[24] La espacialización del trabajo toma sentido tanto con referencia al fenómeno empírico observado, como también en relación a la perspectiva epistemológica del punto de vista de los individuos en situaciones espaciotemporales de interacción.

Esto significa que estamos incorporando, en los modos de vida, la dimensión del movimiento espacial cotidiano relativo al trabajo. No nos preguntamos si la esfera laboral contribuye a estructurar la vida de las personas, por ejemplo por la participación en ámbitos de negociación sindical que ello supone, o porque pueda favorecer la toma de conciencia de clase, la formación de una identidad colectiva, etcétera. En cambio, este enfoque nos permite preguntarnos si la espacialidad del lugar de residencia y del lugar de trabajo, así como los movimientos espaciales cotidianos vinculados al trabajo, al interactuar con la socialidad cotidiana interna y externa al hogar, influyen en el modo de vida de los individuos y de qué forma lo hacen. Este interrogante debe ser entendido dentro de la concepción del modo de vida no sólo como prácticas sino también como significaciones y sentidos atribuidos a las prácticas.

---

[24] Los antecedentes de esta perspectiva (la relación trabajar-residir) se hallan en el Grupo de Etnología Social de Paul-Henry Chombart de Lauwe.

En este camino, hemos transformado el concepto de trabajo en la relación trabajar-residir y a su vez, ésta la vemos desde tres dimensiones de la vida cotidiana de las personas:[25]

1. Una de estas dimensiones, tal como se comentó más arriba, es lo relativo a la situación actual con respecto al trabajo y la residencia, ya sea que constituyan dos espacios separados, o bien que se hayan fundido en uno solo. En esta dimensión se busca recuperar el sentido de cada uno de estos dos espacios desde el punto de vista de los sujetos, que los constituyen en contextos espaciales significativos.

2. La segunda dimensión se refiere al movimiento cotidiano que se desprende de la situación actual en cuanto al lugar de trabajo y el lugar de residencia. Tanto en esta segunda dimensión como en la primera, se está haciendo referencia a un mismo fenómeno, con la particularidad de que la primera se orienta a la constitución de estas dos esferas como espacios separados o unidos, mientras que la segunda dimensión se interesa en el movimiento (o su ausencia) que resulta de la unión o la separación de estos dos espacios cotidianos.

3. La tercera dimensión se ubica en las trayectorias de los individuos en cuanto a estas dos esferas de la vida. ¿Cómo es la experiencia a lo largo de la vida de los individuos en cuanto a estos dos polos (trabajo-residencia)?, ¿ha habido estabilidad o inestabilidad en el movimiento trabajo-residencia, o bien, ha habido fuertes movimientos residenciales o fuertes movimientos cotidianos trabajo-residencia?, ¿cómo se han articulado los movimientos residenciales con los movimientos cotidianos hogar-trabajo? No buscamos reconstruir estas trayectorias sino identificarlas por su capacidad para significar el presente.

Así, en nuestro objeto de estudio, la relación trabajar-residir cobra contenido a partir de lo que muchos autores han considerado

[25] Esta aclaración la hacemos con relación a un planteamiento de Offe, quien polariza la investigación social actual en dos grandes líneas: quienes se interesan por el trabajo en el seno de las estructuras y los conflictos, y quienes se interesan en el mundo de vida de los sujetos. Nuestro interés sería ubicarnos en la segunda perspectiva pero recuperando una dimensión de la primera.

como las dos esferas centrales de la vida social: el lugar de trabajo y el lugar de residencia. De esta forma, nos preguntamos si el modo de vida que los sujetos van conformando resulta afectado y de qué forma es afectado de acuerdo con los distintos contenidos que puede tomar la relación entre el lugar de trabajo y el lugar de residencia. En otras palabras, nos preguntamos si los individuos construyen modos de vida diferentes cuando su lugar de trabajo y de residencia son uno solo y cuando son dos ámbitos diferenciados y separados espacialmente.

1.1.2. La vida cotidiana desde la socialidad

De acuerdo con lo abordado anteriormente, decidimos analizar los modos de vida urbanos de los hogares vallechalquenses desde la articulación entre dos dimensiones: la espacialidad del trabajo (o la relación trabajo-residencia), y la socialidad cotidiana de la vida familiar de estos hogares. A qué nos referimos con esta segunda dimensión? A continuación tratamos de aclararlo.

Hablar de la socialidad de los hogares supone situarnos en el terreno de las relaciones sociales y no en el de los fenómenos sociales cosificados. No obstante, socialidad no debería interpretarse como sinónimo de lo social, trata las relaciones sociales pero con la particularidad de que esas relaciones son interpretadas como vivencias interiores y exteriores de los individuos. En otras palabras, hablar de la socialidad antes que de lo social, implica considerar las relaciones sociales no desprovistas de la subjetividad que les es propia.[26]

La otra cuestión es que hablar de la socialidad en la vida cotidiana, necesariamente nos remite a prácticas sociales a través de las cuales los individuos interactúan y se vinculan. Dado que en este caso consideramos a los individuos como integrantes de hogares, y éstos son principalmente de núcleo completo, el tipo de vínculo que priorizamos para estudiar la socialidad del hogar son los roles conyugales.

En términos analíticos, decidimos estudiar los roles conyugales (como expresión de la socialidad del hogar) en dos ámbitos: el

---

[26] Maffesoli, Michel (1993a), pp. 21-22, 28, 32, 151-162.

interno de los hogares (el "mundo del hogar") y el ámbito de las relaciones del hogar con su entorno socioterritorial externo. Distinguidos estos dos ámbitos de análisis (lo interno y lo externo al hogar), es posible diferenciar subámbitos. En el ámbito interno del hogar estos subámbitos son: el doméstico, el del trabajo generador de ingresos (si existe como interno) y el del tiempo libre. En el ámbito externo al hogar consideramos los círculos sociales y los espacios intermedios entre el trabajo y la residencia, en los que participan los cónyuges. Asimismo incluimos los ámbitos laborales externos al hogar, cuando existen como tales. A continuación presentamos un esquema que ubica nuestros ámbitos de análisis:

Ámbitos y subámbitos de análisis
- La sociedad en el pequeño mundo interno del hogar a través de los roles conyugales:
  – El ámbito doméstico
  – El ámbito del trabajo generador de ingresos
  – El ámbito del tiempo libre
- La socialidad en el pequeño mundo externo al hogar a través de los roles conyugales
  – El ámbito vecinal
  – El ámbito del trabajo generador de ingresos
  – El ámbito del tiempo libre

La distinción analítica anterior de estos dos ámbitos y los respectivos subámbitos, permite alcanzar una visión más completa de la socialidad familiar. No obstante, en cada uno de ellos consideramos ciertas cuestiones específicas (subdimensiones). En otras palabras, los ámbitos y subámbitos podrían verse como campos de observación de la socialidad, mientras que las subdimensiones que presentamos a continuación serían el qué observar en esos campos. Estas subdimensiones son las siguientes:

- Los sistemas de prácticas cotidianas
- La temporalidad de las prácticas cotidianas
- La espacialidad de las prácticas cotidianas
- Las formas de constitución de la cotidianidad

1. Con relación a los sistemas de prácticas cotidianas y significados para cada uno de los ámbitos y subámbitos, señalemos que no buscamos identificar prácticas aisladas sino conjuntos articulados. Identificados esos conjuntos o sistemas de prácticas, es necesario indagar qué formas toman los roles conyugales con relación a ellos.

2. Con referencia a la temporalidad de las prácticas cotidianas nos interesa observar dos aspectos principales: los horizontes temporales y la unicidad o multiplicidad de tiempos sociales que conllevan las prácticas. En cuanto a los horizontes de tiempo de las prácticas que realizan los cónyuges cotidianamente, nos podemos preguntar si se orientan hacia el futuro o hacia el pasado, o si están dominadas por el presente. En cuanto a los tiempos sociales, nos preguntamos si las prácticas cotidianas se viven como una multiplicidad de temporalidades sociales o si se viven como un único tiempo social.

3. Respecto a la espacialidad de las prácticas cotidianas nos interesa explorar el sentido de pertenencia y apropiación sobre los distintos espacios (espacios de vida) en los que ellas se dispersan.

4. En cuanto a los procesos de constitución de lo cotidiano, la observación se orienta a la forma en que se articulan las repeticiones y los acontecimientos para ambos cónyuges. Esto implica identificar qué prácticas se viven de una forma y de otra, así como cuáles son los espacios y los tiempos de vida de las repeticiones y los del acontecimiento.

Si articulamos la estrategia de diferenciar el ámbito interno y el externo de la socialidad, y la segunda estrategia de focalizar las subdimensiones que acabamos de puntualizar para esos ámbitos, es posible hacernos una primera pregunta:

¿Estos hogares desarrollan una socialidad replegada sobre el hogar (ámbito interno) o desplegada sobre el entorno socioterritorial inmediato (ámbito externo)?

A partir de este primer interrogante se pueden incorporar otros que integren las subdimensiones anteriores. Algunos de ellos pueden ser los siguientes:

- ¿El repliegue o el despliegue se produce por el predominio de lo repetitivo o por una búsqueda de producir acontecimientos?
- ¿El repliegue o el despliegue se produce mirando al pasado o al futuro?, etcétera.

En síntesis, nos planteamos dos hipótesis de investigación. Una es la de las "socialidades cotidianas policentradas o desplegadas sobre lo externo", es decir, con participaciones en diferentes pequeños mundos de vida, cada uno con lógicas propias. La otra hipótesis es la de las "socialidades cotidianas replegadas en el hogar o concentradas" en unas pocas esferas, en general, el trabajo y la familia. Para penetrar en ambas hipótesis, indagamos de qué manera se asocian con distintas formas de la espacialidad del trabajo.

Por ejemplo, las prácticas del tiempo libre; en algunos hogares ambos cónyuges disponen de tiempo libre, sin embargo, queda el interrogante acerca de la espacialidad de esos tiempos libres (tercera subdimensión).[27] A veces, ese tiempo libre para un cónyuge corresponde a espacios externos al hogar (como la realización de actividades deportivas), mientras que para el otro cónyuge se limita al espacio intrafamiliar, como ocurre cuando el tiempo libre consiste en "ver televisión". En este último caso, aún resta conocer si ese tiempo libre es una parte del tiempo cotidiano diferenciada del resto de ese tiempo, o si tiene una temporalidad que se cruza con las de otras dimensiones de la vida cotidiana.

Si el tiempo libre se asocia a la "práctica de ver televisión", su temporalidad puede estar superpuesta con la del trabajo doméstico, debido a que ambas se realizan en forma simultánea. En este sentido es que incorporamos la temporalidad y la espacialidad en la vida cotidiana de las familias, tanto en su socialidad interna como externa, siempre desde la perspectiva de los roles conyugales. Por último, falta considerar si esas prácticas del tiempo libre toman el carácter de algo que rompe con la repetición, o si se han cosificado como repeticiones (cuarta subdimensión).

---

[27] Nos referimos a las subdimensiones que puntualizamos al inicio de este apartado.

A continuación presentamos dos esquemas, síntesis de ambas hipótesis, la cotidianidad concentrada o replegada y la cotidianidad policentrada o desplegada:

Socialidad cotidiana concentrada
(unión del lugar de trabajo y el lugar de residencia)
- Repliegue del grupo familiar sobre sí mismo, intensa socialidad interna al hogar.
- Forma de constitución de lo cotidiano rutinizada o formas de invención en la cotidianidad.[28]
- Tipo de horizontes temporales que se asocian.
- Vivencia de una única temporalidad.

Socialidad cotidiana policentrada
(separación del lugar de trabajo y el lugar de residencia)
- Apertura o despliegue del grupo familiar respecto de los distintos círculos sociales, por ejemplo, políticos, vecinales etc.; socialidad externa al hogar intensa.
- Forma de constitución de lo cotidiano con invención dentro de lo cotidiano o predominio de la rutinización.
- Tipo de horizontes temporales.
- Vivencia de múltiples temporalidades diferentes entre sí.

1.2. DE LA VIDA COTIDIANA AL MODO DE VIDA

El esquema analítico que hemos construido para estudiar los modos de vida urbanos, tal como lo presentamos hasta aquí, parte de las prácticas cotidianas de los individuos. No obstante, reconocemos que existen procesos históricos que de una u otra forma atraviesan la cotidianidad de los hogares. Así, reconociendo, por un lado, el quehacer cotidiano de los individuos y, por el otro, la historicidad, optamos por entender que ésta[29] se le presenta al individuo como

---

[28] Cuando hablamos de la *reinvención de lo cotidiano*, nos estamos apegando a la perspectiva elaborada por Michel de Certeau (véase el capítulo 2). De Certeau, Michel (1990), 350pp.

[29] La historicidad no es otra cosa que conjuntos de prácticas recursivas espacio-temporalmente.

un cierto espectro de opciones, antes que como un determinante de su quehacer cotidiano. De esta forma, nos afirmamos en nuestro punto de vista de las prácticas cotidianas, como el camino para conocer los modos de vida urbanos; aunque, evidentemente, no se trata de prácticas al margen de la historia sino como prácticas que particularizan la historia.

Contrariamente a esto, desde la teoría social sobre la ciudad, los modos de vida urbanos se empezaron a entender a partir de la historicidad que se impone a lo cotidiano y lo modela. Veamos cómo trabajan estos modelos interpretativos de los modos de vida urbanos. En estos casos, la teoría se ha preguntado cómo es la vida urbana, entendiendo lo urbano como la expresión directa de la historicidad. La respuesta a este interrogante, en general, se ha construido con este tipo de argumentación: ciertos procesos históricos considerados con su espacialidad propia —como por ejemplo, la separación de los lugares de trabajo y de residencia, la especialización de los espacios dentro de las ciudades, la movilidad en el territorio— contribuyen a conformar el modo de vida característico de las ciudades.

Así, se ha teorizado que la urbanización —como concentración de individuos en el espacio— contribuye a generar un peculiar modo de vida a partir de las incidencias que tienen los componentes espaciales del fenómeno urbanización en la vida de las personas.[30] Los componentes espaciales de este tipo de modelos generales de la urbanización son los siguientes:

Componentes espaciales de la urbanización

- La especialización de los subespacios internos a la ciudad.
- La necesidad de movilidad territorial, derivada de la división del trabajo y la especialización de los subespacios urbanos.
- La producción de espacios intermedios entre los espacios de trabajo y de la residencia (el símbolo característico de estos espacios intermedios es la cantina).

---

[30] Nos remitimos a buena parte de la sociología urbana, pero particularmente a la obra de Jean Remy y Liliane Voyé. Básicamente: Remy, Jean y Liliane Voyé (1981 y 1974), y Remy, Jean, Liliane Voyé y Émile Servais (1980).

Una vez que el modelo ha especificado los componentes espaciales en su aspecto territorial, avanza sobre la dimensión cultural no material de la urbanización, y es en este punto donde se vincula con el concepto de modo de vida urbano. Los componentes espaciales vienen a formar parte del modo de vida de los individuos, ya que contribuyen a definir[31] algunos aspectos socioculturales del modo de vida de las personas. Parecería que los individuos reproducen necesariamente un mismo modo de vida ante ciertas condiciones espaciales; las posibilidades de invención no forman parte del modelo, al menos en forma explícita. Por ejemplo, la especialización de los distintos espacios dentro de la ciudad, obliga a los individuos a desplazarse para poder realizar las distintas actividades cotidianas (trabajar, aprovisionamiento, esparcimiento, educación, etcétera).

En este modelo teórico se han destacado varias dimensiones socioculturales que se articulan profundamente con la espacialidad de la ciudad. Algunas de ellas son centrales en la conformación del modo de vida urbano, son las siguientes:

Dimensiones socioculturales del modelo teórico
del modo de vida urbano

- Valoración de la elección individual.
- Participación de los individuos en múltiples círculos sociales.
- Disociación entre el espacio privado y el espacio público.
- Prioridad de los proyectos individuales sobre los colectivos.
- Prioridad de las solidaridades parciales sobre las comunitarias.
- Fragmentación de la existencia en innumerables ámbitos de socialización.

Creemos que esta concepción de la historicidad[32] impuesta a la cotidianidad, puede ser viable siempre que se sostengan los dos supuestos siguientes:

---

[31] Aquí aparece la interpretación según la cual el espacio urbano determina las formas de vida.

[32] En este caso, la historicidad es la urbanización y el modo de vida urbano.

i. Que la historicidad tenga un sentido claro y definido por ciertos procesos, los que determinan a lo cotidiano.

ii. Que los individuos sean relativamente espectadores de la historia.

En alguna medida estos supuestos o condiciones necesarias, indican la necesidad de identificar contextos de validez de este tipo de modelos teóricos. En otros términos, podríamos decir que estos modelos resultan explicativos de la realidad dentro de unos parámetros espaciotemporales[33] que tienen relación con ciertos procesos históricos. Cuando los parámetros espaciotemporales son otros, el modelo teórico va adquiriendo matices que lo diferencian o le hacen perder su validez.

Así, si reconocemos que hoy los parámetros espaciotemporales nos muestran una historicidad integrada de múltiples procesos, incluso contradictorios entre sí, a veces recesivos, plenos, otros apenas incipientes, aun cuando se acepte la determinación histórica sobre lo cotidiano[34] hay que tener en cuenta que esas determinaciones se producen en múltiples sentidos diferentes y contradictorios. Con esto no pretendemos discutir la pertinencia que tuvieron este tipo de enfoques para entender el modo de vida urbano décadas atrás. Aunque creemos que con sólo reconocer la complejidad de procesos contradictorios que marcan nuestra historicidad de fin de siglo, es difícil sostener que hoy podamos seguir aproximándonos a los modos de vida en las grandes ciudades, desde la visión de la ciudad que condiciona, cuando no determina, las vidas de las personas. Por citar tan sólo un ejemplo, el fenómeno empírico que observamos inicialmente (localización del trabajo dentro de la vivienda) ya pone en tela de juicio uno de los supuestos de estos modelos: la especialización funcional de los espacios dentro de la ciudad.

Por todo lo anterior, asumimos la necesidad de abordar los modos de vida urbanos desde las prácticas cotidianas de los indivi-

---

[33] Estamos hablando de parámetros espacio-temporales en la perspectiva de Przeworski, Adam y Henry Teune (1970), pp. 17-30, 91-112.

[34] Cuestión con la que no estamos de acuerdo. Nuestro desacuerdo no se debe a concebir el problema de manera inversa, es decir que lo cotidiano es autónomo frente a lo histórico. Más bien, creemos que la dualidad no está planteada de manera satisfactoria, ya que si la dualidad fuera adecuada nos podríamos preguntar qué es lo histórico, sino prácticas cotidianas recursivas tejidas en mecanismos de poder.

duos antes que desde la ciudad como determinante. En cuanto a las explicaciones estructurales (o históricas) que puedan incidir en las prácticas, sólo las reconocemos si se conforman en la propia recursividad de las prácticas cotidianas que se repiten en el tiempo y se extienden en el espacio. Dicho en otras palabras, las prácticas se constituyen en estructuras cuando los sistemas de prácticas cotidianas y significados se "fosilizan",[35] para traer la expresión de Salvador Juan, en referencia directa a los modos y géneros de vida. En el capítulo siguiente le damos profundidad teórica a las hipótesis de trabajo que acabamos de plantear y a los referentes sobre las cuales las construimos.

[35] Juan, Salvador (1991), pp. 155-156.

2. EL HABITAR Y EL TRABAJAR
DESDE EL CAMPO DE LA VIDA COTIDIANA

En este capítulo reconstruimos el campo de la vida cotidiana que abordamos empíricamente en los capítulos siguientes. La reconstrucción de este campo implica explicitar el *desde* dónde estudiamos la vida cotidiana del Valle de Chalco. Para ello, recuperamos ciertas tradiciones del pensamiento, ciertos interrogantes que han orientado el conocimiento de fragmentos de la realidad en otros tiempos y otros lugares, que consideramos relevantes para interrogar la vida social vallechalquense.

El fragmento de la realidad que consideramos se especifica por el "hacer" de los individuos que allí residen. Estos individuos tienen dos rasgos que los caracterizan de manera muy intensa, y que hemos considerado como primeros referentes para construir un camino metodológico que nos permita comprender su vida cotidiana, desde un enfoque sociológico. Se trata de "individuos urbanos" porque habitan en una gran ciudad y también son "individuos que trabajan" para asegurar su subsistencia.

En razón de estos dos rasgos, a continuación revisamos algunos interrogantes teóricos acerca de estas dos cuestiones: "el habitar en una ciudad" y "el trabajar". Entre el habitar y el trabajar reconocemos otra práctica, "el residir". El residir es parte del habitar, se habita en una ciudad, en un barrio y se reside en una vivienda comprendida en un barrio y en una ciudad. Teóricamente, el residir también ha quedado asociado al trabajar, por constituir el polo opuesto al trabajo, en teoría se ha hablado de la vida en el trabajo y la vida fuera del trabajo. Esta última es la vida en el hogar, la vida en la residencia expresa el "residir". No obstante, el residir no debería ser tomado como sinónimo de la vida en el hogar, es esto pero incorporando su relación con ese espacio vivencial que es la vivienda.

En términos disciplinarios, el habitar y el trabajar se pueden ubicar en el campo de la sociología urbana y la sociología del trabajo, respectivamente.[1] No obstante, no nos interesa dar cuenta de los principales interrogantes abiertos por una y otra disciplina, sino sólo aquellos que nos permiten tender un puente para estudiar la vida cotidiana de los individuos trabajadores del Valle de Chalco y habitantes de una periferia metropolitana pobre, a fin de esbozar modelos típicos de formas de constitución de la vida cotidiana.[2]

Así, en la primera parte del capítulo presentamos de manera muy general la perspectiva teórico-metodológica de la vida cotidiana que nos orienta. Luego, en la segunda parte revisamos algunos de los modelos generales con los cuales se ha estudiado el modo de vida urbano, como acercamientos al habitar. Por último, presentamos los antecedentes teóricos del concepto que venimos denominando "relación trabajo-residencia", como una aproximación al trabajar y residir espacialmente entendidos.

Los modelos teóricos sobre el modo de vida se interesan por el conocimiento de la vida de un particular sujeto histórico: "el urbanita o citadino". En la reflexión sobre la relación trabajo-residencia, la preocupación es conocer la vida de otro sujeto histórico: el obrero. El urbanita representa a un tipo ideal de sujeto histórico, y como tal es una abstracción para comprender la realidad. De igual modo, el obrero también es un tipo construido, que enfatiza unos rasgos y no otros. No podemos dejar de tener en cuenta que ambos tipos construidos (el urbanita y el obrero) pueden corresponder empíricamente con los mismos individuos. Nuestra estrategia es la de apropiarnos de elementos de estos tipos construidos por la teoría sociológica, para estudiar la vida cotidiana de ciertos individuos (urbanos y trabajadores) y construir nuevos tipos desde la cotidianidad más próximos a la realidad que nos interesa: los hogares del Valle de Chalco.

---

[1] De acuerdo con Salvador Juan, la sociología de la vida cotidiana no pudo constituirse en un campo de la investigación autónoma hasta que no se organizó la sociología del trabajo. En tanto que la sociología urbana parece haber constituido, de acuerdo con este autor, una fase de transición hacia la constitución del campo de la sociología de la vida cotidiana. De lo cual podemos inferir que la actual sociología de la vida cotidiana es tributaria de la sociología del trabajo y la sociología urbana. Juan, Salvador (1995), pp. 132-133.

[2] Desarrollados en los capítulos analíticos.

2.1. EL CAMPO DE LA VIDA COTIDIANA: ENTRE LA ALIENACIÓN Y LA INVENCIÓN

Las formas de "clasificar" las perspectivas referidas a la vida cotidiana son diversas; no obstante, entre los autores y enfoques más disímiles se pueden encontrar puntos de acercamiento con sólo cambiar los criterios clasificatorios. Algunos de esos lugares comunes de las sociologías de la vida cotidiana son las prácticas cotidianas y la espaciotemporalidad asociada a ella, la cuestión de las rutinas y las repeticiones.[3] Esta última dimensión está presente en el pensamiento de los principales representantes de las sociologías de la vida cotidiana, tanto en las posiciones de corte marxista como entre las fenomenológicas.[4]

Nuestra interpretación es que, en vez de diferenciar posiciones marxistas y fenomenológicas, o estructuralistas e individualistas, es más oportuno distinguir las perspectivas para las cuales la vida cotidiana se define fuertemente como "alienación" de aquellos otros enfoques para los cuales la vida cotidiana incorpora la "invención".

Hablar de alienación y de invención implica tomar un eje temporal, ya que la alienación se construye sobre las repeticiones en el tiempo. De igual modo, la invención es una construcción temporal por la cual los individuos son capaces de interrumpir las repeticiones con la vivencia del acontecimiento.

En los enfoques que conciben la vida cotidiana como alienación, lo repetitivo, aunque se define en el tiempo, se produce por

---

[3] En principio, las nociones de "rutinario" y "repetitivo" dan cuenta de lo mismo, lo que se reitera en el tiempo. Muchos autores así las han tratado. Sin embargo, entendemos que bajo un particular ángulo ambos términos pueden tomar matices diferentes. Así, lo "repetitivo" enfatiza el hacer, las prácticas que se suceden reiteradamente, recursivamente. En tanto que la noción de "rutinario" está más definida desde el conocimiento de sentido común, o bien, desde el acervo de este tipo de conocimiento. Por ello, hablar de lo rutinario aunque refiere a las prácticas repetitivas, enfatiza que por ese carácter repetitivo no son problemáticas, se sostienen en tipificaciones y recetas de las que el individuo dispone en su acervo de conocimiento. Lo repetitivo se refiere directamente a la práctica que se sucede frecuentemente, mientras que lo rutinario surge de las connotaciones que pueda tener la repetición o novedad de una práctica, en el conocimiento de sentido común de que dispone un individuo.

[4] Por nombrar algunos destacados autores que consideran, directa o indirectamente, la alienación-invención podemos mencionar a: Lefebvre, Henri (1972), p. 255; Heller, Agnes (1977); Garfinkel, Harold (1967) y De Certeau, Michel (1990).

el peso de lo estructural, que se impone a los individuos. Al interpretar la vida cotidiana como invención, esta última también se define en el tiempo, pero la capacidad de invención se origina en el individuo. En otras palabras, ambas interpretaciones se construyen temporalmente, con la especificidad de que la alienación se genera en las imposiciones de lo estructural, mientras que la invención se genera en el individuo que es capaz de recrear nuevas vivencias. Las imposiciones de lo estructural traen el predominio de la repetición; la capacidad creativa del individuo hace posible la vivencia del acontecimiento.

En última instancia, la metáfora de la vida cotidiana como alienación es una expresión particular del pensamiento marxista, en tanto que la metáfora de la vida cotidiana como invención es una particular expresión de la fenomenología. A continuación presentamos la concepción del campo de la vida cotidiana como invención, que nos orienta a lo largo del trabajo.

2.1.1. La vida cotidiana: el horizonte del "hacer" del individuo

Los enfoques de la vida cotidiana de corte fenomenológico parten de un primer presupuesto: asumir el punto de vista del individuo,[5] lo que se puede entender en dos dimensiones: una se refiere a la posición del individuo orientado hacia "los otros". Así, el punto de vista del individuo no supone considerar individuos aislados sino orientados en situaciones de interacción. Cada individuo da cuenta de una alteridad. La otra dimensión incluida en este presupuesto es que el interés no radica en el individuo en sí mismo, sino en sus acciones sociales: las prácticas cotidianas con sentido. Ambas cuestiones están muy vinculadas entre sí, ya que para que una acción sea social tiene que ser externa al individuo y, en consecuencia, orientarse a los otros. Retomando las palabras de Lalive d'Epinay también podemos decir que la vida cotidiana es "el hogar de la praxis, el lugar de la perpetua reinvención de la vida social, el hogar de la vida social".[6]

---

[5] Conviene señalar que a pesar de recurrir al término "individuo", dejamos abierta la posibilidad de que los individuos se constituyan en "personas", de acuerdo con la perspectiva maffesoliana.

[6] Lalive d'Epinay, Christian (1985), pp. 9-10.

De modo muy general diremos que concebimos la vida cotidiana como el "horizonte formal de toda la experiencia humana".[7] Este horizonte, en el que toman forma las acciones de los individuos, lo abordamos a partir de fenómenos totales, como son el tiempo y el espacio. Asimismo, nos interesa destacar que este horizonte formal de las prácticas lo entendemos de acuerdo con la visión maffesoliana del sistema reticular, esa red sutil, compleja, en donde cada elemento, objeto, sujeto, acción, relación, sólo existe en tanto que ligado al todo, sólo toma sentido en y por la globalidad.[8] Esto muestra que ese horizonte formal no es un simple telón de fondo sobre el cual ocurren las prácticas, es formal porque define la forma de las acciones, y además contiene una organización interna por la que podemos hablar de un sistema reticular.

Esta visión de la vida cotidiana que parte del individuo ha sido calificada por algunos autores como "sociología atomística", que sería lo opuesto a una sociología holística.[9] Acordamos con esa calificación sólo si lo atomístico refiere al individuo como unidad básica, al punto de vista del individuo. Aunque no aceptamos la idea de lo atomístico como lo segmentado y aislado, precisamente porque la concepción del sistema reticular que acabamos de mencionar es opuesta a lo segmentado.

Así, la perspectiva atomística que recuperamos implica partir de un individuo ubicado en unas coordenadas espaciotemporales que "sabe hacer", ya que dispone de un *stock* o acervo de conocimientos de sentido común (que es la forma de conocimiento que se emplea en la vida cotidiana). Este acervo se va conformando a través de la socialización, siendo lo que media entre el individuo y los otros. En la vida cotidiana importa menos el contenido, el hacer, el fondo, que el "saber hacer", la apariencia, la forma, es el "saber hacer" de los diversos rituales de la socialidad.[10] De acuerdo con este acervo, el individuo orienta sus acciones hacia los otros.

Los "otros" se ubican en diferentes posiciones que integran los distintos mundos de vida, el de sus consociados o *Umwelt* (próximos

---

[7] Bondolfi, Alberto (1981), pp. 429-438.
[8] Maffesoli, Michel (1993b), p. 89.
[9] Si recuperamos esta dicotomía sólo es en términos analíticos.
[10] Maffesoli, Michel (1993a), p. 235.

o familiares),[11] el de sus contemporáneos o *Mitwelt*, el de sus predecesores o *Vorwelt* y el de los sucesores, o *Nachwelt*.[12] Por ello, si en esta concepción el individuo es la unidad básica de análisis, es necesario destacar que no es un individuo aislado, sino un individuo situado y orientado hacia la alteridad.

En síntesis, desde esta perspectiva, nos proponemos focalizar el análisis en el individuo (el individuo vallechalquense), en sus relaciones cercanas, en contraste con aquellos otros análisis que parten de las grandes agrupaciones, las organizaciones, los colectivos sociales o las instituciones.[13]

Esta perspectiva atomística centrada en el individuo situado implica partir del microcosmos para estudiar lo que los actores hacen en las circunstancias ordinarias de la vida social. Acercarnos a la vida cotidiana como un microcosmos también implica concebirla como la trama de los diversos "mundos de vida", en los que se realizan las acciones significadas en relación con lo societal, antes que con lo social. Recordemos que estamos entendiendo lo societal como "el resultante espontáneo de la intersubjetividad del estar juntos", a diferencia de lo social, en donde son más imperativas las instituciones y lo instituido que la intersubjetividad creadora de sentidos.[14]

El proceso de atribución de significados a nuestras prácticas y gestos cotidianos no tiene que ser confundido con preguntarle a los actores mismos por el significado de cada acción realizada. Más bien debería entenderse dentro de una perspectiva más hermenéutica, en la que la intencionalidad del actor se interpreta en un determinado contexto social. Esta perspectiva consiste en buscar un horizonte de significaciones, dentro del cual el actor le atribuye sentido a su acción, conscientemente o no.

La separación entre las prácticas y las significaciones sólo la podemos plantear como un recurso analítico, ya que en la realidad estos dos procedimientos operan simultáneamente. Esa simultanei-

---

[11] La traducción como familiares no debe ser entendida en el sentido literal de familia, sino sólo refiere a la personas con quienes se puede tener trato directo, cara a cara, sin que necesariamente medie un vínculo de parentesco o de asociación residencial.

[12] Schutz, Alfred (1974b).

[13] Javeau, Claude (1991b), pp. 81-92.

[14] Maffesoli, Michel (1993a), pp. 21-34.

dad se produce por el recurso al acervo de conocimientos de sentido común de que disponen los individuos; conocimiento que se utiliza sin reflexionar sobre él. En otras palabras, cuando el individuo hace algo, ese hacer tiene un sentido en su acervo. Desde esta visión buscamos:

- Estudiar las prácticas y las significaciones o el imaginario, por medio del cual el individuo organiza y negocia cotidianamente su relación con la sociedad, con la cultura (que incluye lo simbólico) y con los acontecimientos, a través de interacciones con otros individuos.
- Estudiar más específicamente las representaciones y el imaginario que el individuo construye y reconstruye de su espacio inmediato, diferenciando lo que le es inmediato y lo que le resulta extraño, estableciendo distancias sociales y afectivas en sus espacios vividos.

2.1.2. De las actividades cotidianas a los sistemas de actividades

Un estudio de la vida cotidiana difícilmente puede pasar por alto las actividades o prácticas cotidianas, ya que la vida cotidiana es el quehacer, o mejor aún, los diversos "haceres". No obstante, es importante señalar que en nuestro caso, las actividades cotidianas constituyen un recurso para estudiar las formas de socialidad y su espaciotemporalidad.

Las actividades cotidianas no se desarrollan de manera errática, sino que se insertan en estructuras, en normas sociales, en reglas,[15] en costumbres, que las condicionan, tanto en su naturaleza como en su encadenamiento secuencial. Las actividades que realizan los individuos remiten a definiciones sociales, construidas en contextos socioculturales de sentido.[16]

El estudio de la vida cotidiana puede considerar prácticas aisladas; sin embargo, estamos de acuerdo en que es más enriquecedor analizar conjuntos o sistemas de prácticas. La noción de sistemas de actividades permite tratar las actividades cotidianas como encade-

---

[15] Reglas en el sentido que le otorga Claude Javeau, es decir prescripciones más o menos imperativas que han sido interiorizadas. Javeau, Claude (1987), pp. 13-14.
[16] Javeau, Claude (1983b), pp. 21-36.

namientos secuenciales de distintas prácticas, considerando a cada una de ellas con su duración y con su espacialidad. Se trata de una noción que permite articular las prácticas con su temporalidad y espacialidad.[17] Esto supone incorporar complejidad analítica desde dos ángulos: uno, por analizar redes de prácticas y no prácticas separadas, y dos, por espaciotemporalizar dichas prácticas.

La noción de sistemas de actividades que recuperamos corresponde a lo que Michel de Certeau definió como esquemas de operaciones y de manipulaciones técnicas de la vida cotidiana. En otras palabras, los sistemas de prácticas cotidianas constituyen un amplio conjunto difícil de delimitar, que designa "procedimientos" o "esquemas de operaciones",[18] vale decir, unos de los tantos cómo "hacer". Para Karel Kósik, los sistemas de actividades (aunque no utiliza esta terminología) son los que permiten organizar la vida individual de los hombres, donde la organización de la vida resulta del hecho de que la repetición de las acciones vitales queda fijada a través de la distribución del tiempo de cada día.

La riqueza de la noción de sistemas de actividades no sólo está dada por la consideración del encadenamiento de las actividades y por su espaciotemporalidad, sino también por la atribución de significaciones a dichos encadenamientos de actividades, y a cada una de las actividades. La importancia de considerar las significaciones es que éstas pueden ser entendidas como resultantes de los condicionamientos de lo estructural (las "imposiciones mortíferas" de Michel Maffesoli)[19] y también como las "invenciones de lo cotidiano" (para usar las palabras de Michel de Certeau), vale decir, como las intencionalidades de los actores, vistas como formas de autonomización que encuentran los actores[20] respecto a esas imposiciones mortíferas de las estructuras sociales. La otra cuestión es que los significados usualmente no se atribuyen a una cierta práctica aislada, sino a conjuntos o encadenamientos de prácticas.

Una forma tradicional de estudiar los sistemas de actividades ha sido a través de las encuestas conocidas como "presupuestos de tiempo", con las cuales se busca conocer qué parte del tiempo

---

[17] Javeau, Claude (1991b y c), pp. 45-60.
[18] De Certeau, Michel (1990), p. 7.
[19] Maffesoli, Michel (1979), p. 200.
[20] Javeau, Claude (1985), pp. 281-292.

cotidiano le dedican los individuos a cada una de las actividades cotidianas. En estos casos, la preocupación central radica en conocer el esquema de distribución de las actividades, antes que la identificación de las actividades mismas, ya que generalmente se parte de una serie de actividades pautadas. La identificación previa de las actividades parte de un presupuesto de "estandarización" de la vida cotidiana en una época determinada,[21] lo cual, evidentemente es una estrategia metodológica que simplifica al dejar fuera las especificidades. Además de lo anterior, los encadenamientos de prácticas suelen ser construcciones un tanto mecanicistas del investigador.

El principal aporte de este recurso técnico ha consistido en proporcionar tipos de sistemas de actividades característicos de distintos grupos sociales. En general, estos sistemas de actividades se definen en una unidad temporal que coincide con las 24 horas de un día. La inscripción de las actividades en un tiempo que es medible, es el principal lazo que une a dichas actividades. Ello tiene la desventaja de que no se llegan a conocer encadenamientos de prácticas dados por los significados, sino por la secuencialidad.

Aunque reductoras, estas encuestas han sido útiles para obtener una referencia descriptiva limitada a un cuadro de las actividades predeterminadas. Por ejemplo, la definición del día como la unidad temporal dificulta la posibilidad de evaluar ciertos tipos de actividades, que no siempre se realizan dentro de esa unidad de tiempo, sino que corresponden a unidades mayores. Éste es el caso del tiempo libre.

Cuando éste es el único instrumento con el cual se aborda la cuestión de los tiempos sociales, puede ser reductor; sin embargo, es posible que una vez obtenido el cuadro descriptivo de las actividades, se indague la atribución de significados a estos sistemas de actividades a través de otras técnicas, como por ejemplo relatos de vida cotidiana.

El día o jornada diaria ha sido considerado como la principal unidad para estudiar los sistemas de actividades. Distintos autores han analizado la diferencia entre las nociones de día y jornada, de donde se desprende que el día es un concepto con un fuerte contenido físico, por constituirse en unidad con ciertos fenómenos

[21] Javeau, Claude (1969), 147 pp.

físicos. En cambio, la noción de jornada evoca un contenido social e histórico. En nuestro caso, consideramos esta segunda perspectiva. No obstante, no podemos dejar de reconocer, que la noción de jornada diaria también ha estado fuertemente asociada a la de "jornada de trabajo". Esta asociación no es ajena al desarrollo tecnológico de las sociedades modernas, que parecería haber impuesto un tiempo social estructurado en torno al trabajo,[22] produciéndose una cuasi asimilación del tiempo social y el tiempo de trabajo.

2.1.3. Algunas vías de entrada al estudio de la vida cotidiana

En el apartado anterior presentamos una forma de concebir la vida cotidiana, que nos orienta en esta investigación. A continuación analizamos algunas vías para iniciar el estudio de la vida cotidiana, de acuerdo con esta perspectiva.

En este sentido, nos resulta oportuna la sistematización que ha realizado Christian Lalive d'Epinay. Este autor, recuperando los aportes fenomenológicos clásicos, sostiene que existen cuatro caminos para abordar el estudio de la vida cotidiana, que son:[23]

- El espacio
- El tiempo
- Las formas de socialidad
- Los microrrituales

Respecto a los microrrituales señalemos que las actividades cotidianas se particularizan en los microrrituales de la vida cotidiana.[24] Lo "micro" se refiere a que son actividades limitadas en un pequeño cosmos espaciotemporal, que se asocia a contextos como el familiar y el barrial.

En cuanto a lo ritual, conviene aclarar que con relación a la vida cotidiana, este término no debe confundirse con el de rito, que

---

[22] Javeau, Claude (1983a), p. 269.
[23] Lalive d'Epinay, Christian (1983). "La vie quotidienne. Essai de construction d'un concept sociologique et antropologique", *Cahiers Internationaux de Sociologie*, vol. LXXIV, PUF, París, pp. 13-38.
[24] Javeau, Claude (1992), pp. 59-71.

conlleva un contenido asociado al mundo de lo sagrado.[25] La idea de ritual en la vida cotidiana se maneja en referencia al conjunto de actividades (los esquemas de operaciones de los que nos habla Michel de Certeau) que han sido fijadas en una cierta situación, que están instituidas en cuanto al procedimiento a seguir y también en cuanto al resultado. Así, lo ritual no sólo refiere a la "estandarización" de una serie de pasos encadenados que deben realizarse, sino también al carácter instituido del resultado a obtener a partir de esos pasos.

Por ejemplo, cuando un individuo sale de su casa para ir a su trabajo sigue un itinerario más o menos instituido de desplazamientos en el espacio (en todo caso, podrá tener varios itinerarios posibles, pero siempre están instituidos). En ese caso, el (o los) itinerarios pueden ser vistos como procesos instituidos de un resultado instituido, que es el llegar a su lugar de trabajo. Ese recorrido diario entre la casa y el trabajo puede ser analizado como un microrritual de la vida cotidiana.

A pesar de la relevancia de considerar los microrrituales en el estudio de la vida cotidiana, hemos optado por seguir las otras tres vías de entrada al campo de la vida cotidiana: el tiempo, el espacio y las formas de socialidad.[26] La no inclusión de los microrrituales en nuestra perspectiva analítica no se debe a un desacuerdo teórico, sino al tipo de trabajo de campo realizado, que no nos permite alcanzar este nivel, al menos en términos analíticos.

Respecto al espacio y el tiempo, los recuperamos para el campo de la vida cotidiana como "fenómenos sociales totales", es decir como construcciones sociales constituidas a través de las prácticas o acciones con significado de los sujetos. Así, el tiempo y el espacio cotidianos son productos de lo social y son productores de lo social.

En la tradición sociológica durkheimiana, el tiempo social ha sido visto como un reflejo privilegiado de la sociedad, no se le ha otorgado una dinámica propia que pueda condicionar las actividades sociales. De modo inverso, la sociología actual pone el acento

---

[25] Rivière, Claude (1983), pp. 97-117.

[26] Estas tres dimensiones se sistematizan en el cuadro núm. 8, del cuarto apartado metodológico del capítulo 8. En el resto de ese apartado metodológico se detalla la manera en que se le otorgan contenidos específicos a estas tres vías de entrada para el estudio de la vida cotidiana.

sobre el condicionamiento social producto de la estructura temporal, un tiempo que instituye antes que ser instituido. Algo semejante ha ocurrido con el espacio, existe una extensa tradición que resulta de los estudios territoriales[27] que ha considerado al espacio como reflejo de la sociedad, sin embargo, también existe una perspectiva (la geografía crítica) que reconoce que cuando lo social se espacializa, se rigidiza, constituyéndose en un productor de lo social.[28]

Existen estudios sobre la presión temporal en donde se muestra que el tiempo es el que determina la duración de las actividades, y no a la inversa; por esta razón, el tiempo puede ser vivido como una restricción. En consecuencia, si el tiempo social puede ser comprendido como producto y también como regulador de las actividades sociales, esto significa entender la estructura temporal con una cierta autonomía, con una cierta dinámica propia. Así, el tiempo como producto se presenta como un condensado de la sociedad, de sus estructuras profundas.[29] En el capítulo cuarto regresamos sobre esta cuestión en relación con lo que denominamos "la trama de la vida cotidiana".

Desde esta concepción del campo de la vida cotidiana, a continuación exploramos un particular "hacer" del individuo: "el habitar en la ciudad". De acuerdo a cómo habitan en la ciudad los individuos, se pueden diferenciar modos de vida urbanos. Así, en el siguiente apartado revisamos cómo ha sido interpretado el modo de vida urbano.

2.2. EL MODO DE VIDA EN LA REFLEXIÓN SOCIAL DE ÉPOCAS DE RUPTURA

Una manera de acercarnos al modo de vida es entendiéndolo como "el porqué y el cómo de la acción del hombre, el contenido, las metas y las circunstancias de la actividad".[30] Hablar del porqué de la acción del hombre, al igual que de las metas, implica referir a los sentidos y significados de las prácticas sociales. Hablar de los conte-

---

[27] Se trata de estudios contextuados disciplinariamente en la geografía y en el campo de lo urbano.
[28] Hiernaux, Daniel y Alicia Lindón (1993), pp. 89-110.
[29] Sue, Roger (1992), pp. 283-297.
[30] Losonczi, Agnès (1976), pp. 13-25. La traducción es nuestra.

nidos de la actividad es considerar las prácticas mismas, mientras que las circunstancias de dicha actividad refieren a los contextos de interacción, a las situaciones de interacción.

El modo de vida también es un concepto muy próximo a lo que Michel Maffesoli denomina "el estilo", mientras que otros autores como Remy-Voyé identifican como los "modelos culturales". Una autora reconocida por sus estudios sobre familia y trabajo, Isabelle Bertaux-Wiame, ha expresado que las prácticas ordinarias de las personas son las que dan cuenta del modo de vida,[31] aunque evidentemente dichas prácticas no pueden ser independizadas de los significados y sentidos que las personas les otorgan.

Si poniendo énfasis en lo espacial, también podemos decir que el modo de vida es una forma de comprender la relación entre el espacio y la vida social considerando que las fuentes de la vida social están en la vida cotidiana. Respecto a la relación entre "el espacio y la vida social", Yves Chalas ha planteado que la principal mediación entre el espacio y la vida social, para algunos autores es la estructura social, mientras que para otros es el modelo cultural o simplemente, el modo de vida. Nuestra aproximación se orienta por la segunda perspectiva señalada por Chalas, en donde el modo de vida se confunde con los modelos culturales, para emplear las palabras de Remy-Voyé,[32] y se constituye en una mediación entre el espacio y la vida social, desde las prácticas con sentido de los individuos,

En este apartado ubicamos el "modo de vida urbano" a la luz del viejo debate de "comunidad y sociedad". En este sentido, encontramos dos momentos del pensamiento social en los cuales el modo de vida toma un lugar destacado en el mencionado debate. Ambos momentos corresponden a inquietudes teóricas y empíricas de dos fines de siglo. Uno de ellos es el fin del siglo pasado, mientras que el otro es actual. Es así que nos interesa muy particularmente destacar que la teorización sobre el modo de vida ha integrado particularmente la reflexión social de épocas de rupturas o de grandes cambios, como ambos fines de siglo.

El primero de estos debates se define en el contexto de las preocupaciones por la "modernidad", en el cual una de las inquietudes era el tránsito de una sociedad rural a otra urbana. El segundo

[31] Bertaux-Wiame, Isabelle (1986), p. 90.
[32] Chalas, Yves (1984), pp. 489-506.

debate es parte de los interrogantes que actualmente vienen a constituir algunos de los ejes del llamado pensamiento de la "posmodernidad", en el contexto de las sociedades urbanas. Uno de los focos de interés de este pensamiento se halla en la "socialidad" o "lo societal en acto", para usar las palabras de Michel Maffesoli,[33] entendiendo lo societal a partir de la vivencia intersubjetiva, mientras que lo social siempre se ha definido más por el contenido institucional e instituido.

El concepto de modo de vida urbano surgió en el primero de estos debates teóricos y continúa redefiniéndose en los debates actuales que recuperan la vieja discusión de Comunidad y Sociedad, como es el caso del segundo enfoque que aquí consideramos.

Del primer debate (dentro del pensamiento de la Modernidad), nos interesa recuperar los aportes pioneros sobre la temática del modo de vida urbano realizados por los pensadores alemanes de esa época (básicamente, Simmel[34] y Tönnies) y por Louis Wirth, quien desde la posición más culturalista de la Escuela de Chicago, recuperó el corazón de las preocupaciones del pensamiento alemán previo, aunque las matizó con un cierto pragmatismo, característico del pensamiento interaccionista de la época.

Ferdinand Tönnies fue quien lanzó formalmente el debate "comunidad/sociedad", que vendría a constituirse en una de las ideas clave del pensamiento sociológico, como lo ha advertido Robert Nisbet.[35] La Comunidad (el mundo rural) representa "la unión" en los distintos niveles sociales, a pesar de todas las fuerzas que impulsan a la separación, mientras que la Sociedad (representada por la sociedad urbana) muestra el predominio de la "separación", más allá de todas las fuerzas unificadoras.[36] La sociedad urbana aparece como el símbolo de la racionalidad instrumental y la lógica del cálculo, que Simmel identificó con la economía monetaria,[37] en expansión en las metrópolis de fines del siglo

---

[33] Maffesoli, Michel (1993a), pp. 21-34.
[34] Algunos autores como Salvador Juan, han caracterizado a Simmel como "pre-interaccionista".
[35] Nisbet, Robert (1990), pp. 71-145.
[36] Tönnies, Ferdinand (1919), pp. 25-65.
[37] Simmel, Georg (1986), "Las grandes urbes y la vida del espíritu", en Simmel, Georg. *El individuo y la libertad. Ensayos de crítica de la cultura.* colección Historia/Ciencia/Sociedad, Editorial Península, Barcelona. Incluso algunos autores también reco-

pasado. Es en este contexto intelectual que comenzó a filtrarse la cuestión del modo de vida urbano. Tönnies no habló directamente del modo de vida, pero armó el escenario para que luego se ubicara en él nuestro concepto. Simmel tampoco recurrió directamente al término, aunque habló de la "vida en las metrópolis".

El concepto de modo de vida urbano fue planteado explícitamente en los años treinta por Louis Wirth;[38] no obstante, la inspiración de sus ideas se halla en el pensamiento de Tönnies y Simmel.[39] En todos los casos, se trata lo urbano a la luz de la lógica individualista y la racionalidad instrumental, que se difundían al tiempo que también lo hacía la urbanización. "La ciudad es tomada como un indicador de la modernidad, cristalizada no solamente en la infraestructura urbana sino también en el carácter multitudinario de la presencia humana".[40] Por ello, el debate sobre el modo de vida urbano integra la dimensión cultural en la teorización sobre la urbanización.

El segundo debate que consideramos (dentro del pensamiento de la posmodernidad) nos interesa centrarlo en la obra de Michel Maffesoli.[41] Este autor ha regresado recientemente sobre el problema de las solidaridades básicas y la emotividad, como formas estructurantes de las relaciones sociales, formas que podríamos identificar como "el renovado espíritu de la Comunidad", y que han sido analizadas por Maffesoli con particular énfasis para las sociedades metropolitanas.

Si acordamos que la modernización es una referencia a las transformaciones socioeconómicas y políticas, mientras que el modernismo intenta captar la vivencia y la experiencia directa de los individuos frente a las anteriores transformaciones, podemos plantear que el interés teórico por el modo de vida se puede ubicar en la encrucijada de la "modernización" y el "modernismo". Recorde-

---

nocen el antecedente de la oposición durkheimiana de la "solidaridad mecánica/solidaridad orgánica".

[38] Recordemos que Louis Wirth era de origen alemán y que se formó intelectualmente en ese pensamiento.

[39] Simmel, Georg (1986), *op. cit.* La versión original es de 1908.

[40] Salles, Vania (1990), pp. 378-379.

[41] Maffesoli, Michel (1991), p. 148.

mos que estos dos procesos son los ejes que rescata Vania Salles para comprender la modernidad de Berman.[42]

2.2.1. El modo de vida urbano:
entre la razón pura y las distancias sociales

Las reflexiones de Simmel sobre el modo de vida urbano constituyen los primeros aportes explícitos al tema, contextualizados en el debate sobre "Comunidad y Sociedad" de fines del siglo pasado. El ensayo que Simmel dedicó directamente al tema ha sido traducido con el título de *Las grandes urbes y la vida del espíritu*.[43] En realidad, la preocupación simmeliana por el modo de vida urbano aparece en lo que ha sido considerada como su principal obra: *La filosofía del dinero*.[44]

El modo de vida urbano de Simmel se organiza sobre una dualidad básica que, hoy, recuperando a Maffesoli, podríamos identificar como la tensión entre la "razón pura y la razón sensible". La razón pura, en Simmel, corresponde al intelecto, a la esfera de la racionalidad calculística y más superficial del individuo. La razón sensible responde a la esfera de la emotividad, los afectos más profundos del hombre. Desde esta dualidad, Simmel comprende el modo de vida en las grandes ciudades.

En su análisis de las grandes ciudades, Simmel, una vez más vuelve a considerar el problema del número,[45] que puede ser visto operativamente como el tamaño de la ciudad. Simmel compara a la ciudad con un círculo social: en la medida en que crece, se hace menos intensa su unidad interna, y en ello los individuos pueden

---

[42] Salles, Vania (1990), pp. 384-389.

[43] Éste es el título de la traducción de Editorial Península (cita anterior). En otra ocasión ha sido traducido como *La metrópolis y la vida mental*. Aunque, la idea de metrópolis es la de una gran urbe o una gran ciudad, se debe tener en cuenta que, en español el vocablo "metrópolis" no era utilizado en la época en la cual Simmel escribió su ensayo. Por otra parte, la idea de espíritu refleja más el pensamiento "espiritualista" alemán de la época, que la traducción por "vida mental". Simmel, Georg (1988), pp. 47-61.

[44] Simmel, Georg (1977), pp. 535-650.

[45] Recordemos que el problema del número ha estado presente frecuentemente en la obra de Simmel. Un análisis específico es el que le dedicó al tema de la díada y la tríada; también sus análisis sobre los círculos sociales y el tamaño del círculo. Simmel, Jorge (1939).

encontrar mayor libertad. En este caso, halla que el tamaño de la ciudad y la gran cantidad de contactos con otras personas a que está sometido el urbanita,[46] lo llevan a adoptar una actitud de "reserva" frente a los otros y de "indolencia" ante la gran cantidad de estímulos sensoriales.

El urbanita desarrolla un modo de vida dominado por la actitud *blasée*, resultante del hastío, vive en la gran ciudad como un individuo en medio de una muchedumbre, es decir, manteniendo distancias físicas reducidas y distancias sociales y más aún, espirituales, enormes. Esto es lo que lo hace aparecer indiferente, reservado, con muchos contactos superficiales y muy pocos profundos.[47]

De esta forma, Simmel conjuga en el modo de vida urbano o metropolitano la esfera espiritual que busca el distanciamiento protector y con él mayor libertad, con la esfera de la racionalidad calculística, que hace posible actuar en las sociedades urbanas mercantilizadas. No deja de ser significativo, que Simmel asociara el fenómeno identificado como "la tragedia de la cultura" (la separación entre la subjetividad del individuo y sus productos culturales objetivados, o la tensión entre la vida espiritual y la vida anímica, en palabras de Cassirer),[48] con la vida en las grandes ciudades. Para Simmel, el modo de vida urbano está intrísecamente asociado a la tragedia de la cultura.

Así, Simmel caracteriza el modo de vida urbano por el predominio que alcanza el intelecto en la vida social, en contraposición con lo que ocurre en las áreas rurales, en donde es más fuerte el peso de los sentimientos y la emotividad. El predominio del intelecto es un mecanismo de defensa para los individuos urbanos. Los estratos más profundos del individuo se vinculan con la emotividad, con la sensibilidad; en cambio, los estratos superiores son los que tienen relación con la vida intelectual, con el raciocinio. Frente a la violencia del cambio constante en la gran ciudad, el individuo responde con la racionalidad, que es la esfera de la personalidad que puede producir cambios rápidos, acordes con el contexto urbano en constante movimiento. Frente a las distancias físicas reducidas responde con el distanciamiento interior.

---

[46] Se utiliza el término "urbanita" como citadino.
[47] Simmel, Georg (1986), pp. 253-257. Simmel, Georg (1988b), pp. 51-53.
[48] Simmel, Georg (1988a), pp. 204-231. Cassirer, Ernest (1993), pp. 155-191.

De esta forma, el individuo preserva su emotividad con una extrañeza creciente respecto a sus propias creaciones (sus productos culturales),[49] que es en las grandes ciudades donde se le presentan con mayor intensidad y diversidad y también, respecto a los otros individuos, físicamente cercanos.

El predominio del intelecto y la racionalidad se conjugan con la lógica del cálculo, típica de las grandes ciudades. Las relaciones conforme al entendimiento, a lo racional, el individuo las evalúa en términos numéricos, con lo cual todos los elementos se pueden igualar. Precisamente, ésa es la principal función social del dinero, posibilitar el intercambio anónimo, una vez que todo haya sido evaluado en términos del mismo patrón (el dinero).

Las grandes ciudades son el ámbito por excelencia de la economía de mercado, en donde el productor elabora un satisfactor para el mercado, para consumidores desconocidos, a diferencia de lo que ocurre en las pequeñas aldeas, en donde el productor se orienta hacia un determinado consumidor, hacia una persona particular. En el primer caso se está frente a relaciones despersonalizadas, por la mediación del dinero y la lógica del cálculo; en el segundo (la vida rural o de pequeños poblados), se trata de relaciones personalizadas. De esta forma, Simmel traza el puente entre la "filosofía del dinero" y el "modo de vida urbano", esto es lo que ha sido denominado "el triunfo de la razón urbana".[50]

En síntesis, el modo de vida en las grandes ciudades que construye teóricamente Simmel, se funda en la dualidad "razón pura-razón sensible" pero a condición de incorporar una mediación fundamental entre ambas: la vivencia de la distancia. Así, si la razón pura o racionalidad constituye la base de las relaciones sociales del urbanita, ello es un recurso para poder preservar su razón sensible, que sólo puede ser puesta en práctica a través del manejo de las distancias. Dado que el distanciamiento físico no puede ser controlado por el citadino, entonces controla las distancias afectivas. Por

---

[49] Respecto a ese proceso, que Simmel identificó como "la tragedia de la cultura", Habermas ha destacado que: "Simmel descubre en las formas propias del movimiento de la gran ciudad [...] los desplazamientos estructurales". Habermas, Jürgen (1988), p. 280.

[50] Lezama, José Luis (1993), pp. 142-152.

ello, puede estar cerca de los otros físicamente pero distante social y afectivamente.

2.2.2. El urbanismo como modo de vida

Si Simmel fue pionero en su reflexión sobre el modo de vida en las grandes ciudades, fue con la sociología urbana de tradición interaccionista de la Escuela de Chicago de los años veinte y treinta, en donde se acuñó el concepto de modo de vida, recuperando el debate sobre "Comunidad y Sociedad" abierto años antes por Simmel y Tönnies. No obstante, esta temática sobrepasó a la Escuela de Chicago, siendo retomada más tarde en distintos círculos intelectuales europeos.[51]

El concepto de modo de vida se debe a Louis Wirth, y fue desarrollado para comprender la vida en la ciudad.[52] Esto implica que primero se desarrolló el concepto de modo de vida urbano, y posteriormente se trabajó sobre el de modo de vida, como un nivel de abstracción mayor, que permitió considerarlo en esa forma o con relación a ámbitos rurales.

El planteamiento de Wirth sobre el modo de vida urbano se inscribe en la lógica de la Sociedad que ha sustituido a la Comunidad, al tiempo que los ámbitos rurales se urbanizaban.[53] El tipo ideal de Wirth ha constituido un hito en el pensamiento sobre la vida urbana, a pesar de las innumerables críticas de que ha sido objeto, en su momento y posteriormente. La mayor parte de las

---

[51] Cabe señalar, que en nuestro trabajo también vamos a considerar la posición respecto al modo de vida urbano de Jean Remy y Liliane Voyé. Estos autores, si bien establecen una crítica importante a la obra de Wirth, sobre todo por las asociaciones mecánicas y simplistas de sus tres dimensiones estructurantes, podríamos entender que manejan un sustrato en común con Wirth, dado por la linealidad del tiempo. No obstante, el modelo que construyen tiene una gran riqueza y complejidad porque deciden entender los modos de vida urbanos a partir de los modelos culturales. Remy, Jean y Liliane Voyé (1981), p. 238. Remy, Jean y Liliane Voyé (1974), p. 252. Remy, Jean, Liliane Voyé y Émile Servais (1980).

[52] Simmel no sólo fue el inspirador de esto, también fue quien introdujo el concepto cercano de "estilo de vida".

[53] Hannerz considera que es posible hablar de un "paradigma Wirth-Redfield" ya que mientras el primero reflexionaba sobre la ciudad y la vida urbana, Redfield lo hacía sobre su concepto de anticiudad: la sociedad *folk*. En última instancia, ambas propuestas pueden ser entendidas como los dos polos de una dicotomía, así lo retomamos en el capítulo sexto. Hannerz, Ulf (1986), pp. 73-79.

nales y emocionales que se generan en los grupos íntimos. Estamos frente a una sustitución de los vínculos sociales basados en los controles personales y emocionales, por vínculos sociales fundados en la instrumentalidad.

Las relaciones personales segmentadas y utilitarias encuentran su clara expresión en la naturaleza de los trabajos especializados, derivados de los procesos de división del trabajo.

Para Wirth, en la ciudad las personas tienen poca importancia, y los intereses se efectivizan siempre a través de la figura del representante, esto recuerda lo que Maffesoli asocia a las "funciones" asumidas por los "individuos" en la Sociedad, en contraste con los roles desarrollados por las "personas" en la Comunidad, sea premoderna o posmoderna.

La densidad de población

El segundo eje analítico del modo de vida urbano que considera Wirth es la densidad de la población. La densidad trae consigo la diferenciación y la especialización de los individuos y los espacios, y es por ello por lo que la densidad viene a reforzar el efecto del número al diversificar a los hombres y sus actividades, con lo cual aumenta la complejidad social. Siguiendo a Simmel, se puede decir que "nuestros contactos físicos son íntimos (en tanto cercanos), pero nuestros contactos sociales son distantes".

La especialización de los espacios se asocia con la competencia por el espacio, que conduce a que cada zona de la ciudad sea dedicada al uso que produce mayores beneficios económicos; domina la racionalidad instrumental y el cálculo. Esto también tiene una expresión en la creciente separación entre los lugares de trabajo y los lugares de residencia, racionalidad que localiza a cada una de estas funciones en espacios diferentes y separados.

Así, se combinan el valor de la tierra, las rentas, la accesibilidad, el prestigio, la consideración estética, la falta de molestias como por ejemplo el humo y el ruido, para valorizar algunas zonas de la ciudad como residencia de ciertos sectores sociales. Se sientan las bases mismas de la segregación urbana, o la diferenciación social dentro de la ciudad.

Diversos rasgos propios de la población que habita en un lugar, tienden a segregarla de otros grupos en la medida en que sus requerimientos y formas de vida son incompatibles entre sí. Es así que, personas de condiciones y necesidades homogéneas van a localizarse en las mismas áreas de la ciudad, todo lo cual hace que las distintas zonas de la ciudad adquieran funciones especializadas. La ciudad se constituye como un mosaico de mundos sociales en los que puede ser brusca la transición del uno al otro. Esta diferenciación espacial y social de la ciudad genera en las personas un sentido de la diferencia, que es propiciado por la racionalidad y el entendimiento.

Además, el hecho de vivir y trabajar entre individuos que no están unidos por vínculos sentimentales ni emocionales fomenta el espíritu de competencia y la facilidad para establecer distancias afectivas. Wirth encuentra que estas condiciones del espacio urbano tienen una fuerte influencia determinística, o *cuasi* determinística, sobre el modo de vida.

La heterogeneidad

El individuo urbano del que nos habla Wirth vive en una constante inestabilidad e inseguridad, lo que también explica su cosmopolitismo y complejidad. El individuo se vuelve miembro de muy diversos grupos, tan diversos son los grupos en los que participa, como diversos son sus intereses. Cada uno de estos grupos o círculos funciona con relación a un segmento de la personalidad del individuo, siendo tangenciales entre sí unos círculos y otros.[57] Los círculos sociales también reconocen vinculaciones con la especialización de los distintos espacios intraurbanos.

La pertenencia a los distintos círculos cambia rápidamente con relación al desarraigo de las personas, y también en relación con la movilidad social. El lugar de residencia y el lugar de trabajo (así como los ingresos) cambian frecuentemente, lo que lleva a que la participación íntima y duradera en los distintos grupos (organiza-

---

[57] En este aspecto, la influencia de Simmel en el pensamiento de Wirth es muy notoria, tanto en lo que se refiere a la inestabilidad que conlleva el movimiento como en la cuestión de los círculos sociales.

distintos grupos organizados. Ante el debilitamiento de los nexos de parentesco se crean nexos de parentesco ficticios.

• La unidad territorial deja de ser la base de las solidaridades.
• La división del trabajo trasciende a la inmediata localidad.

Aun cuando el esquema interpretativo de Wirth se presenta muy "operacionalizado", es posible distinguir un eje en el cual se sintetizan todos los indicadores que va presentando, y que es el de la individualización creciente en la sociedad urbana. Este eje analítico se puede ver en cuatro niveles (aunque según el autor son tres): el individuo, la familia, lo colectivo externo a la familia y la ciudad como el conjunto urbano. En cada uno de estos niveles, Wirth presenta indicadores de la ruptura de las solidaridades básicas, muestra a individuos aislados (individuos y hogares) y el predominio de la racionalidad pura sobre la razón sensible.

Este conjunto articulado de indicadores y niveles convergen en la individualización, que finalmente es remitida a la problemática de la división del trabajo, la industrialización, y con ello la separación entre el lugar de trabajo y el lugar de residencia, componente central de nuestro objeto de investigación. Esto último nos permite recuperar el pensamiento de Wirth para nuestro trabajo de investigación, ya que dicha separación es lo que en nuestra investigación venimos denominando la "relación Trabajar/Residir" ("relación T/R") o espacialidad del trabajo.

Así, nuestro análisis lo orientamos a partir de una primera clasificación de los hogares, en función del contenido de "la espacialidad del trabajo" en donde reconocemos tres grupos de hogares:

1. Hogares en los cuales el lugar de trabajo y de residencia constituyen un mismo espacio vivencial.
2. Hogares en los cuales el lugar de residencia y el lugar de trabajo son dos espacios separados, pero ambos se emplazan en el mismo contexto local: el Valle de Chalco.
3. Hogares en los cuales el lugar de trabajo y de residencia están separados, con la peculiaridad de que el lugar de trabajo se ubica fuera del Valle de Chalco, lo cual implica movilidad espacial cotidiana por trabajo.

En este contexto, el esquema interpretativo de Wirth nos abre interrogantes, básicamente en la dimensión de los "hogares y el mundo inmediatamente externo al hogar" (el barrio) y en referencia con el grupo de hogares en los cuales estas dos esferas de la vida (trabajo y residencia) están separadas, ya que éste es uno de los presupuestos del esquema interpretativo de Wirth.

De esta forma, el planteamiento de Wirth nos permite preguntarnos si la pérdida de solidaridades básicas en este tipo de hogares (con separación entre el lugar de residencia y el lugar de trabajo), se produce tanto en el ámbito interno del hogar como en la relación del hogar con el barrio; o bien si es que sólo afecta a uno de estos ámbitos o, si no es posible sostener la hipótesis de la individualización y pérdida de solidaridades defendida por Wirth, para ninguno de los dos ámbitos (ni para el intrafamiliar ni para el externo al hogar).

Algunas críticas al "urbanismo como modo de vida"

Este modelo interpretativo de la vida en las grandes ciudades abrió una polémica entre Louis Wirth y Oscar Lewis en los años cincuenta. Oscar Lewis atacó la posición culturalista desde el análisis de los sectores populares urbanos, planteando que en los ámbitos urbanos es posible que la familia se constituya en unidad de producción ("la casa y el lugar de trabajo son uno solo"),[60] con lo cual en la ciudad aparecen comportamientos característicos de la vida rural tales como el fortalecimiento de los nexos familiares, las redes de solidaridad y la presencia de familias extensas. No deja de ser relevante que algunos de los referentes empíricos con los que Lewis construyó esta argumentación hayan sido familias del centro de la ciudad de México.

En una primera lectura, las ideas de Lewis y Wirth aparecen como posiciones enfrentadas. Sin embargo, nuestra interpretación es que la argumentación de ambos autores se organiza sobre la misma idea central: "el modo de vida urbano debilita las solidaridades sociales". En todo caso, la diferencia está en que Lewis encuentra que en las ciudades se puede desarrollar un modo de vida rural

---

[60] Lewis, Oscar (1959), p. 302. Lewis, Oscar (1988), pp. 240-251.

Bethnal Green. En esa ocasión uno de los hallazgos de estos autores fue la permanencia de lazos de solidaridad, sobre todo en el contexto de relaciones de parentesco, en el caso de familias obreras londinenses. Interpretando esto último desde nuestra perspectiva, diremos que en Bethnal Green persistieron las solidaridades vecinales y familiares con la disociación del trabajo y la familia. Siempre se ha pensado que la polémica con Wirth fue sostenida por Lewis, sin embargo desde este ángulo la hipótesis contraria a Wirth se debe más bien a investigaciones como la de Young y Willmott.[65]

2.2.3. El modo de vida urbano como modelo cultural

Las dos teorizaciones sobre el modo de vida urbano que acabamos de presentar, de alguna manera fueron recuperadas, discutidas y profundizadas en lo que consideramos la propuesta teórica más acabada sobre el modo de vida urbano en esta línea, nos referimos a la propuesta de Jean Remy y Liliane Voyé.

Estos autores abordan el "modo de vida" desde la dimensión cultural, aunque articulada con lo económico y social. Esta forma de abordar el modo de vida urbano es un intento por evitar las asociaciones mecanicistas, de las que ellos mismos acusaron a Wirth. A nuestro juicio, este pensamiento supera esos rasgos mecanicistas, aunque mantiene la visión de las imposiciones de las estructuras sobre los individuos.

De acuerdo con Remy y Voyé,[66] la urbanización es un proceso a través del cual se transforma la relación de la sociedad con el espacio, a partir de la convergencia de los tres fenómenos siguientes:

1. El desarrollo tecnológico, que aparece como la condición que posibilita una nueva relación con el espacio.
2. Un modelo cultural que tiende a la instauración social del individuo. Nuevamente, en estos autores está presente el problema de la individualización y la urbanización.

[65] Willmott, P. y M. Young (1960).
[66] Remy, Jean y Liliane Voyé (1974), p. 252.

3. Una división del trabajo que —entre otras cosas— conduce a la separación física de lo laboral y lo extralaboral.

Parafraseando a Rémy y Voyé se puede decir, que esta trilogía le da nuevo contenido a la territorialidad, como la relación que establece la sociedad con el espacio. La urbanización implica cambios espaciales, culturales y en el sistema de la personalidad, para usar los mismos términos que estos autores, quienes desarrollan esta caracterización por contraste con ámbitos no urbanizados. De una manera más específica podemos decir, que sigue presente la oposición comunidad-sociedad que habíamos advertido desde el inicio del capítulo. A continuación presentamos las tres dimensiones de este modelo conceptual de la urbanización como modo de vida.[67]

La dimensión espacial

En lo espacial, la urbanización implica la aparición de un nuevo[68] tipo de espacio debido a que la ocupación del suelo se realiza de acuerdo con patrones de concentración y especialización, a lo que se suma el aumento en las posibilidades de movilidad en el territorio, por la modificación en las condiciones de transporte de bienes y personas.

De acuerdo con el tipo de espacio se desarrolla una lógica funcional, que consiste en la localización de los equipamientos necesarios para la vida laboral y no laboral en espacios especializados, antes que en un espacio polifuncional. Una de las consecuencias necesarias de ello es que el barrio no se constituye en un espacio autónomo en el interior del cual la población residente pueda encontrar posibilidades para satisfacer todas sus necesidades. Por el contrario, el barrio deviene en un espacio especializado en el cual se puede satisfacer sólo uno u otro tipo de necesidades.

Asimismo, se advierte una lógica residencial que responde al mismo fenómeno de la especialización, aunque en relación con la

---

[67] Remy, Jean y Liliane Voyé (1971), p. 252.

[68] En todas las ocasiones que estos autores hablan de "nuevo" lo hacen en referencia a unas condiciones anteriores, cuando no se trataba de espacios urbanizados. En este sentido creemos que además de la validez teórica su desarrollo, también en términos empíricos es posible recuperarlo en el interior del problema que se está estudiando, ya que se trabaja con un área que en un "antes" próximo tampoco estaba urbanizada. *Ibid.*

La urbanización estimula la difusión de este tipo de espacios que son intermedios entre los espacios estrictamente privados y los públicos. En ese sentido, la urbanización puede ser clave para diversificar e intensificar los intercambios. Estos espacios son parcialmente privados, en ellos hay una combinación de indeterminación y selección, permiten encuentros aleatorios, pero entre personas entre las que existe una cierta confianza recíproca. A su vez, son espacios que sirven de vínculo entre las otras dos esferas disociadas en el modelo urbano: el trabajo y la familia.

La urbanización también supone un tránsito de una "lógica de comunión y armonía en la jerarquía" a una "lógica de las diferencias y de la competencia por la igualdad".[69] En los medios no urbanizados, la organización dominante es la que se da en torno a la comunidad, y los proyectos individuales no tienen lugar fuera de los proyectos colectivos. En esos casos, la comunidad supone la articulación con un territorio, relaciones interpersonales, cumplimiento de diversas funciones sociales requeridas por la vida colectiva y la identificación social y cultural de los miembros del grupo. La solidaridad es global y la jerarquización social (poco desarrollada) es aceptada como normal.

Esta metáfora de la comunidad es desplazada por la urbanización que promueve al individuo, sustituyéndola por una lógica que valoriza los proyectos individuales y la autonomía en la toma de decisiones, que conduce a una pérdida de la solidaridad en relación con la comunidad. La solidaridad comunitaria es sustituida por solidaridades parciales, fundantes de diferencias, tanto en el plano laboral como en el extralaboral.

Otra característica de la vida urbana es el afianzamiento del hábito por la comparación, que conduce a una reivindicación constante por la igualdad, articulada con la voluntad por afirmar las diferencias. De esta lógica resulta la autonomía y el aislamiento de los individuos. El individuo no se encuentra tan ligado a un grupo que le dicte las reglas de conducta de manera estricta e indiscutible, por lo cual adquiere independencia en su comportamiento.

Por otra parte, es posible que un individuo esté inserto en un número más o menos grande de redes de relaciones autónomas las

---

[69] Remy, Jean y Liliane Voyé (1971), pp. 103-110.

unas en relación con las otras, tanto en cuanto a sus miembros como a sus objetivos. En el interior de estas redes o círculos sociales, las relaciones pueden ser totalmente funcionales o totalmente afectivas, existiendo la posibilidad de disociar lo funcional de lo afectivo. Una vez más, la vida urbana es asociada a la participación en diversos círculos sociales, a las disociaciones y las diferencias, todo como parte del proceso de instauración social del individuo.

La dimensión individual: el sistema de la personalidad

De acuerdo con Remy-Voyé, otra esfera de la vida social que adquiere matices particulares en los espacios urbanos es el sistema de la personalidad. En este ámbito la urbanización suele asociarse a "una parcelación de la existencia", que sobre todo viene dada a través de la disociación espacial entre el lugar de residencia y las actividades externas al hogar, conduciendo al individuo a participar en una pluralidad de contextos (familia, trabajo, escuela, iglesia, etc.). Estos contextos están compuestos de manera diferente y regidos por normas propias, a lo que se agrega el hecho de que suelen generar demandas no convergentes, sino contradictorias.

Esta fragmentación de los ámbitos de la vida se acentúa por el hecho de que la mayor parte del tiempo, el lugar de residencia se reduce a la función habitacional y no se constituye en un lugar que estructure y sintetice actividades diferentes de las domésticas.

La urbanización como modo de vida termina con el mundo cerrado, con el espacio conocido en el que los contactos con el mundo externo son ocasionales. En cambio, la vida urbana se desarrolla a través de un régimen de distancia-proximidad complejo, por el cual la persona establece relaciones de intensidad y orientación variable, participando de diversos espacios.

Por ejemplo, la relaciones entre los hombres y las mujeres en un medio rural sólo son intensas en el interior de la familia; en cambio, la vida urbana permite un régimen de intercambios complejo en el que la relación hombre-mujer no sólo es parte de la vida privada, sino también de la vida pública. En un régimen de intercambios complejos se desarrolla una gama importante de relaciones intermedias entre las que son estrictamente interpersonales y profundas (como las que ocurren en el interior de la familia) y las relaciones superficiales y contractuales.

Del mismo modo, la vida urbana permite la valorización de la elección, que evidencia "la importancia del proyecto individual" en detrimento del proyecto comunitario. El proyecto individual viene a constituir una manera de contrabalancear las restricciones de la vida colectiva. Por otra parte, la valorización del proyecto individual no es incompatible con la existencia de organizaciones que controlen los problemas colectivos, no se refiere a la espontaneidad individual, sino que expresa un aspecto esencial de la producción colectiva de una sociedad.

En síntesis, esta postura teórica busca explicar la manera en que la estructura social se simboliza y se construye a través del espacio urbano, al mismo tiempo que éste ayuda a su estabilización. Asimismo, se reitera el hecho de que la urbanización supone una transformación en la utilización del espacio, aunque la relación con el espacio no es unívoca y el espacio puede ser utilizado de distintas formas según sean las características sociales y culturales del grupo que lo ocupa y lo apropia. Una vez que un grupo se instala en un espacio dado, este lugar deviene símbolo y expresión del grupo.

La forma en que se organiza el espacio tiene incidencia sobre la capacidad de intervención de los actores sociales, ya que según como se combinen los elementos en el espacio, se modela distinto tipo de interacciones sociales. Por ello, la combinación de elementos en el espacio contribuye a construir una cierta representación de la vida social.

Esta propuesta teórica desarrollada por Remy y Voyé considera a la urbanización como un "modo de vida" que resulta de la relación entre el espacio y la sociedad. Un rasgo propio de este enfoque es que dicha relación se analiza tanto desde la dimensión económica (todo lo vinculado al trabajo), como desde la dimensión sociocultural y la espacial. De este enfoque nos interesa recuperar la concepción de la urbanización como la construcción de un modo de vida a través de la convergencia de una lógica espacial y otra sociocultural. En síntesis, la lógica espacial y la sociocultural que proponen Remy-Voyé para comprender la urbanización como "modelo cultural" o modo de vida se integran de los siguientes aspectos:

La lógica espacial de la urbanización
- La especialización de subespacios.
- La necesidad de movilidad territorial.
- La producción de espacios intermedios entre los lugares de trabajo y los domésticos

La lógica sociocultural de la urbanización
- La valoración de la elección individual.
- La participación en una multiplicidad de círculos sociales independientes unos de otros, que lleva a una pérdida de la función de control social de la familia, mientras que los mecanismos de control quedan distribuidos entre los diversos círculos de los cuales participa cada individuo.
- La participación en distintos círculos sociales, en donde las relaciones pueden ser enteramente funcionales o totalmente afectivas, pero no ambas a la vez.
- La disociación entre el espacio privado y el espacio público, siendo el primero el que otorga cierta autonomía y alguna posibilidad de aislamiento.
- La prioridad de los proyectos individuales sobre los colectivos.
- La prioridad de las solidaridades parciales sobre las solidaridades comunitarias.
- La parcelación o fragmentación de la existencia entre ambos ámbitos de la vida totalmente independientes.

En síntesis, parecería que abordar la urbanización como modo de vida desde este enfoque, permite vincular las dinámicas afectivas y las dinámicas sociales, lo estructural con la vida cotidiana, lo que Claude Javeau caracteriza como la articulación de la microsociología de la vida cotidiana con una macrosociología de la vida cotidiana.[70] En este enfoque, lo estructural en buena medida se asocia con el trabajo y particularmente con el trabajo asalariado industrial, de manera que ello permite preguntarnos si el modo de vida urbano también se construye en estos términos cuando el trabajo se hace heterogéneo y diverso, sobre todo en su espacio-temporalidad. En

[70] Javeau, Claude (1980), pp. 30-45.

otras palabras, si el trabajo se desarrolla en el hogar o en espacios públicos, y en un tiempo continuo e indiferenciado, es posible entender el modo de vida urbano tal como lo han desarrollado estos autores, en el contexto del pensamiento social de la modernidad, o es que los cambios en la espacialidad del trabajo tienen repercusiones en la vida cotidiana, que son definitivos para los modos de vida y requieren de nuevas teorizaciones sobre el tema.

2.2.4. La metáfora tribal: una aproximación a los modos de vida urbanos dominados por la razón sensible

Si la mención a los modos de vida no es una referencia necesaria al pensamiento de Michel Maffesoli, lo tribal y la razón sensible si a un autor actual nos remiten, es precisamente a Maffesoli.[71] ¿Por qué traer a este debate a un autor que no se focaliza directamente en los modos de vida? La respuesta a este interrogante nos lleva a asumir que el seguimiento teórico acerca de los modos de vida urbanos lo hacemos de dos formas, a través de aquellos autores que se han enfocado directamente en este concepto, como también en aquellos otros (como Maffesoli) en los que el modo de vida no es una preocupación conceptual declarada, sino que aparece en el contenido mismo de su forma de comprender las sociedades actuales.

La metáfora tribal ha sido desarrollada por Maffesoli como una perspectiva comprensiva, como un paradigma relacionista y extraño a la lógica individualista. No es casual que en vez de hablar de modelo teórico, hayamos optado por la idea de "metáfora". Con ella, el autor busca comprender los modos de vida actuales, los modos de vida de fin de siglo, los modos de vida en las grandes ciudades. Esta metáfora se construye sobre la articulación de cuatro ejes analíticos: el tiempo, el espacio, lo emocional y la ritualidad.

Los modos de vida, según Maffesoli, se van impregnando crecientemente de tribalismo, con toda la afectividad, los arraigos espaciales y los eternos retornos que ello conlleva. Así, los modos de vida metropolitanos y el tribalismo se hacen sinónimos en la propuesta de Maffesoli. Estos modos de vida tribalizados sobre todo son

---

[71] Si la preocupación por la dualidad "razón pura-razón sensible" ha venido apareciendo con más o menos presencia en su discurso, uno de sus últimos libros está dedicado en buena medida a ella. Maffesoli, Michel (1996).

urbanos y se caracterizan por la pérdida de rigidez en sus formas de organización, por la diversidad de vivencias, por la realización de ritos propios de masas tribales.

El tiempo cíclico y el espacio

En la metáfora tribal de Maffesoli, el tiempo se constituye en un concepto central. El autor asume la saturación del paradigma individualista-racionalista, y con ello también la saturación del tiempo lineal y progresivo que dominó en ese pensamiento. En contraposición a ello, Maffesoli se plantea la circularidad del tiempo, la repetición y el eterno retorno.[72] En cada uno de los grandes momentos culturales del devenir histórico de Occidente, se ha producido un resurgimiento del *ethos* de la comunidad,[73] lo que constituye una particular expresión de la circularidad del tiempo.

Esta visión cíclica del tiempo lo lleva a transitar el viejo debate de "Comunidad y Sociedad", aunque renovado desde dos puntos de vista: uno, es la concepción de este tránsito de manera inversa a la que permeó el pensamiento de la modernidad, y otro, porque lo comprende de manera cíclica. Así, antes que plantearse una evolución unidireccional desde una de estas dos categorías hacia la otra (en su caso sería de la Sociedad a la Comunidad), se plantea un "nuevo retorno" a la condición comunitaria. En el discurso del autor aparecen repetidas expresiones que aluden a la idea de "tránsito" de una situación a otra, pero no como situaciones absolutas, sino como tendencias observables y afectadas por el movimiento pendular. No obstante, su discurso está dominado por el signo de ese tránsito: "de la Sociedad a la Comunidad".[74]

Éste es un punto de ruptura con todas las otras teorizaciones del modo de vida urbano realizadas entre fines del siglo pasado y mediados del presente (Simmel, Wirth), porque en aquellos casos dominaba la idea del tiempo lineal, con lo cual el pasaje de una condición a la otra (en aquel momento histórico era inverso, de la Comunidad a la Sociedad) era visto como algo irreversible. Así, este debate casi siempre vino acompañado de una visión pesimista, muy

---

[72] Maffesoli, Michel (1979), p. 25.
[73] Maffesoli, Michel (1991), p. 36.
[74] *Ibid.*, p. 216.

fuerte en la obra de Tönnies,[75] derivada de la irreversibilidad del tiempo lineal. En cambio, el eterno retorno cíclico maffesoliano no se da hacia formas exactamente iguales, sino hacia formas renovadas, donde lo renovado adquiere este carácter a partir de nuevas formas de socialidad. Así, Maffesoli encuentra las actuales y renovadas formas comunitarias en las calles y barrios de nuestras grandes ciudades, en los mercados, en los cafés, en los centros comerciales, etcétera.[76] La visión cíclica del tiempo está directamente ligada a la problemática de la repetición, lo que se repite en el tiempo. Cada repetición es vivida como una unidad en sí misma, por lo cual la perspectiva del tiempo cíclico conduce a un tiempo fragmentado en su circularidad. Asimismo, se debe recordar que la repetición (o el retorno) siempre es concebida sobre nuevas formas de socialidad, por ello para Maffesoli la repetición en unidades de tiempo fragmentadas permite encontrar la diferencia.[77]

Esa circularidad temporal en la que se suceden las repeticiones renovadas, hace que lo más importante no sea la dirección de lo temporal, sino el ritmo temporal. En síntesis, en esta línea de pensamiento, la relación con el tiempo es la instancia clave y determinante de la vida cotidiana y de los modos de vida.[78] Los nuevos modos de vida comunitarios y tribales son modos de vida "presentizados", vividos en presente.

Otra dimensión de la metáfora tribal es el espacio. Maffesoli plantea que nuestras prácticas cotidianas y nuestras imágenes mentales se arraigan en el espacio, se espacializan. La vida cotidiana se espacializa, se encarna en un espacio que estructura las situaciones sociales. Así, los cafés, los mercados, se constituyen en territorios físicos y simbólicos en los que se espacializan diversas solidaridades. El autor le otorga al espacio un estatuto teórico tal que lo lleva a entender a la sociedad, recuperando a Durkheim, como "una comunidad de ideas espacializada".[79]

[75] Tönnies, Ferdinand (1919).
[76] Maffesoli, Michel (1979), p. 73.
[77] Maffesoli, Michel (1976), p. 111.
[78] Maffesoli, Michel (1979), p. 28.
[79] *Ibid.*, pp. 63-65.

En el pensamiento maffesoliano, la dimensión espacial también toma otro matiz particular debido a que el autor asocia la espacialización de la cotidianidad con el tiempo. Así, la espacialización de la vida cotidiana cumple la función de crear la apariencia de que ha fijado el tiempo en el presente. El espacio siempre es vivido como el tiempo presente, aun cuando en él se acumulen historias pasadas; todo lo espacial toma una forma temporal de presente, de ahí que el apego de los individuos con respecto al territorio sea un apego al presente.

Lo emocional

También lo afectivo y lo emocional son contenidos fuertes de la metáfora tribal, son condiciones estructurantes de la vida social, lo sin sentido o mejor aún, sin más sentido que el de la vivencia en el presente (la ausencia de racionalidad instrumental), el sentido de pertenencia (a un grupo o microgrupo, a un territorio) y el ambiente conflictual.[80] Recordemos que casi un siglo antes, Simmel había visto al conflicto como la base de las relaciones sociales.[81]

La metáfora tribal, que se recrea constantemente en nuestras grandes ciudades, es una escenificación de las bases mismas del modo de vida construido a partir de la subjetividad comunitaria, en la cual coexisten la solidaridad y el control. Hemos dicho en el primer capítulo, que los modos de vida en épocas recientes han sido definidos como sistemas de prácticas y representaciones asociados.[82] Si contraponemos a esta conceptualización el enfoque maffesoliano, resulta que los modos de vida tribales de nuestras grandes ciudades se definen más por los sistemas de representaciones, por el imaginario social, construidos en pequeños círculos sociales que por los sistemas de prácticas cotidianas. Los modos de vida tribales no se anclan tanto en lo que se hace sino en cómo se lo significa; los significados están profundamente permeados por lo emotivo. Las formas de significar el hacer cotidiano, al ser construidas y compartidas colectivamente, son las creadoras de las nuevas formas de socialidad.

[80] Maffesoli, Michel (1991), pp. 150-151 y 212-216.
[81] Simmel, Jorge (1939).
[82] Véase el apartado 1.1.

De acuerdo a Maffesoli, esta metáfora de la socialidad tribal se va recreando en los microespacios, se asocia al localismo y toma una apariencia anacrónica frente a los modos de vida unificados y estandarizados de la sociedad dominante.[83] Estos modos de vida unificados y estandarizados pueden entenderse como la metáfora de la Sociedad, mientras que los tribales vienen a conformar la metáfora de la Comunidad renovada en este fin de siglo a partir de una socialidad fuertemente emotiva y poco finalista-instrumentalista.

La metáfora tribal, como una forma renovada de Comunidad, es remitida sobre todo al espacio urbano, a las grandes ciudades; son constantes los ejemplos urbanos del autor respecto al "modo de vida urbano-tribal". Su visión urbana del fenómeno es tan intensa que lo hace extensivo al campo de la investigación urbana, señalando que es necesario que la investigación en este campo pase de los enfoques macroeconómicos y macropolíticos al estudio de la relación simbólica que reestructura los barrios de las grandes metrópolis.[84]

La ritualidad urbana

La ritualidad urbano-tribal si por un rasgo se caracteriza es por no ser finalista, por el contrario, es una ritualidad instantánea, hecha presente. En cambio, la ritualidad, o microrritualidad cotidiana siempre conlleva la noción del proyecto, la noción de la serie de pasos encadenados a seguir para llegar a una meta o a un resultado buscado.[85]

Un ejemplo de los ritos de la tribalidad urbana es lo que el autor denomina las derivas sin metas definidas por las calles de nuestras metrópolis, también la furia por el consumo que toma una de sus máximas expresiones en los centros comerciales. Estas prácticas son vistas por Maffesoli como "ritos cotidianos" de los modos de vida urbano-tribales, en donde a veces los protagonistas son microgrupos muy diferenciados, mientras que otras son masas indiferenciables.[86]

---

[83] Maffesoli, Michel (1979), p. 63.
[84] Maffesoli, Michel (1991), p. 150.
[85] Véase el apartado 2.1.3. de este capítulo.
[86] Maffesoli, Michel (1991), pp. 151-152.

En síntesis, los modos de vida parecen cada vez menos determinados por el deber ser y por el "trabajo", parecen cada vez menos finalistas y más movidos por lo sin sentido o lo que toma todo el sentido en la vivencia presente,[87] en "el hacer en común" y el "sentir en común".[88] En suma, la perspectiva maffesoliana sobre los modos de vida se articula desde un eje espacio-temporal, otro emocional-afectivo y otro dado por la ritualidad tribal-urbana de masas. La visión de Maffesoli respecto a que la cotidianidad está determinada en su más alto nivel por el tiempo, circular y repetitivo, se torna central en nuestro objeto de estudio. Recordemos que nuestra investigación se plantea como una perspectiva espacio-temporal de la vida cotidiana y el trabajo.

Recuperando elementos de la visión maffesoliana de los modos de vida urbano-tribales, nos preguntamos ¿cómo están influyendo las configuraciones espaciales barriales de nuestra área de estudio, en la constitución de las solidaridades comunitarias?, ¿existen espacios intermedios (entre el lugar de trabajo y el lugar de residencia), como cafés y cantinas, que estén operando como espacios de socialización, como espacios que favorezcan la constitución de la trama social, o en palabras de Maffesoli: "como espacios en donde se vive la alteridad en toda su expresión y con todo lo trágico que ella conlleva"?[89]

2.2.5. El modo de vida como el habitar en la modernidad y la posmodernidad

De los cuatro enfoques que acabamos de revisar sobre el modo de vida, los tres primeros articulan el modo de vida urbano con la modernidad, en tanto que el último lo ubica a la luz de la posmodernidad. Considerando esta primera diferenciación, podemos señalar que el concepto de modo de vida urbano en los primeros enfoques viene a recoger buena parte de los rasgos fuertes con los que se ha caracterizado a la modernidad misma. En tanto que para

---

[87] Maffesoli, Michel (1991), p. 216.
[88] Maffesoli, Michel (1985), pp. 175-180.
[89] Maffesoli, Michel (1979), p. 73.

el último, el modo de vida posmoderno se confunde, al menos parcialmente, con los contenidos atribuidos a la posmodernidad.

Así, el modo de vida urbano constituido en la modernidad se funda en la instauración social del individuo frente a la comunidad, la fragmentación del individuo en múltiples esferas de la vida social, lo que trae una creciente diferenciación social y espacial dentro de la ciudad y la sociedad y el predominio de las solidaridades parciales frente a las solidaridades más extendidas, como las comunitarias. De acuerdo con Simmel y Wirth la individualización está muy estrechamente vinculada al distanciamiento social con el que los individuos buscan protección frente a un entorno hostil. En el caso de la interpretación de Remy-Voyé, la instauración social del individuo en medios urbanizados tiene fuerte asociación con el proyecto individual, casi siempre concebido como proyecto de progreso. El modo de vida urbano, de esta manera, viene siendo un habitar en medios urbanizados protagonizado por individuos distanciados de los otros, que construyen proyectos propios sobre su futuro, que se fragmentan internamente en múltiples ámbitos y círculos sociales, antes que fundirse en la comunidad a través de proyectos comunitarios y solidaridades extendidas.

De acuerdo con el último enfoque revisado, el modo de vida en las grandes ciudades de la posmodernidad se funda en una socialidad definida sobre lo emocional y lo imaginario. El habitar en las grandes ciudades de la posmodernidad, más que un hacer es un sentir. Este rasgo marca un distanciamiento respecto al proyecto de progreso, ya que este último se define a partir del hacer y de lo materializado, en tanto que el sentir se articula más con el imaginario y lo emocional. Es por ello por lo que un habitar urbano definido sobre el sentir no necesita proyectarse sobre el futuro, el sentir remite al presente que se fija espacialmente, el sentir tiene relación con el instante. Así, el habitar en las grandes ciudades de la posmodernidad está presentizado, mientras que el habitar en las ciudades de la modernidad si considera el presente, sólo es para proyectarse a un futuro al que está orientado y en el que se busca cambiar el presente. De lo anterior surge el siguiente interrogante: el habitar en la periferia pobre de la ciudad de México ¿se define por el sentir o por el hacer?

2.3. DE LA CENTRALIDAD DEL TRABAJO A LA RELACIÓN TRABAJAR-RESIDIR

Así como los aportes teóricos sobre el modo de vida urbano nos interesan como una forma de comprender "el habitar", las reflexiones de la sociología del trabajo las recuperamos como una manera de acercarnos al trabajar y el residir.

Tal como ha sido señalado por Van Haecht,[90] el concepto de trabajo durante mucho tiempo fue objeto de reflexión filosófica, de considerable influencia en el análisis que sobre el tema realizaron Marx, Weber y Durkheim. El trabajo constituyó una preocupación central para los clásicos de la sociología.[91] Es en este mismo sentido que Tony Watson, cuando hace un balance de los grandes debates en torno al trabajo, plantea que el trabajo (entendido como las actividades laborales en sí mismas), la organización del trabajo y lo vivido del trabajo, siempre han estado en las preocupaciones centrales de la sociología.[92] A pesar de todo ello es en los años veinte que estas reflexiones llegan a constituir un campo disciplinario.

La sociología del trabajo, como campo disciplinario, surgió formalmente en Estados Unidos con las investigaciones realizadas por Elton Mayo en Chicago, entre 1927 y 1939.[93] El enfoque de Mayo se puede definir desde el individuo que trabaja en la empresa, e incluye de manera central aspectos psicológicos. El interés fue conocer cómo incide la colectividad del trabajo en el trabajador, por eso Mayo habló del "factor humano en la empresa". A pesar de la consideración de la individualidad, éste no fue un enfoque planteado desde la vida del trabajador, sino desde la preocupación del empresario por disminuir los conflictos laborales. El compromi-

---

[90] Van Haecht, Anne (1986), pp. 345-356.

[91] La alienación y la separación entre los trabajadores y las condiciones de trabajo, son los dos temas centrales sobre el trabajo en la obra de Marx. La división del trabajo lo es en el caso de Durkheim y, la racionalización junto al tipo ideal de la burocracia cumplen igual papel en la obra de Weber.

[92] Watson, Tony (1987), pp. 28-59.

[93] Aunque Elton Mayo hace su investigación empírica en Chicago, ésta no está enmarcada en la sociología interaccionista del Chicago de los años veinte sino en la expansión industrial de esta ciudad en esa época. La adscripción institucional de Mayo era la Universidad de Harvard, en donde los parsonianos desde mediados de los años treinta fueron construyendo la crítica al interaccionismo de Chicago.

so social del investigador es con la empresa, ya que ésta era concebida como motor de la economía.[94]

En este país, el segundo núcleo intelectual (y en cierta manera, marginal respecto a la centralidad del equipo de Mayo) que comenzó a reflexionar sobre el trabajo, estuvo en Chicago (en el departamento de sociología de la universidad) y se estructuró en torno a la investigación empírica de Hughes. Este autor se interesó en el individuo que trabaja, y no fue una visión desde la empresa sino desde la ocupación que se realiza. La ocupación fue vista como lo que define roles sociales.[95] Hughes, como casi todos los discípulos de Park, definió su compromiso social con el individuo, en este caso, el trabajador.[96] Por último, se puede señalar que hacia los años cuarenta, el enfoque funcionalista americano gestado en Harvard y Columbia, también alimentó la investigación sociológica sobre el trabajo, particularmente a través de Merton, quien recogió la herencia parsoniana, aunque más que una sociología del trabajo se trató de una sociología industrial.

En los años cuarenta, también en Francia comenzó a constituirse una sociología del trabajo formalmente. En realidad, al igual que en Estados Unidos, fueron dos líneas principales las que se estructuraron.[97] Una de ellas más orientada como sociología de las organizaciones. Es el enfoque de Crozier. La segunda, de corte más humanista y obrerista, fue la sociología del trabajo de Friedmann, en la que se enrolaron figuras como Naville y Touraine, entre otros. De ambas nos interesa particularmente la segunda. Estos sociólogos

---

[94] Esta posición intelectual se comprende mejor cuando se la contextualiza en la historia del movimiento obrero americano.

[95] Muchas veces, esta perspectiva ha sido calificada como sociología de las ocupaciones, antes que sociología del trabajo.

[96] El trabajador de Hughes no se limitó al obrero industrial; por el contrario, estudió ocupaciones muy marginales socialmente, así como otras que otorgan estatus social (como el médico). Winkin, Yves (1991), "Presentación", en Goffman, Erving, *Los momentos y sus hombres*, Paidós, Barcelona, pp. 32-43.

[97] Debido a este paralelismo en el devenir de la sociología del trabajo francesa y americana, cuando Pierre Bouvier hace el recorrido histórico de esta disciplina, diferencia dos líneas, una que identifica como la sociología de la racionalización de la organización del trabajo, y otra, que denomina línea crítica. En la primera incluye tanto la vertiente americana de Mayo, Merton, Gouldner, como la francesa de Crozier. En la segunda, también incluye representantes franceses, como Friedmann y sus discípulos, y autores americanos como Braverman. Bouvier, Pierre (1994), pp. 88-93.

estudiaron al trabajador en el conjunto de la sociedad; en parte ello se asocia a la influencia marxista. El fin fue conocer la sociedad industrial. Aunque estudiaron al trabajador en relación con la fábrica (al igual que Mayo), el compromiso social del investigador no se definió con el empresario sino con el obrero. Este tipo de compromiso social se relacionaba con la herencia proudhoniana. De hecho, muchos de estos intelectuales eran militantes del movimiento obrero. Podríamos decir que éste es un enfoque desde la sociedad vista a través de los individuos.[98] De Proudhom recuperan la idea de la centralidad del trabajo en la dinámica social.[99] En este sentido, esta corriente vino a estudiar el trabajo a la luz de distintas dimensiones de la cultura.

Esta última sociología del trabajo abordó temas como la relación entre el hombre y la máquina, el tiempo de trabajo y el tiempo libre, la conciencia obrera, la vida en el trabajo y la vida fuera del trabajo, etc. Friedmann insistió en que no había que limitarse a estudiar el trabajo en la industria, aunque no se hicieron estudios empíricos sobre el comercio y los servicios,[100] y al igual que los anteriores enfoques, éste también restringió el concepto de trabajo al trabajo industrial. Otro rasgo de esta perspectiva que ha sido objeto de fuerte crítica es el determinismo tecnológico. La centralidad otorgada al trabajo y el hecho de que el trabajo y el trabajo industrial se hicieran sinónimos, implicó un particular énfasis sobre la esfera técnica como detonante de una serie de transformaciones sociales encadenadas. Por ejemplo, Friedmann ha señalado que "el desarrollo de las técnicas de producción impone [...] un ambiente nuevo no solamente en la fábrica sino también en la vida cotidiana, fuera de la fábrica".[101] Sin justificar ese determinismo, es importante tener presente que este pensamiento también se desarrolló a la

---

[98] Zagefka, Polymnia (1990), pp. 118-128.

[99] Abramo y Montero asocian este carácter humanista al hecho de que la sociología francesa "asume la cuestión de la modernidad y por lo tanto, la historicidad como su foco central. La sociología del trabajo heredó de Proudhom la visión de la centralidad del trabajo en la dinámica social. El trabajo es el acto básico, el acto libre y generador por excelencia. Los intelectuales franceses eran portadores de esta cultura...". Abramo, Laís y Cecilia Montero (1995), pp. 73-96.

[100] Abramo, Laís y Cecilia Montero Casassus (1995), pp. 77-78.

[101] Friedmann, Georges y Jean-René Tréanton (1958).

luz del acelerado proceso de industrialización de la época, lo que influyó en la concepción restringida del trabajo.

Más recientemente, los procesos de trabajo y la flexibilización han sido motivo de estudio desde otros enfoques, muchos de ellos de naturaleza más económica que sociológica. Entre éstos se puede mencionar a los autores neomarxistas europeos, como Benjamin Coriat, André Gorz, Toni Negri.[102] Asimismo, está el enfoque de los mercados de trabajo, el empleo y los salarios, la segmentación y dualización de los mercados de trabajo. Esta última línea ha sido muy retomada en América Latina para el análisis de la informalidad urbana. Al respecto, estamos de acuerdo con Montero Casassus cuando dice que en los últimos años se ha dado un desplazamiento de la "sociología del trabajo" hacia la "sociología del empleo",[103] sin que ello suponga asimilar una perspectiva de empleo a una de trabajo asalariado. Antes bien, este desplazamiento se debe al punto de vista del análisis, es decir, al interés por entender la reproducción social de los individuos en relación con la inserción en los mercados de trabajo, lo que de alguna manera supone observar a los individuos desde la relación que establecen con lo estructural. En ese sentido aceptamos la tesis del desplazamiento del trabajo al empleo, aunque nuestro interés se ubica más en el enfoque del trabajo que en el del empleo.

Aun cuando estamos de acuerdo con dicho tránsito, también reconocemos otra hipótesis, en este caso sostenida por Anne van Haecht,[104] respecto a que en los últimos años se viene perfilando una sociología del trabajo de carácter comprensivo, de inspiración weberiana. En este enfoque se ubican autores actuales como Pierre Bouvier. El interés central está en conocer el sentido atribuido al trabajo en la vida cotidiana y su significado dentro de una cultura. En otras palabras, de estudiar el trabajo como prácticas (como un hacer), se estaría pasando al estudio de los sentidos y significados sociales del trabajo. Esta autora destaca que no sólo se trata de conocer la vivencia del trabajo en sí, sino el significado que toma dentro de un sistema de significaciones.

---

[102] Cecilia Montero Casassus ha realizado una exhaustiva revisión sobre este enfoque. Abramo, Laís, Montero Casassus (1995).
[103] *Ibid.*, p. 80.
[104] Van Haecht, Anne (1986), pp. 348-354.

De todas las líneas que hemos señalado nos interesa recuperar dos de ellas: la sociología humanista-obrerista francesa y la perspectiva comprensiva-weberiana actual. La primera de ellas, aunque se orientó a pensar la sociedad industrial, lo hizo a partir de los individuos que trabajan. Se otorgó un lugar central al individuo a través de la figura del obrero. La segunda de estas perspectivas, la comprensiva-weberiana actual, encuentra fácil correspondencia con nuestro enfoque general de la vida cotidiana desde el punto de vista del individuo situado.

Esta consideración del trabajo desde la vida del individuo corresponde a lo que Agnes Heller llamó *labour*, es decir el significado que toma el trabajo para el hombre particular, para el trabajador. Para esta autora, el trabajo como *labour* se opone al trabajo como *work*, que es el trabajo visto desde la forma que toma para la sociedad en conjunto.[105] Así, el recurso al trabajo como *labour* es una forma de introducirlo en la vida cotidiana, en la vida de los individuos.

En este sentido, nuestro interés es cercano a algunos planteamientos como los de Agnes Pitrou, quien desde la "sociología de la familia" destaca la relevancia de investigar "de qué manera influye el trabajo en la vida fuera del trabajo", a lo que la autora responde que la forma en que influye el trabajo en la vida fuera del trabajo tiene relación con la forma en que el trabajo es vivido. A su vez, la forma en que es vivido se va forjando a través de la historia personal, de las situaciones por las cuales cada persona ha resultado inserta en un cierto trabajo. En estos planteamientos, Pitrou está incorporando la subjetividad a través de la vivencia del trabajo. Además, esta posición plantea zonas de transición entre esferas de la vida social, ya que se centra en las relaciones entre la vida en el trabajo y la vida fuera del trabajo, antes que ubicarse en el trabajo en sí mismo.

Si de la sociología comprensiva del trabajo recuperamos la cuestión de los significados del trabajo y la forma en que es vivido, de la sociología humanista del trabajo de Friedmann y Gurvitch, rescatamos el postulado del "trabajo como condición constitutiva y estructurante de la vida social". Friedmann definió el trabajo como "el común denominador y una condición de toda la vida humana

---

[105] Heller, Agnes (1977), pp. 119-125.

en sociedad".[106] De esta línea humanista-obrerista también recuperamos la incorporación de la espacialidad del trabajo en la constitución del modo de vida. Esto último deriva de una serie de estudios que aun cuando se ubican en esta tradición humanista francesa, disciplinariamente se hallan en un terreno de transición entre la sociología, la antropología y la etnografía. Nos referimos particularmente a los aportes de Touraine en sus primeros tiempos y a la obra de Chombart de Lauwe.

El interés por la espacialidad del trabajo se expresó en varias dimensiones; una de las primeras fue la cuestión de los desplazamientos diarios de los trabajadores y la formación de áreas identificadas como el hábitat obrero, todo lo cual implicó una cierta relativización de la centralidad del concepto de trabajo, sin que dejara de ser una categoría esencial para las sociedades urbano-industriales de la época. Se fue insistiendo sobre la necesidad de que los análisis "salieran de la fábrica", ampliándose la perspectiva más estrecha de la primera época, y estudiaran al obrero en el lugar de su residencia.

La dimensión espacial en torno al trabajo se incorporaba así en forma explícita. Se desarrollaron varios ejes de análisis, de los que nos interesa destacar el que se centró en la articulación entre la vida en el trabajo y la vida fuera del trabajo, sobre todo a través de estudios como los de Pierre Naville,[107] también los primeros estudios de Alain Touraine y los de Paul-Henry Chombart de Lauwe. Asimismo, consideramos los aportes de Claude Raffestin,[108] aun cuando se trata de otro contexto intelectual.

---

[106] Friedmann, Georges y Pierre Naville (1963), p. 13

[107] Naville, Pierre (1954).

[108] Los estudios de Alain Touraine a los que aludimos (es un Touraine previo al accionalismo), se pueden identificar claramente como una sociología del trabajo, aunque con una visión espacializada. En cambio, los de Chombart de Lauwe, aunque son muy próximos a la sociología del trabajo francesa de aquella época, más bien se podrían definir como una etnografía del trabajo y la familia, o incluso de la vida cotidiana. Al respecto, Chombart de Lauwe ubica su visión en términos disciplinarios "entre la geografía y la sociología". En cuanto a los aportes de Claude Raffestin, son claramente los análisis de un geógrafo preocupado por el trabajo. Más allá de las diferencias disciplinarias de partida de estos tres autores, lo que nos interesa es que en los tres aparecen ejes de análisis muy cercanos, en torno a una misma problemática.

En nuestro caso, como concebimos el trabajo en un sentido amplio (no limitado al trabajo industrial), entonces esta centralidad no la recuperamos con relación a la esfera técnica de los procesos de trabajo, sino que también nos planteamos la centralidad del trabajo con relación a su espacialidad y temporalidad. Así, nos preguntamos cómo se construye el modo de vida urbano cuando el trabajo adquiere una diversidad y complejidad que supera al modelo más o menos repetitivo del trabajo asalariado e industrial, cobrando heterogeneidad en su espacio-temporalidad.

De esta forma, el anclaje en esta parte del pensamiento francés sobre el trabajo tiene la particularidad de partir de una concepción que no ha dejado de lado el tiempo y el espacio, como tan frecuentemente ha ocurrido en el pensamiento americano. Así como Hélène David ha planteado que la ausencia de interés sociológico por el estudio de las temporalidades[109] ha sido una limitación de la sociología del trabajo, nosotros planteamos que es una limitación igualmente fuerte la omisión de la espacialidad en el análisis del trabajo. Es por esto por lo que nos interesa recuperar perspectivas sociológicas como las que acabamos de presentar, que siempre han incorporado el espacio en términos analíticos.

2.3.1. La reflexión pionera sobre el espacio-tiempo a través del hábitat obrero

La perspectiva de Touraine de esa época[110] tuvo la particularidad de incorporar la centralidad del trabajo y también la espacialidad, con especial referencia a los espacios urbanos y al trabajo obrero.[111] Al incorporar la espacialidad de la ciudad, de alguna forma comenzaba a esbozarse un puente entre el concepto de trabajo y el de modo de vida, entre el trabajar y el habitar. El trabajo obrero como dimensión constitutiva de la sociedad se presenta en la caracterización que hacía el joven Touraine de la vida obrera a partir del

---

[109] David, Hélène (1991).

[110] No se debería asimilar el pensamiento de Touraine de esta primera época, con el posterior sobre los movimientos sociales; aunque se pueden encontrar algunos antecedentes del pensamiento accionalista tourainiano en el joven Touraine que analizaba el trabajo.

[111] Touraine, Alain (1962), pp. 203-224.

aislamiento y el aislamiento relativo. El aislamiento era concebido por Touraine con un fuerte contenido territorial, resultado de la constitución de ciertas zonas de la ciudad en verdaderas áreas de hábitat obrero. Así, Touraine observó que la vida obrera se organiza en torno a determinados emplazamientos en las ciudades, que son los barrios obreros. Es importante destacar que el concepto de aislamiento fue un recurso analítico para vincular el trabajar con el habitar. En este sentido, cuando abordamos estos aportes ya no estamos exclusivamente en el terreno de la sociología del trabajo sino que comenzamos a movernos en una zona de transición entre la sociología del trabajo y la sociología urbana.

La influencia del trabajo sobre la vida social no se limita a los lugares de residencia sino que también se la consideró por su contribución a la conformación de un género de vida obrero. En esto Touraine recuperaba para la sociología del trabajo espacializada y temporalizada, los viejos conceptos geográficos de género de vida y aislamiento.[112]

Para Touraine, el género de vida obrero resulta de la articulación de una serie de conductas; por ejemplo, conductas económicas asociadas a los bajos ingresos, que se expresan en el tipo de consumo, creándose así unos ciertos patrones de consumo obrero.[113] Uno de los aspectos más característicos del género de vida obrero tourainiano es la asociación entre los horarios de trabajo y el tiempo de transporte. Esta relación fue el resultado de la expansión de las áreas metropolitanas acompañada por el incremento en la distancia

---

[112] El concepto de género de vida se debe a la geografía clásica francesa, particularmente a su maestro: Paul Vidal de la Blache. Este autor lo empleó por primera vez en 1911, como un concepto mediador en la relación hombre-medio. El género de vida aludía a la transformación y creación de nuevas formas espaciales. Este concepto expresa una relación hombre-naturaleza históricamente construida, que supone un determinado acervo de técnicas y costumbres. Es decir, el hombre entra en contacto con la naturaleza por medio de una serie de técnicas que surgen en un determinado contexto cultural local. Max Sorre fue uno de sus discípulos que continuó trabajando el concepto de género de vida, definiéndolo como "un conjunto colectivo de actividades transmitidas y consolidadas por la tradición, gracias a las cuales un grupo humano asegura su existencia en un medio determinado. Un conjunto de técnicas adaptativas, con lo que comportan de elementos espirituales...". Sorre, Max (1967), pp. xii-xiii.

[113] Lo que años más tarde ha sido denominado "estilo de vida".

que separa los lugares de trabajo y de residencia, con el consecuente incremento en los tiempos de transporte cotidiano.

Touraine planteaba que la capacidad del trabajo para estructurar la vida obrera, más específicamente el género de vida obrero, se debe a los ingresos generados por el trabajo, a los tiempos cotidianos insumidos por las actividades laborales en sí mismas, a los desplazamientos diarios necesarios, así como también al confinamiento de los trabajadores en ciertas áreas de la ciudad. La temporalidad no sólo se incluye en relación con el uso del tiempo cotidiano (horarios de trabajo y de transporte), también se la consideró en horizontes más prolongados. Por ejemplo, los periodos temporales marcados por el desempleo total o parcial, que afectan directamente al género de vida obrero. De este modo, el tiempo medible (igual que el espacio intraurbano) vino a constituir una buena parte de la capacidad del trabajo para organizar la vida de las personas.

Otra cuestión destacada por Touraine en relación con el género de vida obrero, es la reducida presión de la familia sobre los hijos para conseguir ascenso social a través de la educación, tan característica de la sociedad americana. Este rasgo del género de vida obrero permitía que la integración con el entorno local (barrios obreros) se constituyera en un importante motor de socialización, sin que ello disminuyera la capacidad de socialización de la familia.

En síntesis, en el pensamiento del joven Touraine en torno al trabajo, la temporalidad (entendida como el tiempo cotidiano y el tiempo a lo largo de la vida de las personas), la espacialidad urbana (como la conformación de un hábitat aislado [o semiaislado] en términos socioculturales) y los patrones culturales y de consumo, se constituyeron en los ejes analíticos fuertes para entender el habitar desde "el trabajar" y "el residir". Según nuestros interrogantes, la única limitación importante de esta visión es que el trabajo fue visto en un sentido restringido, el de trabajo industrial y asalariado.

2.3.2. Entre la ecología residencial y la ecología ocupacional: los movimientos pendulares trabajo-residencia

En el tema del trabajo y su relación con la vida obrera también nos interesa recuperar las reflexiones de Chombart de Lauwe y Raffestin por la problematización explícita de la espacialidad. El primero de estos autores ha trabajado desde una perspectiva etnográfica, mientras que el segundo lo ha hecho con una visión más geográfica. Chombart de Lauwe supo articular la escala de lo urbano (la ciudad como un todo) con la escala de la vivienda. Aunque pensaba al obrero y al trabajar en el espacio de la vivienda (el residir), esto toma sentido dentro de la ciudad (el habitar). Por ello, Chombart no estudió el trabajo en sí mismo, sino el trabajo en relación con la vida familiar. De esta forma, su planteamiento nos remite a tres dimensiones de la vida social. Una de ellas es la que denominó la ecología ocupacional (el trabajar), otra es la ecología residencial (el residir); por último, los movimientos cotidianos y pendulares entre el domicilio y el lugar de trabajo (el habitar).

En la ecología ocupacional, Chombart de Lauwe aborda la cuestión de la conformación y distribución de las zonas industriales y las zonas de empleo, dentro de la aglomeración urbana. En su ecología residencial se dedica a estudiar la constitución de las zonas residenciales diferenciadas dentro de la ciudad y los factores que distinguen a esas zonas. Esto último, cuando es visto desde la perspectiva de los sujetos que las habitan (cambia la escala de análisis) lo lleva a considerar los significados que puede tener para los individuos la "función de habitar".

Por último, la consideración de los movimientos pendulares desde el conjunto urbano muestra implicaciones importantes en la constitución y la dinámica de las áreas de circulación. No obstante, lo que más nos interesa destacar es que Chombart de Lauwe también estudia esta esfera de los movimientos pendulares trabajo-residencia desde el punto de vista de los individuos. En este sentido introduce la participación de los trabajadores en diferentes grupos sociales y en medios espaciales más o menos heterogéneos y herméticos, unos en relación con otros.[114]

Al respecto, este autor sostiene que las distancias entre los diferentes lugares, medibles en kilómetros o en el tiempo necesario para recorrerlas, son una expresión de las distancias sociales entre esos mismos lugares. El hecho de que los trabajadores distribuyan

---

[114] Chombart de Lauwe, Paul-Henry y Jacques Jenny (1963), pp. 324-344.

su vida cotidiana entre lugares tan distantes y diferentes produce un fraccionamiento de la personalidad, que de acuerdo con el autor también amerita estudios de tipo psicosociológico.[115] En esta visión aparece claramente planteada una cuestión que fue el común denominador durante mucho tiempo en torno al problema de la partición de la vida individual en varias esferas, unas veces vista como la conocida enajenación, es decir, el problema del individuo que tiene que desarrollar mecanismos de adaptación a ámbitos socioculturales y socioespaciales muy distintos, regidos por normas particulares a cada uno de ellos. Se debe notar que Chombart de Lauwe no limita el problema del fraccionamiento de la existencia al nivel de lo individual y de lo psicosocial, también lo considera en el nivel de la sociedad urbana en conjunto. En este sentido, nos habla de las relaciones recíprocas entre la vida familiar y la vida en el trabajo.[116] Una vez más notamos un retorno a las primeras ideas sobre el modo de vida urbano de Simmel y Wirth.

Esto último es el aspecto de su pensamiento que recuperamos para nuestro estudio por dos razones principales: que es un análisis desde el individuo obrero y citadino, y que este tipo de interpretaciones también nos hablan de la vinculación entre la teorización sobre el modo de vida urbano (desarrolladas desde la sociología urbana) y las relativas al trabajar (a partir de la sociología del trabajo). La ubicación de las reflexiones de Chombart en el apartado dedicado a la sociología del trabajo, no se funda en la naturaleza de su análisis, sino en el contexto intelectual en el cual se desarrolla. Si tuviéramos que ubicar el pensamiento de Chombart en uno de estos dos recortes teóricos que hemos hecho (modo de vida urbano y trabajo) tendría cabida tanto en uno como en el otro. Precisamente, eso es lo que hace más atractivo este tipo de pensamiento en términos de nuestro objetivo, también ubicado en la transición de esos dos ámbitos del pensamiento.

Por su parte, el geógrafo suizo Claude Raffestin también analizó el trabajo como dimensión constitutiva de la vida social, equiparando igual que los anteriores autores, el trabajo con el trabajo

---

[115] Se advierte la herencia simmeliana en este planteamiento. *Ibid.* p. 341.
[116] Chombart de Lauwe, Paul-Henry (1963), pp. 329-340.

industrial. En el caso de este autor fue muy fuerte el énfasis en la espacialidad. El aporte de Raffestin es central para nuestra investigación por su énfasis directo en la separación entre el hábitat y el lugar de trabajo. Para este autor, la separación entre estos espacios deriva de la especialización territorial que obliga a los hombres a realizar extensos desplazamientos diarios para poder satisfacer las necesidades más esenciales.

La concentración espacial de las actividades productivas no sólo obliga al desplazamiento diario del trabajador, sino que también dificulta la circulación, prolongando el tiempo de traslado.[117] La dispersión del contexto territorial del trabajo trae la dispersión de la vida social. Al tiempo que la fragmentación territorial se ha ido extendiendo, la familia ha perdido su carácter de unidad de producción capaz de utilizar la fuerza de trabajo de sus miembros, perdiendo así el fuerte contenido económico que tenía mientras funcionaba como una unidad de producción.[118]

Al igual que los autores antes comentados, Raffestin maneja dos niveles de análisis, el del proceso de especialización de los espacios que conduce al fraccionamiento del territorio y el nivel de la familia. En alguna medida es una visión cercana a la de Touraine respecto a los lugares de hábitat obrero dentro de la ciudad y a la vida del obrero, y también a la ecología ocupacional y residencial de Chombart. En última instancia, todas son reflexiones sobre el trabajar y el residir-habitar.

En estos tres autores, el trabajar y el habitar son considerados en términos espaciales: el hábitat obrero y aislamiento territorial en Touraine, la ecología residencial y ocupacional en Chombart de Lauwe, el fraccionamiento del territorio especializado para Raffestin. También el trabajar y el habitar toman contenido temporal: los horarios de trabajo, los tiempos de traslado. Igualmente, se puede señalar la dimensión cultural del trabajar y el habitar: los patrones de consumo, los patrones culturales, etc. Incluso se hacen consideraciones de tipo psicosocial, como la enajenación, el fraccionamiento de la personalidad.

---

[117] Raffestin, Claude y Mercedes Bresso (1979), pp. 103-109.
[118] *Ibid.*, p. 103.

Es importante destacar que en los tres casos se parte del supuesto de que el lugar de trabajo y el lugar de residencia son dos espacios diferentes y separados, incluso en algunos casos se subraya el hecho de que esa separación sea cada vez más mayor. En alguna medida podríamos decir que la teorización sobre el habitar y el trabajar se sostiene sobre el viejo concepto weberiano del *Ergasterión*, que Weber colocó junto al "bazar oriental" y la "factoría industrial de gran escala de Grecia y Egipto antiguos". Estos últimos constituyeron el antecedente preindustrial de la separación industrial entre el lugar de trabajo y el de residencia. El *Ergasterión* weberiano era un lugar en el cual los obreros se reunían para trabajar, aunque no lo hacían en colaboración o cooperación, que estaba separado de los lugares de residencia.[119]

En nuestro caso, nos interesa considerar esa situación aunque también la posibilidad de que esos dos lugares (trabajo y residencia) no se constituyan en dos espacios separados, de lo que se desprende que la relación trabajo-residencia no necesariamente tiene que asociarse a los desplazamientos diarios por motivos de trabajo.[120] Es así que surgen otros interrogantes, por ejemplo, qué ocurre con el aislamiento y el aislamiento relativo, los tiempos, las esferas de la vida, los modos de vida, cuando esos dos lugares no están separados.

Con base en lo anterior, nos interesa conocer el habitar y el trabajar-residir en el Valle de Chalco desde la idea base del concepto de *Ergasterión* weberiano y también desde la concepción del taller de paños y lienzos de Flandes que pintó Henri Pirenne. En otras palabras, nos preguntamos por el habitar y el trabajar-residir entre los individuos del Valle de Chalco cuando el trabajo y la familia convergen en un mismo espacio y también cuando tienen espacialidades distintas. El *Ergasterión* representa el antecedente de la separación trabajo-residencia característica de las sociedades modernas,[121] mientras que el taller de Flandes puede verse como una expresión de la unión trabajo-residencia característica de las comu-

---

[119] Weber, Max (1942), pp. 378-379.

[120] En el cuadro núm. 1 del capítulo 4 se especifican las distintas espacialidades del trabajo que se toman en cuenta en nuestro estudio.

[121] La cuestión de que no fuese en cooperación no cambia las espacialidades, que es lo que estamos destacando en esta ocasión.

nidades premodernas. Si recordamos la hipótesis maffesoliana del retorno a renovadas formas comunitarias y la otra de un supuesto desplazamiento desde el "hacer" al "sentir" en la conformación de los modos de vida urbanos (habitar), surgen varios interrogantes. Uno de ellos es respecto al sentido que están tomando el trabajar y el residir en los hogares vallechalquenses cuando rememoran tanto el *Ergasterión*, como el *Taller de Flandes*.

3. EL VALLE DE CHALCO,
UN CONTEXTO SOCIOECONÓMICO
PARA LOS MODOS DE VIDA URBANOS

A principios de los años setenta, Manuel Castells observaba las dos dimensiones desde las que usualmente se habla de la urbanización: "la concentración espacial de la población" y sus productos (las formas espaciales urbanas) y "la difusión de un sistema de valores, actitudes y comportamientos que se resume bajo la denominación de 'cultura urbana'".[1] En ese entonces, para Castells estas dos dimensiones eran un indicador de una supuesta ambigüedad que restaba valor al término urbanización. No obstante, Castells, después de descalificar a toda la corriente culturalista —desde Tönnies y Simmel hasta Wirth y Redfield, pasando por Park y toda la escuela de Chicago—[2] no puede negar la importancia de la perspectiva de la cultura urbana como una dimensión del fenómeno urbano. En todo caso, cuestiona la pretensión de construir una teoría que explique la cultura urbana por las formas urbanas, y propone comprender a ambas como dos expresiones simultáneas y concomitantes de unas mismas formas sociales.[3]

Más allá de la propuesta de Castells, nos interesa recuperar las dos dimensiones de la urbanización consideradas por este autor: la concentración espacial fuertemente regida por la lógica socioeconómica y la dimensión sociocultural de la vida urbana. Aunque nuestra investigación se orienta hacia la segunda dimensión, nos parece importante presentar algunos elementos de lo socioeconómico, que han sido parte de la urbanización del Valle, lo que hacemos en este capítulo. Para ello recurrimos al viejo concepto de

---

[1] Castells, Manuel (1974), p. 15.
[2] No es reiterado enfatizar que no compartimos la crítica de Castells respecto a la corriente culturalista de la urbanización.
[3] *Ibid.*, p. 104.

la geografía humana de "poblamiento", ya que a principios de los años setenta, el Valle de Chalco era un territorio despoblado, al menos en términos urbanos. De esta forma abordamos la dimensión socioeconómica de la urbanización del Valle de Chalco desde el concepto motor de "poblamiento urbano" del área.

El capítulo consta de tres apartados. En el primero se considera brevemente el contexto metropolitano de la ciudad de México en el cual se ubica el Valle de Chalco. Este contexto metropolitano es importante para el tema ya que, el poblamiento urbano del Valle, en alguna medida, ha sido la entrada y fijación de lo metropolitano en el Valle. En el segundo apartado se ofrecen algunas características socioeconómicas del área a partir de la idea de poblamiento urbano. Por último, el apartado más extenso está dedicado a los protagonistas del proceso de ocupación urbana y de constitución de modos de vida particulares, los habitantes del Valle. A ese apartado lo titulamos "Quiénes son los pobladores del Valle de Chalco".

3.1. EL VALLE DE CHALCO Y LA EXPANSIÓN METROPOLITANA DE LA CIUDAD DE MÉXICO

El proceso de expansión urbana de la ciudad de México, del cual forma parte la urbanización del Valle de Chalco, se suele analizar desde dos ángulos diferentes. Uno es el que destaca las fases de la expansión entendidas como la incorporación de sucesivos espacios, más o menos circundantes, al ámbito urbano central. El otro ángulo de análisis consiste en preguntarse por el tipo de organización territorial que existía previamente a que cada área del ámbito metropolitano fuera alcanzada por la expansión urbana. Evidentemente que ambos enfoques no son incompatibles entre sí.

En el primero, es frecuente el análisis de la configuración territorial que ha tomado este proceso: la expansión por entornos sucesivos. Estos procesos de expansión de la mancha urbana no son independientes de las distintas políticas urbanas y económicas,[4] así como también corresponden con los diferentes momentos del crecimiento económico y particularmente del proceso de industria-

---

[4] Unikel, Luis *et al.* (1976), p. 466.

lización del país.[5] Así, es frecuente buscar las articulaciones entre la conformación de cada uno de los entornos, el momento histórico en el que se urbanizaron y ciertas políticas urbanas o económicas. De acuerdo con este primer enfoque, el resultado de estas sucesivas fases del proceso de expansión metropolitana de la ciudad de México ha sido esquematizado en la metropolización de cuatro entornos o contornos,[6] sin que ello pueda ser asimilado a los conocidos modelos de organización del espacio intraurbano en círculos concéntricos.[7]

Desde el segundo enfoque, en general tiende a señalarse si la expansión urbana se ha producido sobre tierras agrícolas que pasan a integrar los mercados de suelo urbano, a través de su fraccionamiento (legal o ilegal) o bien, si la mancha urbana avanza y anexa antiguos pueblos. La diferenciación de estas dos alternativas es muy relevante, ya que lo que está en juego es considerar si se está frente a un proceso de expansión urbana que avanza sobre una frontera agrícola que al retroceder deja esas tierras como desiertas para que en ellas se inicie un "nuevo" poblamiento; o bien, si es una urbanización que alcanza a una sociedad y una cultura preexistentes.

En el primer caso, el nuevo territorio urbanizado aparentemente no tiene historia, aunque la tienen sus ocupantes, casi siempre migrantes. No obstante, si ellos tienen historia biográfica, es impor-

---

[5] Garza, Gustavo (1978), pp. 139-181. Garza, Gustavo (1983), pp. 157-180. Schteingart, Martha (1981), pp. 100-101 y 169-170. Schteingart, Martha (1990).

[6] De acuerdo con Héctor Salazar y María Eugenia Negrete, el primer entorno ha resultado de la expansión urbana de la ciudad de México en las actuales delegaciones de Azcapotzalco, Coyoacán, Cuajimalpa, Gustavo A. Madero, Iztacalco, Iztapalapa y Álvaro Obregón; y también en los municipios mexiquenses de Huixquilucan, Naucalpan, Nezahualcóyotl y Tlanepantla. El segundo entorno metropolizado corresponde a la expansión en las actuales delegaciones Magdalena Contreras, Tláhuac, Tlalpan y Xochimilco y los municipios de Atenco, Coacalco, Cuautitlán Izcalli, Cuautitlán de Romero Rubio, Chimalhuacán, Ecatepec, La Paz, Tultitlán y Atizapán de Zaragoza. Finalmente, el tercer entorno representa la metropolización del territorio correspondiente a la delegación de Milpa Alta, y los municipios de Chalco, Chicoloapan, Chiconcuac, Ixtapaluca, Nicolás Romero, Tecámac y Texcoco. En el cuarto entorno sólo estaría el municipio mexiquense de Chiautla. Negrete, María Eugenia y Héctor Salazar (1986). Negrete, María Eugenia y Héctor Salazar (1987), pp. 125-128.

[7] Este enfoque frecuente en el estudio de la expansión de la ciudad de México, no debería ser confundido con el que se desarrolló en el departamento de sociología de Chicago, en los años veinte que se dedicaba a estudiar la organización urbana, nos referimos a la ecología humana (Burguess, principalmente).

tante tener en cuenta que no es una común a todos, sino que cada cual tiene la suya. En el segundo caso, en el antiguo pueblo anexado al ámbito urbano, existe una historia local común a todos sus habitantes, además de las biografías propias de cada individuo. Esa historia local implica un bagaje sociocultural más o menos compartido que entra en contacto con las pautas socioculturales urbanas que van llegando con la expansión metropolitana.

Teniendo en cuenta específicamente el caso del Valle de Chalco, nos parece muy importante considerar el segundo enfoque, sin por ello restar importancia a la perspectiva de la expansión metropolitana por entornos sucesivos.

Si hay algo en común entre los dos enfoques comentados, es la preocupación por comprender el proceso de expansión urbana, ya sea para el conjunto metropolitano o bien, en recortes espaciales específicos del fenómeno total. No obstante, también existe otro tipo de abordaje del proceso de expansión urbana, es decir, a aquellos que toman un eje analítico en particular. En esta perspectiva, en un trabajo anterior,[8] hemos distinguido seis lineamientos analíticos frecuentes en el estudio del proceso de expansión metropolitana de la ciudad de México, bajo la lógica de la concentración espacial. Son los siguientes:

- La expansión metropolitana desde la industrialización.
- La expansión de la periferia como segregación urbana.
- La expansión de la periferia desde los procesos migratorios.
- La expansión de la periferia desde el mercado de tierra urbana.
- La expansión de la periferia como marginalidad y pobreza urbana.
- La expansión de la periferia a través de la dimensión organizativa de la comunidad local.

Si colocamos el Valle de Chalco a la luz del primer enfoque (de los entornos o contornos), resulta que esta área integra la expansión metropolitana en lo que se ha denominado el tercer entorno o contorno de la ciudad. Desde el segundo enfoque, el Valle queda en aquellos procesos de expansión urbana que ocurren a expensas

---

[8] Lindón, Alicia (1997), "De la expansión urbana a la periferia metropolitana", *Documentos de Investigación*, núm. 4, El Colegio Mexiquense.

de la frontera agrícola. Esto implica reconocer que el Valle se urbanizó por el fraccionamiento de tierras que anteriormente habían tenido un uso agrícola (ejidos), acompañado de un recambio poblacional. Por efecto de este último, la ocupación urbana del Valle se inició sin una historia comunitaria que fuera compartida por sus pobladores. En todo caso, esa historia comunitaria común a todos ellos empezó con el fraccionamiento ilegal en el Valle y los consecuentes procesos de autoconstrucción en la tierra desierta. Destaquemos que es en la segunda mitad de los años setenta que se iniciaba el proceso de poblamiento urbano del Valle de Chalco, aunque fue a partir de principios de los años ochenta que comenzó a adquirir particular intensidad.

Por su parte, la consideración del Valle de Chalco a la luz de los seis ejes analíticos antes citados, conduce a destacar algunos en particular. Entre éstos, evidentemente está la dinámica especulativa del mercado de suelo. No obstante, no vamos a abordar esa cuestión en esta ocasión, más bien nos remitimos a otros trabajos anteriores.[9] Otro de esos ejes que se torna muy relevante para el Valle de Chalco es el de los procesos migratorios, aunque no como migración interna sino como redistribución intrametropolitana de la población. Este eje lo consideramos en el apartado siguiente, aunque desde el punto de vista de los individuos que se han movido en el territorio hasta llegar al Valle.

3.2. El Valle de Chalco: un microespacio metropolitano

El Valle de Chalco tiene una extensión aproximada de 2 100 hectáreas urbanizadas, ubicándose al suroriente de la ciudad de México (mapa 1). Hasta noviembre de 1994 era parte del municipio de

[9] Hiernaux, Daniel y Alicia Lindón (1991), "Proceso de ocupación del suelo, mercado de tierra y agentes sociales en el Valle de Chalco, Ciudad de México: 1978-1991", en *Land Value changes and the impact of urban policy upon land valorisation processes in less developed countries*, Cambridge, Gran Bretaña. Hiernaux, Daniel y Alicia Lindón (1991), *Chalco, su proceso de poblamiento, una aproximación sociodemográfica y económica*, Gobierno del Estado de México, Coespo, Toluca. Hiernaux, Daniel y Alicia Lindón (1997), "Las estrategias familiares y el acceso al suelo urbano. El Valle de Chalco", en Antonio Azuela y François Tomas (coords.), *El acceso de los pobres al suelo urbano*, UNAM-CEMCA, México, pp. 249-276.

MAPA 1
El Valle de Chalco
en el Área Metropolitana de la Ciudad de México

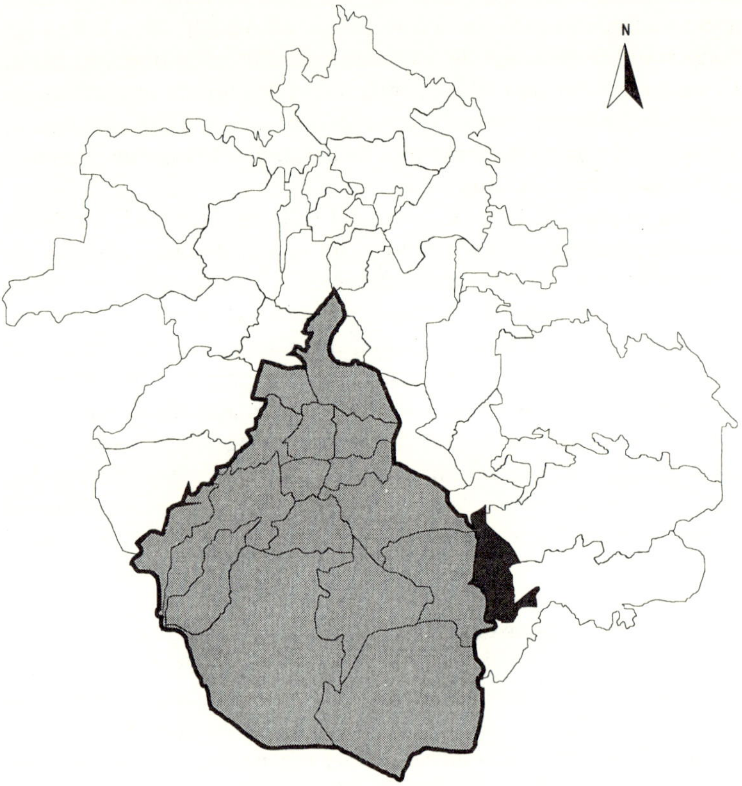

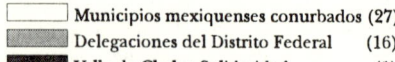

Área Metropolitana de la Ciudad de México

☐ Municipios mexiquenses conurbados (27)
▨ Delegaciones del Distrito Federal   (16)
■ Valle de Chalco Solidaridad   (1)

Chalco con cabecera en Chalco de Díaz Covarrubias, del Estado de México. A partir de esa fecha ha sido constituido en municipio, bajo el nombre de Valle de Chalco Solidaridad. En realidad, el nuevo municipio abarca una superficie mayor (4 457 hectáreas), ya que además del Valle propiamente dicho, ha incluido un extenso sector de lagunas y áreas susceptibles de inundación que se extiende al sur del área urbanizada.[10]

Hasta 1994, el área de estudio se conformaba por 19 colonias, ubicadas a ambos lados de la autopista México-Puebla (mapa 2). No obstante, debemos señalar que el proceso de densificación ha conducido a que algunas de estas colonias hayan sido subdivididas en varias secciones.

La creación del reciente municipio mexiquense (municipio 122) reconoce 26 comunidades.[11] La diferencia numérica con respecto a las 19 anteriores es el resultado del proceso de subdivisión interna de las primeras, a medida que se fueron densificando en población. Las 26 comunidades son las siguientes: Alfredo Baranda, Alfredo del Mazo, Avándaro, Del Carmen, Cerro del Marqués, Concepción, Primera Sección de Darío Martínez, Segunda Sección de Darío Martínez, Emiliano Zapata, Guadalupana, Independencia, Jardín, María Isabel, Niños Héroes, Providencia, San Isidro, San Miguel de Xico La Laguna, San Miguel de Xico 1a. Sección, San Miguel de Xico 2a. Sección, San Miguel de Xico 3a. Sección, San Miguel de Xico 4a. Sección, Santa Catarina 3a. Sección, Santa Cruz Tlalpizahuac, Santa Cruz Valle de Chalco, Santiago y El Triunfo.[12]

Señalemos que entre el territorio de lo que hemos venido estudiando como Valle de Chalco desde 1990, y el actual municipio de Valle de Chalco Solidaridad, la diferencia está en que este último incluye el área aledaña inundable (lo que a los efectos de analizar

---

[10] Gobierno del Estado de México (1994), p. 18.

[11] Administrativamente se habla de "comunidades" y no de colonias, aunque empíricamente estas comunidades hacen referencia a lo que se conoce en el lugar como colonias. En 1998 esta cifra se había elevado a 30.

[12] Señalemos que la colonia o "comunidad" El Triunfo es casi el único sector del nuevo municipio que no está incluido en el área que venimos identificando como Valle de Chalco desde 1990. En otras palabras, nuestra propia delimitación del Valle de Chalco se ha diferenciado muy escasamente de la delimitación que de manera oficial se acaba de seguir para la creación del municipio 122.

MAPA 2
El área de estudio: Valle de Chalco y sus colonias

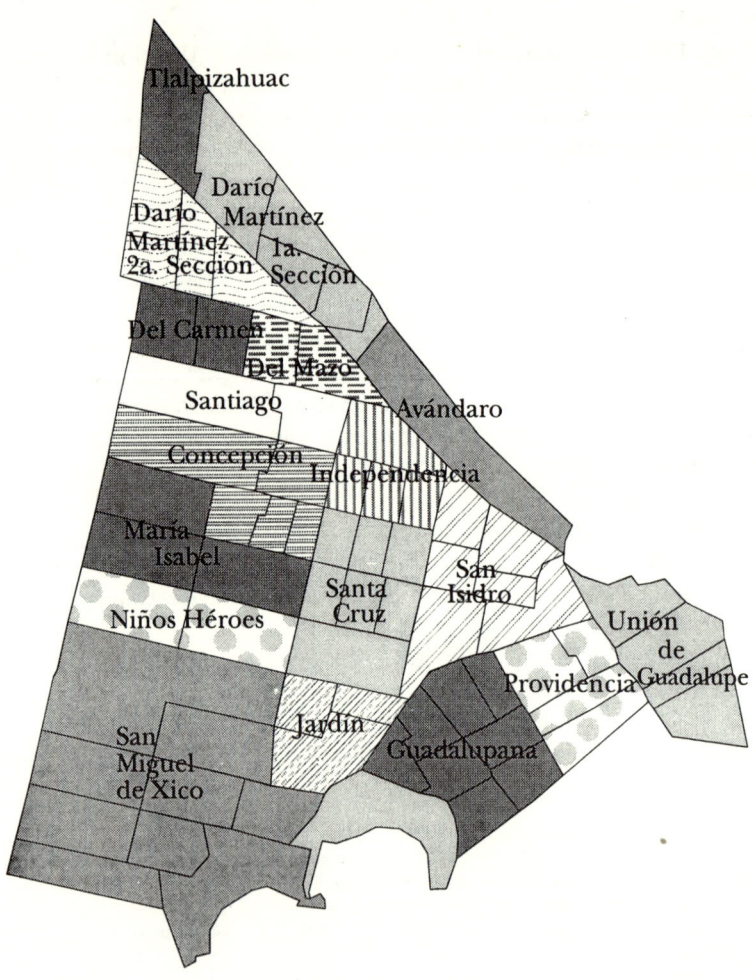

la vida urbana no tiene repercusiones, ya que no es una zona ocupada) y también una pequeña colonia denominada El Triunfo (próxima al cerro El Elefante), que en nuestra delimitación nunca fue incluida dentro del Valle. Asimismo, el nuevo municipio no integra la colonia Unión de Guadalupe, colindante con El Triunfo, que ha sido incluida en nuestra delimitación del Valle desde un comienzo.[13] No obstante, salvando estas pequeñas diferencias hay correspondencia entre nuestra área de estudio denominada Valle de Chalco y el municipio Valle de Chalco Solidaridad.

En la zona sur del Valle de Chalco se halla el núcleo de más antiguo poblamiento de la zona, San Miguel de Xico, con la especificidad de que este poblamiento antiguo ha correspondido a una ocupación de tipo rural. La constitución del municipio Valle de Chalco Solidaridad supuso la elección de una cabecera municipal, que precisamente ha sido San Miguel de Xico, con lo cual fue elevada al rango administrativo de ciudad.

El proceso de expansión urbana iniciado en la segunda mitad de los setenta, no se asoció originariamente a esa antigua ocupación de San Miguel de Xico, sino que se fue extendiendo de norte a sur. En este proceso de ocupación urbana del área tuvo un papel importante la presencia de la carretera México-Puebla, ubicada al norte del Valle de Chalco, como factor de valorización del suelo por accesibilidad.

Cuando los fraccionamientos y la consiguiente ocupación urbana avanzaron hacia la zona sur de Xico, la ocupación urbana (con sus nuevos pobladores) se constituyó en la presencia dominante en San Miguel de Xico. La escasa población rural que se hallaba en la zona quedó rodeada por la ocupación urbana, que si en un principio llegó con el fraccionamiento de la tierra, muy rápidamente se expresó en las otras dimensiones de lo que se puede denominar la vida y la cultura urbana.

Recordemos que estos nuevos ocupantes que llegaban al Valle con la urbanización, aun cuando tuviesen un origen rural, venían de residir en contextos urbanos y metropolitanos. En nuestro trabajo de campo hemos encontrado algunas de estas familias originarias

---

[13] Instituto de Información e Investigación Geográfica, Estadística y Catastral (1994), *Municipio Valle de Chalco Solidaridad*, escala 1:20 000, Gobierno del Estado de México, Toluca.

de Xico, que significativamente son los únicos que continuaron dedicándose a las actividades rurales y se mostraron como los hogares con menos contactos con el entorno inmediato, o más próximos a situaciones de aislamiento o de aislamiento relativo. En este contexto, hemos entendido que el viejo concepto de poblamiento podía ser representativo del proceso de ocupación urbana del Valle, ya que por la misma dinámica especulativa de la desincorporación de los ejidos, a principios de los años setenta el Valle era un territorio despoblado, al que comenzaron a llegar pobladores de otros lugares.

Las cifras oficiales indican que en 1950 —última fase del proceso de desecación del lago de Chalco— el territorio de los actuales municipios de Chalco y Valle de Chalco Solidaridad contaba con 23 410 habitantes, en 1960 eran 31 552; en 1970, 44 289 y para 1980 se registraba casi la duplicación de la población municipal, alcanzando la cifra de 81 553 habitantes. Estas variaciones significaron que entre 1950 y 1960 el municipio completo incrementó su población a una tasa de 3.0% anual; entre 1960 y 1970, ésta fue de 3.4% anual y, entre 1970 y 1980 —cuando tan sólo se estaba iniciando la ocupación urbana del Valle— la tasa de crecimiento se elevó a 6.1% anual.[14] Se iniciaba entonces, la fase de crecimiento urbano más acelerado del área, que se evidenciaría en los 330 472 habitantes estimados por el Gobierno del Estado de México en 1989, para el conjunto del entonces denominado municipio de Chalco con cabecera municipal en Chalco de Díaz Covarrubias.

El censo de población de 1990 muestra un total de población municipal de 282 940 habitantes, lo que incluye al viejo municipio de Chalco y al nuevo de Valle de Chalco Solidaridad. De acuerdo con la reconstrucción del área con base en la información censal desagregada al nivel de Ageb's,[15] 219 773 corresponden al Valle de Chalco (cuadro 1). Señalemos que esta estrategia (agrupar Ageb's)

---

[14] Núñez, Carlos *et al.* (1987), pp. 336-338.

[15] INEGI (1992). Recordamos que las Ageb's (área geoestadística básica) pueden ser rurales o urbanas, en este caso sólo se va a trabajar con Ageb's urbanas. Una Ageb urbana es la división de una localidad urbana de 25 a 50 manzanas delimitada por calles, andadores, avenidas, veredas, arroyos, cercas y límites prediales, cuyo uso del suelo es habitacional, de servicios, comercial, etc. INEGI, *Cartografía Censal Urbana Elaborada por Métodos Semiautomatizados.* En esta cifra de 219 773 sólo se incluyen las Ageb's del municipio de Chalco y las de Ixtapaluca, no así las de La Paz ni Chicoloa-

es la única posible debido a que en ese momento el Valle no constituía una unidad administrativa sobre la cual hubiese registros independientes. Así, de acuerdo con esta información —el censo de población de 1990 (recurriendo a la información censal por Ageb's)— el Valle de Chalco, en su sector ubicado en el municipio de Chalco, representaba 64.23% del total municipal. El conteo de población de 1995 registró 287 073 habitantes para nuestro municipio 122.[16] Estas cifras muestran que entre 1990 y 1995 el Valle de Chalco creció a una tasa aproximada de 8 por ciento.

En síntesis, el Valle de Chalco puede ser caracterizado de manera muy breve y esquemática como una de las periferias del oriente del área metropolitana de la ciudad de México que ha sido conurbada en la última fase de expansión de la ciudad, a través del fraccionamiento ilegal de tierras ejidales, destacándose dentro del conjunto metropolitano por el acelerado ritmo de crecimiento poblacional. De este proceso ha resultado una concentración cercana al medio millar de personas en un lapso de alrededor de dos décadas, tratándose de población de muy escasos recursos económicos.

De acuerdo con nuestra información, en 1993, 40% de los hombres cónyuges de los hogares del Valle percibía ingresos mensuales equivalentes a un salario mínimo, y más de la mitad de la población ocupada (62%) recibía en 1990, entre uno y dos salarios mínimos,[17] considerando que la población ocupada, era de 54 153 habitantes.[18] Según la misma información censal de 1990 (de las Ageb's), 74% (40 070 personas) de la población ocupada tenía ingresos mensuales de un máximo de dos salarios mínimos, mientras que 11.53% (6 244 personas) tenía ingresos mensuales menores a un salario mínimo.[19] Estas participaciones confirman el perfil socioeconómico de la población del Valle de Chalco, usualmente caracterizada como "pobres urbanos".

En síntesis, si el Área Metropolitana de la Ciudad de México en algunos casos se ha expandido por las conocidas "invasiones", en

---

pan, ya que la superficie de estos dos municipios —que luego se incorporaron al municipio 122— no era parte de lo que se conocía como el Valle de Chalco.
[16] INEGI (1996), p. 133.
[17] Gobierno del Estado de México (1994), p. 16.
[18] Esta cifra es también el resultado de la información censal de 1990, agregada a escala de las Ageb's. INEGI (1992).
[19] INEGI (1992).

Expansion on ej. land

otros lo ha hecho por la anexión de antiguos pueblos que quedaron incorporados en la mancha urbana; otras áreas, como el Valle de Chalco, han sido incorporados por el fraccionamiento de ejidos. Es importante destacar que el predominio de cada una de estas modalidades ha tenido trascendencia en la vida urbana de estos lugares. Así, los casos de invasiones han partido de situaciones de fuerte organización comunitaria. Aquellos en los que un pueblo ha sido alcanzado por la expansión de la ciudad, se identifican como lugares de superposición cultural, sitios en donde hay tradiciones locales muy fuertes que perduran y se entrecruzan con la cultura urbana. En general, en estos casos es significativa la vigencia del sentido de lo festivo.

CUADRO 1

Superficie y población del Valle de Chalco en 1990 y 1995

Unidades territoriales	Superficie en km²	Población 1990	Población 1995
Valle de Chalco en el municipio de Chalco	39.71	184 399[a]	—
Valle de Chalco en el municipio de Ixtapaluca	4.34	19 340[a]	—
Valle de Chalco en el municipio de La Paz	0.27	8 034[b]	—
Valle de Chalco en el municipio de Chicoloapan	0.25	8 000[b]	—
Total municipio Valle de Chalco Solidaridad	44.57	219 773[c]	287 073[d]

[a] INEGI, *Censo de población y vivienda de 1990*. Dato reconstruido por la suma de Ageb's y ajustado con 2% de incremento a recomendación de Conapo.
[b] Cifra aproximada ya que las Ageb's de 1990 se modificaron en 1995.
[c] El total coincide con la estimación realizada por Conapo.
[d] INEGI, *Conteo de población 1995*.
Fuente: elaboración propia con base en información de INEGI y Conapo.

En cambio casos como el del Valle de Chalco, han significado la urbanización a expensas de una frontera agrícola y un recambio poblacional. Los actuales colonos vallechalquenses no son los antiguos ejidatarios. No hay una tradición local que preservar, en todo caso son muchas tradiciones las que se reúnen, porque son muchos los lugares de procedencia y de anterior residencia. Por otra parte, tampoco se partió de una organización comunitaria, como es el caso de las invasiones, sino que predominaron las iniciativas individuales. Por último, el hecho de que la ocupación se haya producido en un contexto de fraccionamiento ilegal y especulativo dejó a los nuevos colonos, desde un inicio, en medio de una situación altamente especulativa, en donde las únicas reglas que contaban eran las del mercado y la búsqueda del beneficio económico a fin de "progresar". Estos rasgos han sido característicos en cuanto al tipo de comunidad que se fue constituyendo en el Valle.

3.3. ¿Quiénes son los pobladores del Valle de Chalco?

De acuerdo con los estudios que parten de la sociedad o de la ciudad, se puede caracterizar a la población del Valle de Chalco como sectores populares o pobres urbanos, respectivamente. En nuestro estudio nos interesa presentar una caracterización que parta de los propios actores y no de la estructura social que integran o, de la ciudad que habitan, sino de los actores que forman parte de la sociedad y de la ciudad, y que reconocen otras particularidades que la de ser sectores populares dentro de una estructura social, o pobres urbanos dentro de una estructura urbana. En este sentido, a continuación caracterizamos a la población del Valle de Chalco a partir de cuatro ejes analíticos que se definen desde las dimensiones laboral, familiar y residencial de las vidas de estos sujetos. Estos ejes son los siguientes:

1. El nomadismo residencial.
2. Hogares jóvenes.
3. El recurso de la movilización residencial como una estrategia de supervivencia de base territorial.[20]

---

[20] Con relación al uso repetido que estamos haciendo de la expresión "estrategia", conviene aclarar que lo hacemos con referencia a un conjunto de prácticas con las cuales los hogares encuentran salidas a situaciones restrictivas. De ninguna manera utilizamos el término estrategia en el sentido de prácticas que resultan de la toma de decisiones racionalizadas, en las que se evalúan todas las posibles opciones, sus costos y beneficios para terminar tomando la decisión que implique menores costos y mayores beneficios, es decir, en una visión permeada de *rational choice*. En todo caso, el uso que estamos haciendo del término estrategia se acerca a uno de los

4. La búsqueda de la inserción laboral por cuenta propia.

En los cuatro ejes, la dimensión espacial cobra particular significado como estructurante de las prácticas,[21] tal como se presenta a continuación.

3.3.1. El nomadismo residencial[22]

Un rasgo muy característico de los habitantes del Valle de Chalco es su movilización reiterada del lugar de residencia, un verdadero "nomadismo residencial". Cuando este movimiento es considerado desde la óptica del crecimiento de la mancha urbana de la ciudad de México, es posible comprenderlo como una cadena de movimientos residenciales que se han venido integrando en las sucesivas etapas correspondientes a la conformación de los distintos entornos o anillos del área metropolitana en su proceso de expansión.

No obstante, nuestro objetivo es estudiar el movimiento residencial desde la perspectiva de las trayectorias residenciales de los propios actores. En esta línea es posible comprender las sucesivas etapas de la expansión de la ciudad, como sucesivos "momentos" en las biografías de cada uno de estos sujetos. Las trayectorias de vida pueden ser analizadas a partir de eventos o circunstancias que indican cambios. En general, cuando se analizan las trayectorias de vida, los acontecimientos con los que se evalúa el cambio son de otra índole, por ejemplo, inserciones en los mercados de trabajo, constitución o disolución de uniones matrimoniales, nacimiento de hijos, etc. En nuestro caso, nos interesa considerar los momentos de cambio a partir de la relocalización del lugar de residencia, ya que consideramos que cada uno de estos cambios puede tener una fuerte trascenden-

---

contenidos que le ha otorgado Michel Foucault. Para este autor el término estrategia puede tomar tres contenidos diferentes y siempre está relacionado con los juegos del poder. El primero es entender las estrategias como "elección de los medios para conseguir un fin. La racionalidad para alcanzar un objeto". El segundo, es entenderlo como "la manera en que se trata de obtener una ventaja". La tercera alternativa que da Foucault es ver las estrategias como "los medios para obtener una victoria". Dreyfus, Hubert y Paul Rabinow (1988), p. 242.

[21] La idea de que la espacialidad se torna estructurante de las prácticas se desarrolla en los dos capítulos siguientes a través de nuestro concepto de "trama de la vida cotidiana".

[22] Estamos tomando el término "nomadismo" de Michel Maffesoli.

cia en la vida cotidiana de las personas. Es por eso, por lo que antes que trayectorias de vida consideramos trayectorias residenciales. La movilización de la residencia altera el entorno inmediato vivido, en consecuencia puede significar modificaciones en algunas de las redes y círculos sociales en los que las personas participan, en la relación con el vecindario, por mencionar algunos ámbitos de la vida social que puedan verse afectados por este nomadismo. Asimismo, los desplazamientos residenciales pueden significar alteraciones en los tiempos diarios de traslados obligados, lo que también tiene implicaciones en la organización del ciclo del tiempo cotidiano. Desde otro ángulo, también se puede destacar que las relocalizaciones del lugar de residencia tienen relevancia empírica en la población del Valle de Chalco, por su alta frecuencia. Tal es su relevancia empírica que estamos caracterizando a los pobladores vallechalquenses por un cierto nomadismo residencial intrametropolitano. Por ejemplo, en los hogares encuestados el promedio de tiempo de residencia en el Valle es de 8 años (cuadro 2)

So what?

La demarcación de momentos en las trayectorias a partir de cambios residenciales, implica que dichos momentos no pueden ser identificados por procesos históricos particulares, ya que el tiempo en el cual se definen es el tiempo de la vida de cada uno de los sujetos, y no el tiempo histórico. Aunque, evidentemente el tiempo de la vida de cada sujeto no es ajeno al tiempo histórico, este último actúa como un contexto de significado de cada vida.[23]

La falta de correspondencia directa entre el tiempo histórico de la expansión urbana y el biográfico de los pobladores vallechalquenses, hace que no sea posible asimilar en forma directa, el último momento residencial con la conformación del entorno más reciente del área metropolitana, por citar un ejemplo. La falta de correspondencia entre ambos se debe a que la duración de los momentos residenciales varía de hogar en hogar, ya que si bien puede estar influida por factores estructurales, éstos son procesados de manera diferente en cada caso;[24] además, de que en gran medi-

---

[23] Ferrarotti, Franco (1991), pp. 156-166.

[24] Para esta cuestión nos remitimos al concepto de estructura de oportunidades. Przeworski, Adam (1982), pp. 58-99. Dahrendorf, Ralf (1979). Cabe señalar que ambos autores reviven (directa o indirectamente) la categoría de estructura de oportunidades, que Wright Mills usaba en los años cincuenta. Wright Mills, C. (1961), p. 28.

M ovements

da la duración de esos momentos está influida por circunstancias de vida particulares.

De esta forma, no estamos planteando una correspondencia uno a uno entre esos diferentes momentos residenciales en las trayectorias de vida de los sujetos y las etapas de constitución y consolidación de los diferentes entornos o anillos del AMCM.[25] Sin embargo, creemos que existe una relación indirecta entre ambos. En el primer caso, se trata de procesos microsociales, y en el segundo, de procesos macrosociales construidos a través de microeventos espacio-temporalizados, como por ejemplo la movilización del lugar de residencia que emprenden los sujetos sociales.

En esta perspectiva, distinguimos dos momentos residenciales opuestos en las trayectorias residenciales de los pobladores valle-chalquenses: el actual con la residencia en el Valle de Chalco, y el más lejano en el tiempo, correspondiente a aquel en el cual la residencia se hallaba en el lugar de origen. Entre estos dos momentos opuestos hemos identificado un número variable de momentos intermedios. Lo más frecuente ha sido que los momentos intermedios oscilen entre dos y tres, con un máximo de siete.

CUADRO 2
Tiempo de residencia en el Valle de Chalco y el AMCM

Promedio de tiempo de residencia en el Valle de Chalco	8 años
Promedio de tiempo de residencia en el AMCM [26]	24 años
Hasta 10 años de residencia en el Valle de Chalco	72.2% de los hogares
Más de 10 años de residencia en el Valle de Chalco	27.8% de los hogares

Fuente: elaboración propia con base en la información de nuestra encuesta: "Trabajo y vida cotidiana de los sectores populares urbanos de la periferia metropolitana de la ciudad de México. Un enfoque espacio-temporal de los modos de vida urbanos", mayo-octubre de 1993.

En las dos terceras partes de los hogares del Valle de Chalco encuestados,[27] este proceso de movilización del lugar de residencia

[25] Área Metropolitana de la Ciudad de México.
[26] Para las tres cuartas partes de los núcleos conyugales, vale decir: quienes no son originarios del AMCM.
[27] El 63% si los hogares se refieren por los hombres cónyuges y 64%, si la referencia son las mujeres cónyuges.

se ha iniciado en el interior del país, sobre todo en comunidades rurales de los estados de Puebla, Oaxaca, Michoacán e Hidalgo, y en menor medida Veracruz.[28] En otras palabras, en alrededor de las dos terceras partes de los cónyuges de los hogares vallechalquenses, el momento más antiguo de las trayectorias residenciales se ha definido en un espacio rural del interior del país. La tercera parte restante de los hogares está constituida por cónyuges de origen urbano. No obstante, en estos casos también se han dado trayectorias residenciales de numerosos movimientos, con la diferencia de que el inicio de estos movimientos residenciales ha estado en el área metropolitana. El 35.9% de las cónyuges son de origen urbano; para el caso de los cónyuges, el origen urbano corresponde a 36.9% de los encuestados. Si se considera más específicamente la procedencia del Distrito Federal (antes que la procedencia urbana en términos generales), encontramos que corresponde aproximadamente a la cuarta parte de los hogares, entre las cónyuges es de 23% y de 24.4% entre los cónyuges, siempre en los hogares encuestados.

A pesar de la magnitud que alcanza la procedencia de origen rural entre ambos cónyuges, son muy pocos quienes reconocen que su residencia inmediatamente anterior a la actual ha estado en las comunidades rurales, precisamente porque este proceso de movilización en el territorio ha sido etápico. Un movimiento territorial de tipo etápico no debe ser entendido según la visión tradicional, es decir que los migrantes de origen rural se desplazan a pequeñas localidades, desde allí lo hacen a ciudades medias, para finalmente, alcanzar el área metropolitana o la gran ciudad.

En nuestro caso, la perspectiva etápica se refiere a sucesivos movimientos residenciales dentro de una misma área metropolitana, que además ha sido el primer destino de esa cadena migratoria. Estos movimientos residenciales se pueden comprender como los nodos que marcan las rupturas entre los distintos momentos que integran las trayectorias residenciales. Estos nodos constituyen "los momentos" en las trayectorias de los hogares del Valle de Chalco.

---

[28] La información cuantitativa que presentamos procede de nuestra última encuesta realizada en la zona: "Trabajo y vida cotidiana de los sectores populares urbanos de la periferia metropolitana de la ciudad de México. Un enfoque espacio-temporal de los modos de vida urbanos", mayo-octubre de 1993.

Sólo encontramos 6.6% de los hogares cuya residencia inmediatamente anterior a la actual ha sido en un área rural. Éstos son los casos en los cuales, entre el momento de residencia de origen y el actual, no se identifican momentos intermedios. Esa participación tan baja indica que en la mayoría de los casos, entre el momento de origen y el momento actual ha habido otros intermedios; en otras palabras, son escasos los hogares que del lugar de origen se han movilizado directamente hacia el Valle de Chalco.

Si se considera la segunda residencia anterior a la actual —es decir, un solo momento intermedio entre el lugar de origen y el actual— los hogares de procedencia rural alcanzan 16.6%. Esta situación es más frecuente que la anterior; no obstante, indica que en muchos hogares existen más momentos intermedios entre el de origen y el actual.

A medida que se consideran momentos más lejanos en las trayectorias residenciales, la presencia de lugares de residencia anteriores de tipo rural se va incrementando. Esto se debe a que del interior, casi siempre llegaron al Distrito Federal, a lugares más o menos céntricos. Dentro de la ciudad de México ha continuado ese proceso de movimientos de la residencia hacia zonas cada vez más externas del área metropolitana (cuadro 3).

Los momentos residenciales también se identifican por cambios en los mecanismos de acceso a la vivienda. En general, en los momentos intermedios, con residencia en el centro del Distrito Federal (delegaciones Cuauhtémoc, M. Hidalgo, V. Carranza...), el mecanismo de acceso a la vivienda fue la renta. El desplazamiento se ha dado desde las zonas céntricas hacia Iztapalapa, Iztacalco y Nezahualcóyotl. Mientras que la última etapa de ese movimiento de la residencia ha sido desde Iztapalapa, Iztacalco o Nezahualcóyotl hacia el Valle de Chalco. Por ejemplo, para 33% de los hogares encuestados, la residencia anterior a la actual ha sido en Nezahualcóyotl, mientras que 16% residía anteriormente en las delegaciones de Iztapalapa e Iztacalco. Un 15% de los hogares ha tenido su residencia inmediatamente anterior a la actual, en otra colonia del mismo Valle de Chalco (mapa 3).

MAPA 3
Trayectorias residenciales de los hogares del Valle de Chalco en cuatro momentos

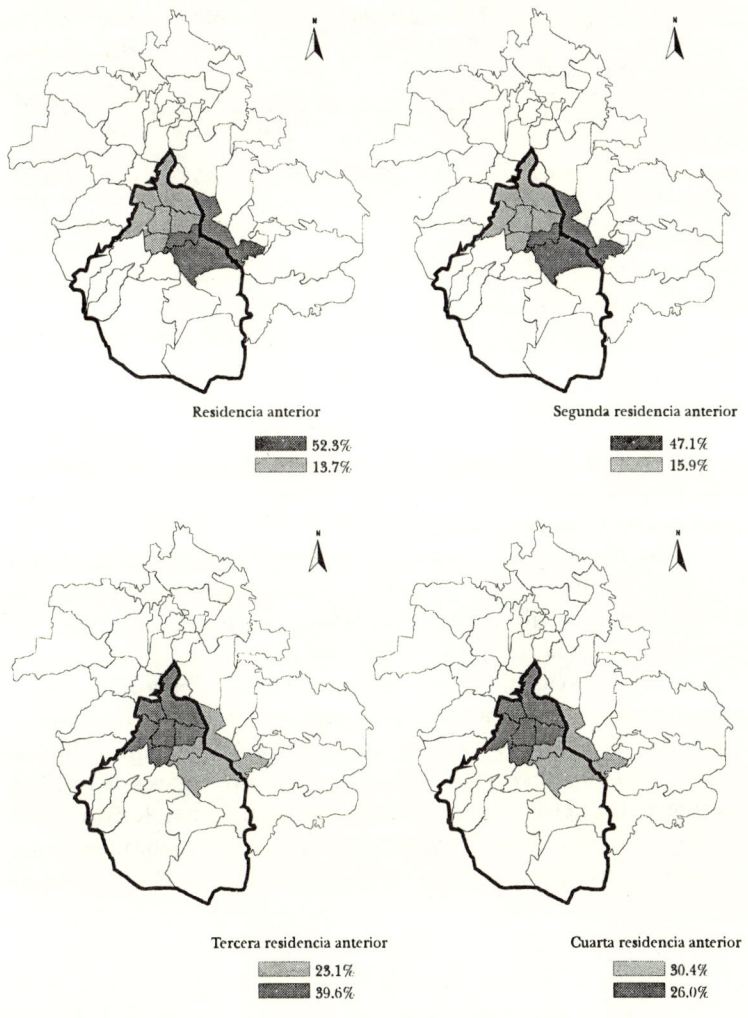

Residencia anterior
52.3%
13.7%

Segunda residencia anterior
47.1%
15.9%

Tercera residencia anterior
23.1%
39.6%

Cuarta residencia anterior
30.4%
26.0%

Fuente: cuadro 3.

CUADRO 3

Zonas de residencia anterior a la actual y momentos en las
trayectorias residenciales de los hogares del Valle de Chalco

Zonas de residencia de los hogares del Valle de Chalco/Momentos en las trayectorias residenciales de los hogares	Zona central del AMCM [29]	Zona aledaña al Valle de Chalco [30]	Interior del país	Otra colonia del Valle de Chalco	Otros DF y Edo. Méx.	Total % (abs.)
Residencia anterior a la actual (1a.)	13.7%	52.3%	6.6%	15.1%	12.3%	100.0% (212)
Segunda residencia anterior a la actual (2a.)	15.9%	47.1%	16.6%	5.7%	14.7%	100.0% (157)
Tercera residencia anterior a la actual (3a.)	23.1%	39.6%	15.4%	5.1%	16.8	100.0% (78)
Cuarta residencia anterior a la actual (4a.)	26%	30.4%	26.1%	0%	17.5%	100.0% (23)

Fuente: elaboración propia con base en la información de nuestra encuesta:
"Trabajo y vida cotidiana de los sectores populares urbanos de la periferia metropolitana de la ciudad de México. Un enfoque espacio-temporal de los modos de vida
urbanos", mayo-octubre de 1993.

Desde la perspectiva de la expansión territorial de la ciudad,
estos desplazamientos de la residencia hacia las afueras han acompañado el crecimiento urbano del AMCM. Éste es el ángulo de análisis
que frecuentemente se adopta (el de la expansión de la ciudad); sin
embargo, en nuestra investigación nos interesa destacar la trascendencia de esas movilizaciones reiteradas en la vida de los individuos.
Esto es parte de la complejidad del "habitar".

En muchos casos, este proceso de movilidad territorial ha sido
muy complejo, debido a que se ha integrado a través de un número
más elevado de movimientos intermedios. Por ejemplo, hemos
encontrado hogares que reconocen hasta nueve lugares de residencia diferentes desde la constitución del hogar actual. Recordemos,
que estos nueve momentos residenciales se contextualizan en hogares cuyos cónyuges tienen un promedio de edad de 37 años (véase
el cuadro 5).

[29] Delegaciones Cuauhtémoc, Gustavo A. Madero, Azcapotzalco, Benito Juárez,
Venustiano Carranza y Miguel Hidalgo.
[30] Delegaciones Iztacalco e Iztapalapa, y municipios de Nezahualcóyotl y Los
Reyes-La Paz.

Desde la perspectiva de los hogares y los individuos que han realizado estos movimientos residenciales, los desplazamientos se pueden analizar en varias dimensiones; aquí nos interesa distinguir una dimensión subjetiva[31] y otras dos referidas a lo económico y al espacio intrafamiliar.

En términos económicos, los desplazamientos hacia las afueras de la ciudad han representado una disminución en el nivel de las rentas pagadas, o al menos un recurso para mantener un mismo nivel en los gastos por renta del hogar. En tanto que el asentamiento en el Valle de Chalco —el último de estos movimientos— significó, por un lado, no ya una disminución del nivel de la renta pagada, sino la desaparición de los pagos por renta, y por otro lado, el acceso a la propiedad de la vivienda.[32] En cuanto al espacio intrafamiliar disponible, en muchos casos, el último movimiento residencial hacia el Valle de Chalco, también ha significado un incremento en el espacio de la vivienda.

La salida de esa situación rechazada: "rentar la vivienda", ha requerido de ciertas condiciones, como la compra de un lote no regularizado y la posterior construcción de la vivienda, o directamente la compra de un lote con la vivienda. Sin embargo, una vez que se alcanzó la vivienda, esa dimensión económica del problema prácticamente no es considerada. Posiblemente, ello se relacione con el hecho de que en general, se trata de hogares que contaron con distintas formas de ayuda externa al hogar en la primera etapa de construcción de la vivienda (familiares, amigos y parentela en términos amplios).

Desde una dimensión subjetiva, la localización actual en el Valle de Chalco representa la única localización en la cual era posible la desaparición del "problema de la renta".

De esta forma vemos, que el movimiento residencial no sólo es factible de ser considerado desde una dimensión subjetiva y otra económica, sino que también el pago de la renta se puede comprender desde esas dos dimensiones. En términos económicos, para

---

[31] Esta interpretación se basa en las entrevistas que realizamos.
[32] En realidad no se trata de la propiedad jurídicamente reconocida en el momento del traslado al Valle de Chalco, sino de una "vivencia" de propiedad, que sólo se sustenta jurídicamente años más tarde cuando se alcanza a regularizar la tenencia de la tierra. Azuela de la Cueva, Antonio (1989), p. 81.

Freedom   Family

estos hogares el pago de la renta ha implicado un gasto mensual elevado en proporción a los ingresos familiares, lo que nos remite a las condiciones de supervivencia de los hogares. En términos subjetivos, en general, el pago de la renta representa "la vivencia de la falta de libertad". En consecuencia, la residencia en el Valle de Chalco vino a representar la "vivencia de la libertad", en donde la libertad significa, al menos parcialmente, la posibilidad de terminar con los condicionamientos restrictivos para los hijos, ya que generalmente no se rentaba una vivienda sino un cuarto.

En general, cuando este movimiento territorial es analizado desde la óptica del crecimiento urbano se lo ve como el resultado del encarecimiento de la ciudad central[33] en los niveles de las rentas y en general, en todo aquello que los economistas sintetizan en la noción de costo de la vida. Sin embargo, vemos que también es posible comprender este movimiento en el espacio como parte de las trayectorias de vida. En esta visión, desde los actores, el movimiento residencial adquiere una mayor complejidad por el cruce de las distintas dimensiones que se integran a lo largo de las trayectorias de vida y en cada momento de dichas trayectorias. Así, no sólo se puede conocer la orientación de la movilización sino también sus significados.

Cuando este movimiento espacial es visto en las trayectorias de vida de las personas es posible comprender la dimensión urbana (en sus distintos aspectos, como el citado encarecimiento de la ciudad central) a la luz de las condiciones sociodemográficas específicas de los hogares estudiados, en este caso, los hogares del Valle de Chalco. Así, el movimiento residencial puede vincularse a los altos niveles de las rentas de las zonas más centrales y a los altos costos de la vida en conjunto, pero particularmente se vincula a la articulación de las condiciones urbanas con los procesos de constitución y desarrollo de la familia, entendida como grupo residencial.[34]

Hasta aquí consideramos la orientación y el significado de la movilización residencial; nos resta explorar los eventos familiares que se asocian con la decisión de movilizar la residencia hacia el

---

[33] Hiernaux Nicolas, Daniel (1995), pp. 31-58.
[34] En este caso hablamos de familia en sentido restringido, vale decir: unidades familiares, unidades domésticas o grupos residenciales.

Valle. En este sentido nos encontramos principalmente con tres tipos de eventos familiares (cuadro 4):

- La constitución del hogar.
- La expansión de la familia nuclear.
- Un conflicto de la familia extensa corresidente.

CUADRO 4
Tiempo de residencia en el Valle de Chalco
y eventos familiares coincidentes

Eventos familiares	Número de hogares	Hogares participación porcentual	Participaciones porcentuales acumuladas
Unión de la pareja	14	6.5	6.5
Nacimiento de un hijo	108	50.0	56.5
Unión y nacimiento de un hijo	22	10.2	66.7
Residencia de uno de los cónyuges en el Valle de Chalco, anterior a la constitución del hogar	12	5.6	72.2
Ningún evento registrado	60	27.8	100.0
Total	216	100.0	

Fuente: elaboración propia con base en la información de nuestra encuesta: "Trabajo y vida cotidiana de los sectores populares urbanos de la periferia metropolitana de la ciudad de México. Un enfoque espacio-temporal de los modos de vida urbanos", mayo-octubre de 1993.

La constitución del hogar

En algunos casos, el núcleo conyugal no ha realizado numerosos movimientos residenciales; sin embargo, cuando se consideran a los individuos que integran el núcleo conyugal en forma independiente uno del otro, resulta que estos individuos han realizado numerosos movimientos residenciales, pero con sus familias de origen. En tanto que el momento en el cual constituyen su propio hogar es aquel que se asocia con el desplazamiento al Valle de Chalco, debido a las dificultades para establecerse en los lugares de los cuales ambos procedían, lugares más céntricos. El Valle de Chalco se constituye en el primer lugar de residencia para el nuevo hogar, pero no así para los individuos que constituyen el núcleo conyugal.

La expansión de la familia nuclear

En otros casos, el movimiento al Valle no coincide con la constitución del hogar, sino con la llegada de un hijo o bien, con el hecho de que los hijos alcancen cierta edad que plantea dificultades para que el grupo familiar continúe viviendo en un único cuarto rentado o con familiares.

Un conflicto de la familia extensa corresidente

Los conflictos en familias extensas que son corresidentes también suelen definir el momento en el que se decide movilizar la residencia al Valle. Esto ocurre particularmente cuando el conflicto significa la disolución del grupo residencial extenso, y la consecuente conformación de dos o más grupos residenciales.

Por ejemplo, algunos hogares que vivían en una zona más interna del área metropolitana compartiendo la vivienda con otros familiares, cuando ocurre alguna ruptura con los familiares con los que se compartía la vivienda, toman la decisión de movilizarse al Valle de Chalco. En muchas ocasiones esos conflictos también tienen relación con la composición de los grupos domésticos, por ejemplo, la llegada de otro hijo propio o un hijo del otro grupo familiar con el que se comparte la vivienda.[35]

3.3.2. Hogares jóvenes

De acuerdo con nuestra información, la población del Valle de Chalco en forma agregada tiene un promedio de edad de 22 años.[36] Si se considera sólo a una franja de la población, como por ejemplo

---

[35] Esta situación la reconstruimos exclusivamente a partir de las entrevistas, en cambio, las dos situaciones anteriores, como se sistematiza en el cuadro núm. 3, también se sustentan en nuestra encuesta.

[36] De acuerdo con una encuesta anterior, que realizamos en 1990, este promedio es de 20 años. En aquella ocasión se utilizó el mismo marco muestral que en la de 1993, el tamaño de la muestra fue levemente mayor (245 hogares) y se distribuyó siguiendo la misma estrategia que en 1993. Evidentemente, la distribución aleatoria hizo que los sujetos entrevistados no fueran los mismos. Sin embargo, en varias cuestiones los resultados de una y otra encuestas coinciden. En el caso de la estructura de edades, significativamente, la única diferencia que resulta es que en la encuesta de 1993 todos los posibles promedios de edades (considerando diferen-

todos los mayores de 14 años, el promedio se eleva a 31 años[37] (cuadro 5). Ahora bien, dado que se está analizando la relación entre los roles conyugales y la esfera del trabajo, la edad promedio de los cónyuges constituye un elemento pertinente. Como se ve en el cuadro a continuación, este promedio de edad es de 37 años, siendo levemente mayor entre los hombres que entre las mujeres, como también entre los cónyuges de origen rural que entre los cónyuges de origen urbano.

CUADRO 5
Estructura de edades

Grupos de población	Promedio de edad (en años)
Total de la población	22.23
Población de 14 años y más	31.00
Ambos cónyuges	37.66
Hombres cónyuges	39.76
Mujeres cónyuges	35.49
Hombres cónyuges de origen rural	41.05
Mujeres cónyuges de origen rural	37.70

Fuente: elaboración propia con base en la información de nuestra encuesta: "Trabajo y vida cotidiana de los sectores populares urbanos de la periferia metropolitana de la ciudad de México. Un enfoque espacio-temporal de los modos de vida urbanos", mayo-octubre de 1993.

Los eventos familiares presentados en el cuadro 4 —en particular, los nacimientos— son la expresión de hogares que de acuerdo al ciclo vital transitan por una fase de expansión o de constitución.[38] Este fenómeno también constituye otro de los rasgos propios de la población del Valle de Chalco, que no deja de tener fuertes repercusiones sobre la vida familiar y en la vida laboral de estos hogares. En este sentido, hemos hallado que alrededor de las tres cuartas

---

tes subgrupos de población) arrojan entre dos y tres años más que en la de 1990, como si lo único que mediara fueran los tres años transcurridos entre la primera y la segunda encuestas; aunque, como se señalaba no se entrevistó a los mismos hogares en ambas ocasiones.

[37] En este caso, la encuesta de 1990 indica un promedio de 28 años.

[38] La separación entre constitución y expansión es puramente convencional, ya que también estamos considerando los casos en los cuales se produce la constitución en forma simultánea a la expansión, es decir, se constituye el hogar como grupo residencial y ocurre el nacimiento de un hijo al mismo tiempo.

partes de las mujeres-cónyuges tiene cuarenta años.[39] Si reconocemos la edad de la mujer-cónyuge como uno de los indicadores de la etapa del ciclo vital del hogar[40] o simplemente, como un indicador de la capacidad reproductiva del hogar, podemos concluir que aproximadamente las tres cuartas partes de los hogares del Valle de Chalco atraviesan en la actualidad por fases de constitución del hogar o de expansión, o ambas a la vez. Ahora bien, reconocer el momento del ciclo vital de estos hogares significa que estamos considerando un conjunto de rasgos que son propios de estos hogares en un momento particular.[41]

Lo anterior indica que coinciden dos fenómenos fuertemente asociados: una población joven y hogares en constitución o en expansión, ambas condiciones potencian fuertemente otro rasgo sociodemográfico importante: familias de tipo nuclear. De los hogares encuestados 71.5% tiene entre dos y cuatro hijos, en tanto que 81.6% tiene entre uno y cuatro hijos.[42] Asimismo, encontramos que 87.6% de los hogares encuestados responde a una estructura de tipo nuclear, mientras que sólo 12.4% corresponde a una estructura de familia extensa con una residencia común.

Estos rasgos tienen relación con los componentes anteriores. Posiblemente, cuando estos hogares estén en una etapa de fisión, la retención de los hijos casados en el hogar pueda incrementar la participación de familias residenciales extensas. El fenómeno de la corresidencia de varios núcleos conyugales en una misma vivienda —conformando un hogar extenso— no es un fenómeno frecuente en el Valle de Chalco. Podría esperarse que la corresidencia fuera una forma socorrida de reducir los gastos de reproducción de la familia; sin embargo, no parece constituir una estrategia seguida por esta población.

---

[39] Un 72.4% de las mujeres-cónyuges que tiene menos de 40 años, y 76.5% que tiene hasta 40 años. Según la encuesta de 1990, 80% de las mujeres-cónyuges tiene menos de 40 años.

[40] Benería, Lourdes y Martha Roldán (1992), p. 38. González de la Rocha, Mercedes (1986), pp. 69-71.

[41] Estamos reconociendo la importancia del ciclo vital en el sentido más amplio, y no en la visión más restringida de la sucesión lineal de las distintas etapas. En otras palabras, destacamos la importancia de considerar la temporalidad como una dimensión analítica básica para el estudio de la familia como organización social. Anderson, Michael (1980), p. 10.

[42] En la encuesta de 1990, 76% de los hogares tenía entre dos y seis hijos.

Creemos que la presencia de familias nucleares originarias del interior del país no sólo tiene relación con la estructura de edades y el momento del ciclo vital, también parece asociarse con una cultura migratoria en la que en buena medida, se han debilitado las relaciones con la parentela. Así, antes que optar por disminuir los costos de reproducción familiar a través de la asociación de dos o tres núcleos familiares en una misma vivienda (grupos residenciales extensos), se buscan otro tipo de alternativas, como incrementar el trabajo o el mismo traslado al Valle de Chalco.[43]

Lo anterior no significa postular que los hogares del Valle de Chalco son familias nucleares aisladas. En alguna medida, esto mantiene abierto el debate a partir de las interpretaciones parsonianas de la familia en las sociedades industrializadas.[44]

Así, podemos recordar que si bien la posición parsoniana se rechazó como regla de aplicación general a través de numerosas investigaciones empíricas, en otros estudios se la admitió en situaciones restringidas. Una de ellas ha sido el caso de los inmigrantes que llegan a ámbitos urbanos procedentes de zonas rurales. Precisamente, hemos visto que la mayor parte de los hogares del Valle de Chalco se caracterizan por los procesos de movilidad territorial de la residencia, así como por la procedencia de origen de tipo rural.

Autores como Key y Sussman defienden la pertinencia del aislamiento de las familias nucleares (la hipótesis parsoniana) en el caso exclusivo de los migrantes. "La frialdad e indiferencia del lugar de trabajo y la ciudad como un bastión de acero y concreto contribuyó a crear un sentimiento de soledad y aislamiento. La preocupación básica del inmigrante era la supervivencia..."[45] Esta cuestión ha sido extensamente discutida, contraponiéndole el argumento de que ante la hostilidad del medio urbano, los inmigrantes tienden a desarrollar relaciones más estrechas con la parentela, constituyéndose los primeros de ellos, en exploradores que transfieren a los siguientes parientes las experiencias acumuladas.

En el caso de la población del Valle de Chalco, entendemos que estamos frente a una situación en la que si bien los primeros parientes que llegaron a la ciudad pueden haber funcionado como

---

[43] Como se plantea en el punto siguiente.
[44] Parsons, Talcott (1980), pp. 43-60 y 114-115.
[45] Sussman, M. y L. Buchinal (1980), p. 108.

"exploradores" y transmisores de información para los siguientes, una vez que éstos constituyeron sus hogares o extendieron los ya constituidos, ese papel de protector respecto al nuevo pariente inmigrante puede haber quedado restringido sólo para ciertas dimensiones, por ejemplo culturales, laborales, etc.[46] Este papel de protector parece haberse extendido sólo ocasionalmente a la dimensión residencial, ello en periodos muy breves y posiblemente en algún momento residencial anterior al actual del Valle.[47]

Lo que acabamos de comentar ubica el tipo de familia nuclear predominante en el Valle, en relación con algunos procesos sociales que pueden haber sido sus antecedentes. A continuación nos interrogamos por las implicaciones de la familia nuclear como un tipo de estructura familiar dominante en el Valle de Chalco. En este sentido, es frecuente el análisis de las repercusiones económicas que tiene un tipo u otro de estructura familiar, particularmente en cuanto al desarrollo de distintas estrategias de supervivencia.[48] En nuestro caso, antes que preguntarnos por las consecuencias socioeconómicas lo hacemos por las implicaciones socioculturales del predominio de hogares nucleares con un promedio de dos a cuatro hijos, es decir, hogares con muy escasa presencia de miembros en edades avanzadas y con un reducido espectro de tipos de parentesco en el interior del hogar.[49] En otras palabras, nos preguntamos cuáles son las implicaciones socioculturales del predominio de hogares con reducida extensión tanto generacional como lateral.

En relación con este fenómeno recuperamos la reflexión de Martine Segalen respecto a que resulta más importante la estructu-

---

[46] Al respecto cabe recordar que Guillermo de la Peña, después de reconocer todo lo escrito en México acerca de la familia extensa, patriarcal, autoritaria y corporativa, señala que: "los datos de Guadalajara muestran que, por el fuerte control que ha existido sobre la vivienda y el suelo urbano por parte del capital inmobiliario, los miembros de las familias extensas tienden a dispersarse por toda la ciudad y a debilitar sus vínculos de cooperación". De la Peña, Guillermo (1994), pp. 148-149.

[47] La información cualitativa parece indicar esto a través de las referencias reiteradas a conflictos con la parentela.

[48] Selby, Henry (1994). Cortés, Fernando y Óscar Cuéllar (coord.)(1990). Cariola, Cecilia, Miguel Lacabana et al. (1989). Chant, Sylvia (1991). Oliveira, Orlandina de et al. (1988). Gallart, María Antonia, Martín Moreno y Marcela Cerrutti (1991). García, Brígida, Humberto Muñoz y Orlandina de Oliveira (1982). Jelin, Elizabeth (1984).

[49] La mayor parte de los hogares sólo se integran de padres e hijos.

ra familiar que el tamaño de la familia, en cuanto a la forma de organización familiar "que regula la transmisión de las prácticas y los valores culturales, articulando familia y trabajo, familia y poder, familia y haber".[50] La estructura familiar según el parentesco tiene implicaciones en cuanto a las reglas de interacción intrafamiliares y también en los "patrones de socialización".[51] Precisamente, los patrones de socialización pueden resultar un elemento significativo cuando buscamos comprender la construcción de los modos de vida urbanos de los hogares del Valle de Chalco.[52]

Acordamos con la idea de que la familia nuclear es un "modelo de vida",[53] y agregamos que la reducida heterogeneidad intergeneracional en el interior del hogar aunada a la ruptura con la familia de origen por la migración, pueden constituirse en factores que favorezcan las innovaciones "funcionales a la reproducción", en cuanto a la socialidad interna al hogar. Al respecto se puede recordar que Elizabeth Bott demostró que las redes sociales muy extensas y entrelazadas suelen constituirse en un mecanismo de presión social en relación con la normatividad interna al hogar.

3.3.3. La movilización residencial: una estrategia territorial de supervivencia

El primero de estos cuatro ejes con los que venimos caracterizando a los hogares del Valle de Chalco se define fuertemente por la componente territorial (el nomadismo residencial), el segundo a través de lo sociodemográfico (hogares jóvenes). En este tercer eje analítico, la articulación de las dos dimensiones anteriores —la territorial y la sociodemográfica— se expresa en una componente

---

[50] Segalen, Martine (1992), p. 43.

[51] Goode, William (1982), pp. 44-45.

[52] Aunque los historiadores de la familia que siguen la perspectiva de estudiar a la familia a través de los sentimientos (Ariès, Flandrin, Shorter, Stone...), han expresado que no debemos preocuparnos por la estructura familiar sino por la "familia como idea" y por los significados atribuidos a la familia. Anderson, Michael (1988), p. 37.

[53] La idea de la familia nuclear como "modelo de vida" procede de Shorter, Edward (1975). Para este autor, "la familia nuclear es más un estado de ánimo que un tipo especial de estructura [...] Lo que realmente distingue a la familia nuclear [...] de otros modelos de vida en la sociedad occidental es un sentido especial de la solidaridad que separa a la unidad doméstica de la comunidad que la rodea", p. 205.

socioeconómica. En este sentido, recuperamos parcialmente el conocido y criticado concepto de "estrategias de supervivencia", tan vinculado a los estudios de los sectores populares urbanos, aunque al introducirlo desde la conjunción de nuestros dos primeros ejes adquiere un particular matiz, que entendemos es propio de los hogares del Valle de Chalco. Por otra parte, lo estamos considerando al margen de las ideas de consenso intrafamiliar y racionalidad en la toma de decisiones.[54] Por el contrario, como se plantea más adelante, la estrategia de movilizar el lugar de residencia, muchas veces es una salida a un conflicto familiar no surgida de un consenso.

La temática de las estrategias de supervivencia en los sectores populares ha sido extensamente estudiada en América Latina y en México en particular. Sin embargo, las estrategias que se basan en el manejo del espacio como lugar de residencia (por parte de los propios colonos) no han sido analizadas en la misma forma. También es extensa la tradición de estudios urbanos que se han dedicado al análisis de las estrategias especulativas de los distintos agentes sociales que lucran con la producción y manipulación del suelo urbano, particularmente en los mercados de tierra periférica.

En nuestro caso, hemos optado por orientarnos a través de la propia experiencia vivida por los colonos que deciden movilizar su lugar de residencia dentro de un mismo espacio metropolitano, como un medio para reducir los gastos familiares. En el caso del Valle de Chalco, esta experiencia ha sido particularmente relevante por su alta frecuencia. Además, encontramos que estas estrategias familiares fundadas en el manejo del suelo urbano se articulan con un particular perfil familiar, que precisamente es el dominante en el Valle de Chalco. Nos referimos a las componentes sociodemográficas que analizamos en el punto anterior.

Estamos interpretando la movilización residencial hacia el Valle de Chalco como una estrategia territorial de supervivencia que se asocia a un momento del ciclo vital. Así, el tránsito del hogar por una fase de constitución o de expansión viene a integrar un impulso para emprender esta movilización territorial estratégica.

---

[54] Nos remitimos a lo aclarado en la nota 20 de este capítulo.

Tal como se planteó anteriormente, el proceso de ocupación urbana del Valle de Chalco ha sido protagonizado por hogares de reciente constitución o en expansión de acuerdo con el ciclo vital. Esto significa que son familias constituidas en el momento en el que se instalaban en el Valle de Chalco o bien, poco tiempo antes. La consecuencia necesaria en cuanto al ciclo vital, es que estas familias se hallan en expansión, están teniendo hijos y en condiciones reproductivas de seguir teniéndolos.

Si analizamos los hogares del Valle de Chalco desde la perspectiva que Michael Anderson ha denominado la "economía doméstica",[55] es posible introducir uno de los aspectos más importantes de la teorización de Chayanov, nos referimos a la cuestión de las necesidades y los recursos para satisfacerlas: "la familia determina tanto un conjunto de necesidades cuanto un conjunto de recursos de fuerza de trabajo familiar [...]. Todos los miembros son consumidores, en la medida en que todos tienen cuando menos algunas necesidades que deben satisfacerse [...], pero no todos son trabajadores".[56]

Ahora bien, dado que las familias son organizaciones sociales en las que la temporalidad que les es propia trae consigo cambios en la organización interna, la estructura, el tamaño [...], se debe tener en cuenta que tanto las necesidades como los recursos con los que cuenta un hogar, son diferentes según el momento del ciclo de vida que atraviesa. Cuando los hogares transitan por fases de constitución o de expansión, el número de miembros del hogar que puede actuar como trabajadores es mucho menor que el número que pueden alcanzar estos hogares cuando están en fases más avanzadas del ciclo vital.

Así, expresando lo anterior a través de una simple relación entre el número de trabajadores[57] y el de consumidores por cada

---

[55] Recordemos que Michael Anderson distingue tres tendencias desde las cuales se ha estudiado históricamente la familia occidental: la visión demográfica, la visión desde los sentimientos, las ideas y la emotividad y por último, la economía doméstica. Anderson, Michael (1988).

[56] Para el desarrollo de la relación consumidores-productores, véase Cuéllar, Óscar (1990), p. 327.

[57] Trabajadores o productores en el sentido de que son miembros que pueden utilizar los recursos del hogar para producir satisfactores.

hogar, resulta que en los hogares del Valle, los segundos son más que los primeros. La relación se inclina hacia los consumidores (cuadro 6). Ello se relaciona directamente con la estructura de edades del grupo familiar (hogares jóvenes), en donde la edad reducida de los hijos (o al menos de una parte de ellos) actúa como un obstáculo para que funcionen como trabajadores, mientras que esto no limita su condición de consumidores. A su vez, la presencia de varios hijos de corta edad también reduce las posibilidades de que la mujer-cónyuge actúe como trabajadora.[58]

CUADRO 6
Relación trabajadores/consumidores

Relación Trabajadores[59]/consumidores	Número de hogares	Part. porcentual	Acumulado (porcentaje)
Más consumidores (-1) que trabajadores	58	30.7	30.7
Igual número de trabajadores que de consumidores (=1)	55	29.1	59.8
Más trabajadores que consumidores (+1)	76	40.2	100.0
Total	189	100.0	

Fuente: elaboración propia con base en la información de nuestra encuesta: "Trabajo y vida cotidiana de los sectores populares urbanos de la periferia metropolitana de la ciudad de México. Un enfoque espacio-temporal de los modos de vida urbanos", mayo-octubre de 1993.

[58] Técnicamente este indicador resulta del cociente entre el número de personas menores de 14 años por hogar (consumidores) y el número de personas de 14 años y más (productores o trabajadores) del respectivo hogar. Cuando son más los consumidores que los productores el indicador es menor que 1, cuando son más los trabajadores que los consumidores, el indicador es mayor que 1. Mientras que si ambos coinciden, el resultado es igual a 1. Dado que la relación se funda sólo en la edad, hay que tener en cuenta, que empíricamente la relación es más fuerte de lo que se ve en el cuadro, hacia los consumidores. Esto se debe a que muchos miembros aparecen registrados como productores en función de la edad, pero en términos reales no operan de esa forma por distintas razones, entre otras, por cuestiones de organización interna del hogar. Éste es el caso de muchas de las mujeres-cónyuges.

[59] El término "trabajadores" está considerado de manera virtual. Esto significa que en esta relación no se está evaluando que el miembro del hogar efectivamente trabaje, sino que esté en edad de funcionar como trabajador. En relación con esta cuestión nos remitimos a la obra original de Chayanov y a la interpretación de la misma de Cuéllar. Chayanov, Alexander (1974), pp. 323-349.

Vulnerability

Esta característica familiar —en la que se articulan las dimensiones sociodemográfica y socioeconómica— hace que frente a restricciones estructurales, los hogares del Valle de Chalco sean muy vulnerables porque la carga de consumidores es importante (hijos de corta edad, que por esa misma razón no pueden incorporarse en los mercados de trabajo). En otras palabras, son hogares muy sensibles a cualquier reducción en su estructura de oportunidades. Ante una reducción, estos hogares inmediatamente se ven obligados a desarrollar estrategias alternativas con las cuales asegurar la sobrevivencia del grupo familiar.

Los hogares del Valle de Chalco recurren a dos tipos de estrategias de supervivencia de base territorial. A la primera de ellas la denominamos estrategia "simple"; la segunda es una estrategia "compleja", ya que articula varias dimensiones estratégicas.

En el trabajo de campo que venimos realizando en la zona desde 1990,[60] se ha podido detectar repetidamente una misma orientación en los procesos de movilización del lugar de residencia de la población del Valle de Chalco. Estos procesos de movilización se han producido desde espacios urbanos consolidados (una zona de la vieja periferia de la ciudad de México: Nezahualcóyotl, Iztapalapa e Iztacalco) hacia otro espacio recientemente incorporado a la mancha urbana (el Valle de Chalco). El 33% de los hogares encuestados reconocieron que la residencia anterior se había localizado en Nezahualcóyotl, mientras que para 17%, esa localización había estado en Iztapalapa e Iztacalco.[61]

---

[60] Nuestro trabajo de campo en el Valle de Chalco se inició en 1989 con una fase de recorridos no estructurados, observación y un levantamiento de usos del suelo. Luego, en los primeros meses de 1990 aplicamos un cuestionario estructurado por encuesta en 250 hogares, distribuido en forma aleatoria y proporcional a la población de cada colonia. En forma casi simultánea aplicamos otro cuestionario por encuesta dirigido exclusivamente a pequeños negocios del Valle de Chalco, en una muestra de 100 negocios. En 1991, aplicamos otro cuestionario de encuesta a hogares sobre una muestra aleatoria de 100 hogares. En 1993 aplicamos otro cuestionario de encuesta estructurada y distribuida como en los casos anteriores, en 220 hogares, éste ha constituido nuestra encuesta principal, denominada: "Trabajo y vida cotidiana de los sectores populares urbanos de la periferia metropolitana de la ciudad de México. Un enfoque espacio-temporal de los modos de vida urbanos". Posteriormente, realizamos las entrevistas bajo la modalidad de relatos de vida y relatos de vida cotidiana, sobre casos seleccionados de la última encuesta.

[61] De acuerdo con la encuesta de 1990, 38.6% de los hogares proceden de Nezahualcóyotl y 16% de Iztapalapa e Iztacalco.

Esto último indica que la movilización residencial se ha dado hacia un espacio carente de una serie de servicios y equipamientos de los que esta población disponía en el anterior lugar de residencia. En este sentido, postulamos que el desplazamiento es una estrategia de supervivencia simple, ya que se ha fundado en la pérdida de una serie de condiciones materiales urbanas que se tenían anteriormente.

En otros casos la movilización de la residencia se articula en una estrategia de supervivencia más compleja. Es el caso de los hogares que en el lugar de residencia anterior eran propietarios de la vivienda, teniendo en cuenta que éstos son una mínima proporción de los hogares del Valle de Chalco. La manipulación de la espacialidad residencial en estos casos, ha articulado hasta cuatro dimensiones estratégicas simultáneamente.

Esta estrategia compleja ha integrado la mencionada reducción de los costos de reproducción por el empeoramiento de las condiciones materiales de la vivienda y del lugar de residencia (la estrategia simple). Por otro lado, también ha hecho posible la retención de un saldo monetario a partir de la venta de un inmueble más o menos valorizado y la compra de otro de menor precio en un mercado irregular o simplemente, la compra de un lote no regularizado. La tercera dimensión estratégica ha sido la canalización de ese saldo monetario hacia la instalación de un pequeño comercio, generalmente manejado en forma familiar.

Esto último ha permitido incorporar la cuarta dimensión estratégica: el incremento de la participación laboral del hogar, ya que la instalación de un negocio en el hogar permitió que las mujeres-cónyuges y los hijos menores funcionaran como "trabajadores" y no sólo como consumidores. En este sentido, podemos decir que la movilización de la residencia ha alterado la relación consumidores/trabajadores, favoreciendo las condiciones de reproducción del grupo familiar por aumento de los trabajadores.

También hemos encontrado otras combinaciones de este mismo conjunto de prácticas. Por ejemplo, algunos hogares que no eran propietarios de la vivienda anterior, disponían de un pequeño capital con el que era posible la instalación de un pequeño negocio en el Valle de Chalco, pero no era suficiente para hacerlo en Nezahualcóyotl o Iztapalapa. De modo, que estos hogares alcanzaron la meta estratégica de instalar el comercio y aumentar la participación laboral de los miembros del hogar, sin pasar por la situación de vender una propiedad y retener un saldo monetario por esa transacción.

CUADRO 7
La movilización residencial:
estrategia territorial de sobrevivencia

Estrategia simple

i. Reducción de los costos de reproducción familiar por el empeoramiento de las condiciones materiales de la vivienda y el lugar de residencia.

Estrategia compleja

i. Reducción de los costos de reproducción por el empeoramiento de las condiciones materiales de la vivienda y el lugar de residencia.

ii. Retención por parte del hogar de un saldo monetario a partir de la venta de un inmueble más o menos valorizado y la compra de otro de menor precio.

iii. Canalización de un pequeño capital hacia la instalación de un pequeño comercio.

iv. Incremento de la participación laboral del grupo doméstico por el manejo familiar del comercio.

Fuente: Nuestras entrevistas: "Relatos de vida y relatos de vida cotidiana del Valle de Chalco", realizadas entre agosto de 1993 y julio de 1994.

Estos últimos procedimientos constituyen, en nuestra interpretación, la estrategia de supervivencia de base territorial de tipo compleja. En última instancia, dicha estrategia articula la manipulación del lugar de residencia (la espacialidad de la vivienda) y el trabajo por cuenta propia, a través de la mediación dada por las condiciones sociodemográficas del hogar.[62]

El tipo de hogares jóvenes y nucleares, la relación consumidores/productores sesgada hacia los consumidores y la estrategia de movilizar la residencia, pueden ser fenómenos presentes en muchas

[62] Cabe señalar que en algunos casos, la instalación del comercio ha resultado de ingresos que no se han originado en la manipulación del lugar de residencia, por ejemplo, quienes fueron liquidados por una empresa, y destinaron ese monto a la instalación de un comercio.

otras áreas de más antigua urbanización en donde se localicen familias de bajos ingresos. Lo que es una característica particular del Valle es que estos rasgos son los dominantes, llegando al extremo de que casi queda excluida la presencia de hogares con otros rasgos sociodemográficos; particularmente ausente está la heterogeneidad generacional en el interior del grupo residencial.

3.3.4. El mito de la inserción laboral por cuenta propia

La esfera del trabajo es otro eje que permite una caracterización más o menos particularizada de los hogares del Valle de Chalco. Las situaciones laborales de los hogares del Valle de Chalco con relación a ambos cónyuges, se pueden sintetizar en las siguientes modalidades:[63]

i. Hogares en donde sólo trabaja el cónyuge, haciéndolo como asalariado fuera del Valle de Chalco.

ii. Hogares en los que trabaja el cónyuge como asalariado fuera del Valle de Chalco y la cónyuge, por su cuenta en el Valle.

iii. Hogares en donde ambos cónyuges trabajan juntos por su cuenta en el Valle de Chalco, junto a la casa o bien en un local fuera de la vivienda. En este último caso, generalmente es en uno de los mercados fijos de la colonia.

iv. Hogares en los que ambos cónyuges trabajan fuera del Valle de Chalco, pero en forma independiente uno del otro (este caso es muy poco frecuente).

v. Hogares en los que ambos cónyuges trabajan por su cuenta en el Valle de Chalco, aunque en forma independiente el uno del otro (este caso es poco frecuente).

En el primer grupo, sólo el cónyuge trabaja y lo hace como asalariado; se trata de hogares en los que las cónyuges suelen tener inserciones laborales, aunque sumamente inestables, con constantes entradas y salidas de los mercados de trabajo.

---

[63] Estos tipos resultan tanto de nuestra información cuantitativa como de la cualitativa.

Sin embargo, la cuestión de la inestabilidad laboral es una constante en toda la población del Valle de Chalco, con la salvedad de que entre las cónyuges es aún más importante, en buena medida por las componentes sociodemográficas que presentábamos anteriormente, como la etapa del ciclo vital.

Una buena parte de las seis modalidades anteriormente presentadas refieren a situaciones en las que el hogar está vinculado a un "negocio" (ya sea un pequeño comercio o un taller de prestación de algún servicio) con la participación de ambos cónyuges o sólo de uno de ellos. No obstante, son muchos los hogares en los cuales el hombre-cónyuge trabaja como asalariado y la mujer-cónyuge no desarrolla actividades laborales; es decir que también encontramos hogares en los cuales ninguno de los cónyuges está vinculado a un negocio propio. A pesar de esto, nuestros hallazgos indican que en estos hogares desvinculados de un negocio, es dominante la aspiración de llegar a instalarlo en un futuro. En este sentido, creemos que el negocio y el trabajo por cuenta propia, para la mayoría de los hogares del Valle de Chalco son concebidos como la mejor alternativa posible para la sobrevivencia y el progreso del hogar.

En algunos hogares, el negocio no pasa del nivel de las representaciones y el imaginario (los hogares de asalariados); en otros, además de constituir la representación del progreso del hogar, también se integra en las prácticas laborales cotidianas.

En los hogares en que se ha alcanzado la meta generalizada y el negocio pasa a ser el eje de las prácticas cotidianas laborales y familiares, hemos encontrado distintas condiciones previas que han contribuido a alcanzar esa meta, dos de ellas se definen desde el imaginario social y las otras dos, por el quehacer. Son las siguientes:

En relación con el imaginario social

i. Existe una representación social que une de manera casi directa la noción de negocio propio y la de progreso socioeconómico. Negocio es sinónimo de progreso socioeconómico.

ii. Existe una representación del negocio propio como la mejor estrategia de supervivencia.

En relación con las prácticas del pasado
iii. Existe una tradición familiar o personal en la práctica del negocio. En otras palabras, existe un acervo de conocimientos adquiridos respecto a la práctica del negocio.
iv. El ambulantaje como práctica laboral actual.

Analicemos las cuatro situaciones:

i. La situación primera corresponde a aquellos hogares que orientan sus prácticas cotidianas por una representación del negocio como el principal factor de movilidad social ascendente alcanzable. En otras palabras, el progreso y la movilidad social se asocian a la imagen del negocio y el trabajo por cuenta propia, constituyendo una representación social que orienta el quehacer cotidiano. Este tipo de hogares, en términos prácticos desarrollan distintas estrategias para alcanzar la meta del "negocio". Tres de ellas son las siguientes:

• La estrategia de inversión se halla en hogares en los que el hombre-cónyuge ha salido del sector formal asalariado percibiendo ingresos como liquidación, que han sido canalizados hacia la instalación del negocio propio. En estos casos parecería que cuando el mito del negocio se alcanza, aparece un nuevo mito en lo laboral: el del retorno al asalariamiento, incluso en la misma empresa o alguna muy afín.

• La estrategia de localización corresponde a hogares en los que el proceso de consolidación urbana del Valle ha dejado su vivienda ubicada en un lugar que se presenta como una buena localización comercial. Por ejemplo, la pavimentación de una avenida, o la consolidación de una calle como eje de la circulación, etcétera.

• La estrategia de construcción ha sido seguida por hogares que conciben la construcción de la vivienda como un todo en el cual no se incrementan los costos si se incorpora un espacio destinado a la instalación de un negocio.

ii. Un segundo grupo lo integran aquellos hogares en los cuales el comercio se presenta en un momento de la trayectoria familiar como la única estrategia de supervivencia posible. Esto significa que el comercio no es una meta previa, no es representado como fuente de progreso. En general, esta presencia del negocio en la vida

Shops + remittances

familiar aparece vinculada a la migración internacional a Estados Unidos, de dos formas principales:

El comercio suele presentarse como una estrategia de inversión de remesas enviadas por algún miembro del grupo que ha migrado a Estados Unidos, generalmente el hombre-cónyuge.

O bien, el comercio resulta asociado a la desintegración, aun cuando sea parcial, del hogar por la migración internacional del hombre-cónyuge. No se trata de una forma de invertir remesas giradas desde el exterior, sino de la única alternativa que encuentran algunas mujeres con varios hijos, cuyos cónyuges han migrado a Estados Unidos. En estos casos, el negocio sólo es visto como una estrategia de supervivencia, antes que como una estrategia de progreso y movilidad social ascendente.

iii. También están aquellos hogares en los cuales existe una tradición personal o familiar de negocio y trabajo por cuenta propia. Esta tradición casi nunca se vive como una "cultura de esa actividad" que interesa valorizar y continuar, sino como una forma de evitar el riesgo de ingresar en otras actividades desconocidas. *Risk avoidance*
Tampoco en estos casos, la continuación del negocio familiar es representada como progreso, más bien, como la única alternativa posible por ser la única conocida.

iv. Finalmente, habría que tener en cuenta una forma que suele constituir un antecedente del negocio, y que es el ambulantaje más informalizado. Una de las aspiraciones más frecuentes de los ambulantes del Valle de Chalco que hemos entrevistado, es la de instalarse en forma fija, podríamos decir, "fijarse en el espacio o dejar el movimiento espacial cotidiano asociado a ese trabajo". Muchos de estos ambulantes nunca alcanzan la meta de fijarse espacialmente, como tampoco logran muchos de los asalariados la meta de instalar el negocio y trabajar por su cuenta. No obstante, estas cuestiones son parte del imaginario local.

Por último, destaquemos que si podemos hablar del poblamiento urbano del Valle de Chalco a partir de mediados de los años setenta, es bajo la visión de que este poblamiento se produce en condiciones de fraccionamientos ilegales altamente especulativos,

que atraen a jóvenes cónyuges de zonas aledañas que están constituyendo o expandiendo sus hogares. Para los sujetos, el poblamiento urbano del Valle constituyó en lo inmediato una estrategia de
supervivencia, aunque esta estrategia no se construyó en forma
independiente de proyectos de progreso. Estos proyectos articu-
laron la dimensión laboral como un papel central. Por ello, el
poblamiento urbano del Valle desde los individuos que lo han
protagonizado, implica en primer término un cambio residencial.
Aunque lo residencial trae consigo lo familiar y también lo laboral,
a través del proyecto familiar.

Lo familiar y lo laboral se pueden estudiar desde los roles
conyugales —entendidos como los vínculos sociales básicos de la
socialidad del hogar— como una estrategia analítica para articular
los distintos sectores y ámbitos que integran la trama del devenir
cotidiano. Esta estrategia analítica en la que articulamos "trabajo y
familia" constituye el tema del cuarto capítulo, mientras que en el
capítulo quinto nos dedicamos específicamente a estudiar la trama
de la vida cotidiana de los hogares vallechalquenses a partir de los
vínculos sociales y particularmente, los roles conyugales.

4. LA TRAMA DE LA VIDA COTIDIANA: UN ESQUEMA ANALÍTICO

En este capítulo presentamos el esquema analítico sobre el cual organizamos el análisis cuantitativo y cualitativo en los dos capítulos siguientes[1] (cuadro 1). Este esquema se centra en nuestro concepto de "trama de la vida cotidiana". En el capítulo 2 señalamos que las tres formas que hemos escogido para abordar el estudio de la vida cotidiana son: el tiempo, el espacio y las formas de socialidad. Estas tres dimensiones las hemos integrado en el concepto central de trama. Así, decidimos que la trama de la vida cotidiana se integra por dos componentes principales: los vínculos sociales y el fondo espacio-temporal en el cual se desarrollan dichos vínculos sociales (relaciones sociales). Por su parte, los vínculos sociales los particularizamos en varias expresiones de la socialidad, en tanto que el fondo espacio-temporal lo especificamos en los tiempos sociales y espacialmente, en los espacios de vida o espacios de dispersión de la vida cotidiana.

Asimismo, es necesario tener en cuenta que analíticamente diferenciamos en el interior de la trama de la vida cotidiana ámbitos o sectores. Estos ámbitos son: el doméstico, el del trabajo, el del tiempo libre y el vecinal. En cada ámbito reconocemos vínculos y fondo.

En la primera parte del capítulo abordamos la primera de estas dimensiones integradoras del concepto organizador: los vínculos sociales a través de una particular forma de socialidad: los roles conyugales. Por su parte, estos últimos los consideramos en referencia a las prácticas cotidianas desarrolladas por los cónyuges. Luego, en una segunda parte estudiamos los distintos sectores o ámbitos en los cuales se pueden analizar las formas de socialidad, y particularmente los roles conyugales. Por último, en un tercer

---

[1] El capítulo 5 se desarrolla a través del análisis cuantitativo y el 6 mediante el análisis cualitativo.

apartado nos dedicamos a la otra dimensión constitutiva de la trama: el fondo espacio-temporal sobre el cual se tejen los vínculos sociales, desagregando los tiempos sociales y los espacios de vida. Finalmente, destaquemos que buscamos contrastar las "tramas" de la vida cotidiana con las distintas espacialidades del trabajo, como un camino para aproximarnos a los modos de vida.

CUADRO 1
Síntesis del esquema analítico general

Relación trabajo/residencia • Dos lugares separados y distantes • Dos lugares separados y cercanos • Un solo lugar	⇔	Cotidianidad por ámbitos • Laboral • Doméstico • Del tiempo libre • Vecinal
	⇩ ⇖	
Entrada cuantitativa y cualitativa		Vínculos sociales • Relación yo-tú (roles conyugales) • Relación nosotros-nosotros (el hogar) • Relación nosotros-ellos (vecindario, parentela) *(en términos teórico-metodológicos: capítulo 4)* *(en términos analíticos: capítulo 5)* ⇖
	⇖ ⇕	Trama de la vida cotidiana ⇗

Entrada cualitativa		Fondo espacio-temporal
		• Tiempos sociales
		  • Los ritmos sociales y las temporalidades
		  • Los horizontes del tiempo
		  • El ciclo cotidiano
		• Espacios de la vida
		  • Las distancias y la proximia
		  • El sentido del lugar
		  • La territorialidad
		(en términos teórico-metodológicos: capítulo 4)
		(en términos analíticos: capítulo 6)

4.1. LA TRAMA DE LA VIDA COTIDIANA: UN CONCEPTO ORGANIZADOR

La concepción de la vida cotidiana como una trama da cuenta de la articulación de distintos elementos en el tiempo y el espacio, en donde la propia articulación conlleva una secuencia en cuanto a lo que sucede.[2] Como ya lo anticipamos, analíticamente desagregamos la trama en dos componentes: el fondo y una serie de vínculos

---

[2] El término "trama" lo hemos tomado de Claude Javeau, no obstante hemos hecho un intento por darle contenido conceptual. Aunque lo utilizamos en la misma

entre los distintos elementos que conforman este todo articulado, que es la vida cotidiana. Las prácticas cotidianas son algunos de esos elementos, son el contenido central de la vida cotidiana. No obstante, nuestro énfasis se focaliza en los vínculos y el fondo, considerando que lo que se vincula o articula sobre el fondo, son contenidos, vale decir, las prácticas cotidianas. De modo tal que nos referimos a los vínculos entre las prácticas y a un fondo espacio-temporal en el cual se desarrollan esas mismas prácticas.

En términos técnico-metodológicos, esta concepción de la trama de la vida cotidiana ha sido la base de la particular manera en que articulamos el análisis cuantitativo y el cualitativo. Los vínculos los analizamos cuantitativamente, mientras que el fondo espacio-temporal tejido con los vínculos, lo estudiamos cualitativamente, ya que ese fondo supone la consideración de vivencias espacio-temporales. Por ello, el capítulo siguiente (quinto) lo dedicamos al estudio de los vínculos sociales en los hogares vallechalquenses. En tanto que el capítulo sexto se dedica al análisis de esos mismos vínculos, pero entretejidos en el fondo espacio-temporal, siempre para los hogares del Valle.

Si decimos que los contenidos de la vida cotidiana son las prácticas, es necesario tener en cuenta que éstas son sumamente heterogéneas. Por eso, decidimos agruparlas analíticamente según su naturaleza y el tipo de interacciones a las que aluden. De esta forma, la idea de una trama de la vida cotidiana tiene un carácter totalizante, en donde la integración se produce a través del fondo espacio-temporal. A pesar de ello, esa integración permite diferenciar analíticamente sectores. En suma, la trama de la vida cotidiana reconoce sectores o ámbitos, vínculos sociales y un fondo espacio-temporal.

La referencia reiterada a distintos ámbitos de prácticas cotidianas, hace que nuestro análisis se contextualice en la noción de "mundo de vida", como el mundo en el cual los individuos se orientan prácticamente, como el mundo de la naturaleza y el

---

perspectiva que este autor, Javeau no le otorga contenido como categoría sociológica específica, al menos en forma explícita. Por un lado, lo utiliza en uno de sus textos en referencia a que "las situaciones (goffmanianas) forman la trama de lo que Benita Luckmann llama los pequeños mundos de vida". Por otro lado, Javeau utiliza el término "trama" en referencia a "la trama de la existencia diaria [...]" Javeau, Claude (1982), p. 15. Javeau, Claude (1991d), p. 6.

mundo sociocultural en el cual se llevan a cabo las actividades prácticas orientadas por el sentido común.[3]

El concepto de prácticas que estamos siguiendo es de corte fenomenológico. Así, consideramos que las prácticas corresponden al tipo particular de acción social que Alfred Schutz definió como "ejecuciones". De acuerdo con este autor, las acciones sociales son comportamientos que suponen experiencias espontáneas subjetivamente provistas de sentido, que pueden darse en la vida interior o insertarse en el mundo externo. En esta categoría amplia, Schutz reconoció que aquellos comportamientos que se insertan "en el mundo externo, basados en un proyecto[4] y caracterizados por la intención de producir un estado de cosas proyectado mediante movimientos corporales",[5] son una clase particular de acciones sociales denominadas "ejecuciones". Así, mientras las acciones sociales pueden corresponder al mundo externo o interno, las ejecuciones sólo corresponden al mundo externo y al alcance actual.[6]

En este concepto de ejecución se sustenta lo que estamos denominando prácticas cotidianas. De este modo, las ejecuciones son las prácticas cotidianas que vienen a constituir el contenido principal de la vida cotidiana y sobre las cuales estudiamos los vínculos sociales.

En nuestro caso, el énfasis se encuentra en la trama de la vida cotidiana, antes que en las prácticas mismas. Esto significa que decidimos destacar el fondo sobre el cual se desarrollan las prácticas y también los vínculos que articulan dichas prácticas. De esta forma, el fondo y los vínculos vienen a actuar como lo que da cohesión, a lo que de otro modo podría entenderse como prácticas aisladas o prácticas en sí mismas.[7]

En la perspectiva que estamos adoptando, el fondo está dado por el espacio y el tiempo, particularizados en los espacios de vida y los tiempos sociales. En tanto que los vínculos los buscamos en las

---

[3] Schutz, Alfred (1974a), pp. 137 y 292-293.
[4] Recordemos que la idea de "proyecto" alude al propósito, es el motivo de la acción orientado hacia el futuro. Es lo que en el lenguaje fenomenológico se conoce como el "para", en contraste con el "porque", que es la parte del motivo que evoca el pasado, la causa o razón.
[5] Schutz, Alfred (1974a), p. 201.
[6] *Ibid.*, p. 276.
[7] Como prácticas cosificadas.

distintas formas de la socialidad y particularmente en una de ellas, los roles conyugales. Por ello, dentro del conjunto de las prácticas cotidianas nos interesan particularmente, aquellas que sirven de sustento para definir los roles conyugales.[8] Así, si las prácticas no son el centro de nuestro análisis, son los elementos que se desarrollan sobre el fondo dado por los espacios y tiempos vividos, siendo además, el punto de referencia sobre el cual se tejen los vínculos, y particularmente los roles conyugales.[9]

En relación con los roles conyugales, recordemos que no son más que un tipo particular de rol en el cual las acciones de un individuo se definen en relación a las de otro individuo. Aun cuando nuestro interés es analizar los roles conyugales, éstos no se pueden definir si no es a través de ciertas prácticas cotidianas que potencialmente realizan los cónyuges, los roles se construyen a partir del "hacer". En otros términos, el concepto de roles conyugales, entendido como roles relacionales, necesita de las prácticas cotidianas como un marco de acciones concretas sobre las cuales se construyen los roles relacionales. Así, no podríamos referirnos a roles conyugales que no estuviesen anclados en cierto ámbito de prácticas o en ciertas prácticas concretas.

Berger y Luckmann han destacado que los roles (en términos amplios) siempre suponen una cierta especialización,[10] en tanto se definen a partir de unas prácticas específicas. A esta cuestión nos estamos refiriendo cuando postulamos que existe un anclaje de los roles en determinadas prácticas cotidianas. La realización de ciertas prácticas y no otras, da cuenta de la especialización de cada miembro de la pareja en un ámbito de prácticas. Siguiendo a Berger y Luckmann, diríamos que esa especialización se asocia a un determinado conocimiento, generalmente conocimiento ordinario o de sentido común.

Así, cuando la participación en determinados ámbitos de prácticas cotidianas, es vista desde la perspectiva de los individuos habla-

---

[8] Sabemos que el concepto de "roles" no está de moda, en buena medida por el uso que se le ha dado en términos funcionalistas, asociándoselo a las posiciones de *status*. Sin embargo, consideramos que ese sesgo funcionalista con el que se lo ha asociado no debería ser una razón para excluirlo, incluso con otros contenidos.

[9] En la vida cotidiana existen diversos vínculos sociales, aunque en nuestra investigación hemos priorizado los roles conyugales.

[10] Berger, Peter y Thomas Luckmann (1968), p. 102.

mos de la "especialización", o de roles especializados. Un ejemplo de ello ha sido el planteamiento parsoniano de la especialización de la mujer dentro del hogar en los roles expresivos.[11] Cuando dicha participación especializada es analizada desde el núcleo conyugal, las categorías analíticas a las que se suele recurrir son las de roles relacionales y la de división familiar (o conyugal) del trabajo, antes que la de roles especializados.

Los roles conyugales y la división familiar del trabajo son conceptos cercanos, pero no idénticos. Por un lado, se puede establecer una diferencia entre ambos por el hecho de que los roles conyugales encuentran su anclaje en un ámbito de prácticas cotidianas más extenso y diversificado que la división familiar del trabajo. Esta última se construye a partir del trabajo, ya sea doméstico o generador de ingresos, siempre es trabajo. En cambio, los roles conyugales también se pueden referir a ámbitos de prácticas cotidianas que no son trabajo en ningún sentido, como por ejemplo las prácticas del tiempo libre. En este sentido, el espectro de prácticas que da sustento a los roles es más extenso que el que se lo da a la división familiar del trabajo, por más amplio que sea el concepto de trabajo.[12]

Sin embargo, creemos que la diferencia más importante entre ambos conceptos se construye desde otro ángulo. Ambos conceptos parten del núcleo conyugal como el contexto de significado, aunque, cuando se trata de la división familiar (o conyugal) del trabajo, dentro del núcleo conyugal la participación se analiza en el nivel de cada individuo en sí mismo. Mientras que cuando se habla de roles conyugales, la participación se evalúa en el nivel del mismo núcleo.

Podemos ejemplificar en estos términos: si estamos estudiando la división conyugal del trabajo es posible hallar que ciertas prácticas (por ejemplo, los quehaceres domésticos) las realiza la mujer y ciertas otras (arreglos de la vivienda) son realizadas por el hombre. Otra cuestión sería analizar las mismas prácticas desde la perspecti-

---

[11] Parsons, Talcott (1980), pp. 43-60.

[12] En realidad, sabemos que el concepto de división familiar del trabajo opera en forma doble. Por un lado, refiere a la división entre el trabajo generador de ingresos y el trabajo doméstico. Por otro lado, también expresa la división sexual de ambos tipos de trabajos. Nosotros, sólo estamos tomando esta categoría en su segunda modalidad. Barrère-Maurisson, Marie-Agnès (1992), p. 130.

va de los roles conyugales. En ese caso expresaríamos que en esos mismos dos ámbitos de prácticas (quehaceres domésticos y arreglos de la vivienda) se desarrollan roles conyugales segregados o separados, sin especificar cómo es la separación por género. Esta distinción muestra la conveniencia de recurrir a la categoría de división conyugal del trabajo cuando se están realizando estudios de género, mientras que la de roles conyugales se presenta más apropiada en estudios de sociología de la pareja. No obstante, nuestro objetivo no es realizar un estudio de sociología de la pareja, sino de la vida cotidiana de las parejas con relación a la espacialidad del trabajo. De modo tal que los roles conyugales vienen a actuar como los vínculos de la trama de la vida cotidiana de las parejas que constituyen los hogares del Valle de Chalco.

4.2. LOS VÍNCULOS DE LA TRAMA DE LA VIDA COTIDIANA: LOS ROLES CONYUGALES

Las formas de sociabilidad o socialidad vienen a constituir la base de los vínculos sociales que tejen la trama de la vida cotidiana. En nuestro estudio, las formas de sociabilidad priorizan "la relación yo-tú", donde "yo-tú" refiere al núcleo conyugal. La socialidad dentro del núcleo conyugal la consideramos a partir de la perspectiva de los roles conyugales.

No obstante, también hemos considerado las formas de socialidad en otros ámbitos de interacciones, como "la relación nosotros-nosotros" con referencia a las interacciones en el interior del hogar. Asimismo, también consideramos "la relación nosotros-ellos", que puede expresar tanto las interacciones con la parentela con la que no se comparte la residencia, como las interacciones con el vecindario. En ambos casos, se trata de un tipo de relación que analíticamente incluye la cuestión de la distancia social, aunque empíricamente pueda resultar una relación muy cercana. En todos los casos se trata de situaciones de interacción cara a cara y situadas, en las que las personas construyen y reconstruyen su sí mismo, es decir, la parte social que todo individuo lleva consigo.

La estrategia de focalizar la socialidad en la relación yo-tú, y ésta en los roles conyugales, nos permite analizar la participación de cada uno de los cónyuges en ciertas prácticas o en ciertos círculos sociales. Por ello, no nos interesa tanto la cuestión de la normatividad o la transgresión a la norma, sino el tipo de roles, es decir, nos interesa conocer si hay convergencia de ambos cónyuges en ciertas cuestiones, en ciertas tareas o en la participación en ciertos círculos sociales (lo que se conoce como roles conjuntos), o si la participación de un cónyuge excluye al otro (roles separados o segregados) o bien, si ambos cónyuges participan, pero en forma independiente uno del otro (roles complementarios).[13]

En esta línea son numerosos los estudios realizados en el caso de familias obreras, en particular en familias obreras inglesas. Las investigaciones realizadas indican, que el trabajo asalariado, industrial y disociado del lugar de residencia tiende a asociarse con los roles conyugales segregados o separados. Asimismo, Bott sostiene que los roles segregados en el interior de la familia son acompañados de redes sociales muy unidas. En otras palabras, Bott ha planteado que la participación de ambos cónyuges en las mismas agrupaciones y círculos sociales puede apoyar a la familia, pero también sirve para dividirla internamente, en el sentido de generar roles muy segregados.[14] Estas hipótesis abren interrogantes para nuestra investigación.

Desde que comenzamos a esbozar esta investigación, le otorgamos un lugar destacado a la cuestión de los roles conyugales; podríamos afirmar que éstos han sido uno de los núcleos principales de este estudio. En primer lugar, este énfasis se debió al peso que tomó esta categoría en la estructuración de la problemática de investigación; en segundo lugar, esta centralidad se debió a que los roles conyugales se constituyeron en una dimensión que nos permitió ir incorporando otros aspectos. En cierta forma, diríamos que ha sido una dimensión motriz de la problemática que se investiga, aunque no la única.[15] Por último, el concepto de rol encuentra

---

[13] Estas tres modalidades de roles conyugales fueron planteadas originalmente por Elizabeth Bott, aunque luego han sido retomadas por numerosos autores.

[14] Bott, Elizabeth (1990), pp. 320-321.

[15] Al mencionar nuestro interés inicial por el estudio de los roles conyugales no podemos dejar de reconocer la fuerte motivación que en este sentido representó la lectura del trabajo clásico de Elizabeth Bott, sobre los roles conyugales en veinte familias londinenses.

correspondencia con la perspectiva fenomenológica del individuo en interacción.

No obstante, la temática de los roles conyugales no ha dejado de representarnos una importante fuente de dificultades conceptuales y empíricas. En principio, el interés por estudiar los roles conyugales encuentra un referente teórico directo en la teoría sociológica de los roles. Sin embargo, el interés particular en el estudio de roles conyugales, y no roles sociales en términos generales, no encuentra fácil articulación con la teoría sociológica de los roles sociales, además de que dicha teoría no parte del individuo.

4.2.1. Los roles y la normatividad doble

El concepto de roles plantea muy serias complicaciones por la ambigüedad que lo ha caracterizado; así, parece referir tanto a simples comportamientos, a comportamientos apropiados, como otras veces da cuenta de comportamientos normativamente esperados, comportamientos relativos a posiciones de *status*, etc. En general, sus contenidos han fluctuado entre las nociones de *status*-posición y la de actitud, entendida en el contexto de las interacciones. Por ello, no ha llegado a constituir un modelo conceptual estable y reconocido durante mucho tiempo.[16]

Estos problemas han llevado a que muchos autores optaran por abandonar el citado concepto. Las dificultades propias del concepto de rol sobre todo se relacionan con el hecho de que se trata de un concepto ligado al problema de las mediaciones entre la estructura social y las acciones de los individuos; tal es así, que los primeros desarrollos conceptuales aparecieron como una teoría estructural de los roles sociales, es decir que predominaba el problema de la normatividad y las expectativas sociales derivadas de esa normatividad. En este caso, la normatividad deriva de concebir al individuo ubicado en una cierta posición dentro de una estructura social, desde donde se espera "algo" de él.

---

[16] Kaufmann plantea que muchas veces se le otorgan los mismos contenidos a las categorías de roles e identidad, con lo cual, además de los problemas propios de la categoría "rol", se agregan los resultantes de su confusión con la de identidad. Kaufmann, Jean-Claude (1994a), p. 303.

Esta visión permeada de normatividad —entendida como el control normativo ejercido supraindividualmente por el sistema social— incluso se filtró en la obra de los padres del interaccionismo, como Jacob Moreno, Ralph Linton, Robert Park y Georges Mead.[17] Sintéticamente, la teoría sociológica de corte estructural plantea que los roles sociales son aquellas funciones que se espera socialmente que una persona desempeñe en relación con la posición social que ocupa.[18] Así, resulta conocido que el rol de esposo proveedor da cuenta de un modelo cultural de familia y de pareja en el cual el hombre debe cumplir con ciertas funciones, como son las necesarias para resolver el sustento de los bienes materiales necesarios para la familia.

Por su parte, Ingrid Rosenblueth, en un estudio específico de roles conyugales en parejas mexicanas, también define éstos como una serie de derechos y obligaciones correspondientes a una determinada posición social que tienen los individuos, dentro de las instituciones a las que pertenecen.[19] Como vemos, para esta autora el rol es una de las formas con las que la estructura se impone al individuo. El rol, una vez más, está conceptuado fuertemente como parte del orden normativo.

Boudon y Bourricaud han definido el rol como una zona de obligaciones y restricciones, correlativa a otra zona de autonomía condicional.[20] La idea de obligaciones y restricciones es otra forma de expresar la normatividad, vale decir: lo esperado socialmente. No obstante, la inclusión de la autonomía condicional hace que para estos autores, el individuo no aparezca como totalmente sometido a la estructura a través de la mediación dada por el rol.

El extremo opuesto a las posiciones comentadas lo hallamos en autores como Ralph Turner, quien desde una posición fuertemente interaccionista ha desarrollado una crítica a la versión estructural de la teoría de los roles. Para este autor, sólo en muy pocas ocasiones, los roles resultan de la conformidad con las normas; más bien serían construcciones creativas y "negociadas" de los actores sociales, de tal modo, que para Turner los roles se irían construyendo en

---

[17] Turner, Jonathan (1990b), pp. 410-424.
[18] *Ibid.*, pp. 410-424.
[19] Rosenblueth, Ingrid (1984), pp. 21-22.
[20] Boudon, Raymond y François Bourricaud (1994), p. 504.

el "orden interactivo", antes que en el orden normativo. Por ello, para este autor, los roles que se conforman de acuerdo con la normatividad sólo corresponden a casos aislados.[21] Por su parte, Berger y Luckmann, en cierta forma, reconocen estas dos dimensiones de los roles —la del orden interactivo y la normativa— aunque los analizan desde la institucionalidad interactiva. Por un lado, los roles representan el nexo con lo institucional, y por otro, representan el rol en sí mismo, es decir, la especialización.[22] Aquí lo particular es la concepción de institución, que para estos autores es un "proceso recíproco de tipificación". Las instituciones —que cada individuo lleva consigo— sólo pueden manifestarse en la experiencia real a través de la representación de roles. Los roles son tipificaciones, procedentes del acervo de conocimiento a la mano, de lo que se espera de los individuos en cada situación. Ésta es otra cuestión importante, lo que se espera de un individuo en cierta situación es algo esperado en el orden interactivo y no puede ser asimilado a las posiciones de los individuos en una estructura, lo que hablaría del orden normativo. De modo que la vinculación que hacen estos autores del rol con lo institucionalizado no deja de ser un planteamiento desde el orden interactivo, sólo que la negociación en el orden interactivo es una negociación entre individuos que llevan consigo acervos de conocimiento social apropiados a partir de la socialización.

En suma, nos enfrentamos a un concepto que da cuenta de dos aspectos de una misma cuestión: las prácticas especializadas de las personas y la normatividad o institucionalidad, para usar las palabras de Berger y Luckmann, aun cuando sea una normatividad recreada en el orden interactivo. Las prácticas especializadas de las personas nos llevan a la cuestión de la posición del individuo en una estructura, la posición supone una especialización, y en consecuencia se "espera algo" particular por estar en esa posición. En tanto que la normatividad interactiva se relaciona con lo habitual, "lo recursivo" para traer la expresión de Anthony Giddens, de las prácticas de los individuos.

[21] Turner, Jonathan (1990a), pp. 425-446.
[22] Berger, Peter y Thomas Luckmann (1968), pp. 98-99.

Así, creemos que una opción (coherente con nuestra perspectiva que parte del individuo en contextos de intersubjetividad) es comprender los roles desde la normatividad recreada en el orden interactivo, por individuos socializados. Unas veces, las prácticas cotidianas se construyen fuertemente dentro de la tipificación, mientras que en otras ocasiones, ocurren en situaciones problemáticas (en tanto nuevas), y los individuos tienen la posibilidad de la invención de la vida cotidiana a través de la creación de nuevas recetas y tipificaciones.[23] Ambas situaciones (recurrir a recetas existentes o crear nuevas) sólo toman sentido en el orden interactivo.

No obstante, subsiste un problema: ¿cómo se construye la normatividad cotidiana, las nuevas tipificaciones y recetas en los pequeños ámbitos? En este punto, recuperamos la posición schutziana de Kaufmann,[24] quien retoma la concepción de que cada individuo posee una reserva de ideas o acervo de conocimientos, normas macrosociales internalizadas (las tipificaciones y recetas), experiencias incorporadas sedimentadas, que son muy heterogéneas e incluso, muchas veces resultan contradictorias entre sí.[25] Según las distintas situaciones de interacción, se recuperan algunos de estos esquemas incorporados y no otros; esos esquemas recuperados o activados vienen a definir la normatividad cotidiana.[26] La localización del espacio de trabajo dentro del ámbito familiar suele dejar a los miembros del hogar sin tipificaciones y recetas respecto a cómo

[23] Nos referimos a la invención en el sentido que le ha otorgado De Certeau, Michel (1990).

[24] Kaufmann recupera la herencia fenomenológica de Schutz y Berger-Luckmann del acopio de conocimiento social, al mismo tiempo que la idea base de Norbert Elias, de que en cada individuo está presente el conjunto de la sociedad de su época. Kaufmann, Jean-Claude (1994a), pp. 321-328. También: Berger, Peter y Thomas Luckmann (1968), pp. 60-65.

[25] Destaquemos que aun cuando nos interesa subrayar la aplicación empírica que hace Kaufmann de estas ideas a cuestiones de sociología de la pareja, reconocemos que está recuperando la idea central del acervo de conocimientos de Alfred Schutz.

[26] En principio, estamos manejando la perspectiva situacionista e interaccionista como una sola (el orden interactivo), en oposición a la visión estructural de los roles. Sin embargo, es importante señalar que comprender la conformación de los roles en el interior de la familia, desde una posición interaccionista implica enfatizar las interacciones en el interior del grupo. En tanto que analizar la misma cuestión desde una posición situacionista, nos lleva a considerar en el mismo nivel las interacciones en el interior del grupo y también las interacciones con el mundo externo al grupo. Michel, Andrée (1974), pp. 14-17.

actuar en diversas situaciones. En última instancia, ello sirve como estímulo para la invención de la cotidianidad por creación de nuevas recetas y tipificaciones respecto al qué y al cómo hacer. Al abordar la normatividad que se construye en la vida cotidiana, en las situaciones cotidianas, en los ámbitos relacionales reducidos, en los "pequeños mundos de vida", nos encontramos con la problemática de las repeticiones y las rupturas. La normatividad cotidiana o "normalidad vivida",[27] en buena medida se reproduce en la rutinización y se produce a través de las rupturas de la rutina y la vivencia del acontecimiento.

Con relación a la dinámica entre la producción y la reproducción cotidiana, Salvador Juan plantea que toda originalidad que los actores introducen en los sistemas de las prácticas cotidianas se pierde progresivamente a lo largo del proceso de institucionalización de dicha originalidad. En este sentido, los sistemas de prácticas cotidianas son innovaciones culturales "petrificadas" o institucionalizadas,[28] que han sido incorporadas como tipificaciones. A esta dimensión nos dedicaremos más adelante.

También nos interesa destacar, que algunos autores han observado que aquellos grupos sociales e individuos que se hallan muy integrados en el entorno social, buscan reducir la disonancia entre la normatividad social[29] y su quehacer cotidiano. En esta búsqueda, es frecuente la reproducción de normatividades sociales como normatividades cotidianas. Dicho en otros términos, es mínima la creación de nuevas recetas y tipificaciones.

La dimensión normativa del rol también nos permite recuperar algunas ideas de Simmel. Si bien Simmel no se ha referido directamente a los roles conyugales, prestó mucha atención a la participación de los individuos en distintos círculos sociales, y a la capacidad de cada círculo social de establecer unas ciertas normas.[30] En esta

---

[27] La expresión de normalidad vivida la estamos tomando de Juan, quien la emplea en oposición a la de normatividad social. Juan, Salvador (1991), p. 156.

[28] Juan, Salvador (1991), pp. 156-159.

[29] Aunque la normatividad social no es más que las normatividades cotidianas de otros con los que se interactúa.

[30] Esto se expresa particularmente en las reflexiones y ensayos que Simmel ha dedicado al tema del "número" en los círculos sociales. Para Simmel, las dos formas de normatividad social principales son la costumbre y el derecho. La primera opera en los círculos pequeños, entre los cuales se puede incluir la familia. La segunda es

visión, cada círculo social opera como un ámbito de socialización que produce y reproduce sus propias normas, las cuales en parte se enfocan en la especialización de las personas en ciertas prácticas. En esta perspectiva simmeliana, nos planteamos que el grupo familiar y la pareja en particular (nuestra unidad de análisis) pueden ser vistos como un círculo social en el cual cada miembro desarrolla ciertas funciones acordes a la normatividad que se da el círculo a sí mismo, que a su vez se contextualiza en una normatividad social, incorporada parcialmente a través del proceso de socialización. Las expectativas del comportamiento que cada cónyuge tiene sobre el otro, son las bases de los roles conyugales y se construyen sobre una normatividad cotidiana.

En este mismo sentido recuperamos el planteamiento interaccionista de Burgess respecto a que la familia en particular, puede ser analizada como una unidad de personas en interacción, en la cual el individuo percibe las normas y las expectativas del grupo respecto al comportamiento a seguir en una situación determinada. Finalmente, el individuo define su rol, ya sea con relación a las expectativas del grupo familiar, ya en función de su propia concepción de la situación,[31] creando una nueva receta o tipificación.

4.2.2. Los roles relacionales y las expectativas recíprocas

Nuestra perspectiva sobre los roles, además de definirse desde el orden interactivo, también lo hace desde los roles relacionales. Esto implica que nos preguntamos por la conjunción o la separación de los cónyuges en el desarrollo de las distintas actividades cotidianas.

Los roles conyugales conjuntos corresponden a las situaciones en las cuales ambos cónyuges participan en un ámbito de prácticas cotidianas o en ciertas prácticas específicas (según sea el grado de detalle con que se observa), mientras que la categoría de roles conyugales separados o segregados da cuenta de aquellos casos en los cuales cada cónyuge participa en ámbitos de prácticas diferentes a las del otro cónyuge. Por último, podemos hablar de una categoría

---

característica de los grandes círculos, en los que domina la pluralidad. Simmel, Georg (1986), pp. 69-75.
[31] Burgess, Ernest W. (1926 y 1967).

intermedia: la de roles conyugales complementarios, en referencia a los casos en los que ambos cónyuges participan en iguales ámbitos de prácticas, pero el uno independientemente del otro.[32] Lo anterior expresa que el ángulo de análisis que seguimos es el concepto de rol relacional antes que el de rol social en términos generales. De acuerdo con Bott, los roles relacionales son algunos aspectos de una relación que suponen expectativas recíprocas, en este caso del hombre y de la mujer.[33] No se trata de un concepto opuesto al anterior de rol social, ni desprovisto de su faceta de normatividad, sino de una categoría con un mayor nivel de especificidad que aquél. En cierta forma podríamos decir, que es un concepto más complejo, ya que no se define a partir de un individuo orientado socialmente, sino a partir de dos individuos interactuantes y orientados socialmente. Los roles sociales suponen que la unidad de análisis es el individuo en un conjunto social; en cambio, los roles conyugales se sustentan en una unidad de análisis más compleja, vale decir: dos individuos que interactúan en un conjunto social.

De esta forma, la visión más antropológica de Bott nos permite considerar teóricamente la reciprocidad (o su ausencia) en cuanto a la realización de ciertas prácticas. Por su parte, la particular visión simmeliana nos conduce a analizar el núcleo conyugal como un círculo social en el que se desempeñan funciones a partir de la realización de prácticas cotidianas y se recrean normas o pautas de interacción, así como expectativas recíprocas.

Este camino teórico, nos evitó el acercamiento más frecuente a los roles conyugales, como resultado de distintas formas de organización de las actividades necesarias para la sobrevivencia y el desarrollo del grupo familiar, lo que no implica negar que los roles conyugales representen una forma de organización familiar de ciertas tareas, sino que nos hemos interesado por ubicar esas formas

---

[32] Ésta es la conceptuación más general que estamos siguiendo, sin embargo, en algunos ámbitos específicos de la vida cotidiana es necesario incorporar un nivel de especificidad mayor, por la naturaleza misma de las prácticas de dichos ámbitos. Éste es el caso del ámbito del tiempo libre, en donde hemos recurrido a una tercera categoría de roles: los "roles complementarios". Esta última categoría da cuenta de la situación en la cual ambos cónyuges realizan ciertas prácticas, pero en forma independiente el uno del otro.

[33] Bott, Elizabeth (1990), p. 37.

organizativas en relación con otro nivel analítico, como el mencionado antes.

Otra cuestión que es necesario subrayar es que el estudio de los roles conyugales en términos operativos requiere como condición necesaria plantear diferencias por género; sin embargo, nuestro trabajo no es un estudio de género. Cuando comenzamos a plantearnos esta diferencia siempre tuvimos presente el énfasis con el que Elizabeth Bott señalaba, que "Familia y Red" social no era un estudio de redes sociales ni de familia, sino un análisis de la forma en que los grupos sociales (que en su caso fueron familias) se relacionan con su entorno social (a partir de las redes sociales).

En nuestro caso, el interés es estudiar los modos de vida de los sectores populares urbanos cuando el trabajo generador de ingresos se localiza dentro del espacio vivencial del hogar. Para ello, entendimos que era necesario estudiar la vida cotidiana de estos hogares, en su gran mayoría constituidos por familias nucleares, es decir, familias integradas a partir de un núcleo conyugal. Así, los roles conyugales han sido una vía para comprender la vida cotidiana y no las relaciones de género en sí mismas. De hecho, no hemos ubicado el problema de investigación en el debate de género sino en el debate acerca de los modos de vida. Además, por lo que señalamos anteriormente, si estuviésemos comprometidos en un estudio de género tal vez nos hubiésemos orientado a través de la categoría de división conyugal del trabajo,[34] antes que a través de la de roles conyugales.

El estudio de los roles conyugales, usualmente ha seguido el camino abierto por Bott, es decir, se analiza la conjunción o la separación de los cónyuges en el desarrollo de las distintas prácticas. No obstante, en muchos otros estudios se enfoca el estudio de los roles conyugales desde el punto de vista de lo que es tradicional o no tradicional,[35] este camino ha sido adoptado, entre otros, por Lebeaux y Degenne.[36]

---

[34] Aunque con ello tampoco pretendemos afirmar que todos los estudios que tomen la categoría de división conyugal del trabajo, se orienten en una perspectiva de género.

[35] Siguiendo a Salvador Juan, se puede decir que más que prácticas o roles tradicionales, serían prácticas o roles naturales, en el sentido de una naturaleza socialmente definida. Juan, Salvador (1991), p. 156.

[36] Degenne, Alain y Marie-Odile Lebeaux (1993), pp. 253-267.

En última instancia, ambas conceptuaciones se operacionalizan a través de unos mismos referentes: las prácticas cotidianas que realiza cada cónyuge. En nuestro caso, hemos optado por la visión bottiana de la separación o conjunción. Cuando el análisis de los roles se realiza en relación con las prácticas domésticas, ambas visiones convergen. En el mundo de lo doméstico, los roles separados o segregados son roles tradicionales, y los roles conjuntos no son roles tradicionales. Sin embargo, cuando el análisis de los roles se realiza en otras esferas, como por ejemplo la del ocio, lo tradicional no es la separación sino la conjunción. No obstante, una misma información puede ser organizada de ambas formas, es decir, presentándose bajo la perspectiva de la separación/conjunción o desde lo tradicional/no tradicional.

En nuestro caso, al estar comprometidos en un estudio sobre la vida cotidiana consideramos conveniente orientarnos a partir de la conjunción/segregación de los roles conyugales. Esto se debe a que buscamos conocer los pequeños mundos de vida de ambos cónyuges por medio de las prácticas cotidianas, y en qué medida comparten dichos mundos de vida a través de relaciones cara a cara.

4.2.3. Los roles conyugales y la espacialidad del trabajo masculino

Los roles conyugales históricamente se van construyendo en relación con las estructuras sociales y también a partir de los modelos culturales, en los cuales cuentan muy diversas dimensiones. Esto hace que sean muchos y muy diferentes los factores que influyen en la conformación de los roles conyugales, tanto pueden influir las condiciones económicas, los contextos culturales, las condiciones del trabajo, las componentes sociodemográficas u otros factores. Por ejemplo, en ciertos contextos se ha visto que la disminución de la fecundidad influye en la transformación de las relaciones de pareja y en particular en los roles conyugales. Sin olvidar todo el cúmulo de factores que pueden tener influencia en la forma en que se construyen los roles conyugales, focalizamos nuestro interés en la asociación entre los roles y la espacialidad del trabajo de los hombres-cónyuges.

Martine Segalen, reconociendo esta constelación de factores que interactúan en la conformación de los roles conyugales, destaca tres dimensiones que a su juicio son centrales para comprender el proceso de cambio social en la familia y particularmente el cambio en los roles conyugales. En palabras de esta autora, estas tres dimensiones corresponden a:

i. El incremento de la participación de la mujer en los mercados de trabajo.
ii. El retorno del hombre al hogar.
iii. Los cambios en las mentalidades.[37]

En nuestro trabajo, nos interesa recuperar la segunda dimensión ("el retorno del hombre al hogar"), que Segalen ha asociado con los cambios en el tipo de vivienda y en la difusión de la televisión, como un medio que permite el desarrollo del tiempo libre dentro del hogar.

Aun cuando nuestra investigación no analiza los procesos de cambio social que han influido en los roles conyugales, recuperamos la idea de asociar los roles con ciertos factores, sin considerarlos como factores históricos, sino desde la cotidianidad de los hogares estudiados.[38] En esa línea de pensamiento, nuestro análisis considera en particular la espacialidad del trabajo como un factor que se asocia con formas específicas de roles conyugales.

El planteamiento de Segalen parte del reconocimiento de la segregación o separación de los roles conyugales como una tendencia históricamente observada. De acuerdo con esta autora, esta tendencia se comenzó a alterar (hacia la conjunción de roles) a partir de los cambios producidos en las tres dimensiones anteriormente señaladas. Una de ellas destaca cambios en los patrones culturales ("los cambios en las mentalidades"), mientras que las otras dos dimensiones se refieren directamente a las prácticas del hombre (ii) y de la mujer (i). Ambos conjuntos de prácticas suponen movimientos en el espacio; no obstante, Segalen desarrolla su análisis desde el punto de vista de las prácticas en sí mismas y no desde la espacialidad de dichas prácticas. Recuperamos esto para verlo desde la espacialidad.

[37] Segalen, Martine (1992), pp. 192-204.
[38] No estamos asumiendo que la cotidianidad sea ajena a la historia, sino que analíticamente, en esta ocasión, la tomamos en sí misma.

De acuerdo con Segalen, las prácticas de la mujer que favorecen la conjunción conyugal son el incremento de su participación en los mercados de trabajo. Desde la espacialidad podemos decir que, en buena medida, esta participación supone un movimiento espacial desde el interior del espacio vivido del hogar, hacia mundos y espacios de vida externos al hogar.[39]

Otra dimensión de las prácticas cotidianas que destaca Segalen en la conformación de los roles conyugales, toma como eje las prácticas del hombre y la identifica como "el retorno del hombre al hogar". Desde nuestro interés en los espacios de vida, podríamos interpretar este retorno como un movimiento espacial inverso al de la mujer que participa en los mercados de trabajo. Interpretando a Segalen desde la espacialidad, se podría decir que el hombre se está desplazando desde espacios externos al hogar, hacia el espacio vivencial del hogar.

Ese retorno, de acuerdo con Segalen, en parte está dado por las transformaciones históricas en la vivienda que han ido generando espacios internos diferenciados funcionalmente. La diferenciación interna a la vivienda favorece la posibilidad de que estos espacios puedan ser vividos como espacios del tiempo libre, y en consecuencia, puedan constituirse en sustitutos de la "cantina", entendida como el tradicional espacio del tiempo libre de los hombres. La construcción de viviendas en las que se delimitan espacios diferenciados por funciones, actuaría como un factor que acerca al hombre al hogar en los tiempos libres. Este acercamiento tiende a disminuir la segregación en los roles conyugales.

A lo anterior podemos agregar que, en principio, esta disminución de la separación en los roles sólo debería atribuirse al ámbito del tiempo libre, ya que la conjunción de ambos cónyuges en el espacio del hogar, compartiendo el tiempo libre, no debería extenderse en forma directa al compartir otro tipo de prácticas propias del espacio interno al hogar, como por ejemplo, las domésticas. Esta distinción no la hace Segalen porque no parte de la pluridimensionalidad del concepto de rol (apartado 4.3 de este capítulo).

---

[39] La participación laboral de la mujer, como tendencia general, supone un movimiento espacial de esta naturaleza; no obstante, es posible que la participación no imponga este desplazamiento espacial, son los casos en los que el trabajo generador de ingresos se realiza dentro del espacio de la vivienda.

La otra subdimensión que señala Segalen en el proceso de retorno del hombre al hogar y de alteración en los patrones de los roles conyugales, ha sido la difusión de la televisión, como un medio que ha trasladado el tiempo libre al interior del hogar. De modo tal que ambas cuestiones que desplazan al hombre hacia el hogar, toman significado en el ámbito del tiempo libre.

Interpretando en términos espaciales a Segalen diríamos, que el hombre está efectuando un movimiento desde espacios externos al hogar, hacia el espacio interno, motivado por la posibilidad de vivir un tiempo libre intra-hogar. Mientras tanto, la mujer realiza el movimiento contrario y con relación a la esfera del trabajo, lo que mueve a la mujer a salir del espacio del hogar es el trabajo y no el tiempo libre. La convergencia de ambos procesos tiene repercusiones en la conformación de los roles conyugales.

En nuestro análisis, los factores del ámbito del trabajo que estamos asociando a los roles conyugales conjuntos, se definen a partir del hombre (la espacialidad del trabajo), aunque, evidentemente, luego involucran a la mujer. Respecto al tiempo libre, no nos parece un factor pertinente en la población que estudiamos, no obstante lo analizamos en el capítulo siguiente.

En suma, Segalen asocia los roles conyugales conjuntos con la participación laboral de la mujer y con el tiempo libre interno al hogar del hombre. Nuestro interrogante sólo es semejante. La diferencia se ubica en que no esperamos la conjunción conyugal por el ámbito del tiempo libre, sino por el laboral. Tampoco esperamos la conjunción conyugal por el trabajo de la mujer, sino por el del hombre. Además, no esperamos la conjunción conyugal por el trabajo del hombre en sí mismo, sino por la espacialidad del trabajo del hombre. Por último, tampoco esperamos que la conjunción conyugal sea una totalidad, sino que sólo la concebimos por ámbitos de la cotidianidad, o fragmentos de la trama de la vida cotidiana.

Finalmente, destaquemos que la introducción del debate con Segalen en nuestro enfoque tiene una finalidad última, que es la de enfatizar que la inclusión de los roles conyugales en nuestro esquema analítico de la vida cotidiana no es un fin en sí mismo, sino sólo un punto desde el cual considerar la interacción con la espacialidad del trabajo.

4.3. LOS SECTORES DE LA TRAMA DE LA VIDA COTIDIANA: UNA APROXIMACIÓN A LOS "PEQUEÑOS MUNDOS DE VIDA"[40]

Desde un principio nos interesó el estudio de la conjunción de los roles conyugales en el espacio vivencial de la vivienda y su entorno inmediato, aunque sabíamos que para comprender la conjunción también teníamos que estudiar la separación de los roles. A medida que avanzamos en nuestro estudio de campo, comprendimos y confirmamos una de las conclusiones de Jeniffer Platt:[41] la unión/separación de los roles conyugales debe ser estudiada pluridimensionalmente. En otras palabras, es posible que una misma pareja desarrolle roles conyugales separados en algunas dimensiones de su vida, mientras que en otras desarrolle roles conjuntos, por lo que sería muy limitado analizar la conjunción o separación de los roles conyugales en la vida cotidiana como un todo indiferenciado.

La aceptación de la pluridimensionalidad, nos condujo a diferenciar ámbitos vinculados con la socialidad interna al hogar, y otros asociados con la socialidad externa al hogar. Estas dos categorías de la socialidad no las podemos asimilar con las de socialización primaria y secundaria de Berger y Luckmann.[42] La mayor parte de las prácticas que consideramos corresponderían a lo que para estos dos autores define la socialización primaria, aunque el ámbito del trabajo, más bien nos hablaría de la socialización secundaria, en palabras de Berger y Luckmann.

La socialidad (o sociabilidad) la entendemos, siguiendo a Michel Forsé y Alain Degenne,[43] como el conjunto de relaciones que un individuo (o un grupo) establece con otros teniendo en cuenta la forma que toman esas relaciones. A esta primera aproximación a

---

[40] La expresión de pequeños mundos de vida la estamos tomando de Benita Luckmann, en relación con la multidimensionalidad de la vida cotidiana contemporánea. Luckmann, Benita (1978), p. 276.

[41] Platt, Jeniffer (1969), pp. 287-297.

[42] Recordemos que la socialización primaria de acuerdo con estos autores corresponde a la capacidad del individuo de identificar situaciones (identificar individuos, roles y el entorno físico y social) en el nivel de la familia, el vecindario y lo comunitario. En tanto que la socialización secundaria correspondería a esas mismas identificaciones pero en otros submundos, como el del trabajo, la escuela, etc. Berger, Peter y Thomas Luckmann (1968), pp. 164-184.

[43] Degenne, Alain y Michel Forsé (1994), p. 38.

la socialidad le incorporamos la dimensión subjetiva que hace a la vivencia de las relaciones de un individuo con otro.

Al postular que algunos de los ámbitos de la vida cotidiana considerados se asocian a una socialidad interna y otros a una socialidad externa al hogar, estamos separando los ámbitos de las interacciones que mantienen los individuos a partir de un punto de referencia: el hogar.[44] En otras palabras, distinguimos un ámbito de la socialidad externo al hogar y otro interno al hogar;[45] donde la interioridad o externalidad con respecto al hogar refieren simultáneamente a las distancias físicas y a las distancias simbólicas.[46]

Conviene señalar que lo interno y externo al hogar no es sinónimo de lo que es el interior y el exterior de la vivienda. Hay actividades internas al hogar que se realizan externamente a la vivienda. Esto se debe a que consideramos el hogar como un ámbito de relaciones sociales, mientras que la vivienda la consideramos como un espacio de vida.

En el reconocimiento de la pluridimensionalidad de la vida cotidiana, si lo primero fue diferenciar ámbitos de la socialidad internos y otros externos, el paso siguiente fue distinguir cuatro ámbitos de la cotidianidad de acuerdo con la naturaleza de las prácticas.[47] Ellos son: el ámbito doméstico, el laboral, el del tiempo libre y el barrial o vecinal.[48] La diferenciación de los ámbitos o

---

[44] Estamos hablando de hogar en su sentido original, es decir, como "fuego" en torno al cual se reúne la familia conyugal (aunque también la familia extendida); se dice que se comparte "fuego y lugar", o que "viven de un mismo pote y fuego". Contamine, Philippe (1990), pp. 119-154.

[45] En cuanto a esta distinción entre la socialidad interna y externa al hogar nos basamos en las investigaciones realizadas por Michel Forsé. Los primeros trabajos de este autor con esta orientación, señalaron la distinción que nosotros recuperamos. En trabajos posteriores, complejizó estos dos tipos dicotómicos, mostrando subtipos de socialidad interna y de socialidad externa. Forsé, Michel (1993), pp. 189-212.

[46] Degenne, Alain y Michel Forsé (1994), p. 48.

[47] Si no fuera por la mayor complejidad terminológica, a estos cuatro ámbitos deberíamos denominarlos "subámbitos", para reservar el término "ámbitos" sólo para el de la socialidad interna y externa.

[48] Originalmente, este ámbito no lo definimos como vecinal ni barrial, sino como los círculos sociales externos al hogar que no incluyeran lo laboral ni el tiempo libre. De modo tal, que era posible incluir lo vecinal, lo político, lo religioso, etc.. Esta decisión se tomó para poder captar todos los posibles ámbitos externos al hogar. No obstante, los resultados empíricos nos llevaron a seleccionar nada más lo vecinal, ya que los restantes círculos tuvieron escasa presencia. Nos habíamos planteado esta

sectores, en principio está dada por la naturaleza de las prácticas cotidianas que en ellos se realizan.[49] Así, no se pueden categorizar estos ámbitos de la vida cotidiana como los sectores de la vida cotidiana que reconocen Berger y Luckmann, ya que éstos se distinguen por corresponder a facetas rutinarias (o no problemáticas) de la vida cotidiana y facetas problemáticas, en tanto se disponga o no del conocimiento para desarrollar las prácticas requeridas.[50] Nuestros sectores o ámbitos se definen, primero, por la naturaleza de las prácticas y luego, por la espacio-temporalidad de las mismas.

De los cuatro ámbitos que venimos distinguiendo, dos de ellos están presentes en todos los hogares. Nos referimos a los ámbitos doméstico y laboral. En cambio, los otros dos, el del tiempo libre y el barrial, en algunos hogares integran la trama de la vida cotidiana con fuerte presencia, mientras que para otros hogares tienen muy escasa relevancia o directamente no están presentes cotidianamente.

En un principio diferenciamos estos ámbitos en razón de la naturaleza de las prácticas; sin embargo, también nos preguntamos si estos ámbitos de la vida cotidiana llegan a constituir pequeños mundos de vida, en la perspectiva planteada por Benita Luckmann.[51] Los "pequeños mundos de vida" de los individuos se definen por los distintos tipos de prácticas, de acuerdo con su naturaleza y con los tipos de interacciones. A su vez, ambas dimensiones —interacciones y prácticas— suponen diferentes racionalidades. Para Benita Luckmann, la heterogeneidad conjunta de las prácticas, las interacciones y las racionalidades expresa la multidimensionalidad de la vida cotidiana o la posibilidad de distinguir analíticamente pequeños mundos de vida.

Esta visión de los pequeños mundos de vida supone una complejidad mayor que la que le atribuimos a los ámbitos de la vida cotidiana, ya que estos últimos los delimitamos exclusivamente en

---

opción desde un principio, pero estimamos que delimitándolo así desde un comienzo, corríamos el riesgo de perder otros ámbitos externos al hogar significativos.

[49] Esto es lo que el pensamiento alemán denomina *Lebenspraxis* y el francés identifica como *usages de la vie quotidienne.*

[50] Berger, Peter y Thomas Luckmann (1968), pp. 40-41.

[51] Luckmann, Benita (1978), pp. 275-290.

función de la naturaleza de las prácticas. No obstante, nos preguntamos en qué condiciones, los ámbitos de la vida cotidiana llegan a constituir pequeños mundos de vida. En otras palabras, partiendo de la noción más simple de ámbitos de la vida cotidiana, buscamos acercarnos a la más compleja de "pequeños mundos de vida".

Recordemos que Benita Luckmann, cuando analiza la multidimensionalidad de la vida cotidiana del hombre moderno, destaca que la familia continúa ocupando una posición central en el conjunto de los pequeños mundos de vida del hombre moderno; a lo que agrega que para el hombre moderno, el pequeño mundo de vida del trabajo ha adquirido una importancia semejante a la de la familia.[52]

El pequeño mundo de vida de la familia del que nos habla Benita Luckmann puede corresponde a nuestros ámbitos de la socialidad interna al hogar. En cuanto al pequeño mundo de vida del trabajo que postula esta autora, en nuestro estudio no se puede identificar directamente con la socialidad externa al hogar (aunque así lo maneja Luckmann), ya que la particularidad que estudiamos son los hogares en los que el trabajo es interno al hogar. Esta situación nos plantea un nuevo interrogante: ¿es posible postular un pequeño mundo de vida del trabajo interno al hogar? La naturaleza de las prácticas laborales es particular, permite hablar de un ámbito de prácticas laborales; sin embargo, cuando el trabajo se localiza dentro del hogar, las interacciones del ámbito laboral se entrelazan con las interacciones propias de la socialidad interna y familiar, las racionalidades se entrelazan.

De acuerdo con la naturaleza de las prácticas podemos diferenciar un ámbito laboral y otro familiar-doméstico, aun cuando el trabajo generador de ingresos se realice dentro del hogar. Sin embargo, desde la perspectiva de la forma en que las prácticas son vividas y significadas (pequeños mundos de vida) cuando el trabajo se realiza en un espacio y contexto familiar, no parece posible separar trabajo y familia como dos pequeños mundos de vida. Antes bien, se podría postular la existencia de un pequeño mundo de vida "trabajo-familia" en el que se realizan dos tipos diferentes de prác-

---

[52] Luckmann, Benita (1978), p. 285.

ticas aunque todas ellas se desarrollan en una misma socialidad. Ése es un desafío para el análisis empírico.

Una cuestión que hay que agregar a lo anterior es que la demarcación de los ámbitos de la vida cotidiana a partir de las prácticas que en ellos se realizan (más allá de su facilidad analítica) también nos puede acercar a una de las "trampas" que ha señalado Christian Lalive d'Epinay, respecto a los estudios de vida cotidiana. Según este autor, al partir de las prácticas cosificadas o de las cosas mismas, se corre el riesgo de transformar la vida cotidiana en un universo cerrado y fijo, en un espacio de laboratorio cerrado, en donde lo cotidiano es atrapado al margen de lo societal, al margen de los aparatos y las estructuras del poder.[53] En síntesis, si la demarcación por ámbitos es muy simple y nos acerca al riesgo de la cosificación, la demarcación por pequeños mundos de vida, aun cuando tiene el atractivo de incluir la intersubjetividad y las racionalidades, nos abre un desafío analítico ya que los pequeños mundos de vida reconocidos teóricamente no encuentran clara correspondencia con los fenómenos observados empíricamente.

Estamos expuestos al riesgo de la cosificación, no obstante creemos que una ventaja para intentar evitarlo está en buscar los ámbitos de la vida cotidiana (definidos por las prácticas) y también los pequeños mundos de vida (definidos por las prácticas, las interacciones y los significados). Los significados son un recurso metodológico para evitar la cosificación. Por otra parte, nuestro estudio no es un análisis en sí mismo de la vida cotidiana (y sus prácticas cosificadas) sino un estudio de la vida cotidiana a la luz de las distintas formas de la relación trabajo/residencia. La categoría que hemos denominado "relación trabajo/residencia" en alguna medida representa una vinculación con las estructuras, con los procesos macrosociales, aunque no vamos a estudiar esa relación de mediación. Por su parte, el concepto de rol también da cuenta de una relación con lo estructural a través de la institucionalización, aun cuando ésta sea vista en el sentido de Berger y Luckmann. No obstante, no estudiamos las estructuras de poder.

---

[53] Lalive d'Epinay, Christian (1985), p. 9.

4.4. EL FONDO ESPACIO-TEMPORAL DE LA TRAMA DE LA VIDA COTIDIANA

La socialidad y más específicamente los roles conyugales, en los distintos ámbitos, vinieron a constituir una parte de la trama de la vida cotidiana: los vínculos sociales. Ahora revisaremos la segunda dimensión de dicha trama, el fondo espacio-temporal, que corresponde a la espacio-temporalidad de las experiencias de los individuos. Analíticamente diferenciamos los tiempos sociales y los espacios de vida que constituyen dicho fondo. No obstante, es necesario revisar a qué nos estamos refiriendo con estos dos conceptos. Con relación a los tiempos sociales nos interesa especificar tres dimensiones: los ritmos sociales del tiempo, los horizontes de tiempo y el ciclo cotidiano. Con referencia a los espacios de vida nos dedicamos a las distancias sociales y la cuestión proxémica, el sentido del lugar y la territorialidad.

4.4.1. Los tiempos sociales

En la vida cotidiana el tiempo, al igual que el espacio, puede ser considerado como un fenómeno total. Hablar de tiempos sociales supone reconocer dos aspectos centrales: uno, la naturaleza social del mismo; otro, la pluralidad de los tiempos sociales o bloques de tiempos sociales. Estos bloques de los tiempos sociales se demarcan de acuerdo con las actividades sociales dominantes, por ejemplo, el tiempo de trabajo, el tiempo de ocio. Los tiempos sociales analíticamente se ubican en lo que venimos denominando ámbitos o sectores de la trama de la vida cotidiana.

La multiplicidad de conductas temporales y de representaciones del tiempo ligadas a la diversidad de situaciones sociales y a los modos de estructurar las actividades en el tiempo, constituyen las temporalidades o los tiempos vividos.

La multiplicidad de tiempos sociales, originalmente se estudió cuantitativamente a través de la estrategia de los "presupuestos de tiempo". En este enfoque se ha buscado conocer las diferentes maneras de utilizar el tiempo a partir de la distribución temporal de las actividades. Por ejemplo, la geometría de los horarios de vida, la repartición de las actividades en una duración determinada. Así, los primeros estudios de la multiplicidad de los tiempos sociales intentaron captar las diferentes distribuciones temporales de las diversas actividades en relación con un parámetro: el tiempo matemático, que servía de medida del movimiento y medida de las duraciones. Durante mucho tiempo se negó la existencia de tiempos sociales, defendiéndose la idea de que el tiempo de un grupo social no era otra cosa que una ilusión: la de proyectar sobre el plano social, lo individual, las duraciones interiores. Así, el tiempo social era visto como el lugar de encuentro de las duraciones individuales.

Las cuestiones relativas a los significados de los tiempos vividos —es decir, la subjetividad asociada al tiempo— han sido evitados durante largo tiempo en el análisis social. Actualmente, se ha ido definiendo un interés creciente por estudiar la forma de tomar conciencia del tiempo, los esquemas temporales, los modos de simbolización del tiempo, las concepciones y las actitudes respecto al tiempo. Todas estas dimensiones del tiempo social tienen incidencia sobre los modos de estructurar las actividades en el tiempo, sobre los modos de organizar la vida cotidiana.

En esta perspectiva se ha retornado a los aportes de la fenomenología, particularmente a los de Alfred Schutz, quien planteó la existencia de un tiempo interior o *durée* y un tiempo exterior, objetivo o cósmico. El tiempo interior es aquel en el cual las experiencias actuales se conectan con el pasado y con el futuro. El tiempo cósmico es el tiempo espacial o espacializado, homogéneo, medible en términos de camino recorrido. La intersección de ambos tiempos en las prácticas o ejecuciones, es lo que origina el *presente vivido*,[54] que integramos en nuestro análisis cualitativo.

A continuación revisamos los contenidos de las tres dimensiones del tiempo social que recuperamos luego para el análisis empírico: los ritmos sociales del tiempo, los horizontes temporales y el ciclo cotidiano.

i. Los ritmos sociales y las temporalidades

La noción de ritmo social conlleva una ambigüedad profunda ya que tanto implica sucesión (la duración de lo que sucede) y perio-

---

[54] Schutz, Alfred (1974a), pp. 202-206.

dicidad, como cambio y recurrencia.[55] El ritmo social tanto es continuidad como discontinuidad.[56] El ritmo es una acentuación de las duraciones y de los intervalos, una búsqueda del equilibrio entre la continuidad y la discontinuidad. El ritmo social es la alternancia entre tiempos fuertes y tiempos débiles. Por ejemplo, épocas de reposo y de actividad a lo largo del año.

En algunos casos, la noción de ritmo social del tiempo remite sobre todo a la idea de la cadencia, a la velocidad o a la rapidez con la cual se suceden los acontecimientos y los diferentes estados. El ritmo social también se refiere al ajuste rápido de las diferencias y las discontinuidades. La noción de ritmo social nos enfrenta siempre a las diferentes esferas de lo real, a las distintas actividades, a las tareas a realizar. Ella expresa las continuidades y las discontinuidades inherentes a todo proceso social.

Así, se podría decir que el ritmo es construido a partir de un sistema de regularidades y de cambios, de continuidades y de discontinuidades. Por ello, la identificación de un ritmo temporal sólo tiene sentido en relación con otro. Esto es lo que permite trazar las discontinuidades y las regularidades relativas. La noción de ritmos sociales es muy próxima a la visión del tiempo social como una multiplicidad de tiempos vividos o de temporalidades. La diferencia está en que un ritmo sólo se comprende en relación con otro, en tanto que cada temporalidad puede ser aprehendida en sí misma.

Las temporalidades pueden enfocarse desde la perspectiva de la multiplicidad de los tiempos sociales o desde la unicidad de tiempos. La multiplicidad de los tiempos sociales expresa la diferencia y la pluralidad de los tiempos vividos. Al respecto podemos recordar, que la visión del tiempo social conformado como una multiplicidad de tiempos fue el hilo conductor del pensamiento de Georges Gurvitch sobre este tema. Este autor expresó que "la sociedad no produce un tiempo social único, sino una diversidad de tiempos sociales".[57]

---

[55] Mercure, Daniel (1979), pp. 263-276.
[56] Mercure, Daniel (1979), pp. 265-274.
[57] Gurvitch, Georges (1963), p. 327. La traducción es nuestra.

La multiplicidad de tiempos sociales también puede enfocarse desde otro ángulo macro; por ejemplo, el ritmo de las innovaciones técnicas parece ser muy diferente al ritmo con el que operan los cambios en las mentalidades, por lo que cabe interrogarnos acerca de la forma en que se articulan estos diversos tiempos en la conciencia de los distintos grupos sociales. Es posible encontrar diferentes temporalidades en los diferentes grupos sociales, pero también es posible diferenciar temporalidades según las diferentes dimensiones o instancias de la vida social; por ejemplo, una temporalidad económica, otra técnica, religiosa, política, etc., en un mismo grupo social.

Tamara Hareven ha destacado la importancia de encontrar la "sincronización" entre las diferentes temporalidades, particularmente cuando se estudian las relaciones entre las vidas concretas y los grandes procesos de cambio social. Aun cuando los tiempos de las vidas concretas de los que nos habla Hareven, son los tiempos de la vida de las personas y el tiempo que nosotros estudiamos es el tiempo cotidiano en las vidas de las personas, creemos que es igualmente oportuna la advertencia sobre la necesidad de sincronizar las diferentes temporalidades.[58]

Las personas pueden estar sometidas a diferentes tiempos en las distintas instancias de la vida cotidiana (en los ámbitos de la trama). Por ejemplo, para ciertos grupos de trabajadores puede ser difícil encontrar el ajuste entre el tiempo de trabajo con fuertes restricciones y el tiempo privado más distendido. Estas situaciones requieren que el individuo transite rápidamente de un tiempo a otro.

De esta dimensión temporal de la vida cotidiana recuperamos, para nuestra interpretación, la visión de que la multiplicidad de tiempos vividos se puede expresar en la distinción entre "tiempos fuertes" y "tiempos débiles", en donde la vivencia de la obligación es lo que permite diferenciar a ambos; la obligación es la línea de demarcación. Así, nos interesa conocer no sólo el punto de demarcación entre ambos, sino también cómo se produce el sentido de la obligación que separa los tiempos fuertes y débiles, siempre que sea posible distinguir tiempos fuertes y débiles.

[58] Hareven, Tamara (1982), p. 7.

ii. Los horizontes temporales

Otra dimensión de los tiempos sociales que recuperamos para nuestra perspectiva analítica es la de los horizontes temporales, entendidos como el dominio abierto a dos grandes perspectivas del tiempo: la reconstrucción del pasado y la anticipación del futuro.[59] Como señala Maffesoli (citando a Lévinas), la idea de horizontes, característica de la fenomenología, se caracteriza porque es abierta y permanece abierta, por lo que permite conocer mejor lo indefinido y los significados entrecruzados de las distintas situaciones.[60]

Los horizontes temporales pueden ser el campo de ciertas prácticas y también el lugar de ejercicio de las diferentes representaciones del tiempo. Pueden ser el campo de los proyectos, de las esperanzas, de las visiones anticipadas, es decir, el campo del tiempo futuro. Asimismo, también pueden ser el campo de los recuerdos, de la memoria colectiva, de la historia y del mito, del tiempo pasado.

Los horizontes temporales pueden variar en extensión, según los grupos sociales e individuos considerados. Los horizontes temporales permiten acercarnos a los diferentes modos de relacionarse con el tiempo que establecen los distintos sujetos sociales, es decir, nos permite acceder a la matriz temporal con que los individuos le dan sentido a sus experiencias. Cada grupo social, cada individuo, en razón de su arraigo, de sus actividades y de sus metas tiene diferentes horizontes temporales sobre los cuales orienta su vida cotidiana.

Daniel Bell ha planteado que una de las características fundamentales de la civilización moderna (o "sociedad de masas") es su orientación temporal al futuro, que permea las distintas dimensiones de la sociedad.[61] Los horizontes de tiempo a futuro se articulan con la noción rectora de "progreso".[62]

La vivencia de los tiempos sociales como una multiplicidad puede encontrar un fundamento en la pluralidad de ritmos sociales, de modos de gestión del tiempo, aunque también en los hori-

[59] Mercure, Daniel (1979), pp. 265-276.
[60] Maffesoli, Michel (1996), p. 154.
[61] Bell, Daniel (1977), pp. 93-96.
[62] Nisbet, Robert (1996).

zontes temporales. Así, es posible diferenciar grupos sociales según la orientación de los horizontes temporales, los múltiples usos del tiempo, la importancia de las discontinuidades temporales en la vida cotidiana, los diferentes ritmos de actividades, la naturaleza de las orientaciones temporales o la diversidad de concepciones del tiempo.

Las conductas temporales y las actitudes particulares respecto al tiempo que tienen los individuos pueden estar condicionadas por rasgos tales como la edad, la familia, el trabajo. El ritmo y las actividades laborales pueden influir en cierto número de conductas y actitudes temporales. De este modo, es posible preguntarse si la geometría de los horarios de trabajo de una familia tiene incidencia sobre los hábitos de vida de la familia, sobre sus usos del tiempo, sobre sus horizontes temporales.

iii. El ciclo cotidiano: las repeticiones y los acontecimientos

El ciclo cotidiano es otra de las dimensiones analíticas del concepto de tiempos sociales que recuperamos analíticamente, pero además es una de las principales unidades temporales para el estudio de la vida cotidiana. Al tomarlo como unidad de tiempo, nos podemos preguntar cómo se estructura, cómo toma coherencia en términos de las vivencias del tiempo. El tiempo puede vivirse como rutina o bien, como sucesión de repeticiones y acontecimientos. La articulación de las repeticiones y los acontecimientos es precisamente lo que hace del ciclo cotidiano una unidad integrada, pero también diferenciada internamente.

El acontecimiento es un hecho que alcanza a una cierta situación, aquello que llega y reviste una cierta importancia para el individuo. No obstante, el acontecimiento, siguiendo a Lalive d'Epinay, tiene la particularidad de constituir algo previsto dentro de un repertorio de posibles situaciones. Mientras que aquellos acontecimientos no previstos y que pueden cambiar el curso de la trama cotidiana, constituyen las perturbaciones. Estas últimas pueden implicar una reorganización en el funcionamiento de la vida cotidiana.[63]

[63] Christian Lalive d'Epinay define a la perturbación como aquel acontecimiento que "provoca una ruptura en la velocidad de crucero habitual de una familia".

Las repeticiones son lo que reduce la esfera de lo desconocido, de lo imprevisible. Esta dimensión —estrechamente ligada a lo que planteábamos más arriba respecto a los ritmos— también podría ser casi una constante en los planteamientos teóricos de la vida cotidiana. La gran mayoría de los enfoques sobre la vida cotidiana han considerado la cuestión de la rutinización y lo repetitivo de las prácticas cotidianas en el tiempo.

Christian Lalive d'Epinay ve a la vida cotidiana como el lugar por excelencia de la articulación de las rutinas y los acontecimientos. El juego entre las rutinas y los acontecimientos va construyendo la vida cotidiana, no así la cotidianidad, ya que esta última sólo refleja la parte repetitiva. Este autor, cuando analiza la vida cotidiana, privilegia notoriamente la producción del acontecimiento, de lo nuevo, lo creativo; mientras que para otros autores es más fuerte el peso de lo repetitivo.

Este último es el caso de Henri Lefebvre, quien ha expresado que "Lo cotidiano, en su trivialidad, se compone de repeticiones: gestos en el trabajo y fuera del trabajo, movimientos mecánicos, horas, días, semanas, meses, años, repeticiones lineales y repeticiones cíclicas, tiempo de la naturaleza y tiempo de la racionalidad, etcétera. El estudio de la actividad creadora conduce hacia el análisis de la reproducción[...]".[64]

Las rutinas en la vida cotidiana tienen relación con lo que Giddens ha llamado "la necesidad de confianza", de la cual emerge el "sentimiento de confianza". Anthony Giddens asocia "la familiaridad arraigada" con las "rutinas cotidianas", por ello ve el estudio de la rutinización —que se expresa en la trama temporal de los episodios— como una forma de entrada para comprender la seguridad de base que requieren los individuos. La repetición proyecta la intención de prolongar la duración dentro de lo conocido. Por otra parte, este autor vincula la extrañeza con todo lo que rompe con las rutinas cotidianas, las rupturas, los acontecimientos.[65]

Lalive d'Epinay, Christian *et al.* (1983). Por su parte, Jean Panet-Raymond y Charlotte Poirier también recuperan la visión del "acontecimiento" de Lalive. Panet-Raymond, Jean y Charlotte Poirier (1986), pp. 103-127.

[64] Lefebvre, Henri (1972), p. 29.

[65] Giddens, Anthony (1990), *Consecuencias de la modernidad*, Alianza Universidad, Madrid, p. 133.

Todo lo anterior expresa una concepción de la vida cotidiana que se construye a partir de la alternancia entre lo repetitivo y lo nuevo, dialéctica que estructura el tiempo cotidiano. La forma en que se relacionan lo repetitivo y los acontecimientos vienen a definir los procesos de constitución de la vida cotidiana.

Si reconocemos que la vida cotidiana se constituye por la alternancia de lo repetitivo y la vivencia del acontecimiento en el ciclo cotidiano, un tipo de proceso constitutivo de la vida cotidiana es aquel en el que se reduce el acontecimiento (como lo nuevo y por tanto, lo desconocido) en el conjunto de lo rutinizado. La vida cotidiana se constituye como una estrategia que busca reducir la esfera de lo desconocido.

Un segundo tipo de proceso productor de la cotidianidad es el que espera la producción del acontecimiento, como lo diferente que puede reducir alguna fuente de opresión actual, como la esperanza de que ocurra algún cambio respecto a una situación presente. En otros términos, se espera que se dé un cambio, pero no se desarrollan estrategias para producirlo, si el cambio se produce es de manera externa al individuo.

Por último, se puede tener un tercer tipo de proceso constitutivo de la vida cotidiana dado por la producción del acontecimiento por medio de las prácticas repetitivas. En este caso, el acontecimiento no es algo que alcanza al individuo en forma externa a él, sino que el mismo individuo es un activo protagonista que prepara ese acontecimiento.

En suma, con esto estamos recuperando para nuestro análisis empírico el planteamiento de Lalive d'Epinay[66] respecto a los tres tipos principales de formas de constituir la vida cotidiana, que se pueden resumir de la siguiente forma:

- La reducción del acontecimiento en la cotidianidad.
- La búsqueda-esperanza del acontecimiento en la cotidianidad.
- La producción del acontecimiento en la cotidianidad.

---

[66] Lalive d'Epinay, Christian (1983b), pp. 13-38.

4.2.2. Los espacios de vida

Si la segunda dimensión de la trama de la vida cotidiana (el fondo) la desagregamos en los tiempos sociales y los espacios de vida, aún resta darle contenido conceptual a los espacios de vida, de manera tal que los podamos poner en movimiento analíticamente.

La inclusión de los espacios en los cuales se extienden esas prácticas cotidianas, representa un acercamiento a la propuesta de Anthony Giddens, quien ha planteado que "El dominio primario de estudio de las ciencias sociales, para la teoría de la estructuración, no es ni la vivencia del actor individual ni la existencia de alguna forma de totalidad societaria, sino prácticas sociales ordenadas en un espacio y un tiempo".[67]

La perspectiva espacial en el estudio de la vida cotidiana encuentra sus antecedentes inmediatos en la mayoría de las sociologías de la vida cotidiana y también en la geografía de la percepción o de las representaciones,[68] que hace más de 20 años que acuñó el concepto pilar de *espacio vivido*.[69] Desde esta perspectiva geográfica, el interrogante central se orienta al estudio de la "experiencia existencial del habitar" en un contexto de intersubjetividad. Sus bases filosóficas son las mismas que las de las sociologías de la vida cotidiana que venimos recuperando para nuestro estudio, es decir, la fenomenología. En el enfoque sociológico de la vida cotidiana se pone el énfasis en las interacciones mismas, en cambio en la pers-

---

[67] Giddens, Anthony (1995a), p. 40.

[68] A inicios de los setenta, cuando comienzan a elaborarse los primeros trabajos en esta línea, se hablaba de una "geografía de la percepción"; en los años ochenta, se fue sustituyendo el vocablo *percepción* por el de representaciones, ya que el primero tiene la limitación de que reduce todo a un acto de naturaleza fisiopsicológica, como es la percepción. En cambio la representación da cuenta de un acto psicosocial culturalmente contextuado. La percepción implica aceptar que las percepciones pueden ser objeto de estudio en sí-mismo. En cambio, desde la geografía de las representaciones lo que se busca es estudiar el papel de las representaciones en nuestras prácticas espacializadas y en la organización del espacio. En los últimos años (en los noventa) parece confirmarse una tendencia a denominar a esta perspectiva "geografía humanista". Bailly, Antoine y Renato Scariati (1990), p. 172.

[69] El concepto de "espacio vivido" se debe a Armand Frémont, quien lo utilizó por primera vez en 1972. Evidentemente que aquella audacia implicó una ruptura con los conceptos tradicionales y clásicos de espacio y de región, dominados por las dimensiones económica, natural o histórica, y en los cuales no había cabida para la subjetividad. Frémont, Armand (1972), pp. 663-678.

pectiva geográfico-fenomenológica se lo hace en la espacialidad de las vivencias. Desde la sociología tradicional se puede estudiar las sociedad sin considerar su territorio. En estos casos, el espacio social se conforma a través de las relaciones persona a persona, las relaciones de parentesco, etc. Desde la geografía, en cambio, siempre se trabaja con sociedades territorializadas, donde el lazo espacial, los lazos de pertenencia a un espacio, la posesión-apropiación del espacio, son rasgos esenciales.[70] Desde esta particular perspectiva geográfica que estamos recuperando (la geografía de las representaciones), esos lazos espaciales no sólo se consideran en sus bases materiales, sino que también es posible integrar la dimensión subjetiva de la vivencia del espacio y las distancias. En realidad, tanto la aproximación sociológica como la geográfica son indisociables. Por ello, la articulación de ambas perspectivas nos lleva a incluir en nuestra estrategia analítica los espacios de vida y también la espacialidad de las prácticas.

La perspectiva del espacio vivido, como se comentó anteriormente, implica considerar el espacio a partir de un individuo situado; por ello, se habla de una perspectiva espacial de carácter egocéntrico. La inclusión de esta perspectiva espacial nos conduce a dedicar los apartados siguientes a la cuestión de las distancias y la proxémica, el sentido del lugar y la territorialidad.

i. Las distancias y las dimensiones proxémicas

La perspectiva espacial clásica siempre ha incluido el análisis de la distancia. El enfoque espacial fenomenológico, es decir, el que considera la vivencia del espacio y los sentidos atribuidos a los espacios, ha redefinido varios conceptos de naturaleza espacial, entre ellos el de distancia. La distancia desde la subjetividad de los individuos encuentra uno de sus principales antecedentes en la obra de Hall, quien lo aborda a partir del concepto de "proxémica". El término "proxémica" fue creado en 1966 por Edward Hall para referirse al estudio de la organización personal que los individuos hacen del espacio en tanto que producto cultural específico.

---

[70] Sautter, Gilles (1992), pp. 207-219.

Los antecedentes de esta perspectiva proxémica del manejo de las distancias físicas y sociales, como se señaló anteriormente,[71] también se pueden hallar en los orígenes mismos del pensamiento social acerca de la conformación de la cultura urbana y los modos de vida urbanos. La preocupación por la distancia física, social y afectiva ya estuvo presente en el pensamiento de Simmel de principios de siglo. Este autor caracterizó al individuo metropolitano, precisamente por un manejo inverso de las distancias físicas y sociales.

En la perspectiva proxémica y con relación a los ámbitos urbanos, Hall encontró que la noción de distancia es la base de todas las experiencias humanas. Cada persona percibe y estructura el micro-espacio que la rodea de manera consciente e inconsciente, en el cual:

- se integran pautas culturales respecto a la distancia entre los individuos en las relaciones cotidianas.
- se delimitan perímetros de seguridad personal, que varían de acuerdo con el tipo de relación y de cultura.
- se diferencia el campo espacial de la intimidad, del campo espacial de la vida pública.[72]

Desde este concepto de proximia, Hall estudió la organización de los espacios a partir de las distancias que mantienen los individuos entre sí. Con estos planteamientos, el concepto de distancia también cobró nuevo contenido, ya que la incorporación de la subjetividad condujo a trabajar sobre la vivencia de la distancia. Se comenzaron a diferenciar las distancias geométricas, entendidas como las distancias medibles (como caminos a recorrer); las distancias estructurales, que resultan de la configuración de los sistemas de redes de comunicación; las distancias socioeconómicas y lo que más nos interesa, las distancias afectivas, que toman en cuenta la relación sensible con el espacio.[73]

Élisabeth Rohmer y Abraham Moles, desde un enfoque cercano al anterior, sostienen que el hombre situado en un lugar definido

---

[71] En el capítulo 2.
[72] Hall, Edward (1994), pp. 6-7.
[73] Bailly, Antoine (1992), pp. 371-384. Bailly, Antoine y Bernard Debarbieux (1991), pp. 153-161.

como un aquí y ahora percibe instintivamente el espacio que lo rodea como una serie de capas espaciales sucesivas. Estos autores, retomando la perspectiva proxémica, llegaron a plantear que la jerarquización del mundo se funda en el postulado proxémico según el cual "lo que es próximo para mí, es más importante que lo que es lejano".[74]

La perspectiva proxémica condujo a Rohmer y Moles a diferenciar ocho niveles o capas espaciales partiendo del cuerpo humano y extendiéndose hasta los espacios desconocidos. Estos espacios más cercanos o más lejanos al individuo son vistos como los estratos espaciales de la acción, lo que implica que la acción del individuo toma contenidos a partir de la vivencia espacial.[75]

Los tipos de espacios que reconocen estos autores son: el espacio del cuerpo propio; el espacio del gesto inmediato, que representa la esfera de los movimientos libres. El espacio de la habitación como un espacio demarcado del mundo exterior, incluso de manera visual a través de los muros. El espacio de la vivienda, que tradicionalmente ha sido la frontera entre lo público y lo privado; la vida privada tiende a circunscribirse a sus muros. En este espacio, el individuo sólo está rodeado por objetos que le son familiares. Luego, el espacio barrial que corresponde a la idea de lo que es familiar, aunque es un dominio colectivo, en el que hay lugares públicos y no públicos (como las casas de los otros); siempre es un dominio conocido, es un ámbito que se asocia con lo cotidiano. De los espacios externos, es el que más frecuentemente genera sentimientos de seguridad, por ser "conocido". Luego está el espacio de la ciudad, que es asociado con los desplazamientos físicos, con una diversidad de actividades; también suele vivirse como un espacio del anonimato y en consecuencia, de la libertad. Por último está el espacio regional, como aquel que también da cuenta de desplazamientos, aunque éstos requieren de una organización del tiempo. También se menciona un espacio de lo desconocido, más allá de las fronteras de todos los desplazamientos realizados por el individuo.

En cada situación particular suele ocurrir que algunos de estos espacios cobran mayor significado que otros, o incluso algunos de

---

[74] Moles, Abraham (1992), p. 184.
[75] Moles, Abraham y Élisabeth Rohmer (1972), p. 162. Moles, Abraham y Élisabeth Rohmer (1983a), p. 266.

ellos llegan a desaparecer. Por ejemplo, puede ocurrir que para un individuo que reduce considerablemente la movilidad diaria hogar-trabajo, el espacio de la "ciudad" pierda relevancia en su vida cotidiana, en tanto que el espacio del barrio aumente su centralidad cotidiana.

En síntesis, estos autores nos ofrecen una forma de interpretar la organización del espacio de acuerdo con las formas de vivir las distancias por parte de los individuos, que los llevan a actuar de maneras diferenciales en cada espacio en función de esas vivencias de las distancias. En cierta forma, podemos decir que el trabajo de Rohmer y Moles ha sido una especificación de la idea originaria de Hall. En este mismo camino se han desarrollado otras clasificaciones semejantes acerca de los espacios a partir de la vivencia de las distancias, como la clasificación de Armand Frémont. No obstante, no las vamos a revisar en esta ocasión.[76]

La perspectiva egocéntrica del espacio (basada en la proxémica) también introdujo una complejización considerable en el concepto de espacio. Así, se distinguen espacios objetivos, espacios de vida, espacios sociales y espacios vividos. El espacio objetivo muchas veces es denominado espacio soporte, y es de tipo exocéntrico al individuo y material. El espacio de vida puede ser visto como un grupo de lugares frecuentados por un grupo social o por un individuo, en los cuales el individuo o el grupo se sienten parte de ese espacio, se genera un sentido de pertenencia. El espacio social es aquel que se refiere no sólo a lugares frecuentados por un individuo y en los que el individuo se siente parte de ellos, sino que también deben ser lugares frecuentados y en los que se puedan demarcar distancias sociales. Por último, tenemos el espacio vivido, como el que da cuenta de un lugar frecuentado y del que se es parte, en el que se distinguen distancias sociales pero también aquel en el que es posible distinguir distancias afectivas.

En síntesis, el acercamiento del dominio teórico acerca del espacio y las distancias a la fenomenología ha significado la cristalización de un enfoque proxémico, según el cual ambos conceptos (espacio y distancias) han cobrado nuevos contenidos desde las vivencias del individuo. Estas concepciones de corte proxémico

---

[76] Frémont, Armand (1976), pp. 91-97.

acerca de las distancias y los espacios, son las que recuperamos para nuestro análisis empírico de la vida cotidiana en el Valle de Chalco.

ii. Los lugares y el sentido del lugar

La perspectiva fenomenológica en el estudio del espacio también ha llevado a que del concepto clásico de espacio se construyera el de "lugar". El espacio al ser visto como un entramado de espacio físico, de sentimientos, símbolos, memoria colectiva, etc., se constituye en un lugar. Así, los lugares son los espacios de vida del hombre. El concepto de lugar es más cercano a la experiencia de los individuos, está cargado de significados; aunque ya vimos que el concepto de espacio también fue incluyendo la dimensión subjetiva, un ejemplo de ello es el concepto de espacio vivido.[77]

En suma, podríamos decir que el concepto de lugar fue elaborado en función de la subjetividad, mientras que el de espacio vivido resultó de la redefinición del clásico concepto de espacio. Aunque ambos, espacio vivido y lugar, convergen en la subjetividad, no se puede postular una correspondencia total. El lugar no corresponde a una única escala, mientras que el espacio vivido sólo corresponde a las microescalas. Se puede decir que para que el concepto clásico de espacio incluyera la subjetividad fue necesario descender en las escalas hasta el nivel micro, mientras que el de lugar no está limitado en ese sentido. Cuando analizamos microescalas ambos conceptos coinciden.

Los lugares se pueden distinguir por la localización, las formas, las estructuras, las actividades en ellos ancladas; aunque el carácter distintivo de cada lugar emana de los valores y significaciones que se asocian con ellos. En otros términos, el concepto de lugar incluye cuestiones materiales, pero lo particular viene dado por las valoraciones.[78] Marc Augé[79] ha señalando que los lugares (particularmente, urbanos) se pueden definir por la convergencia de tres tipos de rasgos:

---

[77] García Ballesteros, Aurora (1986), "¿Espacio masculino, espacio femenino? Notas para una aproximación geográfica al estudio del uso del espacio en la vida cotidiana", en García Ballesteros, Aurora (coord.), pp. 13-27.

[78] Bailly, Antoine (1989), pp. 53-58.

[79] Augé, Marc (1993), pp. 58-64.

- Rasgos identificados.
- Rasgos relacionales según los cuales el lugar se torna una "configuración instantánea de posiciones".
- Rasgos históricos que no sólo son materialidades del pasado sino también símbolos, prácticas, rituales, memoria colectiva que representan el pasado.

En virtud de los rasgos anteriores, Augé concluye que el hombre establece con los lugares dos tipos de relaciones fundamentales, que son:

- La identificación de los lugares.
- La apropiación de los lugares.[80]

La identidad de un lugar aparece cuando un individuo es capaz de diferenciar un lugar de otro. La identidad de un lugar es lo que lo hace irreductible a otros lugares. Cuando el hombre reconoce una identidad en un lugar es capaz de darle un nombre, e incluso de identificarlo en un mapa.

La identificación de un lugar supone la construcción de una representación de dicho lugar en la cual el individuo articula elementos directamente percibidos, preconstruidos culturales que circulan acerca de ese lugar y también la propia experiencia vivida en relación con el lugar. El resultado de estos procesos es la posibilidad de identificar el lugar y en consecuencia, diferenciarlo de otros. Ese imaginario construido acerca de un lugar es lo que denominamos sentido del lugar. El sentido del lugar expresa un conjunto de percepciones sobre un lugar y también las significaciones que se le otorgan. Estas significaciones del espacio han sido denominadas por algunos autores, entre ellos Michel Maffesoli, como el *genius loci*.[81]

El sentido del lugar resulta del anterior proceso de identificación de los lugares, de los vínculos que un sujeto mantiene con un espacio que ha identificado. El sentido del lugar es el concepto con el que se da cuenta del proceso de identificación de un lugar.

---

[80] Augé, Marc (1987), p. 117.
[81] Maffesoli, Michel (1993b).

El sentido del lugar aparece como un concepto mediador de las relaciones tejidas entre los hombres con su medio, casi siempre se manifiesta en sentimientos de pertenencia a ciertas áreas; aunque también se puede expresar como el rechazo por ciertos lugares. El sentido del lugar refleja cualidades percibidas de un espacio, aparece codificado a través de signos y etiquetas que le dan un sentido particular. Este concepto de sentido del lugar también lo exploramos analíticamente en el Valle de Chalco en dos escalas: la del espacio del barrio y la del espacio vivido de la vivienda.

iii. La territorialidad

Los lugares pueden ser identificados, aunque también pueden ser apropiados por las personas. La apropiación de los lugares es un proceso aún más complejo que la identificación, ya que implica que no sólo es posible reconocer o identificar el lugar, diferenciándolo de otros, sino que el individuo asume que ese lugar va a estar marcado por su presencia, por sus acciones, o por objetos y otros seres que instala en él. Para que un lugar sea apropiable siempre tiene que tener una identidad, cuanto más definida sea ésta, más fácil es que sea apropiable. Cuanto más tiempo se reside en el lugar, más fácil es que el individuo se apropie del lugar. Un individuo también se apropia más fácilmente de un lugar cuanto más lo modifica materialmente en su estructura, en sus contenidos o en sus límites.

Desde perspectivas egocéntricas espaciales también se recurre al concepto de territorio para evocar los sistemas de lugares y las distancias imaginarias. Uno de los autores que más ha avanzado en la conceptuación de la territorialidad es Claude Raffestin. El concepto de territorialidad tiene su origen en las ciencias biológicas, en la etología animal. Sin embargo desde las ciencias sociales, psicólogos, antropólogos, geógrafos y urbanólogos lo han redefinido para poder explicar el "sentimiento de propiedad hacia el espacio personal".

Así, la territorialidad en las ciencias sociales no es una simple extrapolación de un concepto biológico a uno social, sino que se ha constituido en un concepto con el cual se busca explicar una relación compleja entre un grupo social y su entorno. Como toda relación, la territorialidad expresa un proceso de "intercambio", en este caso, entre el hombre y el medio. Se lo ha redefinido como un instrumento conceptual que permite acercarnos a las valoraciones que hacen los sujetos de los espacios que les son más cercanos afectivamente. Al igual que el sentido del lugar, es una mediación entre el hombre y el espacio,[82] pero es una mediación más profunda, ya que supone pertenencia a un espacio o su apropiación.

La territorialidad y la apropiación de los espacios tienen entre sí la misma relación que el sentido del lugar y la identificación de los lugares. Debido a que identifico un lugar es que puedo construir un imaginario sobre el mismo, el sentido del lugar. Lo mismo sucede con el otro par de conceptos. Dado que me he apropiado de un lugar es que lo significo como mi territorio.

Los estudios sobre la territorialidad en general reconocen tres vertientes principales. Una es la que ubica al "trabajo" como la principal mediación entre el hombre y su entorno. En otras palabras, la apropiación de los lugares se produce por la mediación transformadora del trabajo. La otra vertiente es la que enfoca la relación entre el hombre y su territorio en términos más subjetivos, entendiendo la territorialidad como "el sentimiento de apropiación de los espacios". Finalmente, una tercera vertiente es la que trata la territorialidad destacando la noción de "fronteras", entendidas éstas como la delimitación física de una cierta relación del hombre con su territorio.[83] En esta última línea se prioriza la delimitación frente a la relación misma con el territorio.

Dentro del primer enfoque mencionado más arriba, se encuentran los planteamientos de Claude Raffestin. Este autor, además de destacar la mediación del trabajo, ha distinguido dos tipos de territorialidad, la "situacionista" y la "relacional". La territorialidad situacionista da cuenta del significado cultural de las relaciones espaciales con el territorio propio frente a todo lo que se siente como externo. La territorialidad relacional considera el conjunto de procesos de intercambio que se producen en un territorio,

---

[82] Raffestin, Claude y Mercedes Bresso (1979), pp. 32-40.

[83] La primera perspectiva ha sido desarrollada por Claude Raffestin, la segunda ha sido el tema central de numerosos trabajos de geografía de la percepción y el comportamiento, por ejemplo los de Antoine Bailly. La tercera línea ha sido trabajada entre otros autores por Sommer, Robert (1974), p. 322.

teniendo en cuenta las relaciones diferenciales que los distintos grupos sociales tienen con el espacio.[84] La apropiación respecto al espacio puede estudiarse para distintas escalas espaciales. En nuestro caso, recuperamos analíticamente este concepto para considerarlo en el espacio de la vivienda y el espacio barrial. Con relación al espacio barrial, recordemos que puede ser visto como una parte conocida del todo que es el espacio urbano: lo conocido dentro del entorno social. En otras palabras, el barrio puede ser entendido como una porción del espacio público y anónimo en el cual se insinúa una cierta privacidad espacial, que viene dada a través de las prácticas cotidianas que en él se realizan. Las prácticas cotidianas que hacen a la vivencia de esa relativa privacidad se derivan de tres situaciones principales, que son las siguientes:[85]

- La fijación del hábitat en un espacio determinado.
- El acostumbramiento recíproco al vecindario, resultante de la "repetición" de las prácticas de interacción.
- Los procesos de reconocimiento que se originan por la proximidad (proxima) y la coexistencia en un mismo espacio urbano, generadora del sentido de confianza y seguridad.

Estas tres dimensiones constituyen un núcleo fuerte en la vida cotidiana que se proyecta más allá de lo que es interno al hogar. El sentimiento de pertenencia al territorio inmediato hace que sea posible una relación no finalista, no instrumental, con el territorio barrial. En cambio, en espacios desconocidos o en los cuales no se genera esa vivencia de estar en un espacio *cuasi* privado, es más frecuente que el individuo establezca una relación funcional que busque disminuir costos, por ejemplo, con la disminución del tiempo de transporte se busca una "economía del tiempo". Por otra parte, en un espacio conocido y relativamente privatizado (o mejor, apropiado) es posible "gastar tiempo" sin un fin determinado.

---

[84] Raffestin, Claude (1977), pp. 123-134. Raffestin, Claude y Mercedes Bresso (1979), pp. 32-40.
[85] Mayol, Pierre (1994), pp. 15-24.

Para el individuo que sale de su casa, el barrio (si es que existe la relación de apropiación respecto a ese territorio) puede representar un espacio de transición entre su mundo totalmente privado (dentro de los límites del hogar) y el espacio totalmente público y anónimo (el resto de la ciudad). La noción de transición tiene relación con el hecho de que en el barrio coexisten la vivencia de la *cuasi* privacidad y al mismo tiempo, la vivencia de estar en un espacio de la vida cotidiana pública. Esto último, implica que el individuo se inscribe en una trama de signos y códigos sociales, que van más allá de sí mismo.

Algunos autores que han estudiado el espacio social en la Europa de la Edad Media,[86] han hallado que las calles funcionaban en gran medida como el lugar de trabajo; asimismo, la vivienda también fue utilizada como lugar de trabajo. Estos fenómenos favorecían la "porosidad" entre la vida pública y la privada, entre el espacio público y el espacio privado, entre lo que estaba dentro y fuera de la vivienda. La socialidad pública se prolongaba dentro de los espacios privados a través de las fuertes vinculaciones entre la vida del trabajo, el vecindario, los lazos de parentesco y la pertenencia a distintas asociaciones.

Estas condiciones parecen haber tenido una expresión concreta en la forma en que se organizaban los espacios internos de la vivienda (de manera multifuncional), como también en las prácticas desarrolladas en el interior de la vivienda y en los significados atribuidos a los espacios internos. En este sentido se ha hablado de una sensibilidad que integra la socialidad pública a la vida privada. Resultan ejemplificadoras de estos fenómenos espaciales las palabras de Sartre, respecto a las calles de Nápoles: "No hay dentro ni fuera [...] Y el mundo exterior se encuentra vinculado al interior de manera orgánica".[87] Este tipo de relaciones con el espacio, como el sentido de pertenencia, la porosidad entre lo que está dentro y lo que está fuera, son dimensiones espaciales que exploramos en la cotidianidad del Valle de Chalco, en el capítulo 6.

Por último señalemos que en el próximo capítulo, el 5, nos dedicaremos a analizar los vínculos sociales fuertes de la trama de

---

[86] Korosec-Serfaty, Perla (1991), pp. 29-63.
[87] Citado por Prost, Antoine (1992), p. 16.

la cotidianidad en los hogares del Valle. Aunque ponemos especial énfasis en los roles conyugales, también abordamos otras formas de socialidad, como la relación con el vecindario y la parentela. En principio hallamos los vínculos sociales en sí mismos, aunque inmediatamente, los conectamos en conjuntos de relaciones sociales en los cuales toman sentido. En el capítulo 6, regresamos sobre estas constelaciones de vínculos sociales aunque incorporamos el espacio y el tiempo vividos, el sentido otorgado a los espacios en los que se dispersa la cotidianidad y el tiempo cotidiano.

5. LOS VÍNCULOS
DE LA TRAMA DE LA VIDA COTIDIANA
DE LOS HOGARES DEL VALLE DE CHALCO:
LOS ROLES CONYUGALES

En este capítulo estudiamos los vínculos de la trama de la vida cotidiana de los hogares vallechalquenses a través de los roles conyugales. En otras palabras, buscamos respuestas al siguiente interrogante: ¿cómo se constituyen los vínculos sociales básicos de la vida cotidiana de los hogares vallechalquenses en cuatro ámbitos diferentes (laboral, doméstico, vecinal y del tiempo libre) y en referencia a la espacialidad del trabajo?[1]

A fin de acercarnos a este interrogante integramos el capítulo en tres apartados principales. En el primero, consideramos los roles de acuerdo con los ámbitos de la cotidianidad que hemos presentado y a la espacialidad del trabajo. Luego, desarrollamos un segundo apartado en el cual los roles conyugales se ubican en el contexto más amplio de los sistemas parciales de prácticas cotidianas, y no simplemente en relación con tipos de prácticas aisladas o con ámbitos de prácticas semejantes. En estos sistemas parciales incluimos la espacialidad del trabajo. Técnicamente, estos sistemas parciales de prácticas cotidianas resultan del empleo de una técnica cuantitativa: el análisis multivariado.[2] Por último, esbozamos una posibilidad de integración de los sistemas parciales.

En suma, la estrategia analítica con relación a los roles conyugales consiste en contextualizarlos en conjuntos cada vez más complejos, a fin de lograr un acercamiento gradual a los modos de vida, entendidos como sistemas de prácticas y significaciones asociados. Aunque, en este capítulo sólo alcanzamos sistemas parciales de

---

[1] La espacialidad de trabajo también la denominamos "relación trabajar-residir" (relación T/R).

[2] Más específicamente, la regresión logística.

prácticas. La integración más completa de las prácticas y significaciones, es el tema del capítulo siguiente.

Asimismo, es necesario señalar que al dedicar este capítulo al estudio de las prácticas cotidianas sólo parcialmente integradas, ha sido posible que la principal fuente de información fuera de tipo cuantitativo, nuestra propia información generada a partir de la encuesta por cuestionario y construida con datos significativos de los sistemas de prácticas cotidianas.[3] Las prácticas o actividades cotidianas son aprehendibles cuantitativamente medidas de manera nominal. En consecuencia, son susceptibles de ser analizadas como agregados; lo que en nuestro caso han sido modelos multivariados de regresión logística. De igual forma fue posible construir las relaciones sociales básicas establecidas sobre dichas prácticas cotidianas, como un proceso de construcción de datos cuantitativos.

En cambio, la integración de las prácticas cotidianas y los sistemas de significaciones a ellas asociados, son temáticas que requieren de otro tipo de información, cualitativa, y otro tipo de análisis, interpretativo (para acceder a los significados). Por ello, en el capítulo siguiente seguimos una estrategia metodológica cualitativa para abordar la trama de la vida cotidiana, y no sólo una parte de ella.[4]

En última instancia, el análisis cuantitativo se inició desagregando elementos, que luego integramos progresivamente a través del análisis multivariado. No obstante, el nivel integración más importante correspondió al análisis cualitativo. En el cuadro que se presenta a continuación (cuadro 1) hacemos un esquema sintético de dicha estrategia.

---

[3] Se detalla este procedimiento en el tercer apartado del capítulo 8.

[4] La idea de integrar "todas" las prácticas cotidianas y los sistemas de significaciones, no debe ser entendida en sentido literario, ya que no sería posible registrar "todas" las prácticas cotidianas. En nuestro caso, en realidad, sólo hemos registrado unas pocas prácticas, aunque definidas en distintas esferas de la vida cotidiana.

CUADRO 1

Síntesis de la estrategia analítica cuantitativa

Relación T/R *Ámbitos de la cotidianidad*	*Trabajo-residencia unidos*	*Trabajo-residencia separados en el Valle*	*Trabajo-residencia separados fuera Valle*
I. Doméstico	Socialidad/tiempo/ espacio	Socialidad/tiempo/ espacio	Socialidad/tiempo/ espacio
II. Trabajo	Socialidad/tiempo/ espacio	Socialidad/tiempo/ espacio	Socialidad/tiempo/ espacio
III. Tiempo libre	Socialidad/tiempo/ espacio	Socialidad/tiempo/ espacio	Socialidad/tiempo/ espacio
IV. Vecinal	Socialidad/tiempo/ espacio	Socialidad/tiempo/ espacio	Socialidad/tiempo/ espacio

5.1. LOS ROLES CONYUGALES EN LOS ÁMBITOS DE LA COTIDIANIDAD
Y LA ESPACIALIDAD DEL TRABAJO

Como ya lo hemos planteado en el capítulo anterior los ámbitos de la cotidianidad que consideramos analíticamente son el doméstico, el del trabajo generador de ingresos, el del tiempo libre y el vecinal. Esta forma de separarlos responde a la naturaleza de las prácticas que en ellos se realizan, al tipo de interacciones en las cuales se inscriben estas prácticas y a la forma en que son significadas. Así, tanto el ámbito doméstico como el del trabajo corresponden a prácticas fuertemente necesarias. Aunque, en principio el ámbito doméstico constituye un contexto ligado a los afectos y la emotividad para prácticas necesarias, en tanto que el trabajo no es un ámbito de la emotividad, al menos no es lo esperado. El ámbito del tiempo libre corresponde a prácticas que no están marcadas por la obligación o la necesidad inevitable. Por su parte, el ámbito vecinal se integra por prácticas en las que es muy importante el manejo que la persona hace de las distancias sociales y afectivas. En alguna medida, las prácticas en el ámbito vecinal nos interesan porque pueden ser vistas como uno de los primeros niveles (en la perspectiva de las distancias proxémicas) en los cuales el individuo interactúa con "la sociedad", con una alteridad que no forma parte de su vida privada, aunque puede llegar a serlo.

Estos cuatro ámbitos los tomamos como campos de observación de los roles conyugales, es decir, analizamos los roles conyugales en cada uno de estos ámbitos, desde la perspectiva de la separación/conjunción, y luego, contrastamos el tipo de roles predominante en cada ámbito con el tipo de espacialidad del trabajo del hombre que resulta más frecuente.

5.1.1. El ámbito doméstico

El ámbito de las actividades domésticas comprende una gran cantidad de tareas que llevan a la sobrevivencia o al mejoramiento de las condiciones de vida de las personas. En general, estas actividades están presentes en todo tipo de hogar. Lo que puede variar de un hogar a otro son las condiciones materiales en las cuales se realizan, su frecuencia, así como también el hecho de que las realicen los miembros del hogar o bien, terceros. En este último caso, una cuestión significativa será si la realización por terceros se da en un contexto de relaciones de mercado o de relaciones de ayuda mutua.

Aun cuando identificamos objetivamente el ámbito doméstico a partir de esta multiplicidad de prácticas, se debe tener en cuenta que se trata de una serie de prácticas desarrolladas en un contexto social de fuerte carga emotiva, como es el hogar y no simplemente la vivienda. En este sentido nos parecen expresivas las palabras de Alfred Schutz: "el carácter simbólico de la noción de hogar es emocionalmente evocativo y difícil de describir [...] significa, en síntesis, un modo peculiar de vida compuesto de pequeños elementos, pero importantes, a los que se tiene afecto".[5] En suma, queremos destacar que el tratamiento del ámbito doméstico como simples prácticas, no autoriza a olvidar la carga emotiva que se asocia a dichas prácticas, integrantes de un proceso tan importante en la vida de los individuos, como es la socialización primaria.

Cuando estas actividades[6] domésticas son realizadas por los miembros del hogar, se constituyen en un ámbito de prácticas sobre las cuales se construyen roles relacionales familiares, en función de

---

[5] Schutz, Alfred (1974b), p. 109.

[6] El concepto de actividades no es sinónimo de prácticas sociales en toda situación, sino que las actividades devienen en prácticas cuando media un proceso de rutinización que las institucionaliza socialmente. Giddens, Anthony (1995a).

la especialización que esas tareas supongan para los miembros del hogar, y en particular, para los cónyuges. Así, si las prácticas cotidianas domésticas sirven de base para la conformación de los roles conyugales, éstos constituyen una dimensión de la socialidad interna al hogar. La revisión de las estrategias seguidas por distintos autores para organizar y analizar las actividades domésticas, casi siempre muestra una tendencia a agruparlas de modo de conformar subámbitos o grupos o clases. Ésta es la perspectiva de los "modos de vida" en la cual se busca agrupar a los individuos a partir de la realización de una práctica o un conjunto de prácticas, de tal modo, que la práctica se constituye en el criterio clasificatorio.[7]

En nuestro análisis, las prácticas o conjuntos de prácticas sólo intervienen como el referente empírico para analizar la construcción de distinto tipo de vínculos familiares (específicamente: roles conyugales); los modos de vida los ubicamos en un nivel más complejo que el de grupos de prácticas realizadas. Por ejemplo, Yannick Lemel,[8] en su estudio de las actividades domésticas, plantea la siguiente clasificación, en la cual se incluyen todas las posibles actividades cotidianas, dentro de las cuales delimita las actividades domésticas:

1. Quehaceres vinculados a la casa.
2. Compras y aprovisionamiento.
3. Actividades vinculadas a documentación, trámites y gestiones diversas.
4. Actividades vinculadas a los hijos.
5. Relaciones con la parentela y actividades de sociabilidad en términos generales.
6. Ocio y distracciones.
7. El trabajo y las actividades ocupacionales en términos amplios, y
8. Las actividades vinculadas a los cuidados del cuerpo (incluye el reposo nocturno).

---

[7] Como explica Salvador Juan, la perspectiva opuesta es buscar agrupar individuos según las prácticas o conjuntos de prácticas que realizan. En este caso se habla de "estilos de vida". Juan, Salvador (1991), pp. 21-27.

[8] Lemel, Yannick (1993), p. 238.

De estos ocho clases o grupos de actividades cotidianas, esta autora selecciona los cuatro primeros para analizar el conjunto mayor que denomina "actividades domésticas". Los cuatro ámbitos que hemos delimitado en nuestro estudio, pueden ser aprehensibles a través de estos ocho grupos de actividades cotidianas que construye Lemel.

Así, en nuestro estudio, el ámbito doméstico lo delimitamos a partir del mismo conjunto de actividades que toma Lemel. El ámbito del tiempo libre también ha sido considerado directamente por esta autora, lo mismo ocurre con el ámbito del trabajo. El ámbito vecinal o barrial corresponde al conjunto identificado a través de las relaciones de sociabilidad en términos generales, para continuar utilizando los términos empleados por Lemel.[9] En última instancia, estos grupos de prácticas nos permiten especificar con más detalle nuestro interrogante. Así, es posible preguntarnos si la localización del trabajo en el lugar de residencia se asocia con una tendencia a disminuir la segregación de los roles conyugales, en alguno de estos cuatro ámbitos de la vida cotidiana.

En nuestro estudio, el ámbito doméstico lo desagregamos en cuatro subámbitos, que no corresponden a los cuatro conjuntos de actividades establecidos por Lemel. El criterio que hemos seguido para analizar internamente el ámbito doméstico ha sido de carácter espacio-temporal.[10]

Este criterio también nos permitió establecer un vínculo con la interpretación espacial que hemos hecho de las hipótesis de Segalen (apartado 4.2.3 del capítulo 4), respecto a que la conjunción de los roles conyugales se asocia a un tipo de espacialidad (el retorno del hombre al hogar, en palabras de Segalen). Así, analizamos los

---

[9] En realidad, de los ocho tipos definidos por Lemel, nuestros cuatro ámbitos no consideran ni las actividades vinculadas a distintos trámites y gestión de documentaciones diversas, ni lo referente a los cuidados del cuerpo, incluyendo el reposo nocturno.

[10] En términos técnicos lo que hemos realizado es la construcción de índices sumatorios ponderados, en donde la ponderación se estableció con base en el promedio de horas semanales dedicadas a cada actividad. En relación con los detalles técnicos del proceso de elaboración de los índices, nos remitimos al segundo apartado del capítulo metodológico (ocho).

roles conyugales, siempre a partir de las prácticas cotidianas, en los siguientes subámbitos domésticos:

- El ámbito de las actividades domésticas de realización diaria e interna a la vivienda.[11]
- El ámbito de las actividades domésticas de realización no diaria e interna a la vivienda.[12]
- El ámbito de las actividades domésticas de realización diaria y externa a la vivienda.[13]
- El ámbito doméstico de las actividades vinculadas a la atención de los hijos.[14]

Esta forma de agrupar las actividades domésticas, a fin de estudiar los roles conyugales, nos permitió analizar empíricamente la hipótesis del "regreso del hombre al hogar", que ha planteado Segalen. Así, es posible comprender que la conjunción en los roles conyugales domésticos, no necesariamente implique un retorno del hombre al espacio vivencial de la vivienda, aunque pueda interpretarse como un retorno al hogar. Al respecto, recordemos la diferenciación que planteamos entre la vivienda, como un espacio vivido, y el hogar como un ámbito de relaciones sociales.

En los hogares del Valle de Chalco que estudiamos, el ámbito de las actividades domésticas de realización interna a la vivienda y de tipo diario, sigue el patrón de comportamiento tradicional. Esto significa, que prácticamente en todos los hogares, este ámbito doméstico

---

[11] Las actividades que agregamos han sido las siguientes: la preparación de los alimentos, todas las actividades asociadas a la limpieza de la casa y las de lavado de la ropa.

[12] En este subámbito agrupamos todo el conjunto de actividades vinculadas a los arreglos de la vivienda y la tarea de planchar.

[13] En este subámbito consideramos tres actividades: las compras de aprovisionamiento, el ocuparse de la basura y por último, ir a comprar la leche. En el trabajo de campo, esta última actividad fue considerada en forma separada del resto de las compras de aprovisionamiento ya que, en la población que estudiamos, es un tipo particular de compra que se realiza a través del programa de gobierno Liconsa. Esta característica la diferencia del resto de las compras de aprovisionamiento porque la constituye en una actividad que se tiene que realizar en un horario fijo y restringido y en un lugar preestablecido, que para algunos hogares es cercano a la vivienda, mientras que para otros no resulta tan cercano.

[14] Estas actividades, principalmente son de realización interna a la vivienda, aunque no exclusivamente internas.

se organiza con base en roles conyugales segregados. Recordemos que en el ámbito doméstico, los roles conyugales segregados o separados están indicando que no participan ambos cónyuges en las actividades con las que se definió dicho ámbito de lo doméstico, sino sólo uno de los cónyuges.

Si interpretamos la realización diaria de ciertas actividades, como un trasfondo que le otorga continuidad a la vivencia del tiempo cotidiano, se puede señalar que, cuando los espacios internos se asocian a un tiempo cotidiano que se vive como continuidad, como repetición, los roles conyugales siguen pautas de segregación. En otras palabras, cuando el tiempo cotidiano se vive como continuidad, como repetición, debido a que ciertas prácticas se realizan diariamente, las relaciones entre los cónyuges en referencia a esas prácticas toman la forma de "relaciones especializadas". Así, la especialización de cada cónyuge en unas prácticas introduce en el núcleo conyugal un tipo de "diferenciación".

La diferencia se construye en el interior de la relación social (en este caso: la relación conyugal del respectivo ámbito) por la vía de la especialización, y no a través del tiempo, es decir, no se da por medio de la secuencia. La "diferencia" puede interpretarse como una forma de romper con la rutina. En este ámbito de lo doméstico, la vivencia del tiempo cotidiano no incorpora lo diferente en cuanto a los roles conyugales, sino lo repetitivo. Se construye una diferencia que toma contenido en el interior del núcleo conyugal; no así en el nivel de cada individuo que conforma ese núcleo, ya que para cada uno de los miembros del núcleo, la especialización supone repetición.

En el ámbito doméstico correspondiente a las actividades de realización diaria y externa a la vivienda, encontramos un comportamiento semejante al del anterior ámbito en cuanto al tipo predominante de roles conyugales, donde predomina la segregación o separación. No obstante, en este ámbito, los hogares que se organizan con base en roles conyugales conjuntos tienen una presencia levemente mayor que en el anterior ámbito, pero a pesar de ello, no hay elementos que permitan encontrar una disminución de las tendencias tradicionales a la segregación. Una vez más, la vivencia del tiempo cotidiano con una fuerte continuidad se asocia a la segregación de los roles conyugales, aunque en este caso, es segregación conyugal espacialmente externa a la vivienda.

En el ámbito doméstico demarcado por las actividades de realización no diaria e internas a la vivienda, encontramos que en un hogar de cada diez, se establecen roles conyugales conjuntos. Aun cuando sigue predominando el patrón de la segregación conyugal, se observa una cierta presencia de hogares que se alejan del tradicional modelo segregado. Esta situación resulta significativa desde la perspectiva espacio-temporal que nos orienta, ya que la conjunción aparece asociada a un tipo de vivencia del tiempo cotidiano (la ausencia de continuidad), antes que a un tipo de espacios.

En estos tres ámbitos domésticos considerados, los patrones de segregación o separación en los roles conyugales aparecen tanto en los espacios internos como en los externos a la vivienda. En otros términos, los espacios de vida no parecen constituir una dimensión discriminante para los roles conyugales domésticos, al menos cuando se analizan los hogares en forma agregada. No encontramos situaciones en las que en el ámbito doméstico de los espacios internos haya segregación conyugal y en los espacios externos aparezcan las tendencias a la conjunción.

En cambio, al indagar la dimensión temporal, resulta que las actividades que se asocian a la continuidad del tiempo cotidiano son el sustento de roles conyugales segregados, lo tradicional, mientras que las actividades domésticas discontinuas temporalmente son las que abren la posibilidad de la conjunción. Cuando la socialización interna al hogar incorpora la conjunción conyugal en el mundo doméstico, no se define a partir de los espacios vivenciales sino desde los tiempos cotidianos que se viven como momentos aislados.

Por último, hemos considerado otro ámbito doméstico, que no lo definimos por la dimensión espacial ni la temporal, sino por la afectividad; se trata del conjunto de actividades correspondientes a la atención de los hijos.[15] Si tuviéramos que definir este ámbito por la espacialidad y la temporalidad, reconoceríamos una temporalidad continua y una espacialidad predominantemente interna al

---

[15] En este caso, en el momento de la producción de la información, no fue posible distinguir distintas actividades, sino el conjunto más o menos amplio que se identificó como las actividades de atención y cuidado de los hijos. En términos técnicos, esto tuvo la consecuencia de que en este subámbito doméstico no fue necesario elaborar un índice sumatorio ponderado, ya que se contaba con una sola actividad. No obstante, esa "actividad" es el resultado de numerosas microactividades, de muy difícil registro con un instrumento cuantitativo.

hogar, aunque no exclusivamente interna. El primer ámbito doméstico considerado —el conjunto de actividades identificables como
los quehaceres domésticos— se puede definir a partir de las mismas
coordenadas espacio-temporales que el ámbito asociado a los hijos.
No obstante, consideramos importante analizarlos por separado,
ya que este último está muy vinculado a la esfera de la afectividad y
la emotividad, mientras que no ocurre lo mismo con los quehaceres
domésticos.

En los hogares estudiados, este último resulta ser el principal
ámbito doméstico en cuanto a la presencia de pautas de socialidad
interna basadas en la conjunción de los roles conyugales. A pesar de
que en la mayor parte de los hogares del Valle sigue predominando
la segregación, los casos de conjunción en los roles conyugales son
un fenómeno frecuente en este ámbito doméstico asociado a los
hijos. Ha sido éste el caso de una tercera parte de los hogares
estudiados. No obstante, este resultado merece alguna reflexión
desde otro ángulo.

La forma de definir los roles conyugales que seguimos, en todos
los ámbitos ha tomado como punto de partida las prácticas, vale
decir que los roles conyugales siempre los construimos en referencia a
alguna práctica o conjunto de ellas, por lo cual, los roles conyugales
también hablan de la especialización o de las prácticas especializadas. Ahora bien, el significado que toman éstas para las personas,
en buena medida se vincula con preconstruidos culturales que
circulan socialmente y que son apropiados por las personas. Estos
preconstruidos son las representaciones con las que el individuo se
orienta en su vida cotidiana e interpreta sus mundos de vida y las
relaciones con los otros.

Por esta proximidad entre las prácticas (el hacer) y las representaciones sobre dichas prácticas, vale decir: lo que las personas
hacen y lo que las personas piensan que se debe hacer; se abre un
interrogante respecto a la conjunción de los roles conyugales en el
pequeño mundo doméstico de la atención de los hijos. En otras
palabras, cabe preguntarnos si esa conjunción conyugal que hallamos en una tercera parte de los hogares del Valle de Chalco, se
funda en el referente de las prácticas respectivas o, si se construye a
partir de las representaciones sociales, que normativamente posibi-
litan la conjunción de los cónyuges en ese ámbito de lo doméstico,

aun cuando las prácticas sigan siendo separadas. No obstante, incluso cuando la conjunción conyugal con relación a los hijos sólo se produjera en el nivel de las representaciones, ya es relevante en sí mismo.

De igual modo, también conviene señalar otra cuestión de carácter más técnico (aunque no por eso, menos importante). El hecho de que la atención a los hijos no sea una única práctica sino un conjunto más o menos difuso de prácticas[16] dificulta la posibilidad de indagar la cuestión de la conjunción de los roles en este ámbito de lo doméstico. De modo que las pautas de conjunción en la atención a los hijos se asocia a dos cuestiones metodológicas, que no la invalidan aunque no las podemos soslayar. Una, la superposición entre las representaciones y las prácticas. La segunda, que la atención a los hijos no corresponde a una única práctica, sino a un conjunto de microprácticas, que no siempre se pudieron registrar en forma desagregada.

Así, es posible que algunas de las prácticas que quedan incluidas en la "atención a los hijos" sean continuas temporalmente y otras no. Algunas son espacialmente internas a la vivienda y otras son externas a la vivienda. En conjunto, la atención a los hijos tiene continuidad temporal, no obstante, es posible que la conjunción conyugal corresponda sólo a algunas de las microprácticas no continuas en el tiempo cotidiano, tal como ocurre con el ámbito doméstico interno y no continuo. En este tipo de cuestiones, la información cuantitativa producida resulta insuficiente para profundizar el análisis. Más abajo presentamos un cuadro-síntesis de los tipos de roles conyugales en los cuatro ámbitos domésticos definidos (cuadro 2).

Más allá de estas observaciones puntuales, de lo anterior surge que los comportamientos hallados permiten discriminar algunos ámbitos domésticos en cuanto a su relevancia para estudiar los roles conyugales, en su interacción con otras esferas de la vida cotidiana. De esta forma, las actividades domésticas de realización diaria, ya sean internas o externas a la vivienda, no resultaron discriminantes evaluadas en forma agregada en el conjunto de los hogares estudiados.

---

[16] Este conjunto difuso es el resultado de la información cuantitativa que fue posible generar en el trabajo de campo.

CUADRO 2

Roles conyugales en los subámbitos domésticos

Subámbitos domésticos	Actividades diarias e internas a la vivienda		Actividades no diarias e internas a la vivienda		Actividades diarias y externas a la vivienda		Actividades de la atención de los hijos	
Tipos de roles	Hogares	%	Hogares	%	Hogares	%	Hogares	%
Segregados	196	98.0	93	90.3	79	95.2	75	67.6
Conjuntos	4	2.0	10	9.7	4	4.8	36	32.4
Total	200	100.0	103	100.0	83	100.0	111	100.0

Fuente: elaboración propia con base en la información de nuestra encuesta: "Trabajo y vida cotidiana de los sectores populares urbanos de la periferia metropolitana de la ciudad de México. Un enfoque espacio-temporal de los modos de vida urbanos", junio-octubre de 1993.

Lo anterior significa que los ámbitos domésticos de las prácticas que se desarrollan continuamente, en casi todos los hogares siguieron los patrones de la segregación conyugal como la forma de socialidad predominante. Cualquiera que sean las condiciones de estos hogares en el resto de las esferas de la vida cotidiana (como es la espacialidad del trabajo), en el ámbito doméstico de las prácticas diarias, la socialidad se funda en roles conyugales segregados.

En cambio, en los ámbitos domésticos de la atención a los hijos y de las actividades domésticas que no se realizan diariamente se hallan hogares organizados con base en la segregación y otros que lo hacen a partir de la conjunción conyugal. Estas diferencias en la conformación de los roles conyugales, en ambos pequeños mundos domésticos, permite avanzar con nuevos interrogantes. Por ejemplo: cuáles son desde el punto de vista de las restantes esferas de la vida cotidiana, los hogares cuya socialidad interna se basa en la conjunción, y cuáles son los que lo hacen a partir de la segregación conyugal.

Con base en estos hallazgos, la relación entre los roles conyugales domésticos y las otras esferas de la vida cotidiana sólo la analizamos en el caso del ámbito doméstico de las actividades de la atención a los hijos y el ámbito de las actividades domésticas internas a la vivienda y de realización no diaria. En otros términos, desde el interés por conocer a qué condiciones de la cotidianidad se asocia la conjunción conyugal sólo podemos considerar estos dos subámbitos domésticos, ya que en los otros no hallamos conjunción. En alguna medida esto significa reducir el espectro de prácticas cotidianas con las cuales continuar el análisis.

Siguiendo a Segalen, reconocemos que los roles conyugales se asocian a múltiples dimensiones de la vida social y de la vida familiar en particular. No obstante, sólo indagamos la relación entre el tipo de roles y la esfera del trabajo generador de ingresos, considerada exclusivamente desde su espacialidad[17] (la relación "trabajo/residencia").[18]

La decisión de construir la "espacialidad del trabajo" por el trabajo del hombre y no a través de la mujer, se fundamenta en lo siguiente. Si lo natural[19] y esperado es la segregación de los roles conyugales generada a partir de la falta de participación del hombre en el ámbito de lo doméstico, los hogares que se apartan de esta normatividad son aquellos en los que el hombre participa en el ámbito de lo doméstico (conjunción conyugal). Esa participación puede fundarse en varias razones, como ha señalado Segalen; una de ellas es que la mujer se retire del ámbito doméstico, por ejemplo, debido a su inserción en los mercados de trabajo. No obstante, este caso no representaría conjunción de roles conyugales, sino una forma de segregación diferente de la usual, lo que en términos de género podría ofrecer interés, aunque desde la perspectiva de los roles relacionales, continuaría siendo una situación de segregación, sólo que inversa a la tradicional.

La otra posibilidad es que el hombre se acerque al ámbito doméstico,[20] sin que la mujer deje de participar en él (más allá de que participe o no en los mercados de trabajo). En nuestra perspectiva, esto representa una situación de conjunción de los roles con-

---

[17] Esta decisión (como cualquier otra semejante que se hubiese tomado) tiene la consecuencia necesaria de que todo el esquema de explicación y compresión que se construye, es incompleto desde el punto de vista del todo complejo que es la realidad social y cada recorte de ella. No obstante, acordamos con Álvaro Pires, cuando —sustentándose en reflexiones de Paul Veyne— recuerda que en las ciencias sociales, cualquier explicación siempre va a resultar incompleta, por la misma complejidad que es inherente a la realidad social. Pires, Álvaro (1993), p. 193.

[18] En términos operativos, esta categoría la hemos construido a partir de la situación laboral del hombre-cónyuge.

[19] Donde lo "natural" es de una naturaleza socialmente definida.

[20] Recordamos que al hablar de conjunción conyugal, el mundo doméstico ha sido limitado a las actividades de realización no diaria e internas a la vivienda y la atención de los hijos.

yugales en el ámbito doméstico. En consecuencia, este tipo de situaciones son las que indagamos: la participación del hombre en el ámbito doméstico, sin que la mujer se haya retirado de él. Esta última situación puede resultar por varias razones; sin embargo, nos interesamos particularmente por los casos en los cuales el trabajo generador de ingresos del hombre pueda incidir en su participación en lo doméstico. Ahora bien, dentro de lo que integra el pequeño mundo del trabajo del hombre, nos preguntamos específicamente por la incidencia de la espacialidad con relación a la conjunción conyugal. De esta forma, analizamos si la localización del trabajo del hombre dentro del espacio interno a la vivienda, se asocia a una participación masculina en el ámbito doméstico,[21] que permita conformar roles conyugales conjuntos en este ámbito.

En síntesis, si la conjunción (como lo que no es esperado, lo no usual) resulta de la participación de ambos cónyuges, y la mujer siempre participa en lo doméstico, entonces, la conformación de roles conyugales de tipo conjunto, necesariamente se debe indagar a través del hombre. Así, nos podemos preguntar: ¿qué es lo que lleva a algunos hombres-cónyuges a participar en el ámbito de lo doméstico? Evidentemente, la respuesta se debe construir en varias dimensiones, aunque, en nuestra investigación abordamos sólo una de ellas: la del trabajo.

Esta decisión no debe interpretarse en términos de negar las otras dimensiones sobre las que se podría construir la respuesta al interrogante anterior, básicamente serían dimensiones integrantes de la cultura. En ese sentido, posiblemente, sería necesario analizar las trayectorias familiares de estos hombres, la organización interna de los hogares de origen, etc. Esas dimensiones, y otras, deben tener una significativa influencia en el hecho de que algunos hombres-cónyuges participen en el ámbito doméstico. Sin embargo, creemos que dentro de lo que es su situación actual (un presente en condiciones de pobreza y de lucha por la sobrevivencia), la esfera del trabajo mantiene una centralidad en la vida cotidiana, que nos

---

[21] Bajo el supuesto de que la mujer siempre participa en este pequeño mundo.

recuerda los planteamientos de los sociólogos del trabajo de los años cincuenta.[22] A pesar de la convicción teórica de que los roles conjuntos en el ámbito de lo doméstico, deben ser analizados a partir del hombre, a continuación, analizamos los hogares del Valle de Chalco, en función de la participación laboral de la mujer. En otras palabras, revisamos empíricamente la primera hipótesis de Segalen, y a continuación los caminos planteados por Segalen, pero con la información agregada de los hogares del Valle de Chalco que estamos estudiando.

En este sentido, hallamos que la segregación conyugal en lo doméstico se asocia notoriamente a los hogares en los que la mujer no participa en los mercados de trabajo. Esta relación resulta más intensa en el ámbito doméstico de la atención a los hijos que en el ámbito doméstico de las actividades internas a la vivienda y de realización no diaria (cuadro 2). Esto permite expresar, que en el caso de los hogares del Valle de Chalco que siguen pautas de segregación conyugal en el ámbito doméstico, parece reproducirse la hipótesis de Segalen. No obstante, ésta es la situación más conocida, es parte de lo esperado.

En cambio, la conjunción conyugal en el mundo doméstico, no parece evidenciar relación alguna con el hecho de que la mujer participe o no en los mercados de trabajo. En ambos subámbitos domésticos, los casos de roles conjuntos tienen más o menos la misma participación agregada en los hogares en los que la mujer está inserta en los mercados de trabajo, que en aquellos otros hogares en los que no lo está. En otros términos, si la participación laboral de la mujer resulta explicativa de los roles conyugales, en el

---

[22] Agnès Pitrou aborda metodológicamente la relación entre familia (roles conyugales) y trabajo, enfatizando la necesidad de considerar la dimensión cultural. En este sentido, desarrolla una propuesta de una notable complejidad, que no podríamos seguir por el tipo de información requerida. Así, sostiene que la influencia que tiene la vida del trabajo en la vida externa al trabajo (la vida familiar) depende de la forma en que es vivida por el sujeto. A su vez, la forma en que es vivida se va forjando a través de la historia personal. Por ello, es necesario tratar de remontar lo más atrás posible en la vida de los sujetos, para llegar a las raíces familiares y sociales. Se debe tratar de comprender cómo se ha elaborado el sistema de referencias y un cierto número de hábitos de vida que se reproducen. El sistema de referencias ético y cultural puede elaborarse en continuidad o en oposición con el entorno social, pero siempre está en relación directa con la pertenencia social de origen. Pitrou, Agnès (1987), pp. 103-113.

conjunto de los hogares que estamos estudiando, esta capacidad explicativa parece limitarse a la situación en la que la mujer no trabaja y los roles conyugales son segregados (cuadro 3).

CUADRO 3

Roles conyugales domésticos según participación de la cónyuge
en los mercados de trabajo

Participación laboral de la mu- jer/Roles en atención de los hijos	Mujer trabaja	Mujer no trabaja	Total	Participación laboral de la mujer/Roles domésticos no diarios-internos	Mujer trabaja	Mujer no trabaja	Total
Segregados	24	51	75	Segregados	36	57	93
%	32.0	68.0	100.0	%	38.7	61.3	100.0
Conjuntos	19	17	36	Conjuntos	5	5	10
%	52.8	47.2	100.0	%	50.0	50.0	100.0
Total	43	68	111		41	62	103
%	38.7	61.3	100.0	%	39.8	60.2	100.0

Fuente: elaboración propia con base en la información de nuestra encuesta: "Trabajo y vida cotidiana de los sectores populares urbanos de la periferia metropolitana de la ciudad de México. Un enfoque espacio-temporal de los modos de vida urbanos", junio-octubre de 1993.

En tanto que en el conjunto de los hogares que siguen pautas no esperadas, vale decir, de conjunción conyugal, la participación laboral de la mujer muestra muy reducida capacidad explicativa de la conjunción de roles, al menos en el ámbito de lo doméstico. Esta última especificación es importante, ya que Segalen cuando destaca la relevancia de la participación de la mujer en los mercados de trabajo, para la conformación de los roles conyugales, considera a éstos como un todo o en forma unidimensional, en cambio, nuestro análisis especifica ámbitos y subámbitos cotidianos de construcción de los roles. En ese nivel de especificación es donde la hipótesis general ya no parece satisfactoria.

Estos últimos hogares —los que siguen pautas de conjunción conyugal— son los que orientan nuestro interés, y en ellos, precisamente, la hipótesis de la participación de la mujer en los mercados de trabajo no parece muy relevante para comprender la conjunción conyugal. Esta situación nos conduce a confirmar empíricamente,[23]

[23] Lo anterior se funda, en principio, en el simple análisis de las frecuencias cruzadas que se presentan en el cuadro núm. 3. Luego se realizó un análisis más

nuestra convicción teórica: la relevancia de analizar la conjunción de los roles conyugales domésticos a partir de la vida laboral del hombre, antes que en relación con la participación de la mujer en los mercados de trabajo.

La segunda hipótesis con la que Segalen aborda la conjunción de los roles conyugales, toma como punto de referencia al hombre-cónyuge y plantea que el "retorno del hombre al hogar" se asocia al tamaño y la diferenciación interna de la vivienda. Se puede especificar la argumentación de Segalen, a través de la siguiente secuencia de relaciones encadenadas:

See
141

Las vivencias diferenciadas internamente por funciones ⇨ posibilidad de que el hombre encuentre un espacio para el tiempo libre interno al hogar ⇨ retorno del hombre al hogar ⇨ roles conyugales conjuntos

Una vez más nos enfrentamos a la dificultad de que en esta construcción secuencial, Segalen tampoco diferencia ámbitos de referencia de los roles conyugales. Siempre los considera unidimensionalmente. Así, no resulta claro si esa conjunción de los roles sólo

---

específico que reiteró las mismas tendencias, se construyó un modelo de regresión logística con las variables que propone Segalen, para cada uno de los dos subámbitos domésticos que consideramos. Esto significó que las variables independientes fueran la participación de la mujer en los mercados de trabajo y el tipo de vivienda según el número de cuartos. En el caso del subámbito doméstico de las actividades internas y de realización no diaria, el modelo no pudo ser tomado en cuenta porque los niveles de confiabilidad de las variables eran muy bajos, lo que se relaciona con que en este subámbito eran muy pocos los hogares con patrones de conjunción. En el segundo ámbito doméstico, el de la atención a los hijos, los resultados arrojaron un modelo aceptable estadísticamente. Este modelo mostró una capacidad explicativa de 91.43% de los casos, para la situación de segregación de los roles conyugales, mientras que para la situación de conjunción, fue sólo de 26.47%. Los resultados se pueden interpretar en los siguientes términos: la probabilidad de que los roles conyugales en la atención de los hijos sean segregados es 2.21 veces más alta si la mujer no participa en los mercados de trabajo, que cuando participa, con una significación de 0.067. Lo anterior nos indica que la capacidad explicativa del modelo de Segalen para los hogares que siguen roles segregados en la atención de los hijos es muy alta. Sin embargo, en la situación opuesta —lo no esperado: la conjunción— este modelo muestra muy escasa capacidad explicativa, en el caso de los hogares del Valle de Chalco (sólo 26.47%). En el caso de la segregación —única situación en la que el modelo se puede utilizar— se confirma que si la mujer no participa en los mercados de trabajo se tiende a la segregación.

se asocia al ámbito del tiempo libre (lo que sería lo más probable), o si podría hacerse extensiva a los otros ámbitos cotidianos. A continuación revisamos esta argumentación en relación con el ámbito cotidiano de lo doméstico, que nos está ocupando en este apartado.

En este aspecto, el primer análisis agregado de los hogares del Valle de Chalco nos indica que en el ámbito doméstico de la atención a los hijos, la conjunción es más fuerte en los hogares que habitan viviendas muy pequeñas.[24] Así, parecería que en condiciones de pobreza (manifiesta en el nivel habitacional), la conjunción conyugal en lo referente a los hijos se vincula con el mayor hacinamiento. Si hubiese alguna relación entre el tipo de espacios internos a la vivienda y los roles conyugales en lo referido a los hijos, ésta se define por el hecho de que los hogares que disponen de un único espacio interior,[25] establecen pautas de socialización interna basadas en la conjunción conyugal en cuanto a los hijos[26] (cuadro 3).

Lo anterior está indicando que en este subámbito doméstico, los hogares del Valle de Chalco muestran un comportamiento inverso a la hipótesis de Segalen. Las viviendas más diferenciadas internamente (de mayor superficie) se asocian a la segregación conyugal en el ámbito doméstico de la atención a los hijos, mientras que la conjunción se relaciona con la falta de espacios internos diferenciados por funciones habitacionales. Así, encontramos que en los hogares del Valle de Chalco que tienen viviendas pequeñas, en las que no es posible introducir diferenciación funcional de los espacios internos, las relaciones entre los cónyuges tampoco se diferencian por especialización en las prácticas domésticas vinculadas a los hijos.

---

[24] Estamos identificando como viviendas muy pequeñas aquellas que disponen de uno o dos cuartos. Mientras que las viviendas funcionalmente diferenciadas en su interior son las de mayor número de habitaciones, correspondiendo a las que tienen tres habitaciones o más.

[25] Son viviendas que disponen de un único cuarto o bien de dos cuartos.

[26] En este caso, la regresión logística nos indica que la probabilidad de que los roles conyugales sean segregados en la atención de los hijos es 2.18 veces mayor cuando las viviendas disponen de al menos tres cuartos, que cuando tienen sólo uno o dos cuartos. Esta relación tiene una significación del 0.081, lo que da una confianza de 99.19 por ciento.

En otras palabras, la cooperación entre los cónyuges (conjunción de roles), en cuanto a los hijos, se produce en hogares en los que el espacio interno es reducido y no diferenciado. Mientras tanto, cuando el espacio de la vivienda se diferencia internamente, también se diferencian las prácticas de los cónyuges en relación con los hijos.

En el ámbito doméstico de las actividades que no se realizan diariamente y que son internas a la vivienda, los hogares del Valle de Chalco posiblemente podrían corresponder a la hipótesis de Segalen: la conjunción conyugal es más fuerte en las viviendas con mayor diferenciación interna. Mientras que los hogares cuyas viviendas cuentan con muy escasa diferenciación interna por su reducido tamaño, son los hogares en donde los roles conyugales siguen pautas de segregación más intensas, no obstante, no disponemos de información agregada como para confirmar esta tendencia[27] (cuadro 4).

CUADRO 4

Roles conyugales domésticos según el tipo de vivienda[28]

Tipo de vivienda/Roles en atención de los hijos	Vivienda de 1-2 habit.	Vivienda de 3 y más habit.	Total	Tipo de vivienda/Roles domésticos no diarios-internos	Vivienda de 1-2 habit.	Vivienda de 3 y más habit.	Total
Segregados	18	52	70	Segregados	30	61	91
%	54.5	73.2	67.3	%	96.8	88.4	91.0
Conjuntos	15	19	34	Conjuntos	1	8	9
%	45.5	26.8	32.7	%	3.2	11.6	9.0
Total	33	68	104		31	69	100
%	100.0	100.0	100.0	%	100.0	100.0	100.0

Fuente: Elaboración propia con base en la información de nuestra encuesta: "Trabajo y vida cotidiana de los sectores populares urbanos de la periferia metropolitana de la ciudad de México. Un enfoque espacio-temporal de los modos de vida urbanos", junio-octubre de 1993.

[27] En este caso, el modelo de regresión logística no resulta aceptable por su muy bajo nivel de confiabilidad. Esta situación se asocia con el escaso número de hogares que en este subámbito doméstico siguen pautas de conjunción, antes que a la naturaleza misma de las relaciones involucradas. En cuanto al carácter explicativo de la vivienda, la relación que resulta es la inversa a la propuesta por Segalen. Las viviendas grandes son las que se asocian más fuertemente a la segregación.

[28] En este cuadro se presenta información agregada correspondiente a los hogares del Valle de Chalco, organizada de acuerdo con las relaciones teóricas

En suma, los subámbitos domésticos en los que hemos encontrado hogares que siguen patrones de conjunción conyugal, no nos permiten confirmar la hipótesis de Segalen, que partiendo del hombre, vincula la conjunción con el tipo de vivienda. Más aún, en el ámbito doméstico vinculado a los hijos, en donde hemos hallado más hogares que siguen patrones de conjunción, más bien se esboza un comportamiento inverso al que propone Segalen en relación con la vivienda. La segregación se vincula a las viviendas más grandes y más diferenciadas internamente, antes que a las viviendas reducidas, que parecen ser espacios de la conjunción conyugal en cuanto a la atención de los hijos. Tampoco hemos encontrado relevante la participación de la mujer en los mercados de trabajo como una forma de comprender la conjunción conyugal, aunque la ausencia de participación puede resultar un factor explicativo de la segregación conyugal.

Todo lo anterior, nos lleva a concluir que las argumentaciones de Segalen sobre la conjunción conyugal, no permiten comprender los roles conyugales en el ámbito de lo doméstico en los hogares del Valle de Chalco, ni por la vía de las prácticas laborales de la mujer, ni tampoco por la del retorno del hombre al hogar en función de su tiempo libre. A continuación, comenzamos a analizar nuestra propia argumentación respecto a los roles conyugales, en relación con la "espacialidad del trabajo del hombre".

5.1.2. Los roles conyugales en el ámbito doméstico y la espacialidad del trabajo

Al considerar los hogares del Valle de Chalco en forma agregada, inmediatamente se esboza una particular relación entre el tipo de roles domésticos en cuanto a los hijos y el trabajo del hombre-cónyuge. En los hogares en los que el hombre-cónyuge trabaja fuera del Valle de Chalco, lo que además supone asalariamiento, es en donde

---

planteadas por Segalen, aunque hemos introducido especificaciones en ambas variables que resultan de nuestros propios criterios. Así, lo que Segalen denomina diferenciación interna de la vivienda lo hemos operacionalizado en el número de habitaciones: "1 a 2" y "3 y más"; y los roles están especificados para el ámbito doméstico de la atención a los hijos y el ámbito doméstico no diario e interno a la vivienda.

la segregación conyugal en cuanto a la atención de los hijos resulta más intensa.

Por su parte, los niveles más bajos de segregación conyugal aparecen en aquellos hogares en los que el hombre-cónyuge trabaja en la casa, por su cuenta. Los hogares en los que el hombre-cónyuge trabaja por su cuenta pero fuera de la vivienda, en la propia colonia o en otra próxima (siempre dentro del Valle de Chalco), presentan niveles de segregación conyugal más fuertes que los hogares en los que el hombre trabaja en el hogar, aunque no tan intensos como los de los hogares de asalariados fuera del Valle de Chalco (cuadro 5).

CUADRO 5
Roles conyugales en la atención de los hijos
y la espacialidad del trabajo

Espacialidad del trabajo hombre/Tipos de roles	Trabaja fuera del Valle de Chalco, asalariado	Trabaja en la casa, cta. propia	Trabaja en el Valle de Chalco y fuera de la casa, cta. propia	Total
Segregados	34	9	32	75
%	82.9	45.0	65.3	68.2
Conjuntos	7	11	17	35
%	17.1	55.0	34.7	31.8
Total	41	20	49	110
%	100.0	100.0	100.0	100.0

Fuente: Elaboración propia con base en la información de nuestra encuesta: "Trabajo y vida cotidiana de los sectores populares urbanos de la periferia metropolitana de la ciudad de México. Un enfoque espacio-temporal de los modos de vida urbanos", junio-octubre de 1993.

La conjunción conyugal en cuanto a la atención de los hijos, parece operar en sentido contrario, es más intensa en los hogares en los que el hombre trabaja en el espacio de la vivienda, disminuye en aquellos en los que el hombre trabaja fuera del hogar, pero en la propia colonia o en otra colonia próxima. Mientras que es mucho menos frecuente en aquellos hogares en los que el hombre es asalariado fuera del Valle de Chalco.

En cuanto al fenómeno de la conjunción conyugal en el ámbito doméstico de las actividades de realización no diaria e interna a la vivienda, se esboza el mismo tipo de relación que en el mundo de los hijos, con la especificidad de que la conjunción en todos los casos es menos frecuente. Así, la conjunción conyugal más intensa aparece en aquellos hogares en los que el hombre-cónyuge trabaja en el hogar, y la segregación más frecuente corresponde a los hogares en los que el hombre trabaja fuera del Valle de Chalco (cuadro 6).

CUADRO 6
Roles conyugales domésticos de realización no diaria
e interna a la vivienda y la espacialidad de trabajo

Espacialidad e inserción del trabajo del hombre/ Tipos de roles	Trabaja fuera del Valle de Chalco, asalariado	Trabaja en la casa, cta. propia	Trabaja en el Valle de Chalco y fuera de la casa, cta. propia	Total
Segregados	36	14	43	93
%	94.7	82.4	91.5	91.2
Conjuntos	2	3	4	9
%	5.3	17.6	8.5	8.8
Total	38	17	47	102
%	100.0	100.0	100.0	100.0

Fuente: Elaboración propia con base en la información de nuestra encuesta: "Trabajo y vida cotidiana de los sectores populares urbanos de la periferia metropolitana de la ciudad de México. Un enfoque espacio-temporal de los modos de vida urbanos", junio-octubre de 1993.

Las tres categorías de la espacialidad del trabajo del hombre-cónyuge que se están considerando, suponen una relación directa con las distancias entre el lugar de trabajo del hombre y el lugar de residencia. La distancia mayor entre el trabajo y la residencia corresponde a los casos en los que el trabajo se localiza fuera del Valle de Chalco. Esa distancia se ubica en un rango medio cuando el trabajo está en el mismo Valle de Chalco, pero fuera de la casa. Mientras que la distancia desaparece en los casos en que el trabajo se localiza dentro del espacio de la vivienda.

De hecho, cuando los propios sujetos hablan del lugar en el cual trabajan, su discurso aparece permeado por referencias a distancias con el hogar y a trayectorias territoriales que recorren cotidianamente. Recordemos, que en los años sesenta y en relación con los ámbitos urbanos, Hall planteaba que la noción de distancia es la base de toda la experiencia humana.[29] Así, las tres categorías

[29] Hall, Edward T. (1994), pp. 139-159.

de la espacialidad del trabajo que definimos, son indisociables de la noción de distancia. La distancia es una categoría métrica que supone separación entre dos fenómenos. En nuestro estudio no consideramos la dimensión métrica (distancia física), aunque resulta esencial la idea de separación que es propia de la distancia, más allá de su cuantificación.

El sistema de relaciones antes presentado, entre la espacialidad del trabajo del hombre-cónyuge y los roles conyugales domésticos, podría ofrecer una primera interpretación en términos de que el incremento en la distancia entre el trabajo del hombre y el hogar, tiende a debilitar la conjunción conyugal doméstica, en los dos subámbitos analizados. Si se considera la segunda dimensión de la distancia, es posible ofrecer otra interpretación, en términos de separación de espacios vividos y de ámbitos de relaciones. En este caso, se puede expresar que en los hogares del Valle de Chalco, la separación entre los espacios vividos, refuerza los patrones de segregación en los roles conyugales. La especialización de los distintos espacios es acompañada de una especialización en las funciones que desempeña cada cónyuge en la vida cotidiana.

Si acordáramos con la hipótesis de Forsé respecto a que los grupos de individuos o los individuos que tienen una alta integración con el entorno inmediato que los rodea, buscan disminuir la diferencia entre la normatividad de ese entorno y la normatividad que organiza al grupo en su interior, podríamos pensar que los casos en los que la espacialidad del trabajo del hombre-cónyuge se halla en el interior del hogar han relocalizado el pequeño mundo de vida del trabajo dentro del pequeño mundo de vida familiar. En alguna medida, han fusionado ambos en uno que combina la lógica del mercado con la emotividad familiar. Esta situación, en cierta medida puede ser interpretada como una disminución de la integración con el mundo externo al hogar. Precisamente, son estos hogares en donde hemos hallado patrones de conjunción en los roles conyugales. Podríamos interpretar la conjunción conyugal intrahogar como lo que se aleja de la normatividad, de modo tal que los hogares que se alejan de la normatividad social son los hogares que han relocalizado el mundo del trabajo dentro del mundo familiar.

En cambio, los hogares en los cuales el hombre trabaja fuera del hogar, vale decir, en donde se mantiene un pequeño mundo de vida del trabajo que es independiente de su mundo familiar, son los hogares que siguen más estrechamente los patrones de segregación conyugal. En otros términos, los hogares en los que el hombre mantiene un pequeño mundo de vida del trabajo separado de su mundo de vida familiar son los hogares que menos se alejan de la normatividad social (como lo esperado) expresada por la segregación conyugal.

Si la socialidad es la forma que toman las relaciones de un individuo con otro, entonces los roles conjuntos estarían expresando una forma de socialidad interna al hogar fundada en la cooperación conjunta para algo, mientras que los roles segregados o separados expresan una socialidad fundada en la especialización de cada cónyuge en ciertas prácticas o ciertos ámbitos de prácticas, en donde la especialización es una forma de construcción de las diferencias en el interior del núcleo conyugal, en su cotidianidad.

5.1.3. El ámbito del trabajo

Hablar del ámbito del trabajo en términos de pequeño mundo de vida del trabajo, sin duda es hacer referencia implícita —si no explícita— a Benita Luckmann. Recordemos que esta autora ha observado que un rasgo característico de la moderna sociedad industrial es la constitución del trabajo en un pequeño mundo de vida del individuo, uno de los más importantes, junto con la familia. El trabajo, como pequeño mundo de vida, constituye un ámbito de integración social fuerte. Es una referencia central para prolongar los círculos de integración social. En relación con esto, es conocido el trabajo de Lazarsfeld sobre el desempleo, en donde encuentra que el desempleado va perdiendo las redes sociales fuertes, e incluso disminuye su capacidad para sostener las relaciones amicales más profundas.[30]

Desde otro nivel de análisis, aunque desde una posición teórica muy cercana a la de Benita Luckmann, Christian Lalive d'Epinay ha planteado que el sistema cultural de la sociedad occidental se

---

[30] Lazarsfeld, P., M. Jahoda y H. Zeisel (1996).

edifica en torno a una cultura del trabajo, que él denomina "*ethos del trabajo*". El *ethos* es "un sistema de creencias, valores, normas y modelos, que constituye el cuadro de referencia del comportamiento individual y de la acción social".[31] Ésta es otra forma de plantear la centralidad del trabajo en la vida social, desde la cultura. El planteamiento de Benita Luckmann parte del individuo, el de Lalive lo hace desde la cultura; no obstante ambos nos hablan de la centralidad del trabajo. En un caso, esta centralidad deriva de que el trabajo constituye un espacio de interacciones cara a cara particular y diferenciado de otros; en el segundo caso, la centralidad deriva de que el trabajo se constituye en un núcleo fuerte de la cultura.

Según Lalive d'Epinay, en el *ethos* del trabajo, en esta cultura de la valorización del trabajo, es posible distinguir una dimensión instrumental y otra expresiva. La primera significa que la valorización del trabajo deriva de la centralidad del salario, los horarios de trabajo, los sistemas de seguridad social generados en el trabajo, etc. La segunda viene dada por la satisfacción y la realización personal que se puede asociar al trabajo; podríamos decir que para la primera de estas dimensiones, la valorización del trabajo se construye sobre aspectos objetivos y sobre las prácticas laborales, mientras que en la segunda, la valorización del trabajo se conforma a partir de la subjetividad.

Entre los sectores urbanos de menores ingresos —como es el caso de los hogares del Valle de Chalco— el *ethos* del trabajo se sostiene fuertemente a partir de su dimensión instrumental. El trabajo es valorizado porque es la condición necesaria para asegurar un ingreso y la sobrevivencia.

En este capítulo sólo estamos considerando las prácticas cotidianas, entre las cuales están las laborales, es decir todas aquellas que hacen a la dimensión instrumental del trabajo. No obstante, como analizamos las prácticas laborales a fin de conocer los roles conyugales, es importante tener presente la dimensión expresiva del trabajo.[32] Para Lalive, la satisfacción y la posibilidad de realización personal a través del trabajo tiene fuerte relación con la posición en el trabajo y con el tipo de ocupación. En este sentido y

---

[31] Lalive d'Epinay, Christian (1994), p. 56, y Geertz, Clifford (1996), *La interpretación de las culturas*, pp. 118-120.

[32] Temática que abordamos en el capítulo 6.

replanteando la idea de Lalive,[33] nos preguntamos si la posibilidad de compartir la actividad laboral con el cónyuge y con el grupo familiar constituye una fuente de la valorización expresiva del trabajo, es decir, nos estamos preguntando si se da una valorización del trabajo por la satisfacción personal que significa "trabajar en familia" y "trabajar en casa".[34]

En nuestro estudio, estamos considerando el trabajo generador de ingresos en sentido amplio,[35] no lo restringimos ni por el tipo de actividad, ni por la inserción laboral, ni por la estabilidad como tampoco por la espacialidad. Así, consideramos trabajo tanto a aquel que se realiza dentro del espacio de la vivienda como al que se realiza en un espacio externo a la vivienda, ya sea una planta industrial o en el espacio público de las calles. La diferenciación del tipo de ocupación o cuestiones como la calificación no son aspectos analíticos para nuestro estudio, aunque es muy importante la espacialidad de estos pequeños mundos de vida.

A pesar de todas las consideraciones anteriores, nuestro objetivo no es analizar el pequeño mundo de vida del trabajo en sí mismo, ni el *ethos* del trabajo, sino comprender ambos aspectos del trabajo desde la perspectiva de los roles conyugales en este ámbito. Esto implica preguntarnos si el ámbito del trabajo es un ámbito compartido a través de interacciones cara a cara entre ambos cónyuges, si es un ámbito en el que sólo participa uno de los cónyuges, o si son ámbitos de la vida de ambos, pero no compartidos por interacciones directas, teniendo en cuenta que el trabajo es una esfera de la

---

[33] Lalive d'Epinay le otorga una particular relevancia a la dimensión expresiva del *ethos* del trabajo, sin embargo, termina planteando que en el trabajo empírico sólo ha estado presente en trabajadores muy calificados, profesionales, en la parte superior de la jerarquía sociooccupacional. Creemos que esta restricción que le impone el propio autor desaparecería si consideramos que lo expresivo no sólo se puede construir desde el ángulo de la satisfacción por realizar "este" trabajo, y aceptamos la posibilidad que lo expresivo se vincule a otras evaluaciones personales, como por ejemplo, que la satisfacción derive de que "este" trabajo permite trabajar "en familia", o "en la casa". Lalive d'Epinay, Christian (1994), p. 76.

[34] Aunque sólo analizamos los roles conyugales desde el ángulo de las prácticas cotidianas laborales.

[35] La idea de trabajo generador de ingresos en sentido amplio no debe ser extendida con asimilar el trabajo generador de ingresos y el trabajo doméstico, tal como todas aquellas actividades realizadas en el hogar y para los miembros del hogar. En esta perspectiva utilizamos el término trabajo como trabajo generador de ingresos.

vida fundamental para la integración social del individuo. En última instancia nos preguntamos si la trama de la vida cotidiana de cada cónyuge se constituye de manera concentrada en unos pocos pequeños mundos de vida o policentrada en diversos (para ello analizamos cada uno de los ámbitos).

Esto ha significado que la categoría roles conyugales en el ámbito específico del trabajo, y en el tipo de población que estamos estudiando, la comprendamos a través de dos categorías opuestas: roles conyugales conjuntos y roles conyugales segregados. La conjunción conyugal en el ámbito del trabajo significa que ambos cónyuges comparten la actividad laboral. La segregación conyugal se refiere a aquellas situaciones en las cuales uno de los cónyuges no participa en la actividad laboral (generalmente, las mujeres). En esta categoría de segregación también hemos incluido aquellas otras situaciones menos frecuentes, en las cuales ambos cónyuges desarrollan una actividad laboral, pero en forma independiente el uno del otro.

En realidad, este último tipo de roles conyugales es lo que en términos conceptuales hemos denominado roles complementarios (siguiendo la terminología de Bott). No obstante, en términos empíricos optamos por considerarlos junto con los roles conyugales estrictamente segregados, ya que en esencia implica no compartir ese ámbito. Además, la frecuencia que mostraron en la información cuantitativa de los hogares del Valle de Chalco fue baja, y la consideración de las tres categorías nos limitaba las posibilidades del análisis cuantitativo.[36]

En el cuadro 7 sintetizamos los resultados de los tipos de roles conyugales que encontramos en los hogares encuestados. Si en el ámbito doméstico, sólo encontramos un nivel de conjunción conyugal considerable, en el subámbito de la atención de los hijos menores, dentro del ámbito laboral, el nivel de conjunción conyugal en forma agregada alcanza una participación aún más alta que en aquel subámbito doméstico. Así, dentro del conjunto de hogares que encuestamos, 60% organiza el ámbito laboral con base en la

---

[36] Considerando las tres categorías de los roles conyugales en el trabajo, los resultados se presentaban de la siguiente manera: roles segregados: 41.6% (con 89 casos), roles conjuntos: 39.7% (con 85 casos) y roles complementarios: 18.7% (con 40 casos).

ausencia de conjunción conyugal y 40% restante lo hace siguiendo patrones de conjunción conyugal. Esto significa que para 40% de los hogares del Valle de Chalco, el trabajo es un ámbito compartido directamente por los cónyuges.

CUADRO 7
Roles conyugales en el ámbito laboral

| Tipo de roles | Ámbito laboral | |
	Hogares	Porcentaje
Segregados	129	60.3
Conjuntos	85	39.7
Total	214	100.0

Fuente: Elaboración propia con base en la información de nuestra encuesta: "Trabajo y vida cotidiana de los sectores populares urbanos de la periferia metropolitana de la ciudad de México. Un enfoque espacio-temporal de los modos de vida urbanos", junio-octubre de 1993.

5.1.4. Los roles conyugales en el ámbito laboral y la espacialidad del trabajo

Constatado el fenómeno de la conjunción conyugal en el trabajo, en casi la mitad de los hogares del Valle de Chalco encuestados, inmediatamente surge otro interrogante: ¿cuáles son las actividades laborales bajo las que se hace posible esta conjunción conyugal en las interacciones cara a cara? La respuesta a ese interrogante nos proporcionaría una enorme cantidad de actividades muy diversas y heterogéneas entre sí, que posiblemente no nos permitirían encontrar patrones generales.

Si en vez de preguntarnos por las actividades laborales —las prácticas ocupacionales— nos interrogamos por otras dimensiones del trabajo, los patrones surgen rápidamente. Evidentemente, la espacialidad del trabajo nos ofrece una respuesta a este interrogante. No es una actividad específica la que se asocia a la conjunción conyugal en el ámbito del trabajo, sino un tipo de espacialidad: la que es interna a la vivienda. En otras palabras, la localización del trabajo dentro del espacio de la vivienda se asocia a los roles conyugales conjuntos en este ámbito.

El cuadro 8 sintetiza el resultado de la relación entre el tipo de roles conyugales laborales y la espacialidad del trabajo del hombre en los hogares del Valle de Chalco. Aclaremos que la espacialidad del trabajo de la cual estamos hablando es la del hombre, que cuando efectivamente se asocia con la conjunción conyugal, frecuentemente termina siendo la espacialidad del trabajo de ambos.[37] En el cuadro 8, junto con la espacialidad del trabajo, incluimos el tipo de inserción laboral, lo que nos permite observar que si comparamos los hogares en los cuales la espacialidad del trabajo del hombre es externa a la vivienda, pero desagregamos a estos hogares según el tipo de inserción del hombre, resulta una diferencia. Entre los hogares en los que el hombre trabaja por su cuenta (y fuera del espacio de la vivienda) las posibilidades en hallar roles conyugales conjuntos son mayores que en los hogares en donde el hombre es asalariado (también fuera del espacio de la vivienda). Evidentemente, que ello se relaciona con una característica propia del trabajo por cuenta propia: la libertad de acción.

CUADRO 8

Roles conyugales en el ámbito del trabajo
y la espacialidad del trabajo

Espacialidad e inserción del trabajo del hombre / Tipos de roles	Trabaja fuera del Valle de Chalco, asalariado	Trabaja en la casa, cta. propia	Trabaja en el Valle de Chalco y fuera de la casa, cta. propia	Total
Segregados	54	18	56	128
%	83.1	31.0	61.5	59.8
Conjuntos	11	40	35	86
%	16.9	69.0	38.5	40.2
Total	65	58	91	214
%	100.0	100.0	100.0	100.0

Fuente: Elaboración propia con base en la información de nuestra encuesta: "Trabajo y vida cotidiana de los sectores populares urbanos de la periferia metropolitana de la ciudad de México. Un enfoque espacio-temporal de los modos de vida urbanos", junio-octubre de 1993.

No obstante, es necesario destacar que si hallamos estas dos condiciones asociadas (los roles conjuntos en el trabajo y la espacia-

[37] Como categoría general la referencia es a la espacialidad del trabajo del hombre, ya que no en todos los hogares en los que el hombre desarrolla su actividad laboral dentro del espacio de la vivienda, se alcanza la conjunción conyugal. De hecho, encontramos 30% de los hogares en los cuales el hombre trabaja en el espacio interno de la vivienda y no se desarrollan roles conyugales conjuntos en el trabajo.

lidad del trabajo dentro de la vivienda), no podemos imputar una causalidad directa, ya que hay hogares en los que no se cumple esta relación y además, porque estas dos condiciones no aparecen aisladas, sino en un conjunto de otras condiciones. En este sentido, creemos que es importante recuperar estas asociaciones, para luego ubicarlas en contextos más amplios en los cuales se desarrollan y toman sentido.[38]

Por último, recordemos que la especialización de los espacios, con la separación entre los espacios de residir y los espacios del trabajo, es un principio rector de la sociedad moderna, ya que aparece como una necesidad de la producción en serie. Aun cuando el origen de esta separación tiene relación directa con que la esfera de la producción sentó importantes bases en cuanto a otras esferas de la vida social, por ejemplo, fortaleció la división sexual del trabajo, dividió los tiempos cotidianos en un tiempo de trabajo y otro de no trabajo, dividió los espacios públicos y privados por género, y estableció la forma en que se constituía el vinculo social entre el individuo y la sociedad.[39] Es a través del hombre que se vino a establecer el vínculo con la sociedad, por la mediación de la "moneda", derivada del trabajo, esencialmente masculino. Todos estos procesos también se han expresado en la segregación de los roles conyugales en el pequeño mundo del trabajo y en el pequeño mundo doméstico.

En los hogares que encuestamos encontramos que más de la mitad de ellos se organiza laboralmente a partir de roles conyugales segregados, aun cuando en una parte de ellos la mujer participe en los mercados de trabajo en espacios de trabajo externos a la vivienda. Lo que no resulta esperado es que cerca de la mitad de los hogares no funcionen con base en la segregación ni en la complementariedad conyugal en el mundo del trabajo, sino a través de la conjunción conyugal, con la localización del trabajo dentro del espacio de la vivienda. Si regresamos a la idea de que el trabajo

---

[38] El contexto inmediatamente más amplio es lo que se desarrolla en el apartado último del capítulo, bajo el título de "Sistemas parciales de prácticas cotidianas". Los contextos aún más amplios son el tema del capítulo 6, es decir, los "sistemas de prácticas y significaciones".

[39] Un planteamiento semejante ofrece Horkheimer cuando muestra que en la familia burguesa el hombre logra un papel predominante y consolida su autoridad por su condición de sostén económico. Horkheimer, Max (1979), p. 145.

constituye un ámbito central para la integración del individuo en distintos círculos sociales, nos podemos preguntar si la localización del trabajo dentro del espacio del hogar, acompañado de la conjunción conyugal en este ámbito, no diluye esa capacidad de integración social del trabajo. Esto último pone en duda que en estos casos de conjunción conyugal y de unión entre el lugar de trabajo y el lugar de residencia, el ámbito del trabajo pueda seguir siendo considerado como un pequeño mundo de vida.

En este sentido, nos formulamos un nuevo interrogante: esta espacialidad del trabajo y la conjunción conyugal en lo laboral, ¿acaso no produce un fortalecimiento de las relaciones más cercanas y fuertes entre los individuos unidos por el vínculo conyugal y un debilitamiento de su integración social? Dejamos este interrogante abierto para explorarlo con el análisis multivariado y con el cualitativo.

5.1.5. El tiempo libre y los roles conyugales

En uno de sus últimos libros, Néstor García Canclini se pregunta: "¿Qué hace la gente los días de semana, luego del trabajo o el estudio?", su trabajo de campo le permite contestar esta pregunta: "La mayoría de los habitantes del D.F., en vez de usar la ciudad en su tiempo libre, prefiere quedarse en casa. El 24% dice que su principal actividad es ver televisión, 16.3% sólo descansa, duerme o se ocupa de tareas domésticas. Los fines de semana la mayor parte de la población dedica su tiempo libre a recluirse en la vida hogareña".[40] Si García Canclini encuentra que el tiempo libre recluido en el hogar es una tendencia general en el D.F., entonces no resulta tan desafortunado postular un ámbito del tiempo libre para los hogares pobres del Valle de Chalco, ya que existe la posibilidad de un tiempo libre a través de la reclusión hogareña.

Desde nuestro enfoque, al hallazgo de García Canclini podríamos agregarle que la particularidad de este tiempo libre es su espacialidad, que queda definida en el interior de la vivienda. Aunque este autor no lo analiza en estos términos, sería posible interpretar esa situación como imprevista en cuanto a la espaciali-

---

[40] García Canclini, Néstor (1995), p. 61.

dad, vale decir, lo no esperado es la reclusión hogareña. En cambio, si se analiza ese fenómeno por su temporalidad, sigue los patrones tradicionales. Esto significa que se encuentra un tiempo libre definido en una franja marginal del tiempo cotidiano, que no pertenece al tiempo de trabajo. No obstante, el tiempo libre tradicionalmente se define en una franja del tiempo cotidiano que excluye no sólo al tiempo del trabajo, sino también al tiempo de la vida familiar o del hogar; lo que no significa que este tiempo no pueda ser compartido con miembros del ámbito familiar o laboral.[41] Considerando ambas restricciones, el hallazgo de García Canclini, si bien no se entrecruza con el tiempo de trabajo, parece confundirse con el ámbito familiar, y en consecuencia, con la socialidad familiar.

Este tipo de situaciones pueden significar un cuestionamiento a la posibilidad de postular la existencia de un sector de la vida cotidiana definido por el tiempo libre, ya que tal como lo señala García Canclini, más bien se trata de una particular reclusión hogareña. Dicha reclusión está incluyendo el tiempo libre en el ámbito familiar, lo que no permitiría tratarlo como un ámbito diferente del familiar. Todo esto se define en el contexto amplio de hogares de la ciudad de México; si analizamos estas relaciones en los hogares del Valle de Chalco, el fenómeno del tiempo libre como un tiempo diferenciado se diluye aún mucho más.

Tal como procedimos en el ámbito doméstico, en el del tiempo libre consideramos varias actividades en torno a las cuales fuera posible que los hogares del Valle de Chalco constituyeran el tiempo libre.[42] Sin embargo, la mayor parte de estas actividades nunca resultaron desarrolladas por la población del Valle de Chalco, o al menos no son parte de la trama de la vida cotidiana. El resultado de ello fue que surgieron dos actividades que permitieron identificar un tiempo libre cotidiano,[43] por ser frecuentes en una parte significativa de los hogares encuestados, y otras dos actividades que aun cuando fueron menos reiteradas que las primeras también estuvieron presentes. Las dos actividades principales fueron ver televisión y visitar familiares dentro del Área Metropolitana de la Ciudad de

---

[41] Pronovost, Gilles (1994), pp. 83-102.
[42] En el correspondiente apartado metodológico (8.2.) se detallan todas estas actividades y los resultados para cada una de ellas.
[43] Por la misma naturaleza del tiempo libre, en estos casos la unidad temporal sobre la que se considera la cotidianidad no es el ciclo de las 24 horas.

México. Las otras dos actividades menos frecuentes fueron la lectura y la realización de paseos familiares, entendidos como salidas diferentes de las visitas a familiares, por ejemplo, a espacios verdes, parques, etcétera.

De las cuatro actividades mencionadas, la más generalizada es ver la televisión, que está incorporada en la vida cotidiana de 80% de los hogares encuestados, lo que coincide con los patrones hallados por García Canclini para el conjunto de la ciudad de México. Las visitas a la parentela residente en el área metropolitana resultaron ser cotidianas para cerca de las dos terceras partes de los hogares. Mientras que los paseos del grupo familiar y la lectura como prácticas cotidianas reunieron a una tercera parte de los hogares encuestados.[44]

Estas cuatro actividades, e incluso las dos más importantes, se diferencian por el tipo de espacialidad que les es propia. Así, estamos frente a dos actividades del tiempo libre de realización interna a la vivienda y otras dos cuya realización es exterior a la vivienda.

Al analizar el conjunto de los hogares vallechalquenses en los que fue posible registrar estas formas de tiempo libre, a la luz de los roles conyugales, encontramos que el tiempo libre de realización externa a la vivienda, corresponde en la mayor parte a una organización familiar basada en la conjunción conyugal en este subámbito. En otras palabras, la mayoría de los hogares que incorporan un tiempo libre externo a la vivienda, lo hacen a través de la pauta de conjunción conyugal.

Esta situación se presentó como un patrón generalizado, que creemos está muy permeada por los preconstruidos culturales que integran el imaginario social apropiado respecto de lo que debe ser la vida conyugal en el mundo externo a la vivienda, en el mundo público.[45]

El ámbito doméstico de las actividades diarias y de realización interna a la vivienda y el del tiempo libre externo a la vivienda parecen representar los extremos entre los cuales se produce la

---

[44] Las participaciones exactas fueron las siguientes: ver televisión: 172 hogares, visitar familiares: 137 hogares, leer: 77 hogares y paseos del grupo familiar: 84 hogares.

[45] No obstante, la información cuantitativa no permite profundizar más en esta cuestión.

segregación y la conjunción conyugal. El primero de estos extremos, dominado por la segregación total y el segundo, por la conjunción total, aunque ambos, tradicionales. En términos analíticos, lo anterior nos conduce a indagar las situaciones intermedias entre esos dos extremos de segregación y conjunción conyugal, sin que sea posible, al menos con la información cuantitativa profundizar en las situaciones extremas.

En cuanto al subámbito del tiempo libre de realización interna a la vivienda y su interacción con los roles conyugales, se observan situaciones diferenciadas. Esto significa que en este ámbito no todos los hogares siguen las mismas pautas en cuanto a los roles conyugales. Así, encontramos que alrededor de la tercera parte de los hogares que disponen cotidianamente de este tipo de tiempo libre, lo hacen bajo el patrón de conjunción conyugal, y las dos terceras partes restantes, bajo la modalidad de la segregación conyugal (cuadro 9). A continuación consideramos si estas diferencias muestran algún tipo de asociación con la espacialidad del trabajo.

CUADRO 9
Roles conyugales en los subámbitos del tiempo libre

	Tiempo libre interno a la vivienda		Tiempo libre externo a la vivienda	
Tipos de roles	Hogares	Porcentaje	Hogares	Porcentaje
Segregados	43	64.2	4	5.6
Conjuntos	24	35.8	68	94.4
Total	67	100.0	72	100.0

Fuente: Elaboración propia con base en la información de nuestra encuesta: "Trabajo y vida cotidiana de los sectores populares urbanos de la periferia metropolitana de la ciudad de México. Un enfoque espacio-temporal de los modos de vida urbanos", junio-octubre de 1993.

5.1.6. Los roles conyugales en el ámbito del tiempo libre y la espacialidad del trabajo

Al considerar la espacialidad del trabajo del hombre-cónyuge en relación con los roles conyugales definidos sobre las actividades del tiempo libre de realización interna a la vivienda, encontramos que los patrones de segregación y conjunción conyugal tienen la misma participación en el grupo de hogares en los que el hombre trabaja

como asalariado fuera del Valle de Chalco y en el de los hogares en
que el hombre trabaja por su cuenta dentro de la vivienda (cuadro 10).
Teniendo en cuenta que este subámbito del tiempo libre interno a la vivienda se define a partir de dos actividades que tienen
diferentes niveles de incorporación en la vida cotidiana de los
hogares del Valle de Chalco, ya que la televisión es parte de la
cotidianidad de casi todos los hogares, mientras que la lectura sólo
lo es para una tercera parte, a continuación consideramos los roles
conyugales en un ámbito del tiempo libre interno a la vivienda
definido exclusivamente a partir de la televisión (cuadro 11).[46]

CUADRO 10
Roles conyugales en el ámbito del tiempo libre
interno a la vivienda y la espacialidad del trabajo

Espacialidad e inserción del trabajo del hombre / Tipos de roles	Trabaja fuera del Valle de Chalco, asalariado	Trabaja en la casa, cta. propia	Trabaja en el Valle de Chalco y fuera de la casa, cta. propia	Total
Segregados	17	13	13	43
%	68.0	68.4	56.5	64.2
Conjuntos	8	6	10	24
%	32.0	31.6	43.5	35.8
Total	25	19	23	67
%	100.0	100.0	100.0	100.0

Fuente: Elaboración propia con base en la información de nuestra encuesta:
"Trabajo y vida cotidiana de los sectores populares urbanos de la periferia metropolitana de la ciudad de México. Un enfoque espacio-temporal de los modos de vida
urbanos", junio-octubre de 1993.

Los cuadros 10 y 11 indican que la diferencia principal en
demarcar el ámbito del tiempo libre interno a la vivienda a partir
de la televisión y la lectura, o hacerlo sólo a partir de la televisión,
es que en el primer caso, este ámbito del tiempo libre está fuertemente regido por la segregación en los roles conyugales, mientras
que en el segundo predomina la conjunción conyugal. Esto es
indicativo de que la lectura es una actividad que los cónyuges
realizan en forma individual, en tanto que en torno a la televisión

---

[46] Considerando ambas actividades se involucran 67 hogares, mientras que si
sólo consideramos la televisión se pueden analizar 171 hogares.

se crea un ámbito compartido por el núcleo conyugal y posiblemente, por otros miembros del hogar.

CUADRO 11

Roles conyugales en el ámbito del tiempo libre
dedicado a la televisión y la espacialidad del trabajo

Espacialidad e inserción del trabajo del hombre / Tipos de roles	Trabaja fuera del Valle de Chalco, asalariado	Trabaja en la casa, cta. propia	Trabaja en el Valle de Chalco y fuera de la casa, cta. propia	Total
Segregados	20	15	17	52
%	35.1	34.1	24.3	30.4
Conjuntos	37	29	53	119
%	64.9	65.9	75.7	69.6
Total	57	44	70	171
%	100.0	100.0	100.0	100.0

Fuente: Elaboración propia con base en la información de nuestra encuesta: "Trabajo y vida cotidiana de los sectores populares urbanos de la periferia metropolitana de la ciudad de México. Un enfoque espacio-temporal de los modos de vida urbanos", junio-octubre de 1993.

Desde nuestra perspectiva resulta muy relevante que en ambas definiciones del tiempo libre interno a la vivienda, los roles conyugales tienen comportamientos muy semejantes en los hogares en donde el hombre trabaja fuera del Valle de Chalco, y en los hogares en los que el trabajo se realiza dentro de la vivienda. Mientras que los hogares que marcan una pauta diferente, con mayores niveles de conjunción conyugal en este ámbito, son aquellos en los que el hombre trabaja por su cuenta fuera de la vivienda, aunque en un lugar muy próximo a la misma, generalmente en la propia colonia. Señalemos que en este tipo de hogares es muy frecuente que la mujer-cónyuge también participe en la actividad laboral junto con el hombre.

En los ámbitos domésticos de la atención de los hijos y del trabajo, encontramos que el trabajo del hombre dentro de la vivienda se asocia a la conjunción conyugal en el respectivo ámbito. En este ámbito del tiempo libre interior a la vivienda, la localización del trabajo del hombre dentro de ese espacio, parece no tener relación con el hecho de que el tiempo libre interior sea un ámbito compartido por los cónyuges. En general es un ámbito compartido, pero esto no se incrementa por el hecho de que el hombre trabaje dentro del hogar. En cambio, parecería que el tiempo de la televisión se torna más compartido por los cónyuges, cuando el trabajo está separado de la vivienda (separado de lo doméstico), aunque bajo la libertad que puede significar la inserción por cuenta propia, particularmente, en cuanto a la posibilidad de que ambos cónyuges trabajen juntos, en ese espacio externo a la vivienda.

En suma, en los hogares del Valle de Chalco se reitera la tendencia señalada por García Canclini, es decir, la principal forma de tiempo libre es espacialmente interna a la vivienda, la reclusión hogareña de la que nos habla este autor.

Si se introduce la diferenciación de los hogares según la espacialidad del trabajo, encontramos que la localización del trabajo dentro del hogar, puede asociarse a la conjunción conyugal en el propio ámbito laboral y también en el relativo a la atención de los hijos, pero no es así con relación al del tiempo libre. En todo caso, para que este ámbito sea más compartido parece necesario que el trabajo se separe del mundo doméstico, aunque bajo la libertad que otorga una inserción laboral por cuenta propia. Posiblemente, ello se relacione con que la localización del trabajo dentro de la vivienda hace que ya no quede una "franja de tiempo marginal" que no sea ni tiempo de trabajo ni tiempo doméstico, como para ser vivida como tiempo libre interno al hogar.

En otras palabras, la localización del trabajo dentro del hogar hace que las esferas fuertes de la cotidianidad sean precisamente el trabajo y lo doméstico, diluyendo la posibilidad de que las restantes esferas de la vida social —como el tiempo libre— puedan mantener una temporalidad propia y diferenciada del tiempo de trabajo y el tiempo doméstico.

Esta situación parece indicar una ausencia de fronteras entre los ámbitos de la vida cotidiana, en aquellos hogares en que el trabajo se localiza dentro de la vivienda. De alguna manera, esto recuerda uno de los rasgos que según Michel Maffesoli caracteriza a las sociedades complejas (sean tradicionales o posmodernas),[47] nos referimos al hecho de que no existan separaciones, rupturas, entre las distintas temporalidades, como ha sido tan característico de las sociedades modernas.

[47] Maffesoli, Michel (1993b), p. 235.

5.1.7. El ámbito vecinal y los roles conyugales

Hablar de un ámbito barrial en el Valle de Chalco es discutible. Posiblemente, hoy, con relación al Valle de Chalco, sería más acertado hablar "del lugar en donde la gente vive", ya que la idea de barrio implica una historia, un sentido de pertenencia, en cierta forma, el barrio implica una identidad.[48] En suma, la noción de barrio implica una serie de dimensiones que, en principio, parecen estar en oposición con esas extensas trayectorias de movimientos residenciales metropolitanos, tan características de los hogares del Valle de Chalco.

No obstante, es necesario destacar que en nuestro trabajo de campo, hemos encontrado muchos elementos que pueden ser un principio de la elaboración psicosocial del barrio que hacen los individuos. Nos referimos sobre todo al sentimiento de seguridad que genera la propia colonia en contraposición con la inseguridad respecto a las "otras colonias", que son vividas como espacios no identificados y menos aún, apropiados. A pesar de ello, estamos de acuerdo en que utilizar el término "barrio" en el Valle de Chalco puede resultar poco fundamentado empíricamente.

En cambio creemos que es más prudente postular la existencia de un ámbito vecinal, donde lo vecinal refiere simplemente a un ámbito de interacciones sociales que tienen un referente socioterritorial, que aun cuando pueden ser creadoras de identidad,[49] en sí mismas no suponen una identidad barrial. Este ámbito vecinal suele estar teñido por la dimensión organizativa y reivindicativa, particularmente en el caso de las periferias metropolitanas pobres de reciente urbanización, como es el Valle.

De esta forma, hemos procedido a demarcar un ámbito vecinal a través de la participación de los cónyuges en las actividades vecinales, que en todos los casos se vinculan con los servicios e infraestructuras urbanas básicas de las colonias de la zona. La participación en este ámbito ha resultado mínima, en el conjunto de los hogares encuestados, sólo pudimos registrar este tipo de participación en 41 hogares, lo que significa 18.9% de la muestra.

[48] Morris, David y Karl Hess (1978), pp. 9-11.
[49] De la Peña, Guillermo (1994), pp. 152-156.

La mitad de estos hogares participan semanalmente en estas actividades, una cuarta parte lo hace mensualmente y para el resto sólo
se trata de participaciones ocasionales. Esto parece indicar que el
ámbito vecinal movilizado por una intencionalidad "medios-fines",[50] al menos como ámbito organizado, tiene muy escasa incidencia en la vida cotidiana de estos hogares. Restaría profundizar
en el ámbito vecinal no organizativo, vale decir, como esfera de
interacciones espontáneas, informales y sin un fin establecido.

La consideración de estas participaciones en el ámbito vecinal
o barrial en relación con los roles conyugales, muestra que en esta
esfera domina la segregación conyugal. Cerca de 80% de los hogares que participan en la esfera vecinal lo hacen a través de patrones
de segregación conyugal (cuadro 12). En otras palabras, lo vecinal
como ámbito organizativo no es una esfera compartida por los
cónyuges, además de que tampoco es un ámbito presente en la vida
cotidiana de la mayor parte de los hogares del Valle.

CUADRO 12
Roles conyugales en el ámbito barrial

Tipo de roles	Ámbito barrial	
	Hogares	Porcentaje
Segregados	32	78.0
Conjuntos	9	22.0
Total	41	100.0

Fuente: Elaboración propia con base en la información de nuestra encuesta:
"Trabajo y vida cotidiana de los sectores populares urbanos de la periferia metropolitana de la ciudad de México. Un enfoque espacio-temporal de los modos de vida
urbanos", junio-octubre de 1993.

Las relaciones que acabamos de revisar en los cuatro ámbitos
nos llevan a recuperar el doméstico asociado a la atención de los
hijos menores y el del trabajo, como los únicos en los cuales hallamos roles conyugales no esperados, es decir: conjuntos. Es por ello
por lo que en el apartado siguiente sólo recuperamos estos dos
ámbitos de la socialidad conyugal para reconstruir contextos de prácticas cotidianas en los cuales ocurre la socialidad conyugal conjunta.

---

[50] En este caso la intencionalidad medios-fines se asocia directamente a lo
"reivindicativo".

Los restantes ámbitos revisados pasan a un segundo plano por mostrar comportamientos muy semejantes en todos los hogares del Valle. Estos contextos los concebimos como sistemas parciales de prácticas cotidianas, es decir redes de prácticas asociadas entre sí.

5.2. LOS SISTEMAS PARCIALES DE LAS PRÁCTICAS COTIDIANAS

La noción de sistemas parciales de prácticas cotidianas da cuenta de conjuntos de prácticas que integran los modos de vida de los sujetos, con la particularidad de ser incompletos respecto a todos los conjuntos de prácticas que se integran en un modo de vida. Tampoco coinciden con lo que anteriormente identificamos como sectores, ámbitos y pequeños mundos de vida, ya que ésas son agrupaciones metodológicas resultantes de la estrategia analítica de reunir prácticas semejantes por su naturaleza, por el tipo de interacciones sociales o por las formas de conocimiento que involucran.

En esos casos agrupamos las prácticas domésticas, las prácticas laborales, las prácticas del tiempo libre, etc. Desde cierta perspectiva, se podría decir que los ámbitos o sectores de la vida cotidiana son recortes horizontales de los modos de vida, en donde la horizontalidad se refiere a la naturaleza común de las prácticas reunidas.

En cambio, los sistemas parciales integran prácticas que corresponden a distintos ámbitos de la vida cotidiana, caracterizándose por estar asociadas entre sí, por ejemplo, prácticas laborales y prácticas domésticas. No obstante, tampoco son sistemas lo suficientemente integradores como para corresponder al conjunto de prácticas de un modo de vida. En el caso de los sistemas parciales de prácticas, podríamos decir que son recortes verticales de los modos de vida, ya que se agrupan prácticas de diferente naturaleza, pero que en el modo de vida están íntimamente interrelacionadas.

Metodológicamente, estos sistemas parciales de prácticas nos permiten "distinguir y particularizar", para utilizar la expresión que Salvador Juan toma de Edgar Morin,[51] en su estudio sobre los géneros de vida. Esta distinción y particularización se realiza a través de la agrupación de factores que resultan estructurantes de prácticas establecidas duraderamente.

---

[51] Juan, Salvador (1994a), p. 130. Morin, Edgar (1986).

En términos técnicos, esta agrupación la hemos realizado a través del análisis cuantitativo multivariado conocido como regresión logística. Aunque para muchos autores la temática de la vida cotidiana no es posible de aprehender a través de estrategias metodológicas cuantitativas, en este sentido planteamos una aclaración: la perspectiva cuantitativa la hemos utilizado en términos técnicos, ya que en términos metodológicos procuramos hacer un análisis interpretativo de los datos cuantitativos, independizándonos del valor numérico de la probabilidad y focalizándonos en la variable en sí misma y sus asociaciones.[52] De esta forma hemos distinguido seis sistemas parciales de prácticas cotidianas. A estas agrupaciones de prácticas, las hemos identificado como se detalla en el cuadro presentado a continuación (cuadro 13).

CUADRO 13
Sistemas parciales de prácticas cotidianas
de los hogares del Valle de Chalco

---

1. Sistema parcial de prácticas cotidianas asociadas a los roles conyugales conjuntos en el ámbito doméstico de la atención a los hijos.
2. Sistema parcial de prácticas cotidianas asociadas a los roles conyugales segregados en el ámbito doméstico de la atención a los hijos.
3. Sistema parcial de prácticas cotidianas asociadas a la relación extendida con el vecindario.
4. Sistema parcial de prácticas cotidianas asociadas a la relación restringida con el vecindario.
5. Sistema parcial de prácticas cotidianas asociadas a la interacción distante con el vecindario
6. Sistema parcial de prácticas cotidianas asociadas a la interacción cercana con el vecindario

---

Fuente: Elaboración propia con base en el análisis multivariado de nuestra base de datos "Trabajo y vida cotidiana en el Valle de Chalco".

[52] Comprensivo en cuanto procuramos acercarnos a la pregunta ¿qué es? Creemos que la distinción entre metodologías cuantitativas y cualitativas es inapropiada y confusa. Se puede disponer de información y de datos cuantitativos y cualitativos, pero el análisis no será ni cuantitativo ni cualitativo, sino comprensivo o explicativo. Lo tradicional ha sido analizar los datos cuantitativos desde una visión explicativa y los datos cualitativos, comprensivamente. No obstante, es posible analizar comprensivamente los datos cuantitativos y, de manera explicativa los cualitativos. Wright, Georg Henrik von (1979), pp. 157-193. Juan, Salvador (1994a), pp. 120-124. Hernández, Francesc (1986), pp. 277-294.

Por otra parte, nuestra distinción entre prácticas y significados, nos ha permitido analizar sólo las prácticas cotidianas con un instrumento cuantitativo, al menos hasta el nivel analítico de la integración parcial (sistemas parciales de prácticas). Además, recordemos que esta técnica de análisis cuantitativo es particularmente apropiada cuando se cuenta con variables no métricas, ya sean éstas categóricas o dicotómicas, como ha sido en nuestro caso.

Por último, es necesario señalar que en estos sistemas parciales de prácticas cotidianas estamos reuniendo "individuos" (hogares) a partir de sus prácticas, por lo tanto estos sistemas no constituyen una tipología, ni tipos ideales. Simplemente, se trata de la agrupación de individuos particulares, en nuestro caso: hogares vallechalquenses.

5.2.1. Sistema parcial de las prácticas cotidianas asociadas a la conjunción conyugal doméstica en la atención de los hijos

En los apartados anteriores consideramos el fenómeno de la conjunción y la segregación conyugal en los distintos ámbitos de la vida cotidiana. Luego revisamos la articulación entre la conjunción-segregación conyugal y la espacialidad del trabajo del hombre-cónyuge. En esta última parte del capítulo regresamos sobre los dos fenómenos anteriores (conjunción-segregación conyugal y espacialidad del trabajo), pero en el contexto de otras prácticas cotidianas, por lo cual, hablamos de sistemas parciales de prácticas.

En este sentido hallamos que para algunos hogares del Valle de Chalco[53] se puede distinguir un conjunto de prácticas cotidianas que se asocian fuertemente con la conjunción conyugal en la esfera doméstica de la atención a los hijos (cuadro 14). En un apartado anterior observamos que este tipo de conjunción conyugal encontraba una cierta asociación con el fenómeno de que el hombre-cónyuge trabajara dentro del espacio de la vivienda. En este punto queremos destacar que si esos dos fenómenos están asociados, es conveniente ver esa relación en un conjunto de prácticas más

---

[53] Este sistema parcial de prácticas lo hemos hallado en las tres cuartas partes de los hogares encuestados. En el correspondiente apartado metodológico (8.3.), presentamos un cuadro con los casos observados y los correctamente predichos por el modelo.

amplio, que vienen a actuar como un contexto que hace posible o al menos favorece ese tipo de conjunción conyugal doméstica.

CUADRO 14

Factores que influyen en los roles conyugales conjuntos en la atención a los hijos

Factores	Coeficientes[54]	Nivel de confianza[55]
Roles conyugales conjuntos en el trabajo	9.9669	(1- 0.0021)=99.79
Hombre-cónyuge trabaja como asalariado fuera del Valle de Chalco	0.2858	(1- 0.0076)=99.24
Hombre-cónyuge trabaja por su cuenta en el hogar	3.4793	(1- 0.0212)=97.88
Más años de unión al tiempo que es mayor el número de miembros del hogar	1.0249	(1- 0.0058)=99.42
Hombre-cónyuge tiene más círculos sociales que la mujer-cónyuge	0.0542	(1- 0.0098)=99.02
Mujer-cónyuge tiene más círculos sociales que el hombre-cónyuge	4.7148	(1- 0.0447)=95.53
Recibir ayuda de no-miembros del hogar al tiempo que más antigüedad se tiene en el Valle	1.2176	(1- 0.0059)=99.41
Más personas que viven en la casa	0.3663	(1- 0.0024)=99.76

Fuente: Elaboración propia a partir del modelo de regresión logística 8.3.1 (cuadros 6 y 7 del cap. 8), obtenido con nuestra base de datos "Trabajo y vida cotidiana en el Valle de Chalco".

En términos analíticos, estas prácticas se pueden ubicar en tres dimensiones de la vida cotidiana: la laboral, la referida a las relaciones del hogar con el entorno socioterritorial, y la familiar relativa a la estructura interna del hogar. De estas tres dimensiones, la primera y la segunda parecen indicar la relación más fuerte con el fenómeno de la conjunción conyugal en la atención a los hijos. Mientras que con la dimensión familiar, aun cuando interactúa con las anteriores, su asociación parece ser mínima.

En la dimensión laboral, encontramos dos fenómenos que interactúan con la conjunción conyugal en cuanto a los hijos. Uno de ellos es la conjunción conyugal en el trabajo remunerado. Esto parecería indicar que ambos tipos de conjunción conyugal se asocian entre sí, y que ambos tienden a presentarse en forma simultá-

[54] Razón de momios.
[55] Nivel de confianza: 1- la significación.

nea, dadas otras prácticas cotidianas, como por ejemplo que el hombre-cónyuge trabaje por su cuenta y en el espacio de la vivienda. No obstante, esta asociación entre dos tipos de conjunción conyugal, no se hace extensiva a otras esferas de la vida social. De esta forma vemos que cuando el hombre trabaja dentro del espacio interno a la vivienda, frecuentemente la mujer también participa en ese trabajo generador de ingresos, dándose la conjunción conyugal en el trabajo, a lo que se suma la conjunción conyugal sore los hijos menores. Sin embargo, en otras esferas de la vida cotidiana, como por ejemplo los restantes ámbitos domésticos, no se extiende tal conjunción.

También se asocia a este sistema de prácticas organizado en torno a la conjunción conyugal en los hijos, la participación de la mujer-cónyuge en un número mayor de círculos sociales que los del hombre-cónyuge. Este fenómeno también resulta relevante, ya que cuando el hombre participa en más círculos sociales que la mujer, las posibilidades de que se desarrolle este sistema de prácticas centrado en la conjunción conyugal en cuanto a la atención a los hijos, disminuye.

En cierta forma esta cuestión nos hace regresar a una de las hipótesis de Segalen. Recordemos que para esta autora, la conjunción conyugal en términos generales se asocia, entre otros factores, al hecho de que la mujer participe en los mercados de trabajo. Cuando analizamos esta relación en los hogares del Valle de Chalco, no la encontramos muy relevante. Sin embargo, lo que acabamos de plantear más arriba es que la conjunción conyugal centrada en los hijos se vincula a los hogares en los que las mujeres se han abierto a un número más alto de círculos sociales que el hombre. De lo cual podríamos avanzar que no se asocia exclusivamente a la participación en un círculo social particular, como es el del trabajo remunerado, sino a la participación en distintos círculos sociales. Así, la conjunción en la atención de los hijos se vincula a hogares en donde la mujer se ha abierto al mundo externo al hogar.

En cuanto a la esfera del entorno socioterritorial de los hogares, el otro fenómeno que aparece asociado con este sistema de prácticas vinculado a la conjunción conyugal, es la recepción de distintas formas de ayuda por parte de personas ajenas al hogar, particularmente cuanto mayor sea el tiempo de residir en el Valle de Chalco.

En este punto conviene señalar que estas personas que pueden tener ciertas solidaridades sin ser parte del hogar, en general, son vecinos. Esto nos permite plantear que los hogares que tienen un cierto nivel de apertura hacia el entorno inmediato es en donde se desarrollan roles conyugales conjuntos en la atención a los hijos menores, aunque este sistema de prácticas no nos permite especificar cuál es el nivel de apertura de estos hogares para con su entorno socioterritorial.

Es necesario señalar que aun cuando las esferas laboral y del entorno socioterritorial son las de mayor peso en la conformación de este sistema de prácticas cotidianas, también incide la esfera familiar referida a la estructura interna del hogar. En este sentido destaquemos que el incremento en el número de personas que integran el hogar actúa como un factor que desfavorece la conjunción conyugal en cuanto a la atención a los hijos, aunque este factor no tiene el mismo peso que los factores de las esferas laboral y del entorno socioterritorial. En otras palabras, cuando en el hogar aparecen otros miembros que pueden participar en la atención de los hijos más pequeños (por ejemplo, hijos mayores), disminuyen las posibilidades de conjunción conyugal, seguramente, porque el hombre-cónyuge deja de participar en esa esfera de la vida doméstica, ante la posibilidad de ser sustituido por otros miembros del hogar.

Por último, en este sistema parcial de prácticas también se integra, como un factor que favorece la conjunción conyugal, el incremento en el tiempo de unión de la pareja, aun cuando ello vaya acompañado de un incremento en el número de personas que forman el hogar. No obstante, la incidencia de este factor es mucho menor que la de los primeros factores.

Todas las prácticas que acabamos de mencionar se asocian a la conjunción conyugal en este ámbito, no obstante, en términos del análisis cuantitativo, hay que considerar que las que tienen mayor influencia son la conjunción conyugal en el trabajo, la pertenencia de la mujer-cónyuge a un número de círculos sociales mayor al del hombre y el desarrollo de trabajo por cuenta propia dentro del espacio del hogar, por parte del hombre.

En síntesis, parecería que la conjunción conyugal doméstica en la atención de los hijos interactúa fuertemente con algunas componentes del entorno socioterritorial de los hogares (el número de círculos sociales en los que participa cada uno de los cónyuges) y también con otras del mundo del trabajo, como son el hecho de que el espacio del trabajo del hombre se localice dentro de la vivienda y el desarrollo de roles conyugales conjuntos en este ámbito. En cambio, las componentes referidas a la estructura interna de los hogares (el tiempo de unión y el número de miembros del hogar), parecen tener menor influencia, aunque también están presentes como parte de este sistema parcial de prácticas cotidianas (cuadro 15).

CUADRO 15
Esquema-síntesis de las relaciones fuertes del primer modelo

Prácticas y vínculos	Esferas de la vida
Roles conyugales conjuntos en la atención de los hijos	Familia
Más años de unión y más miembros del hogar	Familia
Más personas que viven en la casa	Familia
Roles conyugales conjuntos en el trabajo	Trabajo
El hombre-cónyuge trabaja por su cuenta en el hogar	Trabajo
La mujer-cónyuge tiene más círculos sociales que el hombre-cónyuge	Entorno
Recibir ayuda de no-miembros del hogar al tiempo que se tiene más tiempo de residencia en el Valle	Entorno

Así, los hogares en los que opera este sistema de prácticas cotidianas parecen caracterizarse, en términos generales, porque el trabajo generador de ingresos se desarrolla dentro del espacio de la vivienda, por cuenta propia, con la participación de ambos cónyuges, en donde dicha conjunción laboral se hace extensiva a la atención de los hijos. Asimismo, son hogares en donde la mujer-cónyuge participa en otros ámbitos sociales, más aún, participa en más ámbitos que el hombre. Posiblemente, ello se asocie a que estos hogares no son los más recientemente establecidos en el Valle de Chalco, lo que favorece que la mujer-cónyuge participe en ámbitos externos al hogar y al trabajo, como por ejemplo círculos vecinales, y que por estas mismas razones puedan incluirse en relaciones de solidaridad con el vecindario.

A partir de las relaciones planteadas, es posible regresar sobre la hipótesis de Segalen. Recordemos que en su hipótesis respecto a la conjunción conyugal encontramos algunas limitaciones cuando intentamos considerarla en los hogares del Valle de Chalco. Uno de los problemas más fuertes es que esta autora no maneja la conjunción conyugal por ámbitos, sino en términos generales. Luego encontramos dos ejes en la conjunción conyugal de Segalen. Uno en torno al hombre y otro en torno a la mujer. En cuanto al hombre, nos habla del retorno al hogar por la posibilidad de encontrar un espacio para el tiempo libre dentro de la vivienda. En cuanto a la mujer, plantea la importancia de su participación en un mundo externo al hogar: el trabajo.

Después de revisar el sistema de prácticas cotidianas de los hogares del Valle de Chalco asociado a la conjunción en cuanto a los hijos, podemos señalar que la hipótesis de Segalen puede resultar pertinente, aunque con ciertos replanteamientos. En primer término, parece conveniente especificar los ámbitos de la conjunción conyugal, que para nosotros resulta ser el doméstico de la atención a los hijos y el laboral. En segundo lugar, la idea del retorno del hombre al hogar puede resultar altamente explicativa, no obstante parece necesario abrirla a otras motivaciones, en nuestro caso, antes que el tiempo libre, es la esfera del trabajo la que favorece dicho retorno.

Por último, recuperamos la idea de rescatar un eje de cambios en cuanto a la mujer-cónyuge,[56] pero con la observación de no cerrarlo al trabajo, sino extendiéndolo a otros mundos externos al hogar. Así, en el Valle de Chalco, la apertura de la mujer que se asocia a la conjunción conyugal significa la participación en otros círculos sociales, que pueden ser ámbitos vecinales, ámbitos de la parentela, del tiempo libre, religiosos, etc., y no exclusivamente el trabajo remunerado que se realiza fuera del hogar.

El recurso de analizar los factores que se estructuran en este sistema de prácticas identificados a partir de esferas de la vida social, nos permite avanzar algunas otras interpretaciones. En un principio destacamos que en este sistema de prácticas se articulan factores de tres esferas de la vida social, particularmente dos de estas esferas son las de mayor incidencia en la estructuración del sistema de prácticas: la esfera del trabajo y la del entorno socioterritorial. Precisamente, este fenómeno —que sólo tres esferas sean las centrales— nos conduce a interpretar este sistema como característico de hoga-

---

[56] Estamos hablando de cambio en el sentido de "cambio social", y no de cambios en las historias de las mujeres-cónyuges que encuestamos.

res cuya existencia se halla relativamente concentrada en pocas esferas de la vida social, con la particularidad de que una de éstas sea la del trabajo localizado en la vivienda. En este caso, la concentración de la existencia en pocas esferas de la vida social, con la particularidad de que una de ellas sea la del trabajo y otra la familiar (localizadas ambas en la vivienda), parecería alejarse de uno de los rasgos señalados por Remy y Voyé como característicos del modo de vida urbano, es decir, la dispersión de la cotidianidad en numerosos ámbitos. Por otra parte, la concentración en estas esferas de la vida, hace posible que el grupo familiar tenga posibilidades de ejercer mayor control sobre sus miembros.

5.2.2. Sistema parcial de las prácticas cotidianas asociadas a la relación extendida con el vecindario

Otro conjunto de prácticas cotidianas hallado es el que se asocia a la posibilidad de que un hogar del Valle de Chalco mantenga relación con varios hogares de la propia colonia o de otras colonias aledañas. Este sistema parcial de prácticas lo hemos hallado en la gran mayoría de los hogares que establecen este tipo de relación con el entorno[57] (cuadro 16).

CUADRO 16
Factores que influyen en la relación extendida con el vecindario

Factores	Coeficientes[58]	Nivel de confianza
Roles conyugales conjuntos en el trabajo	3.4076	(1- 0.0163)=98.37
Ausencia de salidas de tiempo libre del hombre-cónyuge solo	3.3377	(1- 0.0052)=99.48
Un solo trabajo del hombre-cónyuge	3.1246	(1- 0.0551)=94.49
Más de una persona contribuye al gasto familiar	3.6675	(1- 0.0013)=99.87

Fuente: Elaboración propia a partir del modelo de regresión logística 8.3.3. obtenido con nuestra base de datos "Trabajo y vida cotidiana en el Valle de Chalco" (cuadros 10 y 11 del capítulo 8).

[57] De todos los hogares encuestados ingresados al modelo, que mantienen relaciones con varios hogares del vecindario, en 97.26% de ellos, hemos hallado que funciona este sistema parcial de prácticas cotidianas. En el correspondiente apartado metodológico (8.3), presentamos un cuadro con los casos observados y los correctamente predichos por el modelo.
[58] Razón de momios.

En este sistema parcial de prácticas encontramos tres esferas de la vida social que parecen asociadas al hecho de que el hogar mantenga algún tipo de vínculo con varios hogares del entorno socioterritorial que podemos denominar vecindario. Estas tres esferas son la laboral, la relativa a la organización interna del hogar (familiar) y la del tiempo libre.

En cuanto a la esfera del trabajo, los factores que se asocian fuertemente a este sistema parcial son el desempeño del hombre-cónyuge en una única práctica laboral y el desarrollo de roles conyugales conjuntos en el mundo del trabajo. Esto nos hace pensar que se trata de hogares en donde se realiza un único trabajo generador de ingresos por cuenta propia, lo que favorece la participación conjunta de ambos cónyuges. De esta forma, igual que en el sistema de prácticas anterior, se asocian la conjunción conyugal en la atención de los hijos menores y en el trabajo, sin que estas dimensiones de la conjunción tengan un efecto de arrastre sobre otras esferas de lo doméstico.

En la esfera de la organización interna del hogar, el factor que también interactúa en este sistema de prácticas es el número de personas del hogar que contribuye con sus ingresos al gasto familiar. Más específicamente, se trata del fenómeno de que contribuya al gasto familiar más de una persona integrante del hogar. Esto se articula con lo anterior, ya que la conjunción de roles conyugales en el trabajo significa la participación laboral de ambos cónyuges. De esta forma, si comprendemos este sistema de prácticas cotidianas como característico de hogares en donde el trabajo se realiza por cuenta propia, con la participación de los dos cónyuges, resulta una consecuencia casi necesaria, que en estos hogares haya más de una persona que contribuya al gasto familiar, con la posibilidad de que sean más de dos, cuando los hijos también participan en esa actividad laboral.

Por último, también interactúa en este sistema de prácticas la dimensión del tiempo libre. En este caso el factor asociado es la ausencia de un tiempo libre externo al hogar que pueda ser vivido por el hombre-cónyuge en forma individual. Este fenómeno tan característico de muchos obreros industriales —un espacio para el tiempo libre que el hombre-cónyuge no comparte con la mujer ni con otros miembros del hogar—, parece estar ausente en este sistema de prácticas cotidianas asociado a la práctica de que el hogar tenga relación con varios hogares del vecindario. Así, podríamos comprender que si en los hogares identificados con este sistema de prácticas, existe tiempo libre externo a la vivienda, posiblemente también se realice bajo los patrones de conjunción conyugal, como ocurre en el mundo del trabajo y en el de la atención a los hijos. Otra posibilidad al respecto, es que en estos hogares no existan formas de tiempo libre de realización externa a la vivienda.

La interpretación del número de esferas de la vida social que intervienen en este sistema de prácticas, nos presenta una situación similar a la anterior. No están presentes todas las esferas de la vida social que hemos considerado, sino cuatro de ellas: nuevamente, la laboral, la familiar referida a la organización interna del hogar, la del entorno socioterritorial y la del tiempo libre (cuadro 17).

CUADRO 17
Esquema-síntesis de las relaciones fuertes del segundo modelo

Prácticas y vínculos	Esferas de la vida
Relación extendida con el vecindario (varios o muchos hogares)	Entorno
Roles conyugales conjuntos en el trabajo	Trabajo
Un solo trabajo del hombre-cónyuge	Trabajo
Más de una persona del hogar contribuye al gasto familiar	Familia

En esta interpretación podríamos reducir estas cuatro esferas a tres, ya que la del tiempo libre considera el fenómeno de que el hombre-cónyuge no desarrolle actividades del tiempo libre en forma individual, lo que muy probablemente se deba a que no desarrolla este tipo de actividades de ninguna manera. De modo que si interpretamos estas esferas desde la visión de una vida policentrada en diversos ámbitos o pequeños mundos de vida, o una existencia concentrada en uno o unos pocos pequeños mundos de vida, estamos frente a un sistema de prácticas cotidianas relativamente centrado en pocas esferas de la vida social, y una vez más, una de estas tres esferas es la del trabajo, la otra es la familiar y la tercera es el entorno socioterritorial.

5.2.3. Sistema parcial de las prácticas cotidianas asociadas a la interacción distante con el vecindario

Si el sistema de prácticas anteriormente presentado se asocia al número de hogares de vecinos con los que se tiene algún tipo de relación, no permite avanzar en el análisis de la naturaleza o la profundidad de dicha relación, simplemente, se considera si cada hogar tiene relación con numerosos hogares vecinos o con muy pocos. En cambio, el sistema de prácticas cotidianas que se analiza en este apartado se refiere precisamente al tipo de interacción que se establece con los hogares vecinos con los que se tiene algún tipo de relación.

Más específicamente, este sistema de prácticas se organiza en torno al hecho de que la interacción con los hogares vecinos sea muy distante, lo que significa que exista un mínimo conocimiento del vecindario, las interacciones sean sumamente limitadas, en general restringidas al saludo, y sólo ante alguna eventualidad pueden hacerse extensivas a ciertas solidaridades básicas. Esto no impide que este tipo de interacción se pueda establecer con un número muy alto de hogares, así como también con muy pocos. De esta forma, la idea de interacción distante con los hogares vecinos no se puede asociar directamente con la imagen del hogar aislado respecto al vecindario que constituye su entorno socioterritorial inmediato, aunque parece acercarse a la imagen del hogar que tiene "lazos sociales débiles", aun cuando éstos sean extendidos en número.[59]

En este sistema de prácticas cotidianas definido por las interacciones distantes con el vecindario, las esferas de la vida social que se asocian son la del trabajo, la del entorno socioterritorial, la del tiempo libre y la historia residencial[60] (cuadro 18).

En cuanto a la esfera laboral o del trabajo, están presentes los mismos factores que en los dos sistemas anteriores de prácticas, esto es: que el hombre-cónyuge tenga un único trabajo generador de

[59] Kaufmann, Jean-Claude (1994b), pp. 593-617. También, Granovetter, M. (1973).
[60] Este sistema parcial de prácticas lo hemos hallado en 92.13% de los hogares encuestados ingresados al modelo. En el correspondiente apartado metodológico (8.3.5.), presentamos un cuadro con los casos observados y los correctamente predichos por el modelo.

ingresos y que los roles conyugales sean conjuntos en este ámbito. Al igual que en los sistemas previos, es posible que ambos factores se asocien al hecho de que ese único trabajo en el que participan ambos cónyuges se realice por cuenta propia y en el espacio de la vivienda.

CUADRO 18

Factores que influyen la interacción distante con el vecindario

Factores	Coeficientes [61]	Nivel de confianza
Roles conyugales conjuntos en el trabajo	2.5560	(1- 0.0215)=97.85
El hombre-cónyuge no hace paseos solo	2.3123	(1- 0.0195)=98.05
El hombre-cónyuge tiene un solo trabajo	2.9205	(1- 0.0613)=93.87
El hogar no tiene familia en Estados Unidos	3.0464	(1- 0.0318)=96.82
Cada momento más en la trayectoria	0.4376	(1- 0.0111)=98.89
Residencia anterior metropolitana en interacción con más número de momentos	1.7898	(1- 0.0362)=96.38

Fuente: Elaboración propia a partir del modelo de regresión logística 8.3.5. obtenido con nuestra base de datos "Trabajo y vida cotidiana en el Valle de Chalco" (cuadros 14 y 15 del capítulo 8).

En la esfera del tiempo libre, igual que en el sistema previo, el factor que se asocia es la ausencia de alguna forma de tiempo libre externo a la vivienda que el hombre-cónyuge lo viva individualmente. De modo que, o bien no existen vivencias de tiempo libre externas a la vivienda, o bien se desarrollan bajo patrones de conjunción conyugal.[62]

En cuanto a la esfera del entorno socioterritorial, el factor que se asocia en este sistema parcial de prácticas no se refiere al vecindario, como en los casos anteriores, sino a la parentela. Este factor se define como la ausencia de parentela que trabaje y resida en Estados Unidos.

Por último se integra en este sistema de prácticas la esfera de la vida social relativa a la historia residencial. Recordemos que la historia residencial de estos hogares la hemos considerado a través

---

[61] Razón de momios.

[62] El análisis cuantitativo no nos da elementos para avanzar en alguna de estas dos líneas posibles. No obstante, en el análisis de la información cualitativa se consideran estas dos posibles vías.

de dos factores, uno el origen rural o urbano de los cónyuges y el otro, la movilización del lugar de residencia. Estos desplazamientos en las trayectorias residenciales es lo que venimos interpretando como momentos de cambios en la dinámica familiar y doméstica. En los hogares de origen rural encontramos que el número de cambios o "momentos" residenciales es más alto, que en los hogares cuyos cónyuges son originarios del Área Metropolitana de la Ciudad de México.

En el sistema de prácticas cotidianas que se analiza en este apartado, cuando los hogares tienen más momentos de cambios residenciales ello se asocia como un factor desfavorable para la articulación del sistema de prácticas, excepto si ese alto número de momentos residenciales va acompañado de que el momento residencial inmediatamente anterior a la residencia en el Valle de Chalco, también haya sido de tipo urbano. Podríamos interpretar esto como una asociación entre las interacciones distantes con el vecindario y el carácter urbano de la población. En otras palabras, parecería que si hay una residencia anterior a la actual, de tipo rural, los hogares tienen menos posibilidades de desarrollar sistemas de prácticas cotidianas estructuradas en torno a la interacción distante con el vecindario.

Este sistema de prácticas esboza la imagen de hogares en donde el trabajo generador de los ingresos familiares se realiza por cuenta propia, con la participación simultánea de ambos cónyuges, en donde esta actividad es el único trabajo generador de ingresos. Muy posiblemente, este trabajo se realiza en la vivienda o muy próximo a la misma. Las interacciones con el vecindario son distantes, en general se limitan al saludo, aunque esto no impide que este tipo de relación se pueda mantener con un alto número de hogares vecinos. Asimismo, estamos frente a hogares en los que el hombre-cónyuge no desarrolla actividades de tiempo libre en forma individual y externa al mundo del hogar. Estos hogares, pueden tener un origen rural en uno de los cónyuges o en ambos, pero tienen una trayectoria urbana reciente.

En síntesis, este sistema de prácticas cotidianas parece referirse a hogares bastante replegados sobre el mundo familiar, aunque no aislados del entorno, con la particularidad de que el mundo del hogar y el mundo del trabajo parecen estar muy interrelacionados.

La interpretación de este sistema de prácticas desde la visión de la existencia policentrada o concentrada en unas pocas esferas, nos permite interpretarlo de manera semejante a la del anterior sistema. En principio en este sistema hemos distinguido la articulación de factores de cuatro esferas de la vida social: la del trabajo, la del tiempo libre, la del entorno socioterritorial y la de la historia residencial (cuadro 19). Sin embargo, dos de estas esferas se integran en el sistema por la ausencia de situaciones. De modo que en la perspectiva de la existencia policentrada o concentrada de la vida social, no las podríamos considerar.

CUADRO 19

Esquema-síntesis de las relaciones fuertes del tercer modelo

Prácticas y vínculos	Esferas de la vida
Interacción distante con el vecindario	Entorno
Roles conyugales conjuntos en el trabajo	Trabajo
El hombre-cónyuge tiene un solo trabajo	Trabajo
Cada momento más en la trayectoria	Trayectorias residenciales
Residencia anterior metropolitana y más momentos en la trayectoria residencial	Trayectorias residenciales

Estas dos esferas definidas por su ausencia son la del tiempo libre y la del entorno socioterritorial. En cuanto al tiempo libre, igual que en el sistema anterior el factor se ha definido como la ausencia de actividades propias del tiempo libre realizadas por parte del hombre-cónyuge en forma individual. En cuanto a la del entorno socioterritorial, el factor que se define en ella es la ausencia de parentela que trabaje y resida en Estados Unidos. Es una situación del mismo tipo que la del tiempo libre, no es posible considerar esta esfera en la visión de la existencia policentrada, ya que opera por ausencia. De esta forma, nuevamente estamos frente a un sistema de prácticas concentrado, en tres esferas de la vida social, nuevamente una de ellas es la esfera del trabajo, otra es la esfera de la historia residencial y la del entorno socioterritorial.

5.2.4. Sistema parcial de las prácticas cotidianas asociadas a la segregación conyugal doméstica en la atención de los hijos

Otro de los sistemas parciales de prácticas cotidianas que encontramos en los hogares del Valle se estructura en torno a los roles conyugales segregados en el ámbito doméstico de la atención de los hijos menores[63] (cuadro 20). En este caso las dimensiones de la vida social que integran este sistema de prácticas centrado en la segregación de los roles conyugales son: la del trabajo, la familiar (estructura interna del hogar) y la esfera del entorno socioterritorial.

CUADRO 20

Factores que influyen en los roles conyugales domésticos segregados en la atención de los hijos

Factores	Coeficientes[64]	Nivel de confianza
Roles conyugales segregados en el trabajo	4.2384	(1- 0.0184)=98.16
Por cada persona más que vive en la casa	1.9707	(1- 0.0095)=99.05
El hombre trabaja como asalariado y fuera del Valle de Chalco (estrato 1)	3.0281	(1- 0.0096)=99.04
El hombre trabaja por su cuenta y en el espacio de la vivienda (estrato 2)	0.3301	(1- 0.0221)=97.79
No recibir ayuda de no miembros del hogar	3.3634	(1- 0.0289)=97.11
Por cada persona más que vive en la casa, al tiempo que más años de unión tienen	0.9795	(1- 0.0072)=99.28

Fuente: Elaboración propia a partir del modelo de regresión logística 8.3.2 (cuadros 8 y 9 del capítulo 8). obtenido con nuestra base de datos "Trabajo y vida cotidiana en el Valle de Chalco".

En relación con la esfera del trabajo, los dos factores que se han definido como asociados a este sistema de prácticas cotidianas son: los roles conyugales segregados en el trabajo y el trabajo asalariado fuera del Valle de Chalco del hombre-cónyuge. Cuando el hombre-cónyuge trabaja por su cuenta dentro del espacio interno de la vivienda, esto actúa como un factor desfavorable para la articulación de este sistema de prácticas fundado en la segregación conyugal doméstica en torno a los hijos.

[63] Este sistema parcial de prácticas lo hemos hallado en 93.94% de los hogares encuestados e ingresados al modelo. En el correspondiente apartado metodológico (8.3.2.), presentamos un cuadro con los casos observados y los correctamente predichos por el modelo.

[64] Razón de momios.

En la esfera del entorno socioterritorial aparece un factor con fuerte incidencia en este sistema de prácticas, es la falta de cualquier tipo de ayuda o solidaridades básicas del vecindario hacia el hogar. En cuanto a la esfera familiar de la estructura interna del hogar, el incremento en el número de personas que integran el hogar favorece la articulación del sistema, aunque con menor incidencia que las otras esferas. Mientras que si el incremento en el número de miembros del hogar va acompañado de un incremento en el tiempo de unión del núcleo conyugal, esto puede tener un efecto, aunque reducido, desfavorable para la segregación conyugal en la atención de los hijos.

Como un microcosmos, este sistema nos acerca a la imagen de hogares en los que el hombre-cónyuge trabaja como asalariado fuera de la colonia y fuera del mismo Valle de Chalco. El mundo del trabajo es un ámbito de la segregación de los roles conyugales, posiblemente por la falta de participación en el mismo de la mujer-cónyuge.

Esta relación conyugal segregada se hace extensiva al ámbito doméstico de la atención de los hijos menores, al igual que se señaló anteriormente en el sistema de prácticas estructurado en torno a la conjunción conyugal en cuanto a los hijos. Así, parecería que los roles conyugales en el ámbito del trabajo y en el doméstico de los hijos siguen patrones similares, ya sea de conjunción o de segregación.

Además, el mayor número de personas que integran el hogar también favorece la estructuración del sistema de prácticas en torno a los roles conyugales segregados en cuanto a los hijos. En esta imagen de la socialidad del hogar también se viene a integrar la ausencia de ayudas y solidaridades básicas con los vecinos.

CUADRO 21

Esquema-síntesis de las relaciones fuertes del cuarto modelo

Prácticas y vínculos	*Esferas de la vida*
Roles conyugales segregados en la atención de los hijos	Familia
Más personas que viven en la casa	Familia
Roles conyugales segregados en el trabajo	Trabajo
El hombre trabaja como asalariado y fuera del Valle de Chalco	Trabajo

En cuanto a la interpretación de este sistema de prácticas desde la visión de la existencia concentrada en pocas esferas de la vida social o policentrada en varias, este sistema parece indicar una existencia concentrada en las esferas del trabajo y la familia (cuadro 21).

5.2.5. Sistema parcial de las prácticas cotidianas asociadas a la relación restringida con el vecindario

En este sistema de prácticas estructurado en torno a la relación restringida con el vecindario, no se aborda la cuestión relativa a la naturaleza de las interacciones que se establecen con los vecinos, sino sólo el número de hogares con los que se interactúa. En este sistema de prácticas se estructuran factores de todas las dimensiones de la vida social que venimos considerando (cuadro 22).[65]

CUADRO 22

Factores que influyen en la relación restringida con el vecindario

Factores	Coeficientes[66]	Nivel de confianza
Roles conyugales segregados en el trabajo al tiempo que ambos cónyuges tienen igual número de círculos sociales	3.8668	(1- 0.0046)=99.54
Hombre tiene dos trabajos	4.1051	(1- 0.0225)=97.75
Origen rural de la mujer	12.1213	(1- 0.0305)=96.95
Origen rural de la mujer y no recibir ayuda de no miembros del hogar	0.0879	(1- 0.0508)=94.92
Salidas de tiempo libre del hombre-cónyuge solo	4.4111	(1- 0.0018)=99.82
No recibir ayuda de no-miembros del hogar	16.3107	(1- 0.0148)=98.52
Roles segregados en el trabajo y pocas personas contribuyen al gasto familiar	5.8959	(1- 0.0000)=100

Fuente: Elaboración propia a partir del modelo de regresión logística 8.3.4. (cuadros 12 y 13 del capítulo 8), obtenido con nuestra base de datos "Trabajo y vida cotidiana en el Valle de Chalco".

Una de las dimensiones con mayor incidencia en la integración del sistema es la del entorno socioterritorial, a partir de la ausencia de participación en mecanismos de ayuda y solidaridad externos al

---

[65] Este sistema parcial de prácticas lo hemos hallado en 65.31% de los hogares encuestados e ingresados al modelo. En el correspondiente apartado metodológico (8.3.4.), presentamos un cuadro con los casos observados y los correctamente predichos por el modelo (cuadros 12 y 13 del capítulo 8).
[66] Razón de momios.

hogar. También la esfera referida a las trayectorias residenciales tiene un fuerte efecto en la estructuración de este sistema de prácticas cotidianas. En esta dimensión, el factor que participa es el origen rural de la mujer.

En cuanto a la esfera del tiempo libre, el factor que se ha integrado en este sistema de prácticas es el fenómeno de que el hombre realice actividades propias del tiempo libre de desarrollo externo al espacio de la vivienda y cuya vivencia sea individual, es decir, que no se trata de un tiempo libre compartido ni con la cónyuge ni con otros miembros del grupo familiar.

En la dimensión laboral, el factor que se integra en el sistema de prácticas considerado es el desempeño del hombre-cónyuge en dos actividades laborales generadoras de ingresos. Asimismo, encontramos otro factor de fuerte incidencia en la estructuración del sistema de prácticas, nos referimos al desarrollo de roles conyugales segregados en el ámbito del trabajo, particularmente cuando un solo miembro del hogar es el que sostiene el presupuesto familiar. Evidentemente, en este contexto de segregación conyugal en el trabajo, si sólo un miembro se hace cargo del gasto del hogar, ese miembro es el hombre-cónyuge, que además realiza dos actividades laborales.

Por último, hallamos otro factor que contribuye a la estructuración de este sistema de prácticas: el desarrollo de roles conyugales segregados en el trabajo, siempre que ambos cónyuges participen en igual número de círculos sociales externos al hogar.

Este sistema de prácticas cotidianas representa la imagen de aquellos hogares en los cuales el mundo del trabajo es un ámbito separado del familiar, y en el que la mujer-cónyuge no participa. Por ello, los roles conyugales en el ámbito laboral son de tipo segregado. Son hogares en los que el presupuesto familiar queda enteramente a cargo del hombre, que en algunas ocasiones desarrolla dos actividades generadoras de ingresos.

Esta separación entre el mundo del trabajo y el mundo del hogar parece articularse con la segregación conyugal en otros ámbitos, por ejemplo, el del tiempo libre. Así, se trata de hogares en los cuales el hombre-cónyuge desarrolla actividades propias del tiempo libre, externas a la vivienda, en forma individual. El hombre-cónyuge dispone de un ámbito del tiempo libre en el cual no participa la mujer-cónyuge. En otras palabras, también en el ámbito del tiempo libre se desarrollan patrones de segregación conyugal.

En cuanto a las relaciones con el entorno socioterritorial inmediato, estos hogares tienen relaciones con muy pocos hogares de vecinos, no participan en mecanismos de ayuda mutua y solidaridades de base. Asimismo, es frecuente que las mujeres-cónyuges de estos hogares sean de origen rural.

La interpretación de este sistema de prácticas desde la visión de la existencia policentrada o concentrada en pocas esferas de la vida social, permite identificarlo como un sistema de prácticas que muestra una existencia policentrada, ya que en él se articulan las cinco esferas de la vida social que hemos considerado: la laboral, familiar, del tiempo libre, del entorno socioterritorial y la relativa a la trayectoria residencial (cuadro 23). No obstante, son hogares que casi no tienen relación con el vecindario. En términos del modelo teórico de Remy y Voyé, este sistema de prácticas sería característico del modo de vida urbano, en el cual la existencia de los individuos se segmenta en numerosos ámbitos y están ausentes o muy limitadas las relaciones de solidaridad.

CUADRO 23

Esquema-síntesis de las relaciones fuertes del quinto modelo

Prácticas y vínculos	Esferas de la vida
Relación restringida (pocos o ninguno) con el vecindario	Entorno
Roles conyugales segregados en el trabajo al tiempo que ambos cónyuges tienen igual número de círculos sociales	Entorno y trabajo
El hombre tiene dos trabajos	Trabajo
Roles segregados en el trabajo y pocas personas que contribuyan al gasto familiar	Trabajo y familia
Origen rural de la mujer	Trayectorias
Salidas de tiempo libre del hombre-cónyuge solo	Tiempo libre

5.2.6. Sistema parcial de las prácticas cotidianas asociadas a la interacción cercana con el vecindario

Este último sistema parcial de prácticas cotidianas que presentamos se estructura en torno a la interacción más o menos estrecha o cercana con una parte del vecindario, que desarrollan algunos hogares del Valle de Chalco. En esta ocasión, contrariamente al sistema anterior, lo que se considera es la naturaleza de las interacciones con los hogares vecinos, y no la cantidad de hogares con los que se interactúa. Recordemos que la interacción cercana es la que no queda limitada al saludo, sino que incluye otro tipo de interacciones como por ejemplo, participar en reuniones familiares, participar en conversaciones informales, etc. En otras palabras, la reducida distancia social que separa a las personas es indicativa de lazos sociales fuertes.

Al igual que en el sistema de prácticas anteriormente analizado, en este también se integran todas las esferas de la vida social que venimos considerando (cuadro 24).[67]

CUADRO 24

Factores que influyen en la interacción cercana con el vecindario

Factores	Coeficientes[68]	Nivel de confianza
El hombre-cónyuge tiene dos trabajos	12.2709	(1- 0.0135)=98.65
Cuantas más horas trabajadas por el hombre, al día	0.6877	(1- 0.0148)=98.52
Roles segregados en la atención de los hijos	0.0482	(1- 0.0077)=99.23
Roles segregados en la atención de los hijos, siendo la mujer-cónyuge de origen rural	5.0159	(1- 0.0229)=97.71
Número de familias de parientes que residen en el Valle de Chalco	0.7208	(1- 0.0508)=94.92
Roles segregados en la atención de los hijos, sin que el hombre-cónyuge realice salidas solo	9.9435	(1- 0.0152)=98.48

Fuente: Elaboración propia a partir del modelo de regresión logística 8.3.6. (cuadros 16 y 17 del capítulo 8) obtenido con nuestra base de datos "Trabajo y vida cotidiana en el Valle de Chalco".

En la estructuración de este sistema parcial de prácticas cotidianas, un factor de fuerte incidencia es el desarrollo de dos actividades laborales generadoras de ingresos por parte del hombre. Como se puede observar en el cuadro 24, en este sistema no se han integrado los roles conyugales en el ámbito del trabajo. No obstante, la realización de dos actividades laborales por parte del hombre

---

[67] Este sistema parcial de prácticas lo hemos hallado en 67.57% de los hogares encuestados e ingresados al modelo. En el correspondiente apartado metodológico (8.3.6.), presentamos un cuadro con los casos observados y los correctamente predichos por el modelo (cuadros 16 y 17 del capítulo 8).
[68] Razón de momios.

y la segregación conyugal en la atención de los hijos, es un indicador indirecto de la segregación conyugal en este ámbito laboral. Al respecto, se puede recordar que en el sistema de prácticas anteriormente presentado, el desempeño de dos actividades laborales por parte del hombre-cónyuge se asocia al desarrollo de roles conyugales segregados en el ámbito laboral.

En el ámbito del tiempo libre, aparece otro factor articulado en este sistema: la ausencia de actividades propias del tiempo libre y externas al espacio de la vivienda, que son vividas por el hombre-cónyuge sin la participación de otros miembros del hogar, siempre que ello sea acompañado de segregación conyugal doméstica relativa a la atención de los hijos menores.

Por su parte, la segregación conyugal en el ámbito doméstico de la atención de los hijos articulada con la procedencia de origen rural de la mujer-cónyuge, también tienen fuerte incidencia en el sistema de prácticas estructurado en torno a las interacciones cercanas con los vecinos. En este sistema de prácticas vemos la articulación entre la procedencia de origen rural de la mujer-cónyuge y la segregación conyugal en la atención de los hijos, mientras que en el anterior sistema de prácticas encontramos la asociación entre la procedencia de origen rural de la mujer-cónyuge y la segregación conyugal en el ámbito del trabajo.

Por último, es necesario tener en cuenta que los factores que tienen una incidencia negativa en la estructuración de este sistema de prácticas cotidianas son el incremento en el tiempo de trabajo cotidiano del hombre y el aumento en el número de familias de parientes residentes en el Valle de Chalco.

Posiblemente, el primero de estos factores se relacione con que la interacción cercana con el vecindario no es una relación que mantenga la mujer-cónyuge en forma individual, sino que sea una relación del hogar, o al menos del núcleo conyugal. Así, se puede comprender que a más horas trabajadas por el hombre, menor relación del hogar con el entorno vecinal. En cuanto al segundo de estos factores de incidencia negativa para el sistema, el número de hogares de parientes vecinos, posiblemente se asocie con el hecho de que la residencia de parientes en el vecindario fortalece las relaciones con éstos, y contribuye al debilitamiento de las relaciones cercanas con otros vecinos, que no sean parte de la parentela.

Este sistema de prácticas cotidianas representa la imagen de aquellos hogares en los que el mundo doméstico sigue enteramente los patrones tradicionales de segregación conyugal, incluso en lo referente a la atención de los hijos menores. Esta segregación se asocia particularmente al lugar de procedencia de tipo rural de las mujeres-cónyuges. Asimismo, son hogares en los que los hombres-cónyuges tienden a desarrollar dos actividades laborales diferentes, y posiblemente ello sea el mecanismo compensatorio con el que se evita que las mujeres tengan que participar en los mercados de trabajo.

No obstante, a pesar de estas dimensiones de la segregación conyugal, los hombres-cónyuges de estos hogares no desarrollan actividades del tiempo libre externas a la vivienda individualmente. Posiblemente, ello no sea indicio de conjunción conyugal en el tiempo libre, sino de ausencia de ocio externo a la vivienda cualquiera que sea su naturaleza, particularmente si son hombres-cónyuges que desempeñan dos actividades laborales diferentes en forma permanente.

La imagen se completa en el mundo externo al hogar, caracterizado por el desarrollo de interacciones cercanas con algunos hogares vecinos, a pesar de que el sistema no nos permite avanzar en el conocimiento respecto a la extensión de estas relaciones. En otras palabras, no sabemos si estas relaciones cercanas con algunos vecinos están extendidas a numerosos hogares del vecindario o si se limitan a unos pocos hogares.

La interpretación de este sistema de prácticas desde la perspectiva de la existencia policentrada o concentrada en muy pocas esferas de la vida social, nos habla de un sistema de prácticas indicativo de una existencia policentrada, ya que de las cinco esferas que hemos considerado en todos los casos, en él se articulan cuatro de ellas, que son: la del trabajo, la familiar, la del entorno socioterritorial y la esfera de la trayectoria residencial. La esfera del tiempo libre no se puede considerar en esta interpretación porque interviene en el sistema por ausencia (cuadro 25). La parcelación de la existencia en numerosas esferas nos recuerda, una vez más, los planteamientos de Remy y Voyé respecto al clásico modo de vida urbano, donde la misma segmentación en muchos ámbitos de vida conlleva la disminución de la centralidad que cada uno de estos ámbitos pueda tener.

CUADRO 25

Esquema-síntesis de las relaciones fuertes del sexto modelo

Prácticas y vínculos	Esferas de la vida
Interacción cercana con el vecindario	Entorno
Número de familias de parientes que residen en el Valle de Chalco	Entorno
El hombre-cónyuge tiene dos trabajos	Trabajo
Roles segregados en la atención de los hijos, siendo la mujer-cónyuge de origen rural	Familia y trayectorias
Roles segregados en la atención de los hijos, sin que el hombre-cónyuge realice salidas solo	Familia

5.3. HACIA LOS SISTEMAS INTEGRADOS DE PRÁCTICAS

Los sistemas parciales de prácticas que acabamos de analizar, muestran factores que se reiteran entre algunos de estos sistemas. En otros términos, algunas prácticas parecen constituir factores en común de varios sistemas, pero no de todos. Al mismo tiempo, algunas de estas prácticas son indicativas de diferencias profundas con otros de estos sistemas parciales, lo que nos hace plantear la posibilidad de que algunos de estos sistemas se pueden asociar entre sí, expresando sistemas más amplios. Esta visión integradora de sistemas de prácticas también se funda en que algunos de ellos se refieren predominantemente a la socialidad interna del hogar y otros a la externa.

En los tres primeros sistemas parciales los factores que son el común denominador son los siguientes: la conjunción conyugal en el trabajo y en el ámbito doméstico de la atención de los hijos, la espacialidad del trabajo del hombre dentro de la vivienda, el desarrollo de una única actividad laboral por parte del hombre-cónyuge, que se realiza por cuenta propia, el recibir algunas solidaridades básicas de los vecinos, la contribución de varios miembros del hogar al presupuesto familiar, el origen urbano de la mujer-cónyuge, la ausencia de actividades del tiempo libre externas a la vivienda que sean vivenciadas por el hombre-cónyuge en forma individual. Por último, se trata de hogares no demasiado extensos en cuanto al número de miembros que los integran.

Nuestra interpretación es que en estos tres modelos existen unos ejes analíticos fuertes que nos hacen postular la integración de los tres subsistemas en un sistema de prácticas más integrado, que caracterizamos por la "concentración espacial de las prácticas cotidianas".

Modelo de tendencia a la concentración de las prácticas cotidianas

- La espacialidad del trabajo del hombre coincide con el lugar de residencia.
- El hombre trabaja por su cuenta.
- Roles conyugales conjuntos en el trabajo.
- Roles conyugales conjuntos en el ámbito doméstico de la atención de los hijos.
- Relación con numerosos hogares de vecinos, aunque con relaciones superficiales.

Al mismo tiempo, los tres últimos sistemas parciales de prácticas que presentamos también permiten encontrar factores que se repiten en los tres. En este caso, los factores reiterados son los siguientes: los roles conyugales segregados en el trabajo y el ámbito doméstico de la atención de los hijos menores, el desarrollo de dos actividades laborales generadoras de ingresos por parte del hombre-cónyuge. La constitución del presupuesto familiar de manera central por el aporte del hombre-cónyuge, que tiende a trabajar fuera del espacio de la vivienda y a través de una relación salarial (asalariado). Estos hogares parecen no recibir ningún tipo de solidaridad básica del vecindario. Asimismo, es frecuente que las mujeres-cónyuges sean de origen rural y que el hombre-cónyuge desarrolle actividades propias del tiempo libre en forma individual y externa al espacio de la vivienda. La integración de estos sistemas en uno más abarcativo nos lleva a caracterizar a este último por la dispersión espacial de las prácticas cotidianas.

Modelo de tendencia a la dispersión
de las prácticas cotidianas

- La espacialidad del trabajo del hombre no coincide con el lugar de residencia.
- Tendencia a que el hombre realice dos trabajos.
- Roles conyugales segregados en el trabajo.
- Roles conyugales segregados en el ámbito doméstico de la atención de los hijos.
- Relación con pocos hogares de vecinos, aunque con relaciones no superficiales (incluyendo parientes).

Si regresamos a la idea organizadora de la trama de la vida cotidiana, los tres últimos sistemas parecen dar la imagen de hogares en los que la trama se integra a través de numerosos sectores, esto es, una trama de la vida cotidiana policentrada. En tanto que los tres primeros sistemas, parecen corresponder a hogares cuya trama de la vida cotidiana está más concentrada en pocos sectores, sobre todo la familia y el trabajo.

A pesar de la repetición de estos factores, recordemos que el instrumento técnico que utilizamos para construir los sistemas parciales de prácticas, lo que ha hecho es agrupar hogares encuestados, de manera tal, que técnicamente no es posible la segunda agrupación de los sistemas parciales por las repeticiones antes mencionadas, a fin de formar dos grandes conjuntos de sistemas de prácticas. No obstante, estos dos modelos que resultan de la asociación entre los factores que se van repitiendo entre los sistemas parciales, los esbozamos como una hipótesis de trabajo a explorar en el material cualitativo, a fin de considerar la posibilidad de construir "tipos" que agrupen los sistemas parciales de prácticas cotidianas en sistemas integrados de prácticas cotidianas y significaciones. Éste es el tema del capítulo siguiente, vale decir, la trama de la vida cotidiana vista simultáneamente desde los vínculos sociales y también desde el fondo espacio-temporal. Para abordar la cuestión de los significados y los sentidos de la cotidianidad anclamos el análisis en el fondo espacio-temporal de la trama de la vida cotidiana, aunque seguimos incluyendo los vínculos, ya que sin ellos no estaría presente la socialidad.

6. LA TRAMA DE LA VIDA COTIDIANA DE LOS HOGARES DEL VALLE DE CHALCO DESDE EL FONDO ESPACIO-TEMPORAL: LOS PROCESOS DE CONSTITUCIÓN DE LA COTIDIANIDAD

En el capítulo anterior analizamos la trama de la vida cotidiana de los hogares del Valle de Chalco a partir de los vínculos sociales, particularizados en los roles conyugales. Por ello, el interrogante que nos orientó fue conocer cómo se constituyen los vínculos sociales fundantes de la vida cotidiana de los hogares vallechalquenses. En este capítulo el interrogante general que nos guía es conocer cuáles son los procesos de constitución de la vida cotidiana de los hogares vallechalquenses desde la perspectiva de la rutinización/invención de la cotidianidad, en relación con la espacio-temporalidad del trabajo. Preguntarnos por los procesos de constitución de la vida cotidiana, en nuestro caso, supone interrogarnos por el significado que se le otorga a la cotidianidad en relación con la polaridad "rutinización/invención", reconociendo que entre estos dos polos se puede reconstruir analíticamente un continuo, o al menos varios puntos del mismo. En términos metodológicos, en este capítulo buscamos descifrar significados sociales entendidos en la perspectiva schutziana del contexto de significado "objetivo", vale decir, que aquellos que forman parte de la cultura y son compartidos por una comunidad de actores, son comunes a ellos y no idiosincrásicos.[1]

La otra cuestión que es necesario aclarar es que tanto una cotidianidad dominada por la rutinización como por la invención, no toman estos sentidos de manera fantasiosa,[2] sino a partir de la socialidad (de las relaciones sociales más fuertes) anclada en espa-

---

[1] Schutz, Alfred (1972 y 1974a).
[2] Lo fantasioso lo consideramos como aquello desprendido del mundo de las experiencias del individuo (el mundo de la fantasía de Schutz).

cios de vida y desplegada en el tiempo cotidiano. En este aspecto, el análisis de los procesos de constitución de la cotidianidad que desarrollamos en este capítulo cuenta con un punto de partida, como son los resultados del capítulo anterior sobre los vínculos sociales fuertes: los roles conyugales y las relaciones con la parentela y vecindario.

La estrategia que desarrollamos en este capítulo para conocer las formas de constitución de la vida cotidiana, es la construcción de modelos típico-ideales que den cuenta de tramas de la vida cotidiana, en los que nuevamente consideramos ciertos vínculos sociales —los roles conyugales—, aunque también incorporamos el fondo espacio-temporal.[3]

El análisis de contenido de tipo interpretativo realizado a partir de los relatos de vida nos permitió construir tres patrones de comportamiento de la vida cotidiana de los hogares del Valle de Chalco. Uno de estos patrones se constituye en relación con los hogares en los cuales se desarrollan roles conyugales conjuntos en el ámbito laboral; otro patrón se conforma con referencia a los hogares estructurados con base en roles conyugales complementarios, y por último, llegamos a un patrón referido a los hogares en los cuales los roles conyugales en lo laboral son de tipo segregado o separado.

A partir de dichos patrones, construimos tres tipos con los cuales buscamos expresar formas diferentes de construir la vida cotidiana por parte de estos hogares.[4] A su vez, en cada tipo hemos hecho agrupaciones de experiencias exteriores y significaciones interiores, que vienen a conformar hechos nodales que le otorgan estructura interna al tipo construido.[5]

Asimismo, es necesario recordar que la vida cotidiana la entendemos como "la trama de la vida cotidiana", esto es: la articulación entre un fondo espacio-temporal y unos vínculos sociales que se

---

[3] En este capítulo ha sido posible considerar el fondo espacio-temporal de la vida cotidiana porque la información sobre la que se sustenta el análisis del capítulo es de tipo cualitativo, textos resultantes de narraciones.

[4] En relación con la dimensión técnica de la construcción de los patrones de comportamientos y tipos construidos sobre las formas de constitución de la vida cotidiana, nos remitimos al cuarto apartado metodológico del capítulo 8.

[5] En el cuarto apartado del capítulo metodológico se especifica la cuestión de los hechos nodales (8.4.).

establecen sobre dicho fondo.[6] La elección de esta forma de conocer la vida cotidiana —desde la trama— no significa que el fondo y los vínculos sociales se articulen de igual forma en los tres tipos. Precisamente, la preeminencia de uno u otro es lo que hace a la especificidad de cada tipo. Las formas en que se articulan estas dos dimensiones (el fondo espacio-temporal y los vínculos sociales) en nuestros tipos son las siguientes:

Formas de articulación entre el fondo espacio-temporal
y los vínculos sociales de la trama de la vida cotidiana

- El fondo espacio-temporal es la componente desencadenante y condicionante de la forma en que se construyen los vínculos sociales (tipo 1).
- Los vínculos sociales son los desencadenantes que conforman el fondo espacio-temporal (tipo 2).
- La componente espacial del fondo de la vida cotidiana es desencadenante de la forma en que se construyen los vínculos sociales (tipo 3).

En relación con los vínculos sociales en particular, señalemos que los hemos definido en distintos ámbitos de la socialidad que suponen un incremento progresivo de la distancia social y afectiva a partir del individuo. Los ámbitos de la socialidad que consideramos son:

Ámbitos proxémicos para el análisis de los vínculos sociales

- El individuo-cónyuge
- El núcleo conyugal
- El hogar
- El entorno socioterritorial del hogar:
  — el vecindario
  — la parentela

---

[6] La cuestión de la trama de la vida cotidiana se desarrolla en el capítulo 4.

En otras palabras, estos ámbitos de la socialidad los concebimos como ámbitos proxémicos que parten de un ego interrelacionado en un mundo de la vida privada, que va abriéndose hacia ámbitos de la vida pública. En dos tipos, ese ego no es el individuo-cónyuge, sino el núcleo conyugal mismo, mientras que en el restante tipo, el ego es uno de los cónyuges.

Todo lo anterior implica que la interpretación de cada tipo supone dos perspectivas simultáneas: por un lado, nos referimos a la forma en que se articulan el fondo espacio-temporal y los vínculos sociales, y por el otro, que es necesario considerar los vínculos sociales en ámbitos progresivamente más distantes del individuo-cónyuge, para comprender cuál de estos ámbitos de la socialidad resulta central.

Asimismo, destacamos que hallamos tres modelos de hogares típicos con los que encuentran cierta correspondencia los tipos construidos. Estos tres modelos de hogares típicos los definimos con base en ciertos rasgos sociodemográficos considerados en un capítulo anterior (en el 3), como relevantes para acercarnos al conocimiento de los hogares del Valle de Chalco. Se trata del origen rural o urbano de los cónyuges, el tipo de hogar de acuerdo con su composición (nuclear o extenso) y el número de desplazamientos residenciales del hogar actual. En nuestra interpretación estos tres conjuntos de rasgos definen tres posiciones en un campo, que hemos definido en términos socioterritoriales (cuadro 27 del cap. 8).

Por último, reiteramos que estamos concibiendo los tres tipos como tres modelos ideales que permiten contrastar las formas de construcción de la vida cotidiana de los hogares del Valle de Chalco —construidos a partir de las interpretaciones de los discursos de los cónyuges— sin pretender acercarnos a todas las formas existentes. Posiblemente, en los hogares del Valle de Chalco se puedan hallar otras formas de construir la cotidianidad. En otras palabras, estos tipos nos resultan útiles para conocer algunas formas de la cotidianidad de los hogares del Valle, sin por ello asumir la pretensión de que puedan ser explicativos de todas las formas existentes de constitución de la vida cotidiana en el Valle.

6.1. La reproducción rutinaria de la vida cotidiana en un contexto de conjunción conyugal

Uno de los modelos típico ideales que construimos ha sido en torno al predominio de lo repetitivo como forma de constitución de la vida cotidiana y a la conjunción en la socialidad conyugal. Los hogares que se identifican más con este modelo, a su vez corresponden con la siguiente posición socioterritorial:[7] el hombre-cónyuge es de origen metropolitano y la mujer procede de una zona rural, son hogares nucleares en cuanto a la composición del grupo residencial, aproximadamente cuentan con 20 años de unión y una reducida historia de movimientos residenciales desde la constitución del hogar, han realizado escasos desplazamientos del lugar de residencia.

Desde la perspectiva de la articulación del fondo y los vínculos sociales que integran la trama, el fondo espacio-temporal adquiere un papel fundamental en la conformación de la cotidianidad. El fondo espacio-temporal se viene a constituir en un sustrato que demarca la naturaleza de los diferentes vínculos sociales, y está dado por el tiempo cotidiano y un espacio de vida, en el que se han fundido la residencia y el trabajo.

En cuanto a los ámbitos proxémicos en los que se establecen los vínculos sociales, en este tipo construido, el núcleo conyugal es el motor desde el cual se conforman las relaciones básicas en el interior del hogar, y a su vez, desde el hogar se establecen las formas de relación social con el entorno externo al hogar, ya sea éste el de la parentela o el del vecindario. Los vínculos sociales se conforman en el fundamento mismo del hogar, es decir en el núcleo conyugal, y desde él se extienden hacia lo que es externo al hogar.

En síntesis, en este tipo construido sobre la constitución de la vida cotidiana, el fondo espacio-temporal es determinante de la forma en que se establecen los vínculos sociales básicos, los roles conyugales, bajo pautas de conjunción laboral y cierta conjunción en lo doméstico y en la atención de los hijos. A su vez, la forma en que se establecen estos vínculos sociales básicos resulta determinan-

---

[7] Corresponde a la Posición socioterritorial 1, del cuadro núm. 27 (capítulo 8, apartado 8.4.7).

te de la forma de concebir y establecer las relaciones sociales en los otros ámbitos proxémicos, progresivamente más externos respecto al núcleo conyugal.

En términos analíticos hemos elaborado cuatro conjuntos de relaciones, encadenadas entre sí, con los cuales ofrecemos una interpretación de este tipo de construcción de la vida cotidiana. Estos cuatro conjuntos de relaciones, a nuestro juicio, vienen a actuar como hechos nodales constitutivos de la cotidianidad de los hogares del Valle.

En el primero de los hechos nodales que presentamos más abajo, vinculamos el espacio de vida materializado y algunas prácticas cotidianas. La experiencia interior sólo se incorpora a través de la dimensión temporal, particularmente a través del ciclo cotidiano. En el segundo hecho nodal constitutivo de la cotidianidad solamente asociamos prácticas cotidianas; en el tercer hecho nodal, incorporamos de manera central, la vivencia en relación con los espacios de vida. El cuarto hecho nodal se refiere a la subjetividad en relación a las dos coordenadas básicas: el espacio y el tiempo, como experiencias vividas interiormente.

En síntesis, estos conjuntos de relaciones parten del espacio de vida en su dimensión material, integran luego la socialidad a través de las prácticas, y terminan articulando el espacio como vivencia interior.

6.1.1. El espacio y el tiempo vivido
como productores de la socialidad conyugal

En este tipo de cotidianidad el espacio, considerado como un camino recorrido,[8] vale decir, como dimensiones proxémicas en las cuales se dispersa materialmente la vida cotidiana de los individuos, se caracteriza porque ambos cónyuges concentran su existencia en un espacio reducido. En términos proxémicos —esto es, partiendo

---

[8] En relación con esta cuestión nos remitimos a Schutz. Aunque este autor no utiliza la expresión de dimensiones proxémicas, la idea base de la proxemia —un individuo posicionado en un espacio y un tiempo a partir de donde se miden las distancias sociales— procede de su obra. En cuanto a la cuestión del espacio y el tiempo espacial, nos remitimos a la tercera parte de *El problema de la realidad social*, particularmente al apartado sobre las realidades múltiples. Schutz, Alfred (1974a), pp. 203-205.

de un aquí y un ahora en el cual se posiciona el individuo— se da una concentración de la existencia, antes que la dispersión en múltiples espacios de vida; con la particularidad de que esta situación es abarcativa de los dos cónyuges. La concentración espacial está fuertemente asociada a la unión del lugar de residencia y al lugar de trabajo, lo que a su vez es una expresión de la instalación de un comercio junto a la vivienda, por parte del grupo familiar.

Esta concentración espacial de la vida cotidiana no niega que se realicen desplazamientos hacia otros espacios, sino que imprime un carácter particular en dichos desplazamientos o movimientos espaciales, potencialmente desconcentradores de la existencia. Así, los desplazamientos no llegan a constituir una forma de desconcentración o dispersión de la existencia, ya que son esporádicos, sin una frecuencia establecida y de corta duración. Son desplazamientos fugaces, furtivos, características que recuerdan uno de los rasgos con los que se viene identificando la vida social en un mundo que se aleja de la racionalidad de la modernidad.[9]

Esta característica de ciertos hogares vallechalquenses, lo fugaz de las salidas, se asocia directamente con uno de los factores que está en el origen mismo de la concentración espacial de la vida, vale decir, la localización del comercio en la vivienda.

De esta forma, la localización del comercio en la vivienda, en un principio puede ser analizada simplemente como la unión del lugar de trabajo y el lugar de residencia; sin embargo, trasciende a esa unión y produce la concentración de la existencia, lo que supone un nivel de complejidad mayor. La unión del lugar de trabajo y de residencia, en sí misma no implica la imposibilidad de desplazarse hacia otros espacios, que no sean ni lugares de trabajo ni el propio lugar de residencia. Sin embargo, el hecho de que dicha unión sea producida por la localización de un comercio en la vivienda, trae una segunda consecuencia: no sólo se unen el trabajo y la residencia, sino que también se restringen las posibilidades de desplazamientos hacia otros espacios de vida, como por ejemplo, lugares de distracción, lugares en donde se realicen otro tipo de actividades, que no sean ni domésticas ni laborales.

---

[9] Recordemos que buena parte de los teóricos de la posmodernidad han recurrido a los términos fugaz, fortuito y furtivo (recuperados de Simmel y Baudelaire) para caracterizar a las sociedades posmodernas.

Esta segunda consecuencia de la localización del comercio en la vivienda, se relaciona directamente con la dinámica propia del negocio en condiciones de escasez de recursos económicos por parte del hogar, lo que conduce a la estrategia de extender la jornada de trabajo en el negocio, impidiendo así, que los cónyuges puedan desplazarse hacia otros lugares. Es en este sentido que la localización de un comercio en la vivienda significa más que la unión del lugar de trabajo y el lugar de residencia, la concentración espacial de la existencia de los cónyuges en un microespacio, rasgo que consideramos relevante para ser subrayado, ya que es frecuente caracterizar a los pobres urbanos por una gran movilidad territorial, como estrategia de supervivencia. Nuestro hallazgo no niega que esa movilidad pueda presentarse, aunque muestra situaciones opuestas a ella.

Si enfocamos estas condiciones de la cotidianidad desde el ángulo de los tiempos vividos, observamos la vivencia de una única temporalidad cotidiana, una única forma de gestión del tiempo. El tiempo cotidiano de ambos cónyuges se organiza en torno a las actividades vinculadas al comercio, que ocupan prácticamente toda la jornada. Una de las especificidades de esta situación es que aun cuando las prácticas laborales mantienen la regencia en la organización del tiempo cotidiano, en ellas se introducen prácticas cotidianas de otra naturaleza, como por ejemplo, diversas prácticas domésticas (limpiar, cocinar), cuidado de los hijos, distracciones como ver televisión.

La otra particularidad es que la realización de dichas prácticas laborales se da en un contexto de relaciones familiares; en otras palabras, el trabajo se desarrolla en un ámbito que tiene una fuerte componente afectivo-emotiva. Esta última cuestión, en buena medida, implica la redefinición de los contenidos del trabajo mismo, ya que las actividades laborales se desarrollan en un contexto de interacciones, en el cual, antes que distancias sociales y afectivas, existen cercanías afectivas. Precisamente, una característica del trabajo en las modernas sociedades urbanas es que se desarrolla en contextos de interacciones sociales mediadas por distancias sociales, y más aún, por distancias afectivas.

En este sentido, esta forma de constitución de la vida cotidiana en el Valle de Chalco da cuenta de una forma de trabajo que incorpora la dimensión afectiva, un trabajo que deviene un ámbito que no está separado del doméstico, en el cual se incorporan normas vinculadas a lo económico —como la prolongación de la jornada de trabajo— junto con pautas de interacción permeadas por lo afectivo-emocional, como la confianza, el compromiso, la colaboración mutua.

Todo lo anterior también nos habla de una homogeneidad temporal, vale decir, de una temporalidad regida por lo laboral, aunque es un dominio laboral que está entrelazado con el dominio familiar. Al tratarse de la regencia de un ámbito (el laboral) permeado por otros (el doméstico, el del tiempo libre), preferimos postular una "unicidad" temporal antes que una única temporalidad. La idea de lo único refiere a una situación hermética, mientras la de unicidad incorpora una cierta flexibilidad, hay una única forma de ocupar el tiempo, aunque pueden articularse esporádicamente otras. No es una forma pura de gestión del tiempo, ya que es un tiempo en el que se trabaja y se cuida a los hijos, se trabaja y se ve televisión, se trabaja y se interactúa con el cónyuge, entre muchas otras posibilidades.

La unión del lugar de residencia y el lugar de trabajo, la concentración espacial de la vida, la unicidad temporal, en el nivel de cada uno de los individuos-cónyuges, también significa la unión del individuo interiormente, unión que se puede contrastar con el sentido de partición que experimentan las personas cuando realizan distintas actividades en distintos lugares, con diferente tipo de interacciones sociales, cada una con normas propias que rigen dichas interacciones. A continuación transcribimos algunas palabras de una entrevista, en la que aparece ese sentido de unidad de las distintas actividades en una única vivencia.

> [...] yo trabajaba de siete de la mañana a nueve de la noche, sí, ése era el horario que tenía ahí con mi patrón donde trabajé, de siete de la mañana a nueve de la noche. En primer lugar yo tenía que llegar desayunadito ahí al trabajo[...][10]

---

[10] Extracto de la entrevista núm. 19, de acuerdo con la numeración establecida en el correspondiente apartado metodológico 8.1., cuadro núm. 4 del cap. 8.

La expresión del entrevistado muestra que la posibilidad de desayunar en el trabajo o la imposibilidad de hacerlo, es una diferencia básica entre una inserción laboral anterior como asalariado de un comercio y su actual inserción laboral como comerciante por cuenta propia, con el comercio localizado en la vivienda. Esta observación puede ser interpretada como una expresión de la unicidad temporal (una sola forma de gestión del tiempo), como una forma de unión interna del individuo, por la posibilidad de realizar actividades propias de diferentes ámbitos, en forma simultánea (trabajar y desayunar), sin la restricción que implica la especialización de los espacios y los tiempos, que ha caracterizado por largo tiempo el modo de vida en las grandes ciudades.[11] El trabajar y el habitar en las metrópolis han sido fuertemente segmentadores de la vida de las personas. En este caso, estamos frente a un trabajar y un habitar en la periferia urbana, que no dividen los tiempos cotidianos de las personas, ni separan sus espacios de vida, ni tampoco crean distintas socialidades.

La dimensión temporal de este modelo de conformación de la vida cotidiana, cuando es analizada desde el ángulo de los ritmos temporales, nos muestra que, aun cuando hay una única forma de gestión del tiempo, es posible distinguir tiempos fuertes y tiempos débiles. Los ritmos temporales siempre expresan continuidades y discontinuidades, duraciones e intervalos, sucesiones, la "serialidad y los fenómenos secuenciados", para usar las palabras de Anthony Giddens.[12] La cuestión relevante en este aspecto es que siempre esas continuidades y discontinuidades se relacionan con las distintas esferas de la realidad en las que participan las personas a través de las distintas actividades desarrolladas. Usualmente, los tiempos fuertes son los tiempos marcados por la obligación, y los tiempos débiles se viven como tales por la ausencia de obligación.

Sin embargo, este tipo de cotidianidad construido se caracteriza por la unión de las dos esferas fundamentales de la vida cotidiana, el trabajo y la familia, y también por la concentración existencial en esos dos ámbitos, que se han fundido en uno solo. En estas condiciones, la diferenciación de tiempos fuertes y tiempos débiles

---

[11] Con relación a ello nos remitimos a los apartados 1.1.2 y 1.1.3 del primer capítulo.
[12] Giddens, Anthony (1995a), p. 107.

toma un carácter particular. Los tiempos fuertes son los signados por la obligación continua, ya sea para la sobrevivencia, ya para la superación de las condiciones materiales de vida; son los tiempos vinculados al comercio. Los tiempos débiles no son tiempos demarcados temporalmente, por ejemplo en una parte del día o de la semana, sino que son tiempos que se van recreando de manera intersticial, vale decir, sin responder a ningún patrón preestablecido. Las personas los recrean, siempre de maneras diferentes, para incorporar en su cotidianidad el sentido de la no obligación, del no trabajo.

De esta forma, uno de los cónyuges —y no los dos simultáneamente— dispone de instantes en los que se distancia del comercio, recluyéndose en la vida totalmente privada (ya sea para experimentarlo como tiempo libre o incluso como tareas domésticas), o bien, se introduce en el espacio público más próximo. En uno y otro caso, esos breves tiempos son vividos como pequeñas discontinuidades ya que no son tiempos regidos por el sentido de la obligación. Tampoco se caracterizan por asociarse a un tipo particular de "encuentros" sociales, ya que generalmente son tiempos en los que las personas se retrotraen a la soledad o bien, establecen interacciones sociales difusas, que no llegan a constituir encuentros, entendidos como interacciones convergentes.[13] Lo característico de estos tiempos débiles intersticiales no es la actividad que en ellos se realiza; unas veces no se realiza ninguna actividad, otras se realiza una actividad propia del tiempo libre (como ver televisión) o incluso se llegan a realizar actividades propias del trabajo doméstico. Esos instantes se recrean a voluntad de la persona y lo que se realice no implica obligación, aun cuando pueda ser un trabajo. Tampoco es posible identificar estos tiempos intersticiales con ciertos espacios, ya que se trata de tiempos que se viven como intersticiales en el conjunto del ciclo cotidiano de la persona, y que se pueden dispersar en múltiples espacios. El texto que transcribimos a continuación ejemplifica esta intersticialidad de los tiempos débiles:

---

[13] Las interacciones difusas son laxas, transitorias, no definen un ámbito de cercamiento. En una interacción convergente se introduce un cercamiento entre los individuos, supone que dos o más individuos coordinen sus actividades, supone un compromiso cara a cara. Giddens, Anthony (1995a), pp. 105-106.

[...] los ratos libres ... uno mismo se los ... se los da, mira cuando yo este ... por decirlo ... cuando yo tengo, o sea ... como que ya me siento aburrido de estar aquí, si, o sea eso, ponle que sea una vez a la semana o tal vez más tiempo, pero cuando me siento así, trato de ... por decirlo ...irme a ... a pus simplemente ahí a la casa de mi mamá a saludarlos ... en ese tiempo ...este ... cuando yo voy allá la que se queda es mi esposa, mi esposa con... con los niños. Voy con mis papás, te digo o me pongo a ver una película allá en la casa ... o simplemente voy ... pues no sé, voy a hacer ... hacer tiempecillo inclusive por allá adentro [...][14]

Otra particularidad de estos tiempos débiles intersticiales es que no son compartidos por los cónyuges. Lo que comparten los cónyuges son los tiempos fuertes marcados por la obligación, la continuidad (el comercio). Precisamente, la vivencia de los tiempos fuertes, compartida por ambos cónyuges, es lo que permite que cada uno de ellos, en distintos momentos, de manera individual, pueda distanciarse de la obligación continua y recrear sus propios tiempos débiles no obligados.

Los tiempos fuertes marcados por la obligación y los tiempos débiles intersticiales pueden ser considerados como un todo coherente, integrado, si se toma el punto de vista del ciclo cotidiano, o la *duración* en términos de Giddens. Así, la integración del ciclo cotidiano en el modelo nos permite comprender más fácilmente la vida cotidiana como un todo. Esta función integradora también se puede lograr por la otra coordenada básica de los individuos: el espacio; de hecho, en este tipo en particular, el espacio entendido como dimensiones proxémicas también nos permite esa integración. En cambio, en otras situaciones en las que rige la dispersión espacial de la existencia, el ciclo cotidiano resulta la forma más apropiada para captar la totalidad de esa duración.

La introducción del ciclo cotidiano de las 24 horas remite a los tiempos fuertes y a los tiempos débiles intersticiales, remite a las temporalidades vividas cotidianamente, que en este tipo sólo es una. Sin embargo, incluir el ciclo cotidiano supone introducir otra cuestión, es lo que se refiere a la manera en que son vividas las temporalidades y los ritmos temporales (los tiempos fuertes y débi-

---

[14] Extracto de la entrevista núm. 5, de acuerdo con la numeración establecida en el apartado metodológico 8.1., cuadro núm. 4 del cap. 8.

les). Esto significa considerar si las temporalidades y los ritmos son vividos por las personas como repeticiones, en consecuencia, pueden ser rutinarios, o ser experimentados como acontecimientos, aun cuando sean acontecimientos previstos. Evidentemente, el acontecimiento adquiere un significado de innovación, creación, invención, aunque al enfrentarnos a lo nuevo también puede ser problemático por no disponer de una tipificación de acuerdo a la cual actuar.

En el tipo de cotidianidad que estamos considerando, la especificidad que toma el ciclo cotidiano es la ausencia de acontecimientos, con lo cual se disminuye la esfera de lo desconocido y la cotidianidad transcurre dentro de pautas repetitivas, en consecuencia conocidas. Esta característica se asocia directamente con los otros rasgos que venimos considerando, como por ejemplo que la existencia esté concentrada en un único espacio de vida y en una única temporalidad. Aun cuando en los ritmos temporales se diferencian tiempos fuertes y débiles, el carácter de intersticial de estos últimos hace que no puedan alcanzar a constituir acontecimientos, en el sentido de algo nuevo y creador dentro de la vida cotidiana. La concentración de la existencia en "el espacio contenido en una habitación define fronteras esperadas de copresencias",[15] con lo cual se restringe fuertemente la posibilidad de introducir la invención en la cotidianidad. Cuando ese espacio es abierto como espacio público (como lo es un comercio), cabe la posibilidad de copresencias no esperadas; no obstante, las posibilidades de invención son reducidas ya que esas copresencias inesperadas no llegan a definir verdaderas interacciones convergentes; sólo pueden constituir interacciones muy difusas, laxas, transitorias, en las que las personas no establecen cercanías.

Todo lo anterior —la concentración espacial de la existencia y la vivencia de una única temporalidad—, desde la perspectiva de la relación entre los cónyuges, actúa como un condicionamiento para que los roles conyugales en el ámbito laboral se desarrollen de manera conjunta, ya que ambos cónyuges participan simultáneamente en la misma actividad laboral generadora de ingresos (el comercio). Se comparte un espacio de vida y se comparte una única

---

[15] Giddens, Anthony (1995a), p. 102.

temporalidad cotidiana, se comparten las actividades rectoras de ese espacio y ese tiempo: las actividades laborales.

Las actividades cotidianas no sólo son trabajo generador de ingresos; otra parte significativa se integra con las actividades domésticas, las actividades vinculadas a los hijos. En este ámbito también se da una tendencia a la conjunción de los roles conyugales, aunque no es absoluta, ya que se trata de un ámbito en el cual el peso de los patrones culturales de la segregación conyugal es muy fuerte.

A pesar de ello, encontramos una tensión entre los patrones socialmente arraigados hacia la segregación y la posibilidad material de conjunción, que se potencia por el hecho de compartir las 24 horas del día el espacio de vida en el cual tienen lugar las actividades domésticas y las actividades vinculadas a los hijos. En otros términos, mientras el hombre-cónyuge pasa la mayor parte de su tiempo cotidiano fuera del espacio residencial en el cual tienen lugar la mayor parte de las actividades domésticas y vinculadas a la atención de los hijos, el mantenimiento de roles conyugales segregados en lo doméstico se sustenta en pautas culturales y también en la distancia física mantenida respecto a dichas actividades.

Cuando la distancia física (como una distancia que separa) desaparece, sólo quedan las pautas culturales, como fundamento de la segregación, lo que no es poco aunque tampoco es rígido. El párrafo que transcribimos a continuación ilustra nuestra interpretación respecto a la trascendencia del espacio de vida y las distancias físicas en la conformación de los roles conyugales:

[...] si tú estás viendo, por decirlo así, que tu pareja se está viendo un poquito presionada con los quehaceres de la casa y luego con los niños, pues, al menos en mí, yo digo: bueno si yo veo que ella tiene que tender la ropa pero tiene que ver al niño también, o hace una cosa o hace la otra, verdad, entonces yo la ayudo por decirlo así, si ella tiene que cambiar al niño y darle de comer, pues yo voy y tiendo la ropa ... claro, cuando yo veo ... porque, este ... normalmente yo estoy aquí en la tienda, sí , no en sí, en sí de que nos pongamos de acuerdo, no [...][16]

---

[16] Extracto de la entrevista núm. 5, de acuerdo con la numeración establecida en el apartado metodológico 8.1., cuadro núm. 4 del cap. 8.

No estamos restándole importancia a la incidencia de los patrones culturales arraigados; sin embargo, creemos que es necesario revalorizar el espacio de vida en el cual se realizan la mayor parte de las actividades cotidianas, como una componente material de la vida cotidiana que se constituye en dimensión cultural. En otras palabras, creemos que los patrones de segregación conyugal instituidos socialmente se pueden sostener más firmemente cuando cada cónyuge desarrolla buena parte de su cotidianidad en un espacio diferente al del otro cónyuge.

Por otra parte, el hecho de que, en este tipo de cotidianidad, el cónyuge de origen rural sea la mujer y no el hombre, puede tener alguna incidencia favorable a la implementación de roles conyugales conjuntos. Cuando el origen rural es el del hombre-cónyuge, la resistencia a lo no tradicional, a lo no instituido (como la conjunción conyugal) es más fuerte.

El conjunto de elementos que presentamos más arriba, viene a constituir el hecho nodal central para la conformación de la vida cotidiana de los hogares que identificamos a partir de este modelo. En síntesis, este nodo básico se constituye en torno al espacio de vida que concentra la existencia de ambos cónyuges; al presente vivido como un tiempo único —en el que si se pueden diferenciar tiempos débiles, sólo es de manera intersticial— dominado por la repetición que se hace rutina; y en torno al núcleo conyugal, que se interrelaciona a partir de la copresencia y del compartir la mayor parte de las actividades cotidianas, exceptuando los tiempos débiles intersticiales, ya que no hay conjunción en esos breves instantes signados por la no obligación. Estos tiempos débiles de tipo intersticial no llegan a constituir una forma de invención o creación que rompa el carácter repetitivo, aunque en alguna forma podríamos considerarlos como una *cuasi* invención de la cotidianidad.

Primer nodo en la constitución de la vida cotidiana
del tipo basado en la rutinización-conjunción conyugal

- Un único espacio de vida concentrador de la existencia de ambos cónyuges (*fondo espacial de la trama de la vida cotidiana*).
- El ciclo cotidiano dominado por la repetición rutinaria (*fondo temporal de la trama de la vida cotidiana*).

- Los ritmos temporales sólo permiten diferenciar ciertos tiempos débiles de tipo intersticial (*fondo temporal de la trama de la vida cotidiana*).
- Patrones de conjunción en los roles conyugales (*vínculos sociales básicos de la trama de la vida cotidiana*).

A partir de estas relaciones básicas se constituyen otras, como las que se refieren al hogar en su conjunto, y también la relación del hogar con el vecindario.

6.1.2. La socialidad conyugal reproducida en la socialidad interna y externa al hogar

La constitución de la socialidad básica del hogar a partir de roles conyugales de tipo conjunto en lo laboral y con tendencia a la conjunción en lo doméstico, influye en la reproducción de pautas de socialidad de naturaleza semejante en el nivel del hogar en conjunto. De esta forma, lo que entre los cónyuges hemos identificado como roles conjuntos por compartir las mismas actividades, cuando se reproduce en la escala del hogar, puede ser interpretado como una forma de cooperación de todos los miembros con miras a sostener el progreso material del grupo.

La conjunción conyugal expresa la situación en la cual los cónyuges comparten las actividades; la cooperación de todo el grupo familiar en lo laboral y en lo doméstico también es la expresión de compartir dichas actividades. No obstante, el compartir en el nivel del núcleo conyugal tiene connotaciones diferentes que el hacerlo en el nivel del grupo familiar. Cuando se comparten actividades laborales y domésticas entre los cónyuges, es indicativo de patrones que se apartan de los tradicionales, y en consecuencia, en términos culturales muestra una pauta de organización de la cotidianidad innovadora, o al menos que no sigue los patrones esperados. En cambio, el compartir la realización de ciertas actividades en el nivel del grupo familiar parece ajustarse a patrones más frecuentemente seguidos por los hogares de escasos recursos, en donde el compartir es simplemente una estrategia de sobrevivencia de todo el grupo residencial.

El compartir la duración de la vida cotidiana entre los cónyuges y los restantes miembros del grupo familiar le otorga un carácter particular a la cotidianidad, ya que hay una copresencia continua del grupo familiar. La duración de la vida cotidiana parece constituirse en un "encuentro" constante.

Todo lo anterior nos habla de una socialidad basada en el compartir, tanto entre los cónyuges como entre los distintos miembros del hogar, que reconoce unos límites dados por el hogar. En otras palabras, si el compartir actividades y metas puede interpretarse como una estrategia de solidaridad a fin de sostener una mejoría alcanzada en las condiciones materiales de vida, esta solidaridad sólo alcanza significado con relación al interior del hogar, y no se constituye en una forma de establecer las relaciones sociales en otros ámbitos. Es una solidaridad fuertemente marcada por el espacio vivencial que delimita un afuera y un adentro. Por ello, el ámbito vecinal y el de la parentela resultan mundos distantes, con los que no se desarrollan cotidianamente relaciones que supongan el compartir actividades. Son ámbitos que quedan fuera de los espacios de vida regidos por la racionalidad del compartir.

Entre el ámbito del hogar y el vecinal se interpone una considerable distancia social, que se adopta como una estrategia para disminuir los conflictos. La distancia social aparece como una forma de anticiparse al conflicto. Algo semejante ocurre con el ámbito de la parentela: entre el hogar y los familiares no residentes en el hogar —los parientes— media una distancia social y afectiva que restringe las posibilidades de compartir actividades. La distancia aparece como un mecanismo de seguridad. De estos dos ámbitos externos y distantes con respecto al hogar (vecindario y parentela), el vecindario resulta ser el más distante en términos sociales. La distancia física suele ser menor con los vecinos (excepto en el caso de los parientes-vecinos), por ello se interpone más distancia social como un recurso para protegerse del posible conflicto. En el caso de la parentela que no es vecina, no es necesario que medie tanta distancia socioafectiva ya que la protección está asegurada a través de la distancia física.

En un análisis rápido podría esperarse que el ámbito vecinal no resultara distante por una posible función vinculante entre el hogar y el entorno socioterritorial, ejercida por el comercio. Sin embargo, la función de vínculo sólo se desarrolla en la dimensión comercial, sin generar vínculos sociales en otro orden. De todo lo anterior se concluye que la unión del lugar de residencia y el lugar de trabajo, a partir de la localización de un comercio en el espacio de la vivienda, genera relaciones intensas en cuanto a compartir actividades en el interior del núcleo conyugal, llegando a patrones de roles conyugales no tradicionales, sobre los que se construye la trama básica de las interacciones sociales de estos hogares. El comercio en el hogar también genera fuertes relaciones de cooperación en el interior de éste; en cambio, en relación con los ámbitos externos al hogar tiene la capacidad de producir un creciente distanciamiento asociado a un sentido de desconfianza y un sentido de protección con el distanciamiento. Así, la espacialidad de la vida y la racionalidad económica resultan condicionamientos casi directos de la forma en que se establecen las pautas básicas de interacción social.

Segundo nodo en la constitución de la vida cotidiana
del tipo basado en la rutinización-conjunción conyugal

- Patrones de conjunción en los roles conyugales (*vínculos sociales básicos de la trama de la vida cotidiana*).
- Las relaciones en el interior del hogar se basan en la cooperación para el progreso del grupo familiar (*vínculos sociales de la trama de la vida cotidiana*).
- Las relaciones del hogar con el vecindario y la parentela se basan en la interposición de distancias sociales que protegen el hogar (*vínculos sociales de la trama de la vida cotidiana*).

6.1.3. La socialidad del hogar conformadora de la espacialidad

En el segundo hecho nodal se señala el carácter que toman las relaciones sociales en los cuatro ámbitos que venimos diferenciando: en el interior del núcleo conyugal, en el interior del hogar, y en el exterior del hogar (vecindario y parentela). En este otro conjunto de elementos nodales vemos la asociación entre esas formas de establecer los vínculos sociales y la experiencia interiormente vivida del espacio.

En este sentido, encontramos dos asociaciones: una, la que se establece entre la socialidad interna al hogar y la vivencia del espacio interno a la vivienda, como un espacio vivido; la otra, es la que se observa entre la manera de vinculación del hogar con el entorno socioterritorial externo al hogar (el barrio) y el espacio barrial como experiencia interiormente vivida.

En el primero de estos ámbitos de la socialidad, el hogar, encontramos que las relaciones básicas se fundan en la noción de "compartir en situaciones de copresencia" las distintas actividades cotidianas, particularmente, las actividades laborales, entre todos los miembros del grupo familiar. Domina la visión de la necesidad de la colaboración entre todos los miembros para que el hogar pueda sobrevivir, o bien, mejorar las condiciones materiales de vida.

Esta visión, que se expresa en prácticas concretas, se asocia a una particular experiencia del espacio interno a la vivienda, lo que venimos identificando como espacio vivido, ya que es un espacio habitual, en el que las personas manejan distancias sociales y afectivas.[17] Se establece un fuerte sentido de pertenencia respecto a ese espacio, lo que en un principio parece deberse a la propiedad formal de la vivienda (el "ser propietarios"). Sin embargo, lo particular es el significado que adquiere la propiedad de la vivienda. Una vez más, lo que parece obvio es lo que debemos indagar. Es una situación muy generalizada el que las personas establezcan una relación de pertenencia con el espacio vivencial del hogar, que parece fundarse en la propiedad de la tierra o de la vivienda,[18] lo que cobra especificidad es el significado atribuido a dicha propiedad.

---

[17] Recordemos que el *espacio de vida* puede ser visto como un grupo de lugares frecuentados por un grupo social o un individuo, en los cuales el individuo (o grupo) se siente parte de ese espacio. El *espacio social*, es aquel que se refiere no sólo a un lugar frecuentado y del que se es parte, sino también al lugar frecuentado y en el que se puedan distinguir distancias sociales. El *espacio vivido* es el que da cuenta de un lugar frecuentado y del que uno es parte, en el que se distinguen distancias sociales, pero también aquel en el que puedo distinguir distancias afectivas.

[18] Aun cuando esta relación sea generalizada, tampoco debe pensarse como una relación válida en cualquier situación. De hecho, hemos encontrado casos en los cuales, a pesar de mediar la propiedad formal de la vivienda, las personas no sienten la pertenencia a ese lugar.

En este tipo de cotidianidad, la propiedad toma el significado del "logro" como un desafío individual y conyugal; aunque también se constituye en símbolo del progreso cuando es considerada en relación con el hogar antes que con el núcleo conyugal: es logro para los cónyuges y es progreso para el hogar. Esta experiencia interior de que el espacio de la vivienda constituye un logro y una expresión del progreso del hogar, está estrechamente asociada con la organización de los vínculos sociales en el interior del hogar a partir de la colaboración de todos los miembros.

Una relación semejante se establece con el entorno socioterritorial o barrio. Anteriormente señalamos que esa perspectiva de colaboración y compartir con los otros las prácticas cotidianas, encuentra su límite en el hogar. No se extiende a relaciones externas al hogar, en parte, por la visión de que es necesario concentrar en ese espacio todos los esfuerzos para asegurar la sobrevivencia y el progreso, y en parte, por la otra idea de que las relaciones con el vecindario, sobre todo el vecindario próximo, suponen conflictos.

Esta forma de construir las relaciones sociales con el vecindario, a través de la demarcación de una distancia social, también se expresa en el sentido que toma el espacio barrial. Con el vecindario se demarca una distancia social y el espacio barrial (como el territorio del vecindario) no es un espacio vivido, no se establece ninguna relación de pertenencia con él. Ni siquiera se puede considerar como un espacio social, ya que ello supondría manejar distancias sociales (aunque no así, afectivas) y también sentirse parte de él. Precisamente, este tipo de construcción de la cotidianidad no reconoce la pertenencia a la propia colonia, al espacio externo al hogar. No se ha desarrollado la territorialidad, como vínculo de pertenencia del individuo a su espacio inmediato y externo, pero no se niega ese espacio, aunque, si reconoce alguna forma de identificación, sólo es como "área de mercado del comercio".

Este tipo de construcción de la vida cotidiana parece expresar la imagen de hogares en los cuales se establecen relaciones muy compartidas en el interior del hogar y con numerosos intercambios en ese ámbito. Aunque, al mismo tiempo, es el perfil de hogares que están muy distanciados de todos los ámbitos sociales externos al hogar. Internamente al hogar, las interrelaciones son numerosas y externamente, son muy restringidas. La concentración espacial se asocia al compartir para progresar, o bien para sobrevivir.

La vivienda adquiere un significado muy intenso por ser el espacio vivencial del grupo familiar, en el cual se desarrollan las relaciones de cooperación para el progreso. Toma el carácter de un espacio cerrado al exterior, aunque fuertemente apropiado internamente. En un principio, el rasgo de espacio cerrado puede parecer contradictorio con la presencia del comercio en la vivienda, no obstante, se lo puede comprender mejor si se interpretan las múltiples interacciones en el comercio como interacciones difusas (laxas y transitorias) y no como encuentros en los cuales se establece un compromiso. A continuación sintetizamos este tercer conjunto de relaciones fuertes.

Tercer nodo en la constitución de la vida cotidiana del tipo basado en la rutinización-conjunción conyugal

---

- Las relaciones en el interior del hogar se basan en patrones de cooperación para el progreso del grupo residencial (*vínculos sociales de la trama de la vida cotidiana*).
- Fuerte sentido de pertenencia y apropiación respecto al espacio vivencial interior de la vivienda (*fondo espacial de la trama de la vida cotidiana*).
- Las relaciones del hogar con el vecindario se basan en la interposición de distancias sociales que protegen el hogar (*vínculos sociales de la trama de la vida cotidiana*).
- Ausencia de apropiación y pertenencia respecto al espacio barrial (*fondo espacial de la trama de la vida cotidiana*).

6.1.4. La vivencia espacial en la conformación del tiempo interior y el sentido del lugar

Por último, este tipo de constitución de la cotidianidad reconoce un nodo relativo a la subjetividad del espacio y el tiempo como vivencias o experiencias interiores, aunque asociadas al "hacer" de los individuos.

La apropiación del espacio vivencial de la vivienda influye en la conformación de las dos coordenadas básicas de los cónyuges. El tiempo interior —"aquel en el cual nuestras experiencias actuales se conectan con el pasado mediante recuerdos y retenciones"—[19] se vive como un "presente construido". La perspectiva del presente construido significa que la vida cotidiana no se está proyectando hacia el futuro; no obstante, el predominio del presente no implica un presente que simplemente ha llegado y alcanza a los individuos. Se trata de un presente que ha sido construido, proyectado desde el pasado. No se están construyendo nuevos proyectos, sino que se vive lo que fue un proyecto en el pasado.

Esta vivencia se ancla en dos referencias materiales clave: la instalación del comercio familiar y la propiedad de la vivienda. Estas dos cuestiones están muy asociadas entre sí, ya que el comercio se ha instalado en la vivienda. El comercio y la vivienda propia pueden haber constituido el centro del proyecto pasado, lo que permite comprender con más profundidad el fuerte sentido de pertenencia respecto al espacio interno de la vivienda, en tanto que "logro". Un logro se define como tal en el contexto de un proyecto, pero se trata de un proyecto logrado o alcanzado. Así, los horizontes temporales no se extienden hacia el futuro, ya que el presente se organiza en torno a un logro: el comercio y la vivienda propia.

La otra dimensión de este nodo se establece en torno al espacio, pero no el espacio como dimensión material sino a la vivencia espacial. La ausencia de apropiación respecto al espacio barrial, la ausencia de pertenencia a ese espacio, no debe interpretarse como una falta de identificación del mismo. Encontramos algunos elementos que parecen esbozar un proceso de construcción del sentido del lugar, como una expresión de la subjetividad referida específicamente al entorno barrial.[20]

Los procesos de construcción de la subjetividad en términos generales, no sólo los que se refieren al espacio, se asocian a dos procesos sociales que son reprocesados por los individuos, uno de ellos es el de objetivación y otro es el anclaje. La objetivación se

---

[19] Ésta es la conceptualización del tiempo interior o *durée* que desarrolla Schutz. Schutz, Alfred (1974a), p. 204.

[20] A pesar de que en el primer capítulo planteamos detalladamente la posición desde la cual abordamos la vida cotidiana, queremos reiterar en esta ocasión que cuando hablamos de procesos de construcción de la subjetividad no estamos asumiendo un enfoque individualista o psicologista, sino que nos orientamos en una perspectiva cultural o sociologista.

refiere a la construcción del sentido común a partir de la posibilidad de que en un momento el conocimiento se descontextualice de un discurso particular, y se transforme en una imagen vívida, en un esquema figurativo. El otro proceso de construcción de la subjetividad —el anclaje— se refiere a la posibilidad de denotar las cosas, de identificarlas, de clasificarlas. Las cosas que no están identificadas, clasificadas, que no tienen nombre, no existen subjetivamente.[21]

Desde esta perspectiva de construcción de la subjetividad, el modelo de la vida cotidiana que estamos analizando muestra que existe un proceso de identificación del entorno barrial, aun cuando no se siente la pertenencia o territorialidad respecto al mismo. En términos de la construcción de la subjetividad respecto al entorno socioterritorial inmediato se ha dado ese proceso de anclaje, que ha creado subjetivamente el Valle de Chalco en el imaginario de una parte de sus habitantes. Existe una representación del mismo, se ha creado un particular sentido del lugar, en donde el lugar toma una connotación limitada, como barrio o colonia, y otra más amplia: "el Valle".

Esta representación se conforma en torno a la imagen de la propia colonia y el Valle de Chalco en términos generales, como lugares en donde se vive "al margen del mundo urbano". La imagen del mundo urbano es la imagen del Área Metropolitana de la Ciudad de México. Recordemos que este modelo lo construimos a partir de población que ha vivido en otros lugares del Área Metropolitana de la Ciudad de México.

¿Qué significa experimentar que se está residiendo en un lugar que está al margen del mundo metropolitano? En este modelo, significa experimentar internamente que se está residiendo en un lugar en donde se han perdido condiciones de vida que son conocidas porque en un pasado se dispuso de ellas. Muchas de estas condiciones son añoradas, sobre todo la accesibilidad urbana propia de la gran ciudad, la disponibilidad de áreas comerciales diversificadas y en menor medida, los servicios urbanos.[22] También se da un sentimiento de añoranza por ciertas relaciones sociales, sobre

---

[21] Rodrigo, María José, Armando Rodríguez y Javier Marrero (1993), pp. 44-45.
[22] Los servicios urbanos no son una condición central en esto, porque en los últimos años en el Valle se ha ido accediendo paulatinamente a casi todos.

todo, vecinales. No obstante, ese vivir al margen es revalorizado desde otros dos ángulos: el de la cultura urbana y el de la perspectiva del progreso del hogar.

Desde la perspectiva de la cultura urbana se revaloriza un lugar que está al margen de lo metropolitano, ya que la vida cotidiana no transcurre expuesta al "movimiento urbano", a la "aceleración de los tiempos vividos" propios de la gran ciudad. Desde la perspectiva del progreso del hogar, la revalorización de vivir en un lugar al margen de la gran ciudad está dada por la convicción de que sólo era posible el progreso familiar en un lugar de ese tipo.

Este conjunto de significados que toma el vivir en un lugar al margen de lo urbano, no implica un rechazo del lugar, aunque condiciona fuertemente la ausencia del sentido de pertenencia al mismo. No se establece esa relación profunda entre el individuo y su territorio, que es la territorialidad, pero tampoco se rechaza el lugar (el Valle), sino que se profundiza la fijación en un microespacio: el espacio interno de la vivienda, porque es en ese microespacio en donde se materializa el progreso del grupo familiar.

La ausencia de rechazo por el lugar como barrio también se asocia estrechamente con la forma en que se vive el tiempo interior: el horizonte temporal se orienta al presente. Así, la ausencia de rechazo por el lugar —aunque no se pertenezca a ese lugar— se asocia con los horizontes temporales fijados en el presente; ni se rechaza el lugar ni se proyecta hacia el futuro, lo que hubiese constituido una estrategia de alejamiento del lugar presente. Se acepta el lugar al que no se pertenece; el tiempo interior se vive como presente y se repliega la vida cotidiana en un microespacio en el cual los intercambios sociales son numerosos, y dentro del cual es posible esa relación intensa entre el individuo y el espacio. Se desarrolla la territorialidad, pero sólo con relación al espacio interior privado del hogar.

En síntesis, la construcción del sentido del lugar como "estar al margen del mundo urbano" se realiza a partir de una dimensión valorativa, en la cual los referentes de los juicios de valor no son referentes inmediatos y materiales, sino que se trata de referentes profundos constitutivos del modo de vida. Son referentes profundos porque se anclan en cuestiones culturales que forman parte del modo de vida: la falta de accesibilidad urbana, la añoranza por una socialidad vecinal que se perdió y no se puede sustituir por la actual, la tranquilidad propia de un lugar marginal.

Sentido del lugar del tipo basado en la rutinización-conjunción conyugal: al margen del mundo urbano

Construido a partir de referentes profundos asociados al modo de vida:
Referentes profundos del sentido del lugar:
* La accesibilidad urbana vista como lo que se perdió:
— en la capacidad de desplazamientos
— en el acceso a áreas comerciales y equipamientos
* Ciertas relaciones sociales (vecinales) vistas como lo que se perdió
* La ausencia de aceleración de los tiempos vividos como un beneficio obtenido en el Valle
* La ausencia de violencia-agresión de la gran ciudad como beneficio obtenido en el Valle

Resultado:
* No se desarrolla el sentido de rechazo por el lugar
* No se desarrolla el sentido de pertenencia al lugar
* Se desarrolla un repliegue:
— dentro de un microespacio interno a la vivienda
— en el presente que se ha construido
* Se desarrolla el sentido del Valle como un lugar que se ha fijado en el tiempo y en el espacio (no está en proceso de cambio) y en el que es posible el repliegue en un microespacio con un modo de vida sin impactos bruscos del mundo externo.

Así, son objeto de valoración ciertas experiencias interiores, como por ejemplo la aceleración del tiempo cotidiano, la agresión-violencia propia de la gran ciudad. Éstos son los referentes que la valoración rechaza. En esta particular construcción del sentido del lugar también se incluyen otros referentes, igualmente profundos en cuanto a ser constitutivos del modo de vida, pero que son objeto de valoración como añoranza por lo que se ha perdido. En este caso, nos referimos a la accesibilidad propia de la gran ciudad. La accesibilidad tiene referentes materiales muy directos; sin embargo, la consideramos como referentes profundos, ya que lo que se valora no son los objetos en sí mismos, sino el acceso a la diversidad que brinda la metrópolis.

En ese repliegue dentro del microespacio vivencial no sólo se desarrollan numerosos intercambios entre los miembros del hogar, sino que también es posible la organización de roles conyugales no tradicionales, esto es, roles conjuntos. Esta particularidad nos recuerda uno de los hallazgos de Elizabeth Bott cuando estudiaba las familias londinenses. Bott halló que las interacciones estrechas e intensas con el entorno externo al hogar eran un fuerte condicionamiento para que los matrimonios se organizaran en el interior del hogar a partir de roles conyugales separados.[23]

En nuestro caso, no tenemos elementos para afirmar que, efectivamente, el distanciamiento social respecto al entorno barrial y a la parentela favorezca la organización con base en roles conyugales conjuntos. Aunque este modelo de constitución de la cotidianidad incorpora ambas dimensiones, roles conyugales conjuntos y distanciamiento respecto al mundo externo al hogar, no podemos afirmar la existencia de una relación causal entre ambos, aunque sí su asociación.

Cuarto nodo en la constitución de la vida cotidiana
del tipo basado en la rutinización-conjunción conyugal

- Fuerte sentido de pertenencia y apropiación respecto al espacio vivencial interno a la vivienda (*fondo espacial de la trama de la vida cotidiana*)
- Sentido de residir en un lugar que está al margen del mundo urbano (*fondo espacial de la trama de la vida cotidiana*)
- Tiempo cotidiano vivido como un presente construido (*fondo temporal de la trama de la vida cotidiana*)

En síntesis, en este nodo se articulan la pertenencia al espacio vivencial interno a la vivienda, con el sentido de estar residiendo en un lugar que está al margen del mundo urbanizado, representado por el Área Metropolitana de la Ciudad de México, y también la

---

[23] Aunque, debemos reconocer que Bott destacó muy claramente que no tenía elementos como para postular la relación opuesta, es decir: escasa relación con el entorno y roles conyugales conjuntos, sino que dejaba esa relación como interrogante para futuras investigaciones.

vivencia del tiempo como un presente construido que no se proyecta en el futuro, pero tampoco se repliega en el pasado.

En este contexto, la constitución de la vida cotidiana de ambos cónyuges se da a través del predominio de la rutina, y no aparecen ángulos desde los cuales haya expresiones de innovación en la cotidianidad actual. En todo caso, pueden encontrarse rupturas de la vida cotidiana, pero ello se expresa en el contexto de las trayectorias de vida, vale decir, en tiempos más largos que el del ciclo cotidiano. Predomina la rutina.

De esta forma, un tipo de constitución de la cotidianidad que permite comprender a una parte de los hogares del Valle de Chalco reúne la rutina, la concentración espacial de la existencia en el interior del hogar, la conjunción conyugal y la lógica del compartir hacia adentro del hogar y en situaciones de copresencia, y distanciarse de todo lo externo al hogar por un sentido de desconfianza frente a los otros. Si se puede reconocer alguna forma de invención de la vida cotidiana es a través de los ritmos temporales, que incorporan tiempos débiles de tipo intersticial con espacialidades diversas y cambiantes. Esos tiempos —aunque fugaces— son los que permiten a los cónyuges, en forma individual, alejarse por instantes de la repetición.

6.2. La invención de la vida cotidiana por la fragmentación de los espacios y tiempos vividos, en un contexto de complementariedad conyugal

En este modelo de constitución de la vida cotidiana, los vínculos sociales constituyen la base que demarca el fondo espacio-temporal de la trama de la vida cotidiana. Los vínculos sociales son determinantes del fondo espacio-temporal.

En cuanto a los ámbitos proxémicos en los que se desarrollan los vínculos sociales, el motor en la constitución de las relaciones sociales parece ubicarse en uno de los cónyuges, antes que en el núcleo conyugal. A partir de este nivel individual se establecen las relaciones del hogar con su entorno externo. La forma de establecer los vínculos entre los cónyuges (los roles) no es una fuerza que conforma las relaciones con el entorno; por el contrario, la socialidad externa al hogar de uno de los cónyuges (la socialidad con el vecindario) condiciona la socialidad conyugal.

En cuanto a la posición en el campo socioterritorial correspondiente a los hogares que se acercan a este modelo, tenemos un tiempo de residencia en el Valle de Chalco de alrededor de 10 años, composición de los hogares por parentesco con extensiones laterales, origen metropolitano de la mujer-cónyuge, en tanto que el hombre procede de zonas rurales, tiempo de unión del núcleo conyugal de alrededor de 10 a 12 años de unión y varios lugares de residencia anteriores al actual, desde la constitución del hogar.[24]

6.2.1. La identidad de uno de los cónyuges en la conformación de la socialidad con el entorno socioterritorial

En este modelo encontramos un nodo básico conformado a partir de la identidad de uno de los cónyuges. Hablamos de identidad en el sentido de la relación de una persona con sí misma, en el sentido del "quién soy". En este modelo de constitución de la vida cotidiana, la identidad de uno de los cónyuges, que generalmente es la mujer, se define en torno a la búsqueda de la superación de sí misma como persona, antes que como cónyuge. Posiblemente, ello se asocie con el perfil sociodemográfico, ya que este modelo se identifica con hogares en los cuales la cónyuge es de origen metropolitano, más específicamente se trata de mujeres que proceden de hogares urbanos pobres.

Esta perspectiva individual se expresa en la participación actual en diferentes actividades, en distintos ámbitos sociales. Esta participación diversificada marca un aspecto diametralmente opuesto con el modelo anteriormente presentado, que caracterizamos por la concentración espacial de la existencia. La diversificación de los ámbitos sociales en los que se participa restringe las posibilidades de que ambos cónyuges compartan esa dimensión; además, esa participación responde a la necesidad de realización personal de uno de los cónyuges, y no de ambos o del hogar, es decir, no es una estrategia compartida.

---

[24] Corresponde a la Posición socioterritorial 2, del cuadro núm. 27 (capítulo 8, apartado 8.4.7).

La realización de distintas actividades externas al hogar supone la participación en diferentes círculos sociales, usualmente de la vida pública. Estos círculos se refieren generalmente a tres tipos de ámbitos: laborales, vecinales y aquellos en donde se realizan actividades propias del tiempo libre, actividades que suponen alguna forma de esparcimiento, como son las deportivas.

En cuanto a la relación particular con el ámbito vecinal, las interacciones son numerosas, frecuentes y predomina la concepción de que el vecindario está conformado por una fuerte unidad entre los vecinos. En las numerosas interacciones con el vecindario se recrea la búsqueda de la realización personal, casi siempre a través de la construcción de un vínculo de compromiso con el entorno socioterritorial. En términos de prácticas cotidianas, este fenómeno se expresa en la activa participación en las actividades comunitarias vinculadas a la dotación de los servicios y equipamientos urbanos, particularmente en funciones organizativas relacionadas con los comités de Programa Nacional de Solidaridad.

En este modelo de constitución de la cotidianidad, el núcleo motor a partir del cual se encauza la vida cotidiana de los hogares es la búsqueda de la realización personal de uno de los cónyuges, lo que conduce a una activa vinculación de este cónyuge con el entorno externo al hogar, la realización personal no se busca en el interior del hogar. Ni el espacio de vida, ni la socialidad en el interior del núcleo conyugal resultan determinantes, sino más bien son resultantes de lo anterior. El proyecto personal se torna prioritario y orienta el tipo de proyecto familiar.

Primer nodo en la constitución de la vida cotidiana del tipo basado en la invención por fragmentación-complementariedad conyugal

---

- La identidad de uno de los cónyuges (la mujer) definida por la búsqueda de la realización personal como individuo antes que como cónyuge o como miembro de un hogar (*los vínculos sociales de la trama de la vida cotidiana*).
- La relación activa de la mujer-cónyuge con el vecindario y con otros círculos sociales (*los vínculos sociales de la trama de la vida cotidiana*).

6.2.2. La socialidad con el entorno socioterritorial en la conformación de la socialidad conyugal-familiar y la espacialidad barrial

La socialidad externa al hogar en que participa uno de los cónyuges, generalmente la mujer, resulta un factor condicionante de la forma en que se establecen los vínculos sociales en el interior del núcleo conyugal y del hogar, así como también resulta un fuerte condicionante de la relación de pertenencia que se establece con el barrio: la territorialidad barrial.

En este modelo interpretativo de la vida cotidiana, la apropiación del espacio barrial o la pertenencia al mismo, se funda en la seguridad que genera el territorio de la propia colonia. Se trata de una forma de seguridad que deriva del conocimiento que se tiene de los lugares y las personas. En principio, puede interpretarse que el conocimiento del barrio resulta de la historia personal en el vecindario y del tiempo de residencia en el lugar. Sin embargo, lo decisivo no es el tiempo de residencia transcurrido y medible cronológicamente sino la forma en que se ha dado la relación con el entorno, al no interponer un distanciamiento social con el vecindario, lo que favorece el sentirse parte del territorio barrial, el sentir seguridad por estar en un territorio conocido.

Además, la pertenencia al territorio barrial también se sustenta en el trabajo comunitario realizado, vivido como una expresión del compromiso personal. El tránsito realizado de manera comunitaria de una situación de carencias en todos los servicios y equipamientos, a otras situaciones en las que gradualmente se fueron alcanzando cada uno de esos servicios, crea la imagen de una historia barrial compartida, que finalmente también alimenta el sentido de pertenencia, vale decir, la apropiación del espacio barrial. En suma, el sentido de pertenencia al territorio de la propia colonia se debe al conocimiento, que refuerza el sistema de seguridad básica de cada persona. Se conoce el espacio material y se ha participado en su construcción, se conocen las personas y las reglas básicas de interacción social; este conocimiento crea el sentido de pertenencia al territorio barrial.

La socialidad establecida con el entorno vecinal, así como la búsqueda de realización personal por parte de la mujer-cónyuge resultan condicionantes de la forma en que se establecen los roles conyugales en el ámbito laboral y doméstico. En el ámbito laboral los roles conyugales son de tipo complementario, ya que la búsqueda de realización personal y la necesidad de mantener una socialidad muy cercana con el ámbito vecinal e incluso con otros círculos sociales, conducen a la cónyuge a desarrollar actividades generadoras de ingresos en forma independiente de las que desarrolla el hombre.

Esa socialidad activa y dinámica, construida de numerosos "encuentros",[25] llega a ser un condicionante para que esas actividades laborales no sean demasiado estables; hay cambios frecuentes, aunque lo constante es que siempre se desarrolla alguna actividad generadora de ingresos, no sólo por la necesidad de contribuir al gasto familiar, sino también por la realización personal y por los numerosos vínculos sociales establecidos con el vecindario, que llegan a actuar como canales de acceso a información laboral.

Esta situación implica que no se trata de actividades laborales compartidas por los cónyuges. Por ello, se desarrollan roles conyugales complementarios en el trabajo; ambos desarrollan actividades generadoras de ingresos, pero no son compartidas. La actividad desarrollada por la mujer suele ser la atención de un comercio en la vivienda; no obstante, se trata de un comercio en el que no participa el hombre, a diferencia del modelo anterior en donde el comercio en el hogar resultó ser el motor de la cotidianidad compartida por ambos cónyuges.

Asimismo, la participación de la mujer-cónyuge en numerosas actividades internas y externas al hogar, sólo se hace posible en un contexto familiar en el cual el ámbito doméstico es compartido, al menos parcialmente. Así, estamos frente a un modelo de constitución de la cotidianidad en el que los roles conyugales en lo doméstico se desarrollan bajo patrones de conjunción conyugal, o bien una fuerte tendencia a la conjunción. Regresando sobre una perspectiva planteada en el capítulo anterior, vemos que antes que el retorno del hombre al hogar, este tipo de cotidianidad se identifica con la salida de la mujer del espacio interno al hogar.

---

[25] Estamos usando el término "encuentros" en el sentido goffmaniano, vale decir, como los hilos conductores de la interacción social.

En ese contexto familiar en el que lo doméstico es compartido por el núcleo conyugal, esa perspectiva también se extiende a la colaboración de todos los otros miembros del hogar, por lo cual, la forma en que se establecen las relaciones sociales en el interior del hogar, es bajo la visión de que la complementariedad entre todos los miembros favorece el progreso del hogar. La socialidad del hogar se desarrolla según pautas de complementariedad, para progresar o sobrevivir.

La complementariedad no tiene los mismos contenidos que el compartir, que fue predominante en el modelo anterior. El compartir supone que todos los miembros se unen en la realización de una misma actividad. En cambio, la complementariedad supone que cada miembro del grupo residencial realiza alguna actividad con la que se busca el beneficio personal y del hogar, pero no implica que se compartan las actividades. Por el contrario, esta visión suele recurrir a la diversificación en cuanto a las actividades que realiza cada uno.

La fuerte escasez recursos económicos es lo que justifica la diversificación de las actividades que realiza cada miembro; todos realizan alguna actividad, pero en forma independiente unos de otros, y también en diferentes lugares. Esta diversificación es asumida como una estrategia del grupo ante la falta de un capital en torno al cual unir el trabajo familiar. El extracto de una de las entrevistas que transcribimos a continuación, ilustra la situación en la cual la escasez conduce a la diversificación:

> [...] como no tenemos dinero para juntarnos todos y vender y, este, es mejor así, cada quien con su trabajo. Mi hijo está trabajando por ahí, por Pantitlán, está en una dulcería y, mi esposo que anda vendiendo ropa, [...] a veces vende un vestido, hay días que, a veces se va con cinco, a veces sin nada y así vamos pasándola. A veces vende él, a veces no. Está bien así, cada quien, aunque sea poquito pero cada quien. Porque, ¿qué sería que nos fuéramos todos, todos con él? y que no vendiera y todos ahí parados, esperando ver quién compra un vestido y que no vende y todos allá. Y así pues haciendo la lucha en un lado y otro en otro y otro en otro [...][26]

---

[26] Extracto de la entrevista núm. 17, apartado metodológico 8.1, cuadro núm. 4 del cap. 8.

Lo anterior muestra la importancia de diferenciar la complementariedad y el compartir, como dos patrones distintos de organización de la socialidad interna al hogar e interna al núcleo
conyugal.

En suma, este nodo constitutivo de la vida cotidiana en el
modelo fundado en la invención de la vida cotidiana por fragmentación de los espacios y tiempos, se caracteriza por la articulación
de las siguientes dimensiones:

Segundo nodo en la constitución de la vida cotidiana del tipo basado en la invención por fragmentación-complementariedad conyugal

- La relación activa de la mujer-cónyuge con el vecindario
  y con otros círculos sociales fundada en el compromiso
  con dichos ámbitos de la socialidad (*los vínculos sociales de
  la trama de la vida cotidiana*).
- Fuerte sentido de pertenencia y apropiación respecto al
  espacio barrial, fundada en la seguridad que genera dicho
  territorio y en el trabajo comunitario realizado (*los vínculos sociales de la trama de la vida cotidiana*).
- Patrones de conjunción conyugal en el ámbito doméstico
  (*los vínculos sociales de la trama de la vida cotidiana*).
- Patrones de complementariedad conyugal en el ámbito
  laboral (*los vínculos sociales de la trama de la vida cotidiana*).
- La visión de la complementariedad para el progreso
  como criterio básico de organización de la socialidad en
  el interior del hogar, entre todos los miembros del grupo
  familiar (*los vínculos sociales de la trama de la vida cotidiana*).

6.2.3. La socialidad conyugal y externa al hogar en la demarcación del espacio y la vivencia del tiempo

La forma en que se desarrolla la socialidad conyugal (particularmente, la socialidad en el ámbito laboral fundada en la complementariedad) y la socialidad con el entorno externo al hogar, resulta un
mecanismo que demarca los espacios de vida (como espacios mate-

riales) de cada uno de los cónyuges. Así, en términos proxémicos supone que uno de los cónyuges dispersa su vida cotidiana en diversos espacios: el espacio interno a la vivienda, el espacio barrial, espacios externos al hogar y fuera del barrio y, a veces, también espacios laborales externos a la vivienda. La espacialidad de uno de los cónyuges (la mujer) se dispersa, mientras que la del otro cónyuge se dualiza entre un espacio laboral externo a la vivienda y el espacio interno del hogar.

Este despliegue espacial de la vida cotidiana en múltiples espacios por parte de la mujer-cónyuge, cuando es considerado desde la perspectiva de los ritmos temporales, resulta asociado con la vivencia de diversos tiempos fuertes. No encontramos la experiencia de tiempos débiles, ni demarcados temporalmente (por ejemplo, a través de horarios fijos) ni demarcados en el espacio (en lugares fijos). Cada uno de los espacios de vida en los que se dispersa la cotidianidad representa una actividad que es experimentada interiormente como compromiso. La experiencia interior del compromiso es lo que le otorga a todos estos tiempos el carácter de tiempos fuertes.

En el tipo anterior señalamos que los tiempos fuertes eran vividos como obligación; en este caso, antes que obligación como una imposición externa, se trata de una obligación interna que la persona asume a través de un compromiso personal con la actividad misma. De esta manera, todos los espacios de dispersión de la cotidianidad son vividos como tiempos fuertes. Desde el ángulo de las temporalidades, esta situación remite a la vivencia de la multiplicidad, vale decir, diferentes formas de gestión del tiempo. Aun cuando todas se viven como intensas, las normas de interacción y las formas de gestión del tiempo de cada uno de los espacios y ámbitos son diferentes, piénsese por ejemplo en el hogar, el trabajo, los grupos vecinales, los ámbitos recreativos, etc. Lo particular es que, desde la perspectiva de las temporalidades, esos múltiples espacios dan cuenta de las múltiples temporalidades. En cambio, desde el ángulo de los ritmos, todas esas temporalidades-espacios de vida se viven de igual forma: como tiempos fuertes.

El otro cónyuge, el hombre, ni dispersa espacialmente su cotidianidad, ni experimenta todos los tiempos como fuertes. Antes bien, dualiza sus espacios de vida entre el trabajo y la residencia, donde el espacio de vida del trabajo representa un tiempo fuerte, signado por la obligación (una obligación exterior), mientras que el espacio de vida familiar es vivido como un tiempo débil, demarcado en un espacio y en un tiempo, a partir de horarios y días preestablecidos.

Desde la perspectiva del tiempo interior —la forma en que se experimenta interiormente el tiempo cotidiano— dominan los horizontes temporales proyectados hacia el futuro. La definición de los horizontes de tiempo hacia el futuro se asocia estrechamente con la idea de proyecto, como la anticipación de un escenario de vida y la definición de una serie de acciones necesarias para alcanzarlo. El futuro aparece como el campo de ciertas prácticas que son anticipadas en el pensamiento.

En el anterior modelo de constitución de la cotidianidad a partir del predominio de la rutina como repetición, la noción de proyecto también está presente, aunque en aquel caso es un proyecto pasado que ha sido alcanzado en el presente, en tanto que en este segundo modelo, es un proyecto construido en el presente a través de la anticipación del futuro. Así, el momento de la trayectoria de vida en el cual se construye el proyecto, resulta fundamental para la vivencia interior del presente, para la conformación de los horizontes de tiempo con los que cotidianamente actúan los individuos.

Un aspecto que resulta característico de este modelo es que, si bien la vivencia de los tiempos fuertes es particular de uno de los cónyuges —la mujer—, el predominio de los horizontes de tiempo a futuro es una construcción que permea la cotidianidad del núcleo conyugal en su conjunto, lo que tiene relación con la forma de construir la socialidad conyugal, según pautas de complementariedad para un proyecto hacia el cual se orientan ambos cónyuges.

Desde el ángulo del ciclo cotidiano, entendido como la sucesión de experiencias en el tiempo cotidiano, ocurre un proceso similar. La experiencia de uno de los cónyuges viene a definir los patrones de construcción de la cotidianidad del núcleo conyugal.

En este modelo de vida cotidiana resulta particularmente pertinente traer el concepto de "duración de la vida cotidiana" recreado por Anthony Giddens, ya que este autor lo define como "el fluir continuo de actividad, sólo interrumpido por la pasividad del dormir".[27] Giddens considera que ese fluir continuo está jalonado de encuentros (interacciones en situaciones de copresencia convergentes) que representan un "abrir y cerrar paréntesis". A veces son paréntesis espaciales, a veces temporales, otras, espacio-temporales, que marcan la serialidad de ese fluir continuo que es la duración de la vida cotidiana. Nuestra perspectiva del ciclo cotidiano refiere al fenómeno que Giddens denomina "duración", es decir, es una consideración de la vida cotidiana desde la dimensión temporal del fluir continuo.

En el modelo de vida cotidiana que nos ocupa, el ciclo cotidiano se caracteriza por la fragmentación de los espacios y los tiempos. Giddens diría: la duración de la vida cotidiana como un fluir continuo, se segmenta. El compromiso, la obligación interior, la búsqueda de realización personal, llevan a la fragmentación de los espacios, cada uno de ellos asociado a una forma de gestión del tiempo diferente. En términos espaciales, este fenómeno representa la dispersión de la cotidianidad en múltiples espacios.

En relación con el ciclo cotidiano, el fluir continuo en el tiempo es la expresión de una particular forma de constitución de la cotidianidad, en la cual la fragmentación en espacios de vida y tiempos es un abrir y cerrar paréntesis en el continuo fluir, a raíz de los diferentes encuentros. Es una forma de interrupción de lo continuo, ya que cada encuentro representa un tipo de interacción social diferente, un espacio particular y una forma de gestión del tiempo propia. En ese sentido, cada encuentro es un paréntesis con el que se interrumpe lo continuo. Esos paréntesis se identifican por el desarrollo de actividades domésticas, actividades laborales, participación en juntas vecinales, actividades deportivas, encuentros con parientes, todos vividos como tiempos fuertes en los cuales media el compromiso. El siguiente fragmento de una de las narraciones ilustra la idea anterior:

[...] No, si porque es que estoy ahorita en sí haciendo una labor social en el centro de salud de acá, tengo ahí mi credencial y [...] nos vamos a hacer censos para lo de las vacunas de los niños, las vacunas de los perros, o sea que, cómo le diré, no me gusta estar inactiva, a veces por demostrarme a mí misma, o no sé, pero siempre he sido una persona

[27] Giddens, Anthony (1995a), p. 107.

muy inquieta porque no cuento con mucho tiempo, siempre trato de dividirme para no aburrirme, para no estar en un lugar nada más, nada más estacionada [...][28]

Desde la dimensión espacial, esta fragmentación la venimos denominando "dispersión de la vida cotidiana en múltiples espacios". El fenómeno de la fragmentación-dispersión del fluir continuo de la vida cotidiana incorpora un rasgo particular que estamos identificando como la invención de la cotidianidad. Según Giddens, "el espacio contenido en una habitación define fronteras esperadas de copresencias".[29] Cuando la vida cotidiana se fragmenta en segmentos de tiempo y se dispersa en múltiples espacios, las copresencias pierden ese carácter de esperadas. Aparece la posibilidad de lo inesperado muy cercano a lo múltiple.

En ese sentido, la dispersión-fragmentación espacio-temporal introduce formas de invención de la vida cotidiana a través de lo inesperado, propio de los múltiples encuentros. En última instancia, la fragmentación-dispersión también entra en el proceso de rutinización, para usar la expresión de Giddens, ya que constituye una forma de vida que se repite constantemente.[30] No obstante, es un tipo de repetición que hace posible la invención de la vida cotidiana. La invención se genera por el carácter abierto de este particular tipo de repetición. Lo que se repite es la estrategia de fragmentar los tiempos y dispersarse espacialmente, pero los espacios y tiempos en los que se fragmenta-dispersa, son diferentes cada vez y suponen una heterogeneidad de encuentros; en este sentido, permiten la invención de la vida cotidiana.

---

[28] Extracto de la entrevista núm. 9, apartado metodológico 8.1, cuadro núm. 4 del cap. 8.
[29] Giddens, Anthony (1995a), p. 102.
[30] Señalemos que cuando Giddens introduce la cuestión de la rutinización —igual que cuando Salvador Juan habla de la petrificación y la fosilización de las innovaciones culturales— metodológicamente está pasando de los individuos a la sociedad, en busca de los procesos de institucionalización que nacen de la repetición de la cotidianidad. En cambio, en nuestro análisis, cuando hablamos de la repetición, lo hacemos en el nivel de cada individuo. Es la repetición a lo largo de la vida cotidiana de los individuos. En nuestro caso, el paso del individuo a lo social, en todo caso, aparece en el recurso al tipo construido, pero no en la repetición como una búsqueda de la institucionalización. Giddens, Anthony (1995a), pp. 102-111. Juan, Salvador (1991), pp. 153-159.

A continuación presentamos un esquema-síntesis de las relaciones consideradas en este tercer nodo analítico:

Tercer nodo en la constitución de la vida cotidiana
del tipo basado en la invención
por fragmentación-complementariedad conyugal

- Patrones de conjunción conyugal en lo doméstico y complementariedad en lo laboral (*los vínculos sociales de la trama de la vida cotidiana*).
- Organización de la socialidad interna al grupo familiar fundada en criterios de complementariedad para el progreso del grupo (*los vínculos sociales de la trama de la vida cotidiana*).
- Fragmentación de los espacios de vida de uno de los cónyuges, mientras que los del otro se dualizan entre un espacio de trabajo y otro familiar (*fondo espacial de la trama de la vida cotidiana*).
- Multiplicidad de tiempos vividos por uno de los cónyuges, mientras que el otro vive dos temporalidades muy diferenciadas (*fondo temporal de la trama de la vida cotidiana*).
- Los ritmos temporales de uno de los cónyuges se caracterizan por el predominio de tiempos fuertes (todos son tiempos del compromiso social). El otro vive tiempos fuertes asociados a la obligación y tiempos débiles vinculados a la ausencia de obligación (*fondo temporal de la trama de la vida cotidiana*).
- Tiempo interior proyectado hacia el futuro para ambos cónyuges (*fondo temporal de la trama de la vida cotidiana*).
- Fragmentación espacial y temporal del ciclo cotidiano, por obligación y compromiso (*fondo espacio-temporal de la trama de la vida cotidiana*).

6.2.4. Los horizontes de tiempo en la conformación de la espacialidad vivida

Por último, tenemos un nodo constitutivo de la vida cotidiana en el que se articulan el tiempo interior (los horizontes de tiempo) como la experiencia de que el presente está organizado en función de un futuro particular (el proyecto) y una particular experiencia del espacio (el sentido del lugar y la pertenencia al espacio vivencial). Aun cuando el fundamento de estas experiencias interiores (temporal y espacial) se anclan en prácticas desarrolladas por los individuos, como dimensiones subjetivas referidas al lugar en donde reside el hogar, son compartidas por los dos cónyuges. En el texto que transcribimos aparece nítidamente la proyección hacia el futuro del horizonte temporal:

> [...] si yo tuviera dinero de más, yo no me quedaba aquí, la mera verdad yo no me quedaba aquí, buscaría un nivel de vida mejor para mis hijos ... pero no, no se trata de eso, sino que cuando usted tiene, como le diré, el gusanito de llegar a ser alguien, casi siempre empieza desde abajo, y absteniéndose de muchisísimas cosas, porque para que una persona de mi nivel económico logre algo pues cuesta muchísimo trabajo, pero también se siente una satisfacción bonita en ese, de que diga pues no estamos a todo dar, pero hay vamos, entonces ése ha sido, como le diré, más que nada el, ... la principal ... cualidad de nuestra delegada, es que ella nos dice que si vivimos bien, qué mejor que aspirar a vivir mucho mejor de como estamos viviendo, y ella siempre anda, que pues si quieren mejorar su calle, pues ella nos acompaña a Chalco [...][31]

La experiencia interior de que el presente está fuertemente orientado hacia el futuro adquiere una expresión concomitante en el predominio de un sentido de que se está residiendo en un lugar que experimenta un proceso de cambio hacia una urbanización más acabada. Este proceso de cambio remite a un futuro. Así, el sentido del lugar se puede definir como el sentido de que la colonia y el Valle de Chalco en conjunto son lugares que, aun cuando no han alcanzado totalmente la urbanización, están en "tránsito hacia dicha urbanización". Esto significa reconocer que se reside en un lugar que aún dista de constituir un ámbito totalmente urbano, aunque es un lugar que está en proceso de transformación hacia la urbanización. La visión de una urbanización hacia la que se transita

---

[31] Extracto de la entrevista núm. 9, apartado metodológico 8.1, cuadro núm. 4 del cap. 8.

refiere a una evolución, o al menos a un proceso de cambio que, como tal, necesariamente se desarrolla en el tiempo. Esta construcción del sentido del lugar es notoriamente distinta de la que caracteriza al modelo anterior, en la cual la representación es la de "estar al margen" y detenidos en el tiempo. Se puede estar al margen en un tiempo que se haya fijado en el presente; en cambio, el estar en tránsito refiere a un tiempo presente y también a un tiempo futuro, que se vinculan entre sí de manera más o menos lineal.

Así como la vida cotidiana se proyecta hacia el futuro, el espacio al que se está ligado por un sentido de pertenencia también se proyecta al futuro. El espacio proyectado al futuro está en la visión del lugar que transita hacia lo urbano como una forma acabada que se va a alcanzar.

Por último, señalemos que la visión de que el lugar está en movimiento ascendente, está expresando una forma de identificación de las personas con el lugar en el que residen. En términos más precisos, la perspectiva del ascenso se refiere a los hogares, ya que la situación actual vista a la luz de las trayectorias de vida, representa un ascenso social que está muy ligado a la propiedad de la vivienda. Por ello, al lugar en el que está asentada la vivienda se le atribuyen los mismos rasgos que al hogar mismo: el ascenso o tránsito hacia una situación mejor.

Sentido del lugar del tipo basado en la fragmentación-complementariedad conyugal: en tránsito al mundo urbano

---

Construido a partir de referentes inmediatos asociados a dimensiones materiales de la urbanización

Referentes inmediatos del sentido del lugar:
- Las carencias urbanas locales.
- El trabajo comunitario realizado personalmente para superar las carencias urbanas.
- Inicio del proceso de consolidación urbana en términos materiales.

Resultado:
- Se desarrolla un sentido de pertenencia al lugar.

- El sentido del lugar se construye con relación a lo que se concibe como un proceso de cambio urbano y se proyecta en el futuro próximo.

- No es el sentido de un lugar lo que se ha fijado en el tiempo y en el espacio; es el sentido de residir en un lugar en movimiento ascendente, en el que será posible (en el futuro) un modo de vida plenamente urbano.

Esta particular construcción del sentido del lugar es la expresión de un sentido de identificación y pertenencia entre el núcleo conyugal y el lugar de residencia, entendido este último como una expresión espacial que supera al microespacio interior de la vivienda y se extiende al entorno socioterritorial inmediato o barrio. Aquí es pertinente hablar de "barrio".

Estamos frente a la construcción del sentido del lugar a partir de la valoración de referentes inmediatos asociados a la dimensión material de la urbanización.[32] La valoración del proceso de consolidación urbana en la zona constituye un ejemplo de este tipo de referentes inmediatos materiales.

Por su parte, la experiencia temporal de que el presente se está construyendo en función de un futuro proyectado, un presente en el que se está progresando con la orientación del futuro, también trae el fortalecimiento del sentido de pertenencia al espacio más inmediato, o espacio vivencial de la vivienda, ya que, aun cuando se trata de una forma de construcción de la cotidianidad muy abierta al mundo externo al hogar, el espacio vivencial interno a la vivienda viene a representar la materialización más privada de ese proceso de progreso, que proyecta la vida cotidiana hacia el futuro. La expresión más fuerte del proceso de progreso es haber alcanzado una "vivienda propia".

En este modelo, el espacio vivencial interno a la vivienda está abierto al mundo externo al hogar. Éste es otro aspecto que contrasta con el modelo anterior, para el cual el espacio vivencial es cerrado al exterior del hogar y expresa el progreso ya alcanzado. En aquel

---

[32] Continuamos con nuestra perspectiva simmeliana de diferenciar "referentes profundos" y "referentes inmediatos"; los primeros se refieren a dimensiones culturales y los segundos a dimensiones materiales.

caso no se trata del progreso ligado a la formalización de la propiedad de la vivienda, sino al desafío personal o al logro conyugal que significa alcanzar una vivienda, en trayectorias de vida que parten de un origen social con fuerte escasez. En suma, en este último nodo en la constitución de la cotidianidad se articulan las siguientes dimensiones:

Cuarto nodo en la constitución de la vida cotidiana
del tipo basado en la invención
por fragmentación-complementariedad conyugal

- Ambos cónyuges viven el tiempo interior proyectado hacia el futuro (*fondo temporal de la trama de la vida cotidiana*).
- Sentido de estar viviendo en un lugar que está transitando hacia una forma urbana acabada, que se va a alcanzar en un futuro para el que se trabaja en el presente (*fondo espacio-temporal de la vida cotidiana*).
- Fuerte apropiación respecto al espacio vivencial interior a la vivienda, que representa la misma idea de progreso que el espacio barrial, pero en el nivel de la vida privada del hogar (*fondo espacial de la vida cotidiana*).

La revisión de los cuatro nodos articuladores de este segundo tipo de cotidianidad, muestra que, en esta forma de construcción de la vida cotidiana, adquiere un papel destacado la fragmentación de los espacios de vida y de los tiempos cotidianos de uno de los cónyuges. Esta fragmentación-dispersión espacio-temporal expresa un abrir y cerrar paréntesis que corresponden a los distintos encuentros en diferentes ámbitos sociales. La participación en distintos encuentros incorpora una forma de invención en la vida cotidiana, ya que aun cuando esos encuentros no sean nuevos en un segmento breve de la trayectoria de vida, dentro de la unidad que representa cada día, adquieren un carácter renovado, ya que introducen el cambio en un ciclo muy breve, como es la jornada diaria.

En este último sentido, la fragmentación espacio-temporal se torna característica básica de este tipo, precisamente por introducir una forma de invención en un contexto de repetición y de complementariedad en los roles conyugales.

6.3. LA INVENCIÓN IMAGINARIA DE LA VIDA COTIDIANA Y LA SEGREGACIÓN CONYUGAL

Los hogares que se identifican con este último modelo de constitución de la cotidianidad, se posicionan en nuestro campo socioterritorial de la siguiente forma: son hogares de tipo nuclear en cuanto a la composición. Cuentan con alrededor de 15 años de unión y el tiempo de residencia en el Valle de Chalco no supera los 10 años, aunque ambos cónyuges son originarios de áreas rurales. Esto se debe a que entre la actual residencia en el Valle y el área rural de la cual proceden han realizado numerosos desplazamientos residenciales intermedios.[33]

En este modelo encontramos que la espacialidad de las prácticas cotidianas resulta una componente fundamental para comprender los rasgos básicos sobre los cuales se construye la cotidianidad. En el primer modelo encontramos que la construcción de la cotidianidad está dominada por la repetición, por la falta de invención cotidiana. En el segundo modelo encontramos que la construcción de la cotidianidad se funda en la invención constante de la vida cotidiana a través de la fragmentación de los espacios y tiempos vividos. En este tercer modelo, la construcción de la cotidianidad, si acaso encuentra una forma de invención, es a través de una dimensión imaginaria que se expresa como "esperanza", donde la noción de esperanza expresa lo imaginario que se proyecta en un futuro muy difuso y sin una asociación directa con el presente.

Este modelo de constitución de la cotidianidad, al igual que el primero, en términos de ámbitos proxémicos se va conformando desde el núcleo conyugal como el ámbito de las relaciones fundantes, para ir abriéndose luego hacia los otros ámbitos más externos: primero el hogar y después la parentela y el vecindario.

En relación con la articulación entre el fondo espacio-temporal y los vínculos sociales de la trama de la cotidianidad, se trata de un modelo en el cual el fondo espacio-temporal resulta determinante del tipo de vínculos sociales. A diferencia del primer modelo, este tipo el condicionamiento del fondo se produce particularmente a

---

[33] Corresponde a la posición socioterritorial 3, del cuadro núm. 27 (capítulo 8, apartado 8.4.7).

través del espacio material en el que se desarrollan las prácticas cotidianas.

6.3.1. El espacio material en la conformación de la socialidad conyugal y del presente vivido

El primer nodo analítico de este último modelo de constitución de la vida cotidiana se conforma a partir del espacio de vida en su dimensión material. Se trata de una situación en la que el espacio en el que se desarrollan las prácticas cotidianas es diferente para cada uno de los cónyuges, lo que resulta desencadenante de diferentes patrones de construcción de la cotidianidad para cada cónyuge. En el caso de la mujer-cónyuge encontramos el fenómeno de la concentración espacial de su vida cotidiana en un único espacio de vida. Esta situación es parcialmente semejante a la que hallamos en el primer tipo, con la diferencia de que en aquel caso, esta concentración era común a ambos cónyuges, lo que repercute en los roles conyugales.

En este tercer tipo, la vida cotidiana del hombre-cónyuge se halla dualizada en dos espacios de vida principales: el lugar de trabajo y el lugar de residencia. La dualización espacial de la vida cotidiana del hombre-cónyuge no es absoluta, frecuentemente también participa en espacios intermedios,[34] como las cantinas. Estos espacios intermedios, en términos temporales vienen a representar tiempos libres; en términos de formas de socialidad, generalmente son tiempos compartidos con familiares con los que no se reside, aunque a veces también se sigue el patrón más tradicional de compartirlos con las personas vinculadas al trabajo.

A su vez, la dualización espacial de la vida cotidiana del hombre-cónyuge, coincide con lo hallado en el segundo tipo, con la diferencia de que la mujer-cónyuge del segundo tipo no concentra espacialmente su vida, por el contrario, la dispersa en múltiples espacios de vida. Estos patrones espaciales resultan un fuerte determinante de la forma en que se constituye la socialidad conyugal, bajo patrones de segregación. Así en este tercer modelo, los roles

---

[34] La conceptualización de espacios intermedios ha sido planteada en el capítulo 1, apartado 1.2.

conyugales son separados o segregados tanto en el ámbito laboral como en el doméstico. Esta espacialidad de las prácticas cotidianas también tiene repercusión en la experiencia temporal cotidiana. La mujer-cónyuge desarrolla su cotidianidad en una única temporalidad, domina una única forma de gestión del tiempo, y en consecuencia, el ritmo temporal está marcado por una intensidad constante, donde no es posible distinguir tiempos fuertes y tiempos débiles. La dualización de los espacios de vida del hombre-cónyuge, lleva a que su cotidianidad se desarrolle temporalmente a través de la sucesión de tiempos fuertes (marcados por la obligación externa, el trabajo), y tiempos débiles (los tiempos del no-trabajo), demarcados temporal y espacialmente.

La demarcación temporal de los tiempos fuertes y débiles significa que existen horarios y días preestablecidos que separan unos tiempos y otros. Cuando la demarcación entre los tiempos fuertes y débiles es, como en este tipo, una demarcación de carácter temporal, ello incorpora una cierta rigidez en la temporalidad cotidiana. En cambio, cuando la demarcación es exclusivamente espacial, ello supone un nivel de flexibilidad, por la posibilidad de que los individuos se muevan con más libertad entre los tiempos débiles y los tiempos fuertes, situación que no es posible si ambos tiempos están delimitados rígidamente por horarios o días fijos.

Las intensidades temporales distintas son indicativas de dos temporalidades cotidianas, o dos formas de gestión del tiempo distintas. Una de ellas signada por la obligación y las distancias afectivas, y la otra, por la ausencia de una obligación externamente impuesta, así como por las cercanías afectivas.

Todo lo anterior indica que en este modelo se distingue un conjunto de dimensiones determinantes de la conformación de los espacios de vida diferentes y separados para ambos cónyuges, aunque uno de esos espacios de vida es compartido: el espacio interno a la vivienda. Para uno de los dos cónyuges, su existencia transcurre casi por entero en ese espacio de vida, mientras que para el otro cónyuge, ese espacio sólo representa una pequeña parte de su cotidianidad. Esta situación, desde la perspectiva de los roles conyugales, se expresa en patrones de segregación en todos los ámbitos de la vida cotidiana. A continuación presentamos esquemáticamen-

te este primer conjunto de relaciones motrices para la constitución
de la vida cotidiana de este tercer tipo.

Primer nodo en la constitución de la vida cotidiana del tipo basado en la invención imaginaria en la segregación conyugal

- Dos espacios de vida dualizan la existencia de un cónyuge, mientras que el otro concentra su existencia en un único espacio de vida (*fondo espacial de la trama de la vida cotidiana*).
- Los ritmos temporales se dualizan en fuertes y débiles demarcados temporalmente, para un cónyuge, mientras que para el otro sólo se distingue un ritmo temporal constante (*fondo temporal de la trama de la vida cotidiana*).
- Uno de los cónyuges vive dos temporalidades muy diferenciadas, una marcada por la obligación y la otra por la ausencia de obligación. El otro vive un único tiempo (*fondo temporal de la trama de la vida cotidiana*).
- Patrones de segregación laboral y doméstica en los roles conyugales (*vínculos sociales básicos en la trama de la vida cotidiana*).

6.3.2. La trayectoria residencial en la conformación de la socialidad y la espacialidad interna al hogar

El anterior nodo se constituye a partir del espacio material en el que se desarrollan las prácticas cotidianas. Encontramos un segundo nodo, que permite comprender, entre otras relaciones, cómo se constituye la vivencia respecto al espacio cotidiano más privado, el espacio interno a la propia vivienda. En este aspecto se incluye la experiencia de movimientos residenciales. Recordemos que este modelo corresponde a hogares que han realizado una trayectoria de movimientos residenciales más o menos extensa, en búsqueda de un espacio en donde residir. Ambos cónyuges son de origen rural aunque han tenido numerosos lugares de residencia anteriores al actual. Así, se han conjugado la experiencia exterior del cambio reiterado del lugar de residencia y el significado que este movimiento tomó para el hogar: la búsqueda prolongada de un espacio propio, además de la experiencia interior de que frecuentemente el hogar estaba localizándose en un lugar distinto, más o menos desconocido.

Esa conjunción de experiencias interiores y exteriores, constitutivas de un particular "nomadismo" metropolitano, ha venido a integrar un sistema de referencias profundo con relación a la forma de vivir el espacio inmediato y más privado, como es el espacio del hogar. Así, tanto el cónyuge que concentra su existencia en ese espacio (la mujer) como el que pasa buena parte de su cotidianidad fuera de él, han desarrollado un fuerte sentido de pertenencia respecto al espacio interno de la vivienda.

El fundamento de esta apropiación se encuentra en que este espacio viene a simbolizar la autonomía del hogar, que sólo ha podido ser alcanzada a través de la propiedad formal de ese espacio. Se trata de una autonomía que se ha construido con relación a contextos diferentes. Por un lado, es autonomía con relación a la parentela con la cual se ha compartido la residencia en distintos momentos de la trayectoria residencial del hogar, en condiciones de interacciones cotidianas conflictivas.

Por otro lado, también es autonomía en relación con formas mercantiles de acceso a la vivienda que han impuesto fuertes restricciones en la cotidianidad, como en los casos en que han rentado en una vecindad. Esa forma de acceso a la vivienda creó en estos núcleos conyugales el sentido de las restricciones en la socialidad, restricciones económicas por el pago de la renta, también restricciones en cuanto a la disponibilidad material de espacio privado y restricciones en relación con lo que se puede hacer y lo que no es posible por la proximidad física del vecino.[35]

Por último, la autonomía también se define en relación con otras formas de acceso a la vivienda más precarias, como es el "paracaidismo" (invasiones), que crearon el sentido de la fragilidad en cuanto al lugar de residencia. En otros términos, estos cónyuges incorporaron el sentido de que muy rápidamente el hogar podía pasar de la situación de disponer de un lugar en donde residir a la situación de no disponer de un lugar de residencia. Este significado

---

[35] Al respecto nos remitimos al apartado 3.3.1 del capítulo 3.

se fue creando a partir de experiencias pasadas de desalojos de paracaidistas. A continuación transcribimos palabras de uno de los relatos de vida, que ilustra el sentido de autonomía que genera la vivienda propia, en relación con las restricciones impuestas por la corresidencia anterior con la parentela:

> [...] yo la siento bien, o sea cuando yo vivía ahí en Cárceles, con mi cuñado, en el cuartito que yo tenía, es feísimo al lado de donde yo vivo ahorita porque era de lámina y se rompía mucho, pues doy gracias a Dios y a mi esposo, pues ahorita tengo un techo donde, un techo donde taparme, pues de andar arrimada, como que no y ahora yo digo que es mejor teniendo mi propia casa con trabajo, pero ya, yo sé que es mía, ya sé que no me voy a mover de aquí, solita pues, poco a poco ya le vamos echando ganas ya que le hacen faltan las tablitas, que le hace falta el patio ... aquí nadie nos corre y me levanto y si no hago mis quehaceres, mis cosas nadie me tiene que decir nada, pues sí, para mí sí, yo sí lo siento así, que yo mejoré, tanto como él como yo, me siento bien.[36]

Esta forma de vincularse con el espacio interno a la vivienda, también tiene una expresión en la forma en que se establece la socialidad en el interior del hogar, y no sólo en el seno del núcleo conyugal. El hogar aparece como un contexto social que le otorga sentido a la vida cotidiana. Todas las prácticas que se realizan cotidianamente toman sentido en función del grupo residencial. Observemos que éste es un rasgo muy diferente al hallado en el segundo tipo, en donde buena parte de las prácticas cotidianas encontraban razón de ser en la realización de uno de los cónyuges como persona. En este tercer tipo, el contexto de sentido no se delimita en torno al individuo, ni tampoco en torno al núcleo conyugal, el contexto que produce sentido es el grupo residencial como un hogar.

La socialidad interna al hogar se funda en la representación compartida por ambos cónyuges, del hogar como el referente básico que le da sentido a la vida cotidiana. Este modelo de construcción de la cotidianidad está fuertemente arraigado en una representación social del hogar como un núcleo fundante de la

---

[36] Extracto de la entrevista núm. 16, de acuerdo con la numeración establecida en el apartado metodológico 8.1., cuadro núm. 4 del cap. 8.

vida, que es autocontenido, cerrado en sí mismo y fuertemente diferenciado de todos los demás ámbitos de la socialidad. Esta representación se refiere al hogar en comparación con otros ámbitos de la socialidad; no obstante, también tiene su expresión internamente al hogar en la idea fundante de la división de las actividades y la diferenciación de roles entre los individuos que integran el grupo.

En otras palabras, esta representación del hogar indica que, internamente, el hogar se debe organizar (y se organiza) a partir de que cada integrante asuma un rol diferente: el rol de madre-esposa, el rol de padre-esposo, el rol de hijo. Estos roles suponen hacerse cargo de distintas prácticas cotidianas, mientras que desde la perspectiva de los roles conyugales, ello es expresión de segregación.

De los tres tipos construidos, éste es el que se sostiene sobre una representación social más acabada del hogar. En el primer modelo observamos una socialidad interna al hogar muy intensa. En aquel tipo, la forma de construcción de las relaciones sociales internas al hogar se podrían hallar en otros ámbitos, por ejemplo en los casos de ámbitos comunitarios muy solidarios. Se puede decir que, en ese primer tipo, el hogar es concebido mediante relaciones transferibles a otros ámbitos: por ejemplo, el ser solidario con el otro y compartir su trabajo con él. Precisamente esto último puede explicar por qué, en aquel tipo, se da una falta de correspondencia entre la representación de lo que es un hogar y la vivencia interior de la forma en que se desarrollan las prácticas cotidianas.

El texto que transcribimos a continuación es parte de una de las entrevistas que identificamos con el primer tipo de constitución de la cotidianidad. En este texto hay elementos que integran la representación de lo que es un hogar, y también otros que nos hablan de las prácticas cotidianas que no se corresponden con esa representación del hogar, como es el hecho de que no se pueda realizar una comida en familia. La representación del hogar indica que el hogar vive cotidianamente en familia (como hogar) cuando la comida es un evento familiar compartido:

Pues quién soy, soy una madre ... educo a mis hijos de la manera muy consecuente, muy antiguos ... me gusta que me obedezcan ... sobre la casa ... no me gusta nada de la cocina, lo hago porque pu's, son mis hijos y les tengo que dar de comer con amor y hacerles un guisadico con amor, con cariño y darles, pero así que me agrade ... pu's nada ... no, y es que sobre todo nosotros con nuestro trabajo, pues vamos corriendo, va uno primero porque no podemos irnos así, no es un hogar, ¿no? ya puse la mesa, véngasen, vamos a comer; no podemos hacerlo, luego les digo vamos hacer el propósito, pero no se puede. Como mi esposo es tan responsable, primero el negocio, primero el negocio y primero el negocio y antes que nada y todo, primero el negocio ... bueno tiene razón, ¿no?, porque de aquí vivimos, de aquí comemos y de aquí todo y entonces va a comer primero uno, vamos dos y luego otros dos y como que no me agrada mucho eso, ¿no? ... la cena ya no la acostumbramos muchas veces, casi no ... ya más bien es la tele, la cena más bien para uno de mis hijos porque ... es que, pues la verdad mi esposo pues nunca, nunca cena. La verdad, no estamos como realmente ... deberíamos de estar la familia, no.[37]

En este sentido, se puede señalar una fuerte diferencia con el tercer tipo: aun cuando ambos tengan una representación social del hogar semejante (la del tercer tipo es más elaborada), en el primer tipo las prácticas que hacen a la socialidad se alejan de esa representación, mientras que en el tercer tipo las prácticas de la socialidad son coherentes con esa representación: domina la división de actividades. La correspondencia entre la representación del hogar y las prácticas de la socialidad interna al hogar viene dada por la organización de la vida cotidiana con base en el criterio de diferenciación de roles individuales y división de las actividades.

Estos otros dos textos que incluimos a continuación (procedentes de dos entrevistas que dan cuenta del tercer tipo en nuestra tipología), muestran aspectos de una representación de hogar fundada en la diferenciación de roles y en la división de actividades. En este caso, lo particular es que los contenidos asignados a esa representación de lo que debe ser el hogar, no sólo están en el pensamiento de las personas (como representación) sino que también se expresan, directamente en sus prácticas. La transcripción muestra tanto los roles individuales y conyugales, como la división de actividades y de espacios de vida (dualización espacial) en la que se anclan dichos roles:

---

[37] Extracto de la entrevista núm. 22, de acuerdo con la numeración establecida en el apartado metodológico 8.1., cuadro núm. 4 del cap. 8.

y como dice mi esposo, dice tú en tu casa y yo en lo mío y ni tú te metes en lo mío, ni yo me meto en lo tuyo, o sea que él, aunque así de su trabajo, pues sí comenta, pero así de lo que gane y todo eso no me dice, no, me dice aquí está lo que tengo, utiliza lo que necesites y cuando salimos él se encarga en comprar lo que se pueda, yo pido y el paga, claro, si se puede.[38] Yo me encargo de mi comida, de planchar, porque no lo voy a poner a él a planchar ni a hacer la comida, bueno que si luego hace él su guacamole en molcajete cuando tiene ganas [...][39]

A continuación esquematizamos a modo de síntesis, las relaciones básicas que hemos integrado como el segundo nodo constitutivo de la vida cotidiana de este tercer tipo, basado en la segregación en los roles conyugales.

Segundo nodo en la constitución de la vida cotidiana
del tipo basado en la invención
imaginaria en la segregación conyugal

- Nomadismo residencial metropolitano (*fondo espacial de la trayectoria del hogar*).

- Fuerte apropiación respecto al espacio de la vivienda por el sentido de la autonomía que otorga su propiedad (*fondo espacial de la trama de la vida cotidiana*).

- Socialidad interna al hogar fundada en el criterio de división de las actividades y diferenciación de los roles individuales.[40] Esta socialidad se sustenta en una representación del hogar como un ámbito autocontenido y cerrado, creador de sentido de la vida cotidiana (*vínculos sociales básicos de la trama de la vida cotidiana*).

---

[38] Extracto de la entrevista núm. 12, de acuerdo con la numeración establecida en el apartado metodológico 8.1., cuadro núm. 4 del cap. 8.

[39] Extracto de la entrevista núm. 16, de acuerdo con la numeración establecida en el apartado metodológico 8.1., cuadro núm. 4 del cap. 8.

[40] Señalemos que la expresión de roles individuales no está siendo utilizada como lo hemos hecho hasta ahora, cuando hablamos de los roles conyugales, los cuales dan cuenta de una forma de establecer la relación conyugal en referencia a las prácticas cotidianas, mientras que los roles individuales se refieren a los roles que asumen los individuos en un contexto social específico a partir de una posición en ese contexto y no en relación al cónyuge.

6.3.3. La espacialidad interna al hogar y la socialidad del hogar en la conformación del entorno socioterritorial

La forma de construir las relaciones en el interior del hogar así como la pertenencia al espacio interno a la vivienda planteadas más arriba, tienen una expresión en la socialidad con el entorno vecinal y en la espacialidad externa a la vivienda (el barrio), respectivamente. La concepción del hogar como un ámbito social autocontenido y cerrado se asocia directamente con la interposición de un distanciamiento respecto a los ámbitos sociales que quedan fuera del hogar. También en este nivel, el tipo considerado parece confundirse con el primero, ya que en los dos se da un encerramiento del hogar sobre sí mismo y un distanciamiento respecto a lo externo. Sin embargo, en el primer tipo se trata de un repliegue de carácter "estratégico", no con el sentido de la acción planeada deliberadamente, sino en cuanto a que resulta funcional con la temporalidad constante del trabajo. En este otro caso (el tercer tipo), el encerramiento del hogar viene a corresponder con la representación del hogar como un ámbito diferenciado de los otros, que toma sentido sobre sí mismo.

En relación con esta última distinción entre los dos tipos, en el primero el distanciamiento ocurre respecto a todos los ámbitos externos, tanto el vecindario como la parentela. El distanciamiento es casi una necesidad para el mantenimiento de la cotidianidad en torno al trabajo constante. En cambio, en el tercer tipo el distanciamiento más intenso ocurre sólo respecto al vecindario, mientras que con la parentela cobra una particularidad. El distanciamiento respecto al vecindario es parte de esa visión del hogar como autocontenido y cerrado, y viene a preservar la identidad del propio hogar. No obstante, se reconoce un entorno vecinal muy próximo que actúa como un círculo de protección y seguridad. De modo que con el vecindario, en términos generales, se interpone la distancia social que separa, mientras que con la parte más próxima (en términos de distancia física) de los vecinos —los vecinos inmediatos— se crea un círculo de protección mutua. En términos proxémicos se divide a los vecinos entre los cercanos y los no cercanos.

Con la parentela se establece un juego que articula el manejo de las distancias físicas y afectivas. Igualmente, se divide a la paren-

tela en dos. Aquella parte de los parientes con los que la distancia
física es extensa (por residir en lugares distantes del Valle), la
distancia afectiva no se interpone, en tanto que con la otra parte de
la parentela con la cual la distancia física es reducida, porque
también residen en el Valle de Chalco, se recurre a un distanciamiento afectivo, como una forma de que el hogar pueda preservar
su carácter de ámbito cerrado y autocontenido. En el caso de los
parientes que residen en lugares lejanos, la cercanía afectiva es
posible ya que, en términos prácticos no interfieren frecuentemente en el hogar debido a la lejanía. Sólo se impone el distanciamiento
afectivo con los parientes cuando también son vecinos y, en consecuencia, pueden llegar a significar una interferencia en el carácter
autocontenido del hogar. A continuación esquematizamos las relaciones fuertes de este tercer nodo analítico.

Tercer nodo en la constitución de la vida cotidiana
del tipo basado en la invención
imaginaria en la segregación conyugal

- Socialidad interna al hogar fundada en el criterio de
  división de las actividades y diferenciación de los roles
  individuales. Representación del hogar como un ámbito
  autocontenido y cerrado, creador de sentido de la vida
  cotidiana (*vínculos sociales básicos de la trama de la vida cotidiana*).
- Socialidad vecinal fundada en la interposición de una
  distancia social y creación de un microcírculo vecinal de
  protección mutua con los vecinos más próximos (*vínculos
  sociales básicos de la trama de la vida cotidiana*).
- Socialidad con la parentela fundada en la interposición
  de una distancia afectiva con los parientes-vecinos y de
  cercanía afectiva con los parientes lejanos físicamente
  (*vínculos sociales básicos de la trama de la vida cotidiana*).
- Ausencia de pertenencia respecto al barrio (*fondo espacial
  de la trama de la vida cotidiana*).

En términos de pertenencia respecto al territorio inmediato a
la vivienda —el barrio— ocurre una relación equivalente a la anterior. El distanciamiento en relación con el vecindario también se

expresa en la ausencia de pertenencia respecto al territorio barrial, que es el territorio en donde habitan los vecinos con los que se maneja el distanciamiento. Es posible el distanciamiento en un territorio al que no se pertenece. Sólo se pertenece al espacio interno a la vivienda, que es el espacio del hogar. Desde una perspectiva territorial, esta situación parece simbolizar un microespacio vivencial con el que se ha desarrollado una relación muy estrecha, que se halla "flotando" en un entorno vacío.

Tal vez cabría indagar con mayor profundidad en la relación entre esta falta de pertenencia al territorio barrial y la extensa trayectoria residencial en el área metropolitana, posterior a la migración originaria. Es posible que esa extensa trayectoria de movimientos residenciales haya generado un sentido profundo de desarraigo hacia cualquier lugar.

Este tercer conjunto de relaciones marca el tránsito del ámbito interno al hogar a los ámbitos externos, tanto en la socialidad como en la vivencia de lo espacial.

6.3.4. La espacialidad y la socialidad con el barrio productoras del tiempo interior y el sentido del lugar

Por último, encontramos un nodo de análisis en torno a la vivencia interior del tiempo y del espacio que es compartida por ambos cónyuges: los horizontes de tiempo y el sentido del lugar.

En términos espaciales, la vivencia interior respecto al territorio barrial —el sentido del lugar— se puede caracterizar con la representación del Valle de Chalco como el "mundo urbano no alcanzado". El tiempo interior se vive como el predominio del presente, con la particularidad de que es un presente que ha llegado sin que haya sido construido. Ambas vivencias están asociadas: el tiempo interior dominado por el presente que ha llegado, sin un horizonte hacia el futuro y sin haber sido construido en el pasado, se articula con un sentido del lugar que tampoco encuentra proyección hacia el futuro. El sentido del lugar no se construye a partir de la valoración de la urbanización como algo que aún no se ha alcanzado pero se transita hacia ella; simplemente, el lugar aparece como la "metáfora de lo que no es". La negación de lo urbano, que acerca a un mundo provinciano, es una referencia implícita a un modo de vida rural, que es conocido y del cual, en un momento de la trayectoria de vida, ambos cónyuges decidieron alejarse. La semejanza con lo rural es la semejanza con lo que ha sido rechazado. El texto que transcribimos a continuación da cuenta de una multiplicidad de aspectos de la vida rural en el lugar de origen que son fuertemente rechazados. La presencia de algunas similitudes en la vida actual se expresan en el consecuente rechazo del Valle de Chalco:

la vida en provincia a mí no me gusta, es muy difícil, porque mis tíos, si los conociera, son demasiado pobres, que no tienen ni tortillas, a veces maíz, lo tienen que comprar, al menos las veces que los he visitado, trato de llevarles lo poco que puedo, para los días que yo esté, ¿no?, a veces ni un chile, es dificilísimo, de veras, no tienen ni en que sentarse, ni un trasto para hacer los alimentos, ay, no... no me gustaría de ninguna forma, allá inclusive mis tíos, pues, son de otras ideas, no dejan salir a sus hijas a la ciudad o a algún lugar donde puedan desenvolverse, porque no. Yo inclusive me traje a dos, no aguantaron, preferían estar allá asoleándose, viendo los cerros, ay, no, pero que feo, no, no me gusta. No tienen que comer... la carestía del agua tal vez sea uno de los factores que no, no les ayuda a ellos, ay no, nada más en su época de siembra es cuando recogen maíz, pero si se los visitara en sequía, horror, el agua la tienen que traer a una hora de distancia, dos cubetitas, no me gustaría, ni me acostumbraría, y los ve a todos muy tranquilos, ahí, asoleándose afuera, que les pegue el aire... es muy bonito el campo, pero no me gusta, no hay nada, si se antoja un pan, ¿adónde lo compra?, un café, no hay, no hay azúcar, no hay, nunca hacen un té, se levantan, hacen las tortillas, comen frijoles, así todo sin guisarlos, y ése es su almuerzo de diario, de toda la vida; no, pues, no, la verdad, no me gustaría. Comen frijoles, frijoles, chile en la mañana, frijoles, en la tarde, frijoles, en la noche ya no cenan, no más hacen una comida, óigame, que se va a acostumbrar, no, yo llego y me enfermo, el agua, como es de ojo de agua, me enferma, yo llego y me enfermo, luego, para bañarse, tengo que ir a cargar dos cubetitas de agua, y a duras penas me baño, al menos aquí ya se acostumbra que es el baño diario, imagínese, allá se bañan cada 8 días, y no se enferman, no qué horror!...[41]

A continuación presentamos el esquema de este nodo.

---

[41] Extracto de la entrevista núm. 15, de acuerdo con la numeración establecida en el apartado metodológico 8.1., cuadro núm. 4 del cap. 8.

Cuarto nodo en la constitución de la vida cotidiana
del tipo basado en la invención
imaginaria en la segregación conyugal

- Socialidad vecinal fundada en la interposición de una distancia social y también la creación de un microcírculo vecinal de protección mutua con los vecinos más próximos (*vínculos sociales básicos de la trama de la vida cotidiana*).
- Socialidad con la parentela fundada en la distancia afectiva con los parientes-vecinos y la cercanía afectiva con los parientes lejanos físicamente (*vínculos sociales básicos de la trama de la vida cotidiana*).
- Ausencia de pertenencia respecto al barrio (*fondo espacial de la trama de la vida cotidiana*).
- El espacio barrial (el sentido del lugar) definido como el mundo urbano no alcanzado (*fondo espacial de la trama de la vida cotidiana*).
- Horizontes de tiempo como un presente que no ha sido construido (*fondo espacial de la trama de la vida cotidiana*).
- Cuasi invención imaginaria de la vida cotidiana asociada a la esperanza (*fondo espacial de la trama de la vida cotidiana*).

En este tipo de constitución de la vida cotidiana, el sentido del lugar se conforma a través de la asociación simultánea de referentes inmediatos y otros profundos. Los inmediatos están anclados en valoraciones sobre cuestiones materiales, que en todos los casos tienen el común denominador de "las carencias", entendidas como lo que falta materialmente en el Valle. De esta forma, encontramos una valoración del Valle de Chalco como una zona en donde faltan servicios, equipamientos e infraestructuras. La otra valoración sobre las carencias se cristaliza en los pobladores del Valle, que son vistos por sus propios pares, como pobres, considerando que la noción de pobreza también expresa distintas carencias materiales.

En cuanto a los referentes profundos sobre los que se construye el sentido del lugar, vinculados a la cultura y el modo de vida, se conjugan tres valoraciones principales sobre el vecindario, que generan un sentido de rechazo por los vecinos. Una de ellas está anclada en el sentido de que el vecindario no mantiene las distancias sociales. La segunda se refiere al sentido de que el vecindario se caracteriza por la estrechez cultural, que se expresa como un rechazo por todo lo que sea percibido como diferente.

> [...] pero acá, como le digo acá es otra gente y allá, en el DF, es otra gente, o sea son diferentes pensamientos aquí y allá es otro... Son diferentes, aquí es de una forma y en el Centro son de otra forma, le apuesto que la gente en el Centro no es tan envidiosa como aquí, hasta como camina usted, hasta como habla usted lo critican a uno, o sea que la gente no se queda conforme, siempre lo critican a uno...Allá tienen un pensamiento como más, como decirle, aquí la gente como nos cataloga como muy ignorantes, en una palabra nos dicen que somos muy ignorantes porque estamos en el Valle de Chalco, o sea es lo que dice toda la gente, es que mucha gente anda aquí sucia, no que porque estemos más fregados vamos a andar mugrosos, yo tengo entendido que toda la gente de la ciudad de México piensa que Chalco es lo peor, que porque no se bañan [...][42]

Por último, tenemos una tercera valoración —derivada de las dos anteriores— relativa al sentido de que el vecindario es conflictivo, lo que tiende a potenciarse por las carencias materiales en las que se desarrolla la cotidianidad y también por las prácticas que rompen con la distancia social. El texto que transcribimos a continuación da cuenta del distanciamiento y conflicto entre vecinos.

> aquí las personas habla uno con ellas, pero así nada más los buenos días porque a la vez busca uno problemas, yo he tenido problemas pero por lo mismo ... porque, no les parece que tire uno el agua, no les parece que jale las piedritas de por ahí, de todo se molestan, entonces na más los buenos días y ya ... Con nadie, porque una vez tuve un problema con este señor, salimos de pleito ... entonces ya desde ahí, como dice mi esposo: para evitar problemas mejor los buenos días y hasta aquí, si no tienes que comer, pues te aguantes, pero no andes en las casas, entonces para evitar problemas pues ahora sí.[43]

---

[42] Extracto de la entrevista núm. 16, de acuerdo con la numeración establecida en el apartado metodológico 8.1., cuadro núm. 4 del cap. 8.
[43] Extracto de la entrevista núm. 4, de acuerdo con la numeración establecida en el apartado metodológico 8.1., cuadro núm. 4 del cap. 8.

Este tipo de valoraciones, tanto las que se establecen sobre referentes inmediatos como profundos, se cristalizan en el sentido de que no se pertenece a la zona, aun cuando se reside en ella. A esta ausencia de apropiación respecto al territorio barrial se suma el sentido de rechazo por el lugar, que resulta muy asociado con los lugares de origen, de donde se emigró en busca de un modo de vida urbano sin carencias. Estas valoraciones con las que las personas recrean el sentido del territorio barrial vienen a complejizarse en la perspectiva de que, a pesar del rechazo, se acepta que en ese lugar el hogar puede acceder a una posición ventajosa y a un modo de vida más urbano que en el lugar de origen. Se puede decir que, por un lado, se rechaza el lugar por las carencias y el modo de vida muy ruralizado y, por el otro, se acepta la posibilidad de que en ese lugar el hogar pueda desarrollar una vida que si no es totalmente urbana, al menos se aproxima.

Esta construcción del pensamiento respecto al lugar valora favorablemente todo lo que distancie de los patrones de vida rural reproducidos en el Valle, por ejemplo a través de prácticas familiares no rurales, así como también con la creación de normas que orienten la cotidianidad, como la interposición de fuertes distancias sociales y afectivas con el vecindario. Esas distancias son opuestas a la vida rural. En cuanto a las carencias materiales de la zona, este imaginario sobre el lugar compensa las carencias con los logros materiales que el hogar pueda concretar en el interior de la vivienda. El resultado es el rechazo por el lugar (como entorno barrial) y el arraigo dentro del microespacio del hogar.

En el primer tipo de constitución de la cotidianidad también encontramos un repliegue dentro del microespacio de la vivienda. Sin embargo, en ese caso es un repliegue prácticamente estratégico: es la opción necesaria para poder dedicar la mayor parte del tiempo cotidiano al pequeño comercio familiar. En este otro tipo, se trata de una forma de vida con la cual se busca un distanciamiento de patrones de vida conocidos y rechazados, como es la cercanía social y afectiva con los vecinos, tan característica de comunidades rurales.

Sentido del lugar del tipo basado en la invención imaginaria en la segregación conyugal: "el mundo urbano no alcanzado" (un lugar provinciano)[44]

Construido a partir de la asociación de referentes inmediatos y profundos[45]

Referentes inmediatos: las carencias materiales
* La zona vista como fuertemente carenciada materialmente (carencias en la zona).
* El vecindario visto como pobre (carencias en las personas).

Referentes profundos:
* El vecindario son personas que no saben mantener las distancias sociales.
* El vecindario es cerrado culturalmente porque rechaza lo diferente.
* El vecindario visto como conflictivo
  — los conflictos aumentan por la falta de distancia social.
  — Los conflictos aumentan por las carencias materiales.

Resultado:
* Ausencia del sentido de pertenencia al lugar.
* Sentido de rechazo por el lugar.
* Sentido de residir en un pueblo rural con muchas carencias, semejante al lugar de origen.
* Sentido de residir en un lugar en el que individualmente es posible una posición ventajosa y un modo de vida más urbano (repliegue dentro del microespacio) pero distanciado del entorno.
* Repliegue dentro del microespacio interno a la vivienda.

En el primer tipo estudiado, aunque no se pertenece al lugar, se acepta la posibilidad de llevar una vida tranquila allí, evitando la aceleración de la vida propia de la gran ciudad. En este tercer tipo,

---

[44] La categoría que utilizamos para caracterizar el sentido del lugar en este tipo es "el mundo urbano no alcanzado", en tanto que la expresión "un lugar muy provinciano" la tomamos de las palabras de los entrevistados.

[45] Continuamos empleando la distinción de corte simmeliano entre referentes inmediatos y profundos.

no sólo no se pertenece al lugar, sino que además no se le reconoce ningún aspecto favorable.

La ausencia de un sentido de pertenencia respecto al espacio barrial y el sentido de rechazo por el lugar, convergen en la vivencia del tiempo interior sin proyección hacia el futuro, ni tampoco hacia el pasado. El futuro no se puede pensar desde un lugar que es valorizado como el fracaso del modo de vida urbano (la visión del "mundo urbano no alcanzado"). El pasado tampoco es recreado ya que se lo asocia a otro lugar, cuyo modo de vida también fue y sigue siendo rechazado. Domina el presente, pero es un presente que no ha sido construido, de haberlo sido, hubiese sido en otro lugar.

En esta perspectiva, el ciclo cotidiano parece dominado por la vivencia de la repetición. Sin embargo, se esboza una particular forma de invención, que significativamente no se ancla en prácticas cotidianas aisladas ni en prácticas orientadas bajo el sentido del proyecto. Si cabe la invención en el ciclo cotidiano, es una invención de tipo "imaginario". Aquí, lo imaginario es muy próximo a la noción de esperanza, como el deseo de que ocurran ciertas situaciones en forma espontánea, es decir, sin que se orienten algunas prácticas con la intención de alcanzar esa situación. La esperanza imaginaria otorga sentido a la cotidianidad, aunque permanezca desconectada de una dimensión operativa de la vida cotidiana. La esperanza-ilusión se expresa de varias formas particulares. Una de ellas es la posibilidad de irse del Valle de Chalco, dejar ese lugar de residencia que no es urbano.

[...] Pues aquí no me gustó nada, nunca me ha gustado aquí ... no ... no ahora si que la necesidad nos hace tener aquí ... porque tener lo de uno ¿no? ... pues ya rentamos, pues la vida dura porque no lo dejan a uno salir al patio, a nada, ahora si que rentando uno encerrado nada más, y aquí pus sale uno a la calle, sale uno a ... no hay dónde, porque no hay parques aquí, más que pues, al Centro o a salir aquí, a los tianguis o ir a Chalco a dar la vuelta...A veces me iba yo a trabajar, cerraba mi casa y me iba y a veces venía yo y a veces no venía yo ... por lo mismo de que estaba tan feo que yo no quería venirme ... en el trabajo me decían no pues, vente mejor y agarras el cuarto de allí arriba mientras se seca el agua ... Pues mi hijo, ese reigual ... no mamá dice, está refeo y luego para venir de veras ... nomás me avisa y a veces se queda allá con un hermano que tengo ... a veces se viene ... lo que yo he querido siempre, le digo no pues, hay que vender, o me voy para

allá, o me voy para el Centro ... a comprar allá un condominio o ...
volver a rentar[...][46]

Otra expresión de esa esperanza-ilusión es la de acceder a
pequeños consumos que no han podido ser alcanzados. Por último,
se puede mencionar otra forma más específica como es la del
regreso del hombre-cónyuge de Estados Unidos. La ilusión del regreso
del hombre, la ilusión de acceder al consumo.

Esta forma de invención de la cotidianidad de tipo imaginario,
no vinculada a prácticas específicas, también se expresa en los
horizontes de tiempo, que no se proyectan hacia el futuro, lo cual
requeriría de prácticas particulares.

En síntesis, se puede decir que este tercer tipo de constitución
de la vida cotidiana se caracteriza porque el fondo de la trama de la
cotidianidad se define como dos espacios de vida diferentes en el
caso del hombre-cónyuge (trabajo y familia), mientras que para la
mujer sólo se presenta un espacio de vida (el familiar). No es un
espacio de vida en el cual se unan varias esferas de la vida; el ámbito
laboral no forma parte de la vida cotidiana de las mujeres-cónyuges.
Este rasgo básico también se expresa en la temporalidad, que el
hombre vive como dos temporalidades: tiempos fuertes y débiles
demarcados, en tanto que la mujer vive una temporalidad constante
y única. No es la continuidad de los tiempos fuertes expresados en
el compromiso, como hallamos en el segundo tipo, es una temporalidad constante, un transcurrir.

Sobre este fondo de la trama de la cotidianidad se tejen los roles
conyugales —como la forma de socialidad básica— según patrones
de fuerte segregación en todos los ámbitos. El trabajo es un ámbito en
el cual sólo actúa el hombre-cónyuge, mientras que en el ámbito
doméstico sólo lo hace la mujer. El fondo espacio-temporal condiciona fuertemente los vínculos sociales, particularmente los roles
conyugales.

En cuanto a la vivencia interior del tiempo, ambos cónyuges
viven sin horizontes de tiempo proyectados hacia el futuro ni hacia
el pasado, domina la perspectiva del presente, como un presente
que ha llegado sin que se lo haya proyectado en el pasado. Con

---

[46] Extracto de la entrevista núm. 4, de acuerdo con la numeración establecida
en el apartado metodológico 8.1., cuadro núm. 4 del cap. 8.

relación al ciclo cotidiano, es fuerte la repetición aun cuando se recrea una particular forma de invención de la cotidianidad, no de tipo operativo o práctico, sino como una invención imaginaria que se funda en la esperanza y la ilusión de que se produzcan cambios, aun cuando sean cambios externos a la persona. Se trata de una forma de invención de la vida cotidiana de tipo imaginario que contribuye a la continuidad del orden cotidiano tal como está. No genera conflicto ni rupturas con el orden instituido.

6.4. LAS FORMAS DE INVENCIÓN DE LA VIDA COTIDIANA EN EL VALLE DE CHALCO Y EL MODO DE VIDA URBANO

Los tres modelos que construimos para acercarnos a la vida cotidiana en el Valle de Chalco, muestran tres formas diferentes de invención de la cotidianidad. Una de ellas es una invención que se conforma como la recuperación de la autonomía individual en tiempos débiles intersticiales de múltiple espacialidad; otra es una invención de carácter imaginario, asociada a la esperanza de que ocurran cambios en forma externa a las personas. Por último, tenemos otra forma de invención a través de la fragmentación de los espacios de vida y los tiempos cotidianos por la realización de múltiples prácticas.

El modelo del modo de vida urbano desarrollado por Wirth planteaba que el sentido de la recreación, en tanto ocio, en la vida urbana es el de evitar su rutinización absoluta. En los tres tipos construidos sobre la conformación de la cotidianidad en el Valle de Chalco, la recreación, el ocio, no ocupa un lugar destacado, ni tampoco se asocia a la función de evitar la rutinización de la cotidianidad. En algunos casos encontramos ciertas formas de recreación, pero tienen un carácter muy esporádico, no pueden ser interpretadas como formas de invención[47] o alternativas para evitar la rutinización. Desde la dimensión rutinización-invención, nuestros modelos típico-ideales no encuentran una correspondencia

---

[47] Señalemos que Louis Wirth no habló de invención sino de evitar la rutinización. Se trata de la misma perspectiva, aunque la expresión "invención de la vida cotidiana" es muy posterior a la obra de Wirth, ya que sólo apareció con Michel de Certeau en los años ochenta.

con el modelo de Wirth, lo que nos advierte sobre la necesidad de indagar en qué medida nuestros modelos de constitución de la cotidianidad se acercan al modo de vida urbano en el camino abierto por autores como Wirth y Remy y Voyé, o si lo hacen respecto a modelos más abiertos (no dicotómicos)[48] como los desarrollados por Ulf Hannerz.

Señalemos que Remy y Voyé también trabajan con una estrategia típico-ideal, aunque sus tipos ideales simplificados y contrastados son "la urbanización" y "las situaciones no urbanizadas", son modelos dicotómicos aunque no excluyen la posibilidad de que la urbanización como forma de vida ocurra fuera de las ciudades. En este caso, "la urbanización es definida como procesos en los que la movilidad espacial organiza la vida cotidiana, lo que supone la posibilidad y la capacidad de ser móvil y también la valorización de la movilidad".[49] En tanto que las situaciones no urbanizadas son aquellas "en donde la vida cotidiana se organiza con débiles posibilidades de desplazamiento y donde la movilidad está fuertemente limitada".[50] Es necesario destacar que el ángulo desde el cual estos autores construyen sus tipos ideales es la forma espacial (urbana y no urbana). En consecuencia, la capacidad de ser móvil en el espacio y la escasas posibilidades de realizar desplazamientos deben entenderse desde las opciones que abre o cierra la ciudad o la forma espacial, y no así desde las posibilidades de desplazamientos de las personas, ya que ésas dependen también de las oportunidades de vida de cada individuo en la estructura social.

En nuestro caso, también hay un interés explícito por el espacio, aunque el ángulo para la construcción de nuestros modelos es el espacio vivido por las personas y no el de la ciudad, especializado funcionalmente. Por ello, tanto Remy y Voyé como Wirth hablan del modo de vida, aunque incluyen la cotidianidad, mientras que nuestros tipos construidos se refieren directamente a la vida cotidiana y sólo pretenden esbozar el modo de vida. Recordemos que al anteponer el modo de vida en aquellos modelos se está haciendo

---

[48] Remy y Voyé abordan las situaciones urbanizadas y no urbanizadas, con lo cual construyen los dos polos de la dicotomía. En tanto que el trabajo de Wirth se dedica sólo a uno de los polos de la dicotomía, el otro habría que buscarlo en la teoría complementaria de Robert Redfield.

[49] Remy, Jean y Liliane Voyé (1992), p. 63. La traducción es nuestra.

[50] Remy, Jean y Liliane Voyé (1992), p. 19.

énfasis en los procesos productores de las prácticas cotidianas y los sistemas de significados a ellas asociadas, en tanto que el otorgarle prioridad a la vida cotidiana implica colocar en primer plano las prácticas cotidianas mismas y los sistemas de significaciones relacionados, antes que los procesos productores.[51]

En la perspectiva de Wirth, y más aún en la de Remy y Voyé, la especialización de los espacios dentro de la ciudad y la movilidad espacial cotidiana en la ciudad devienen, si no en determinantes, al menos en fuertes condicionantes del modo de vida urbano. Se constituyen en procesos productores de las prácticas cotidianas y sus significaciones. Así, la forma espacial de la ciudad constituye a las prácticas cotidianas, al menos a aquellas prácticas fuertes para la estructuración del modo de vida.

En los tres tipos de constitución de la vida cotidiana que hemos construido para el Valle de Chalco, incluimos de manera central la especialización de los espacios y la movilidad espacial cotidiana, con la diferencia de que en nuestra tipología estas dimensiones no las consideramos desde la escala de la ciudad, sino desde el ángulo de las experiencias de las personas. Por lo tanto, partimos de los espacios de vida y encontramos las prácticas cotidianas mismas, y no los procesos productores de dichas prácticas. Desde este ángulo, los tipos de constitución de la vida cotidiana que construimos para el Valle dan cuenta de una mayor heterogeneidad de prácticas y significaciones que las destacadas por los modelos dicotómicos de los modos de vida urbanos que estamos considerando.

El segundo tipo construido, estructurado en torno a la complementariedad conyugal y la invención a través de la fragmentación de los espacios de vida, es el que encuentra una mayor correspondencia con los modelos dicotómicos del modo de vida urbano, tanto en la dimensión espacial como en la internalización de la perspectiva individual. En términos espaciales, este tipo de constitución de la cotidianidad parece influido por la especialización de los subespacios urbanos, ya que la cotidianidad se desarrolla en distintos espacios de vida. El fenómeno de la movilidad cotidiana en el territorio es intenso; aun cuando no sean grandes desplazamien-

---

[51] Regresaremos sobre esta cuestión en el capítulo siguiente.

tos en cuanto a distancias recorridas, es alta la frecuencia de estos movimientos cotidianos.

Desde el ángulo de la lógica de la instauración social del individuo, para usar la expresión de Remy y Voyé, en este tipo la identidad de uno de los cónyuges se define sobre la posibilad de realización personal y no en función del hogar. El proyecto individual se antepone al proyecto colectivo del hogar, por lo cual, la movilidad espacial, en buena medida, viene asociada a esa necesidad de realizar distintas actividades y participar en diferentes círculos sociales; como una forma de realización personal, se da la fragmentación de la existencia en múltiples ámbitos, tal como se ha entendido que es característico del modo de vida urbano.

Los modelos dicotómicos del modo de vida urbano en alguna forma postulan una representación social construida en torno a la preeminencia de lo individual sobre lo colectivo. En este segundo tipo encontramos una forma de vivir la cotidianidad fuertemente permeada por esa representación social tejida en torno a la individualización, aunque es una individualidad que se construye a través de la pertenencia a múltiples círculos sociales, fuera de la vida privada del hogar.

Este tipo de constitución de la cotidianidad en el Valle se aleja de los modelos dicotómicos del modo de vida urbano en el ámbito externo al hogar, como es el vecindario. Los modelos dicotómicos postulan que la preeminencia de lo individual lleva a la sustitución de las solidaridades comunitarias por las solidaridades individuales. Sin embargo, este segundo tipo construido para el Valle de Chalco da cuenta de un proceso de individuación que se manifiesta de manera muy fuerte en el interior del hogar, y en la apertura hacia distintos círculos sociales, pero no así en la pérdida de las solidaridades comunitarias. Las solidaridades con el ámbito vecinal son un fuerte referente en la organización de la cotidianidad, e incluso en esa particular forma de invención por fragmentación de los espacios, que en buena medida son espacios vecinales.

Una cuestión que no debemos dejar de considerar en relación con esta fuerte correspondencia entre el modelo de la vida urbana de Remy y Voyé y Wirth y nuestro segundo modelo típico-ideal de constitución de la vida cotidiana, es que en este último los roles conyugales en el ámbito laboral son de carácter complementario.

Los roles complementarios en el trabajo refieren a una situación en la cual ambos cónyuges realizan actividades laborales, pero en forma independiente el uno del otro, lo que significa que al menos uno de los dos (generalmente, el hombre) —a veces son ambos— realiza sus actividades laborales fuera de la vivienda.

Esta advertencia es relevante en función de buscar la articulación entre lo histórico y lo cotidiano. Se puede decir que la constitución de la vida cotidiana en el Valle de Chalco muestra una fuerte correspondencia con lo que tradicionalmente se ha conocido como modo de vida urbano, siempre que se mantengan algunos de los procesos clave para la producción de las prácticas cotidianas, como es la especialización espacial, que se expresa en la separación entre los lugares de trabajo y los lugares de residencia. No obstante, aun en estas situaciones, las prácticas cotidianas y los significados asociados a ellas pueden recrear formas de invención diversas, y muy lejanas a las clásicas formas de recreación. De igual modo, encontramos cotidianidades que no han perdido los vínculos comunitarios al tiempo que hacia el interior del hogar se marcan fuertes pautas de individuación.

El mayor alejamiento entre los modelos dicotómicos del modo de vida urbano y los modelos típico-ideales del Valle de Chalco se da con relación al primer tipo que hemos construido. Nos estamos refiriendo al modelo en el que la cotidianidad se organiza con base en roles conyugales conjuntos en todos los ámbitos y en el cual es muy fuerte el peso de la rutinización sobre la invención, que sólo se presenta en tiempos débiles intersticiales.

Los modelos dicotómicos del modo de vida urbano, igual que el segundo tipo construido para el Valle, se fundan en la lógica de la preeminencia del individuo. En el primer tipo, basado en la conjunción conyugal, la lógica que parece estructurar todas las prácticas cotidianas, antes que fundarse en el individuo como persona, lo hace en un individuo colectivo: el hogar o grupo residencial. Esto marca un fuerte alejamiento respecto a los modelos dicotómicos del modo de vida urbano, ya que en este tipo se anteponen los proyectos del hogar a los de los individuos que integran el hogar. El hogar aparece como la célula básica de organización de la cotidianidad.

El otro eje sobre el cual creemos necesario contrastar los modelos dicotómicos del modo de vida urbano y los tipos construidos para el Valle, es el referido a la especialización de los espacios, la movilidad espacial cotidiana y los espacios de vida en los que se puede desarrollar cotidianamente la existencia. En relación con este eje, igual que en el anterior, encontramos que el tipo basado en la conjunción conyugal se distancia considerablemente de los modelos dicotómicos.

Tal como ya hemos señalado, los modelos dicotómicos del modo de vida urbano destacan el papel de la especialización de los espacios dentro de la ciudad, por su incidencia en las prácticas cotidianas. En el tipo de constitución de la cotidianidad basado en la conjunción conyugal, las prácticas cotidianas no parecen estar fuertemente condicionadas o producidas por la especialización espacial de la ciudad. En cierta forma, en todos los casos la vida cotidiana de las personas que viven en una ciudad está influida por la especialización funcional de los espacios urbanos. Sin embargo, en este primer tipo, esa incidencia parece ser mínima, ya que la cotidianidad transcurre muy concentrada espacialmente en la vivienda, en donde se desarrolla la vida familiar y también la vida laboral.

De esta forma, estamos frente a un tipo de constitución de la vida cotidiana en el que no se da cuenta de la fragmentación de la existencia de las personas en múltiples espacios y en múltiples círculos sociales. Este modelo típico-ideal tampoco expresa una alta movilidad cotidiana en el territorio, ni siquiera en el circunvecino. En cuanto a la relación con el entorno comunitario, restringido a lo vecinal, es en donde este tipo construido para el Valle se acerca a los modelos dicotómicos de la vida urbana: no se desarrollan prácticas cotidianas que puedan expresar solidaridades comunitarias, y si se dan sólo es en el interior del grupo residencial.

En suma, este primer modelo típico fundado en la conjunción conyugal se aleja diametralmente de los dos ejes fuertes señalados por los modelos dicotómicos sobre la vida urbana, ni la lógica de la individualización, ni la lógica de la especialización de los espacios resultan productoras de las prácticas cotidianas en el interior del hogar, aunque la lógica de la individualización parece ser un condicionante en relación con las prácticas cotidianas externas al hogar.

No podemos dejar de señalar que en este primer tipo está presente un factor que incide en la conformación de la cotidianidad, un proceso histórico fuerte, como es la tendencia al retorno del trabajo al lugar de residencia, que produce un particular "trabajar".

Por último, consideremos nuestro tercer modelo típico-ideal, basado en la invención imaginaria de la cotidianidad y en el desarrollo de roles conyugales segregados. En términos de la espacialidad de la existencia, este modelo da cuenta de una cotidianidad que ni se dispersa de manera máxima (como el segundo tipo) ni tampoco se concentra en forma casi absoluta (como el primer tipo). En este tipo, la dispersión-concentración reconoce una asociación con el género del cónyuge. Las mujeres-cónyuges concentran más su cotidianidad que los hombres-cónyuges, y lo mismo se puede señalar en relación con la movilidad espacial. No obstante, si el proceso de especialización de los espacios urbanos en alguna medida actúa en la conformación de las prácticas cotidianas de este tipo, ello se observa en la separación entre el lugar de trabajo y el lugar de residencia, que también implica una organización conyugal con base en la segregación de los roles. Se diferencian los espacios de vida de los cónyuges y también se diferencian las actividades que cada uno realiza y los ámbitos sociales en los que participan.

En síntesis, se puede decir que, aun cuando el tercer tipo construido para el Valle muestre la importancia de reconocer que el modo de vida adquiere matices diferentes según el género del cónyuge, en la dimensión espacial este tipo parece acercarse a las pautas establecidas en los modelos dicotómicos sobre el modo de vida urbano.

Desde la perspectiva de la lógica de la individualización, este tercer tipo construido para el Valle se acerca a los modelos dicotómicos en cuanto a la especialización espacial. Se pueden establecer algunas aproximaciones entre ambos, aunque no se trata de una correspondencia total. En este tercer tipo construido para el Valle se da un predominio de las solidaridades individuales respecto a las colectivas y las comunitarias. No obstante, antes que los proyectos individuales, se esboza la noción de un proyecto del hogar. A continuación esquematizamos una síntesis comparativa de los tres modelos típico-ideales de la constitución de la vida cotidiana en el

Valle de Chalco y el modelo sobre el modo de vida urbano, de Remy y Voyé:[52]

Dimensiones/Tipos	Valoración de la elección	Círculos sociales	Espacio privado/ Espacio público	Proyectos individuales/ Proyectos colectivos	Solidaridades individuales/ solidaridades comunitarias	Ámbitos de socialización	Movilidad territorial cotidiana
Tipo 1: (la conjunción conyugal)	Elección individuo colectivo: el hogar	Pocos o ninguno	Semi-Disociación	Proyectos colectivos (hogar) s/los individuales	Solidaridades individuales (del hogar) sobre las comunitarias	Concentración de la existencia en un solo ámbito	Ausencia de movilidad en el territorio
Tipo 2: (la complementariedad conyugal)	Elección individual	Múltiples	Disociación	Proyectos individuales s/los colectivos	Solidaridades comunitarias sobre las individuales	Fragmentación de la existencia en múltiples ámbitos	Alta movilidad en el territorio
Tipo 3: (la segregación conyugal)		Pocos	Disociación	Proyectos colectivos (del hogar)	Solidaridades individuales s/las comunitarias	Concentración de la existencia en 1-2 ámbitos	Movilidad del hombre y ausencia en la mujer
Modo de vida urbano según Remy y Voyé	Elección individual	Múltiples	Disociación	Lo individual s/lo colectivo	Solidaridades individuales s/las comunitarias	Fragmentación de la existencia en múltiples ámbitos	Alta movilidad en el territorio

En resumen, el tercer modelo típico ideal del Valle se aproxima más al modelo del modo de vida urbano, que el primer tipo basado en la conjunción conyugal, aunque menos que el segundo, fundado en la complementariedad de los roles conyugales laborales.

Esta heterogeneidad en las prácticas y significaciones cotidianas que se expresan en los modelos típico- ideales de los hogares del Valle de Chalco, es mayor que las previstas por los modelos dicotómicos sobre el modo de vida urbano y posiblemente pueda ser interpretada por la presencia de otros procesos que inciden en la producción de las prácticas cotidianas, que coexisten con los ya

---

[52] Estamos tomando los ejes fuertes del modelo teórico del modo de vida urbano, que aun cuando vienen siendo analizados por estos autores desde sus primeras obras, aparecen muy enfatizados en una de sus más recientes obras, publicada en 1992. Remy, Jean y Liliane Voyé (1992), *op. cit.*

clásicamente asociados a la vida urbana, como son la especialización de los subespacios dentro del ámbito urbano, la movilidad espacial consecuente y la aparición de espacios intermedios entre el lugar de trabajo y el lugar de residencia. En este sentido, creemos que entre estos procesos productores de prácticas cotidianas puede ubicarse el "retorno del trabajo al lugar de residencia", aunque esto habría que indagarlo en otros casos.

No obstante, la posibilidad de reconocer modos de vida urbanos más heterogéneos, no sólo depende de la consideración de procesos actuales, también se asocia a la decisión de incluir otras dimensiones analíticas. En este sentido recordamos que Ulf Hannerz planteó una alternativa a los modelos dicotómicos de los modos de vida recuperando el enfoque de las redes sociales y en cierta forma, los roles sociales. Así halló cuatro tipos de modos de vida urbanos, bajo el entendido de que podían definirse otros. Estos cuatro modelos son la encapsulación, la segregatividad, la integratividad y la soledad.[53]

Hannerz reconoció que la integratividad corresponde a la forma de vida más frecuente en la ciudad. La integratividad refiere a la vida de un individuo urbano que tiene una red social muy extensa y difundida en muy diversos ámbitos. Este tipo es muy cercano al segundo modelo que construimos para el Valle, es decir, el tipo basado en la complementariedad en los roles conyugales. En nuestro tipo, la red social extensa y diversificada en ámbitos sociales no corresponde a ambos cónyuges, sino sólo a uno: la mujer.

El tipo ideal que Hannerz denomina encapsulación también es muy cercano a otro de nuestros modelos, nos referimos al definido a partir de la conjunción en los roles conyugales y el repliegue en el espacio de la vivienda/negocio. La encapsulación de Hannerz se refiere a aquellas situaciones en las que un individuo tiene un denso sector de su red social interconectado, todos los que participan en ese sector se conocen y están interrelacionados, además estas interacciones sociales ocupan la mayor parte del tiempo cotidiano del individuo. Este autor plantea que la encapsulación sería máxima en el caso de personas que vivieran y trabajaran juntas, además de estar unidas por lazos de parentesco.[54] Esto es precisamente lo que

---

[53] Hannerz, Ulf (1986), pp. 286-292.
[54] Hannerz, Ulf (1986), pp. 286-287.

constituyó el núcleo central en torno al cual construimos nuestro primer tipo de la conjunción conyugal con alta rutinización. El tipo de modo de vida de la segregatividad estaría expresado en palabras de Hannerz por la idea de la "doble vida". En términos empíricos lo identifica con aquellos individuos que viven en un "oscuro secreto".[55] Sin embargo, nos preguntamos si esta segregatividad no podría acercarse a la división de la existencia en dos mundos diferentes, aun cuando ninguno de ellos sea secreto u oscuro. Si así fuera, la división de la vida entre un ámbito laboral y otro familiar, también sería una variante de la segregatividad. En ese caso, nuestro tercer tipo del Valle, parcialmente sería expresión de la segregatividad de Hannerz. El hombre-cónyuge desarrolla una vida dividida entre el trabajo y la familia. En tanto que la mujer-cónyuge de este mismo tipo (la invención imaginaria) estaría más definida por el cuarto tipo de Hannerz, el de la soledad como condición social, no psicológica, es decir, pocas relaciones sociales. El modo de existencia de la soledad corresponde a aquellos individuos que a pesar de vivir en la ciudad, cuentan con una red social muy reducida.[56]

En principio parecería que nuestra tipología construida para el Valle de Chalco se acerca más a la propuesta de Hannerz, que a las de Wirth y Remy y Voyé. Tampoco es posible establecer una correspondencia total, sobre todo porque en todas estas propuestas, incluida la de Hannerz, se trabaja con individuos, y nuestro punto de partida son las parejas y no los individuos aislados. No obstante, nos parece necesario recuperar la propuesta de Hannerz por su alegato por captar toda la heterogeneidad de la vida social, antes que encerrarla en modelos muy limitados. De Hannerz nos parece pertinente esta apertura para salir de lo dicotómico, confirmada por nuestros modelos, como también la idea de construir los tipos de modos de vida recuperando la socialidad (en su caso, por las redes sociales). Aunque también creemos en la necesidad de no perder la espacialidad del trabajar y el habitar como constructora de los modos de vida, tan fuerte en las propuestas de Wirth y de Remy y Voyé y tan olvidada en la de Hannerz.

---

[55] Hannerz, Ulf (1986), pp. 288-289.
[56] Hannerz, Ulf (1986), pp. 290-291.

En síntesis, nuestros tres modelos construidos para comprender la vida cotidiana en el Valle de Chalco en algunos aspectos se acercan a la propuesta de Wirth, en otros son más próximos a la de Remy y Voyé, y mucho más aún es la cercanía con los tipos de Hannerz. En cierta forma esto nos habla de que la vida cotidiana en el Valle de Chalco tiene rasgos comunes con la vida en otros ámbitos urbanos. No obstante, nuestra tipología también se aleja de todos estos modelos en otras cuestiones, lo que a su vez habla de la especificidad local y de la particularidad de nuestro esquema analítico. Creemos muy importante no perder analíticamente estas especificidades, ya que nuestro objetivo no es desarrollar una nueva propuesta general de modos de vida urbanos, sino comprender toda la complejidad presente en la vida cotidiana de los hogares del Valle de Chalco.

7. CONCLUSIONES

Este capítulo conclusivo lo hemos estructurado en tres apartados principales: el primero se refiere a las conclusiones de contenidos específicos del caso. El segundo se conforma como una reflexión respecto a los principales aportes del conjunto de la investigación. Por último, presentamos un apartado en el cual hacemos el esfuerzo por pensar la forma de desarrollar nuestra investigación como un camino metodológico y la temática en sí misma dentro del campo de la investigación urbana actual.

7.1. ALGUNAS REFLEXIONES FINALES ACERCA DE LA VIDA COTIDIANA Y EL MODO DE VIDA

Hacer un intento por sintetizar los resultados de nuestra investigación nos conduce a reflexionar sobre tres aspectos. El primero, relacionado con los resultados sobre los vínculos sociales básicos (los roles conyugales) desde la perspectiva de lo instituido y lo no instituido socialmente. Esto se sustenta en el análisis cuantitativo. El segundo aspecto, resultante del análisis cualitativo, es lo que se refiere a los sentidos y los significados de la cotidianidad. De los sentidos resultan las formas de constitución de la cotidianidad: por invención, cuasi invención y repetición. Hasta aquí, nuestro análisis se refiere al nivel de la trama de la vida cotidiana. Por último, consideramos necesario reflexionar acerca de un tercer aspecto: el tránsito analítico del nivel de la trama de la vida cotidiana al de los modos de vida.

7.1.1. Las formas no instituidas socialmente en la trama de la vida cotidiana

Si la trama de la vida cotidiana es un concepto que refiere simultáneamente a los vínculos sociales básicos (como son los roles conyugales) y al fondo espacio-temporal en el que se dispersa o se concentra la cotidianidad, así como a la forma en que es vivido ese espacio-tiempo cotidiano, es posible preguntarnos por las formas instituidas y no instituidas socialmente en dicha trama. También es notorio que la cuestión de lo instituido socialmente o lo que se aparta de él, se puede indagar más fácilmente en los vínculos sociales —vale decir: en las interacciones sociales— que en la espacialidad y la temporalidad. Los roles conyugales son vínculos altamente instituidos en términos sociales, en cuanto a sus formas. En todo caso, puede haber un nivel instituido en la espacialidad cotidiana materialmente entendida, en cambio, las vivencias del espacio y el tiempo difícilmente puedan ser encapsuladas en lo que está instituido socialmente o no. Éste es el sentido de analizar los roles conyugales como vínculos fundantes de la trama de la vida cotidiana.

Así como no ha sido nuestro objetivo estudiar las prácticas cotidianas en sí mismas (el hacer), fue sólo un recurso para acceder a los roles conyugales, tampoco buscamos conocerlos en sí mismos, sino que resultaron una forma para estudiar lo instituido y lo que se aleja de lo instituido socialmente en las interacciones primarias, para la constitución de la vida cotidiana.

La forma en que diseñamos el tratamiento de la información cuantitativa nos permitió desagregar ámbitos y subámbitos de la cotidianidad, que vinieron a constituirse en verdaderos campos de observación de los roles conyugales. Esta estrategia nos permitió evitar el camino más sencillo de concebir los roles conyugales como relaciones sociales únicas; optamos así por la multidimensionalidad de la relación. Desde esta concepción, definimos cuatro ámbitos de observación de los roles conyugales: el doméstico, el laboral, el del tiempo libre y el vecinal. Evidentemente, estos cuatro ámbitos no se caracterizan por una espacialidad que les sea propia, sino por el sentido de las prácticas inherentes a ellos y también, por la naturaleza de las interacciones (si incluyen o no la emotividad).

En el campo de las actividades domésticas hallamos el predominio de patrones de segregación o separación en los roles conyugales. Por ello, decidimos desagregar subámbitos espacio-temporales de lo doméstico, a fin de hacer una búsqueda más minuciosa. En otras palabras, al hallar el predominio de lo esperado (la segregación conyugal) en el conjunto del ámbito doméstico, lo abrimos en subámbitos para hacer una observación más detallada. Estos subámbitos los definimos por la espacialidad interna y externa a la vivienda, por la temporalidad continua o no continua y por la emotividad o su ausencia.

Así, los resultados indicaron que tanto en los espacios internos como en los externos a la vivienda predomina la segregación conyugal, lo que implica que no encontramos situaciones en las que en el ámbito doméstico de los espacios internos haya segregación conyugal y en los espacios externos aparezcan las tendencias a la conjunción. En cambio, al indagar la dimensión temporal comenzaron a presentarse las situaciones no esperadas, que pueden ser interpretadas como situaciones no instituidas socialmente. Las actividades que se asocian a la continuidad del tiempo cotidiano resultaron ser el sustento de roles conyugales segregados (lo esperado en tanto instituido), mientras que las actividades domésticas discontinuas temporalmente, se vinculan en algunos casos a la conjunción de los roles conyugales (lo no esperado por no instituido).[1] El otro ámbito de la cotidianidad en el cual encontramos patrones de conjunción conyugal resultó ser el que se asocia a la atención de los hijos menores.

Ambos resultados nos conducen a plantear que, cuando la socialización interna al hogar incorpora la conjunción conyugal en el ámbito doméstico, no se asocia con los espacios vivenciales, sino con los tiempos cotidianos que se viven como momentos aislados, o también con todas aquellas prácticas cercanas a los hijos y en consecuencia, prácticas permeadas por la esfera de la afectividad.

Si pensamos los roles conyugales de tipo conjunto como una expresión de lo que se aleja de la normatividad socialmente establecida, podemos comprender que por su mismo carácter de fenóme-

---

[1] Respecto al trabajo doméstico, no desde la perspectiva de los roles conyugales sino con referencia a las actividades en sí mismas, nos remitimos a la revisión de enfoques y tendencias que realiza Martha Judith Sánchez. También García y Oliveira revisan la cuestión desde el ángulo de la participación masculina en el trabajo doméstico. Tanto Sánchez como García y Oliveira insisten en que la participación del hombre en lo doméstico es escasa y esporádica. Los planteamientos de estas autoras reiteran los resultados que hallamos en los hogares del Valle de Chalco con relación a que la participación del hombre se da, sobre todo, en las actividades externas al hogar y no repetitivas. García, Brígida y Orlandina de Oliveira (1994), pp. 206-209. Sánchez Gómez, Martha Judith (1991), pp. 59-80.

no social aún no instituido, no es absolutamente repetitivo, sino que aparece en la cotidianidad intermitentemente, por cuyo motivo se ancla en el tiempo no continuo antes que en los espacios. Asimismo, vemos que lo no instituido (los roles conjuntos en lo doméstico) aparece en relación con los hijos. Eso puede interpretarse como un indicio de debilitamiento de lo instituido desde la dimensión vinculada a la emotividad, vehiculada a través de las prácticas cotidianas relacionadas con los hijos menores. En otras palabras, la dimensión emotiva parece indicar un eje por donde pueden iniciarse cambios en una normatividad fundante de la cotidianidad, como es la organización de los roles conyugales.

A fin de no alejarnos de nuestro punto de partida, es necesario no perder de vista la relación entre estos patrones de conjunción conyugal y la relación trabajo/residencia. La conjunción conyugal, tanto en el ámbito de la atención de los hijos como en el de las actividades domésticas de realización no diaria, se articula con la localización del trabajo del hombre dentro de la vivienda, lo que se puede expresar como la unión del lugar de trabajo y el de residencia. En esta perspectiva podemos notar que si el trabajo y la residencia se unen en un mismo espacio, se debilita la integración social del hogar con todo lo que es externo al hogar, precisamente porque el ámbito laboral está superpuesto con el familiar.

En otras palabras, se fortalece la integración interna del grupo familiar, aunque se debilita la integración con lo externo, debilitamiento social que viene a actuar como un factor que facilita la renegociación de un orden privado a cada hogar más o menos autónomo. Creemos que parte de esa renegociación del orden privado, al margen de la normatividad social, es lo que favorece, o al menos hace posible, los patrones de conjunción conyugal, ya que los roles conyugales conjuntos en lo doméstico son algo no instituido socialmente.

En cambio, los hogares en los cuales el trabajo y la familia son dos ámbitos separados y diferenciados (dos espacios diferentes, distantes y especializados) se organizan internamente bajo pautas de segregación conyugal. En estos casos, el ámbito del trabajo externo actúa como un nexo que favorece la integración social de los individuos con esferas externas al hogar. Entendemos que la reproducción de patrones de segregación conyugal en la vida privada también puede ser interpretada como una expresión de la integración social del hogar: lo externo al hogar se caracteriza por la especialización; entonces, la integración con esa exterioridad trae especialización interna al hogar (los roles segregados). Internamente se reproducen patrones sociales. En ese traslado de la norma social hacia la esfera privada interna del hogar, posiblemente la espacialidad del trabajo esté actuando como una mediación, como un vínculo con la sociedad, que induce la reproducción de la especialización social como especialización conyugal.

Estas dos situaciones opuestas nos hacen revivir el siguiente interrogante: ¿qué es lo que se antepone en cada caso: el individuo va delante de la familia, o es la familia la que va delante del individuo? En principio, creemos que cuando el lugar de trabajo y el lugar de residencia son dos espacios separados y la vida privada se organiza con base en roles conyugales segregados o separados, el individuo tiene una cierta preeminencia sobre la familia, entendida como hogar, en tanto que, cuando estas dos esferas se han unido en un solo espacio y la vida privada permite la inclusión de la conjunción conyugal, al menos con relación a esferas fuertemente emotivas o bien no permanentes, la familia tiene prioridad sobre los individuos que la integran.

En este contexto, los roles conyugales conjuntos entendidos como lo innovador, también pueden verse como la expresión de una cierta confusión entre la vida privada y el trabajo,[2] ya que la unión de esas dos esferas termina con la especialización de los cónyuges en distintas actividades; en consecuencia, termina también con los roles separados. Esa confusión también puede ser interpretada como una forma de igualdad intrafamiliar opuesta a la especialización, que en esencia supone un tipo de construcción social de la diferencia.

En un segundo momento del análisis cuantitativo encontramos grupos de prácticas cotidianas que se asocian a "los roles conyugales conjuntos laborales y en la atención de los hijos" y a "la unión del lugar de trabajo y el de residencia". Nuestra interpretación fue ver a estos factores como contextos en los que toman sentido la conjunción y la unión del trabajo y la residencia, contextos que resultaron

---

[2] Prost, Antoine (1992), p. 23.

definidos por las interacciones del hogar con el ámbito externo inmediato: el vecindario.

Así, la conjunción conyugal en el trabajo y en relación con los hijos menores parece asociarse no sólo con la unión del trabajo y la residencia, sino también con el establecimiento de vínculos vecinales extendidos (numerosos), aunque superficiales.

Recuperando algunas cuestiones anteriores, podemos interpretar este tipo de situaciones familiares en términos de una fuerte integración interna al hogar, que llega a la ausencia de especialización en los roles conyugales laborales y domésticos relativos a los hijos. Se confunde así el trabajo y la familia, tendiendo a la ausencia de especializaciones, al mismo tiempo que el hogar no mantiene fuertes interacciones externas (ni laborales, ni vecinales), aunque tampoco se trata de hogares aislados. Más bien, se esboza la imagen de hogares débilmente integrados con su entorno socioterritorial inmediato, que tienden a concentrar sus prácticas cotidianas en el espacio vivencial en donde convergen el trabajo y la residencia. Parecería que detrás de esa estrategia de concentración espacial de la cotidianidad se alojara un proyecto familiar.[3]

El otro conjunto de prácticas cotidianas que estructuramos fue en torno a "los roles conyugales segregados en todos los ámbitos de la cotidianidad" y a "la separación del lugar de residencia y el trabajo". En cuanto a la socialidad externa de estos hogares, encontramos relaciones con pocos hogares de vecinos, tratándose algunas veces de parientes, aunque son relaciones que no se limitan a la superficialidad del saludo, sino que vienen a delimitar ámbitos de protección y seguridad mutua.

Al igual que procedimos con el grupo anterior de prácticas, estamos interpretando la localización del trabajo del hombre fuera del hogar, como un vínculo con la sociedad, vínculo que supone una cierta integración a la normatividad social. Así, la normatividad social de. la especialización se reproduce en el interior del hogar a través de la especialización de los cónyuges en distintos ámbitos de prácticas, por eso la organización conyugal es con base en la segre-

---

[3] En el apartado siguiente regresamos sobre la cuestión del proyecto, pero desde el análisis cualitativo.

gación o la separación. En este tipo de contextos de prácticas, la imagen que se dibuja es la de la especialización-separación, que en términos espaciales supone la dispersión de las prácticas cotidianas; unas, internamente al espacio de la vivienda y otras externamente. En cuanto a la socialidad con el entorno socioterritorial, las relaciones fuertes no son la ausencia de interacción, sino interacciones fuertes, pero sólo con unos pocos hogares de vecinos.

En síntesis, el análisis cuantitativo nos permite diferenciar dos tipos opuestos de cotidianidad. Una, en donde la unión del trabajo y la residencia ha deteriorado la integración del hogar con el mundo externo. Ese deterioro de la integración social deja abiertas las posibilidades para renegociar un orden interno al hogar propio. Aparece así la conjunción conyugal en lo laboral y en algunos sectores de lo doméstico. El segundo tipo de cotidianidad se asocia con los hogares que mantienen la separación entre el trabajo del hombre y la familia, en donde la presencia de ese ámbito laboral masculino independiente del hogar viene a actuar como una vinculación del hogar con lo externo. Este nexo del hogar con lo que resulta externo a él contribuye a la reproducción de los patrones de especialización socialmente instituidos dentro del hogar, por ejemplo, en los roles conyugales.

7.1.2. De los vínculos sociales a las formas de constitución de la vida cotidiana

Hasta ahora hemos sintetizado las relaciones más fuertes referidas a los vínculos sociales básicos, resultantes del análisis cuantitativo. En este apartado recuperamos algunas cuestiones que resultan del análisis cualitativo propiamente dicho. En el conjunto de nuestra investigación, el análisis cualitativo se puede analizar desde dos ángulos: uno, con relación a los roles conyugales, y el otro, en referencia al sentido de la espacio-temporalidad de la vida cotidiana.

Con relación al primer ángulo de reflexión, los roles conyugales y la relación trabajo/residencia, se puede destacar que el análisis de contenido y el análisis tipológico han venido a actuar como una cuña que ha incorporado complejidad a los resultados anteriores (procedentes del análisis cuantitativo), ya que agrega otras situaciones intermedias. Nos referimos a la complementariedad conyugal, que teóricamente la conocíamos, pero empíricamente no la pudimos manejar con la información cuantitativa. Es importante destacar que esta cuña analítica agrega complejidad o abre un abanico mayor de opciones en cuanto al tipo de roles conyugales, sin entrar en contradicción con las cuestiones básicas reveladas por el análisis de lo cuantitativo.

En un segundo ángulo de reflexión, debemos considerar que el análisis cualitativo viene a cumplir otra función importante en el conjunto de la investigación, como es la de develar el significado de las prácticas cotidianas y la vivencia de la espacio-temporalidad cotidiana.

En cuanto al primer nivel de análisis (los roles convugales y la relación T/R), el análisis cualitativo ha venido a confirmar o reiterar las relaciones básicas que estructuran el tipo de constitución de la cotidianidad, que cualitativamente identificamos por estar dominada por la repetición rutinaria. En este caso, el análisis cualitativo reitera lo aprehendido por el análisis cuantitativo en cuanto a que internamente al hogar, los patrones de conjunción conyugal se asocian con la unión del lugar de residencia y el trabajo. En lo externo al hogar, nuevamente aparece la relación distante con el vecindario. Una distancia social que se interpone para preservar la interioridad del hogar. Puede resultar relevante que el análisis cualitativo confirme estas relaciones básicas, aunque más significativo es lo que se viene a agregar, lo no conocido a través del análisis cuantitativo.

El aporte del análisis cualitativo con respecto al conocimiento de este tipo de constitución de la vida cotidiana, se define en varios ejes. Uno de ellos es que la conjunción conyugal, la unión del trabajo y la residencia y el distanciamiento respecto al vecindario, conllevan una particular vivencia interior del tiempo cotidiano, dominado por la rutinización e íntegramente marcado por el sentido de la obligación, donde sólo quedan resquicios para la libertad respecto a la obligación laboral.

Además, el análisis cualitativo también nos muestra que este conjunto de elementos adquieren sentido bajo una concepción del hogar como un ámbito de cooperación de todos los miembros por un proyecto de progreso material, que los cónyuges —como núcleo fundante del hogar— vienen construyendo desde el pasado.

Todo esto nos muestra "significados". Sabíamos por el análisis cuantitativo que en este tipo de cotidianidad había conjunción conyugal, unión del trabajo y la residencia y distanciamiento respecto al vecindario. Lo que no conocíamos eran los significados de estas prácticas. Lo cualitativo nos permitió conocer el significado de todo ello, que lo podríamos sintetizar en la idea de la concentración de los esfuerzos en el interior del hogar para poder sostener los logros materiales alcanzados. La concepción de la necesidad de concentrar las prácticas cotidianas en el interior del hogar supone su opuesta: restringir las prácticas externas al hogar que puedan debilitar ese proyecto de mantener las condiciones materiales alcanzadas.

Por último, destaquemos que el análisis cualitativo nos permitió conocer, siempre con relación a este primer tipo construido, que esa forma de concentrar los esfuerzos dentro del hogar, también se articula con el sentido de pertenencia respecto al espacio: hay una fuerte pertenencia al espacio de la vivienda. El sentido de pertenencia se limita a ese espacio interior, en donde se concentran los esfuerzos familiares; no se "pertenece" al espacio barrial, en el que está inserto el espacio de la vivienda, por lo que el sentido por el espacio externo se conforma como lo que no es, en donde "lo que no es" refiere a la ciudad, al mundo urbano. El entorno territorial que no es urbano, que está al margen de lo urbano, es el entorno al que no se pertenece. No obstante, es una posición espacial relativamente ventajosa, ya que permite sostener un proyecto familiar.

El sentido de esa ausencia de pertenencia al barrio también se expresa en el distanciamiento con relación a los pobladores del barrio: los vecinos. No se pertenece al entorno socioterritorial inmediato porque el sentido principal de la cotidianidad está replegado interiormente, en un interior que representa un proyecto construido en el pasado y que se quiere mantener. La vivencia que domina en la cotidianidad es lo rutinario, aunque esa repetición de prácticas compartidas sólo se puede comprender en una perspectiva mayor: es una cotidianidad presente y rutinaria que ha sido construida en el pasado familiar y por la que el grupo familiar y su centro, los cónyuges, trabajan por sostener. Mantener ese proyecto alcanzado requiere de ciertas restricciones, como el evitar la dispersión en los espacios externos al hogar, por lo cual se puede comprender la estrategia del repliegue en el interior del hogar. El análisis cualitativo también confirmó las relaciones básicas que estructuran el otro tipo de constitución de la cotidianidad que está dominado por la segregación o separación conyugal; nos estamos refiriendo a lo que en términos cualitativos identificamos como la invención imaginaria de la cotidianidad. Efectivamente, el análisis cualitativo reitera lo que también resultó del análisis cuantitativo: que en este tipo, la socialidad conyugal se establece con base en la segregación de los roles, tanto laborales como domésticos. Recordemos que la segregación conyugal en lo laboral implica que sólo uno de los dos cónyuges realiza actividades laborales, lo mismo en cuanto a lo doméstico, que sólo uno de los dos participa en las actividades domésticas. El hombre-cónyuge trabaja fuera del espacio de la vivienda, como asalariado, lo que le permite participar en un pequeño mundo laboral independiente del hogar.

Asimismo, el análisis cualitativo ha confirmado que en este tipo de cotidianidad, las interacciones con el vecindario están marcadas por una distancia que separa y protege, que crea un contorno de seguridad. Dentro de ese perímetro de seguridad básica quedan incorporados los vecinos más próximos; para con el resto se desarrolla la estrategia de interponer la distancia como seguridad. De paso podemos observar que esta distancia social es muy diferente de aquella otra a la que se recurre en el tipo de cotidianidad rutinaria, el primero, donde es una distancia que resulta de la estrategia de concentrar esfuerzos por un proyecto. El distanciamiento es estratégico en el sentido de evitar la dispersión de las prácticas laborales. En este último caso, es estratégico en tanto es una distancia protectora de posibles agresiones externas.

El análisis cualitativo incorpora a este tipo de constitución de la cotidianidad, una vez más, viene dado a través de los sentidos, los significados del desarrollo de los roles conyugales segregados, de la separación entre el lugar de residencia y el lugar de trabajo, con la particularidad de que la mujer queda excluida del trabajo y el hombre tiene una participación limitada en el lugar de residencia. El sentido que adquiere esta separación de espacios, en términos de las temporalidades, es que para el hombre-cónyuge los tiempos fuertes, marcados por la obligación, sólo se corresponden con el ámbito laboral. Estos tiempos fuertes alternan con tiempos débiles, que son los tiempos asociados al lugar de residencia. En el caso de la mujer-cónyuge, la separación de estos dos espacios y la exclusión del externo al hogar, considerada desde las temporalidades, toma el sentido de que la cotidianidad está regida por un único tiempo fuerte, marcado por la obligación permanente.

El análisis cualitativo nos permitió comprender que el significado de esta especialización en las prácticas cotidianas y en los espacios de vida de los cónyuges, está en la concepción del hogar como un ámbito cerrado y autocontenido. No hay un proyecto de progreso definido; en cambio, está definida la representación de cómo debe ser el hogar: debe ser autocontenido, en tanto que los miembros del hogar —particularmente, los cónyuges— deben ser capaces de resolver enteramente la cotidianidad del grupo. Éste es el sentido de la especialización en las actividades y los espacios en los que cada cónyuge dispersa su vida cotidiana.

La representación del hogar no sólo se conforma por el carácter autocontenido, sino también por el de ámbito cerrado. La primera (lo autocontenido) es la dimensión que define la representación pura del hogar, la segunda (lo cerrado) es una dimensión que se agrega en esta representación en términos estratégicos. Lo relevante es que esta dimensión estratégica es la que conforma el sentido de las interacciones que se desarrollan con el vecindario, que son escasas y sólo se dan con el vecindario más próximo, que queda dentro del perímetro de seguridad básica. La distancia que separa al hogar de los vecinos también se expresa en la ausencia de sentido de pertenencia por el barrio.

Asimismo, encontramos que la representación del hogar como ámbito autocontenido es lo que da el sentido a la fuerte relación de pertenencia al espacio de la vivienda. Hay un fuerte sentido de pertenencia a ese espacio por la autonomía que ha representado en la trayectoria familiar. La autonomía dada por el acceso del hogar a una vivienda independiente se articula con la concepción del hogar como un ámbito autocontenido.

Por último, es importante destacar que el análisis cualitativo nos permitió comprender que en este tipo de cotidianidad, al no haber un proyecto de progreso, la vida cotidiana se vive enteramente en el presente, como un presente que ha llegado sin que haya sido construido o esbozado en el pasado. No obstante, la ausencia de proyecto no implica que el futuro esté totalmente ausente de la cotidianidad.

En este tipo de cotidianidad, el futuro aparece en forma intermitente y lo que es más relevante, queda prácticamente desprendido del presente. Es por eso por lo que lo hemos definido como un futuro "imaginario"; no es un futuro que se inserte en un proyecto o en acciones estratégicas en función de un proyecto. Lo imaginario —que en este caso se expresa como un consumo imaginario, como un cambio de residencia imaginario— cumple una importante función en la constitución de la cotidianidad: representa una forma de invención. Aun cuando desde la perspectiva de las prácticas predomina la repetición, el futuro imaginario le da un sentido no repetitivo a la cotidianidad.

En síntesis, el análisis cualitativo nos permite comprender que en el primer tipo aquí recuperado, hay un fuerte sentido de subordinación de las prácticas cotidianas (tanto internas al hogar como externas) con respecto al mantenimiento del progreso material alcanzado, a partir del proyecto del pasado. La subordinación a ese proyecto alcanzado es lo que justifica la rutinización de la cotidianidad, la conjunción conyugal y el distanciamiento vecinal. En cambio en el segundo tipo, el subordinamiento no es respecto a un logro material sino con relación a una representación de lo que debe ser el hogar: un ámbito autocontenido, sin que esa representación se articule con un proyecto del hogar. Así, la subordinación de las prácticas cotidianas a una imagen normada socialmente, se articula con la segregación conyugal laboral y doméstica. La subordinación a una representación social de lo que "debe de ser" el hogar hace posible una invención imaginaria de la cotidianidad.

Tanto la representación de lo que debe ser el hogar como la capacidad para introducir lo nuevo en la cotidianidad como consumos imaginarios, se ubican en el mismo nivel: son construcciones del pensamiento. En cambio, la rutinización de las prácticas cotidianas y el progreso material alcanzado del tipo anterior, son objetivaciones. En suma, el análisis cualitativo nos permite comprender que la constitución de la vida cotidiana a partir de la conjunción conyugal, la unión del trabajo y la residencia y el predominio de lo repetitivo se articulan con objetivaciones, en tanto que la constitución de la cotidianidad desde la segregación conyugal, la separación del trabajo y la residencia y la invención de la cotidianidad por el consumo imaginario se cristalizan en torno a representaciones sociales de lo que debe ser el hogar: lo instituido está presente en las prácticas y en las representaciones.

Estas cadenas de significados son fundamentales para comprender la vida cotidiana como algo más que la "cosificación" de prácticas.[4] La vida cotidiana se integra por prácticas, pero son prácticas con sentido. Es por ello por lo que el análisis cuantitativo puede resultar valioso para el estudio de las prácticas cotidianas, pero no suficiente. Lo cuantitativo no nos permite aprehender los significados socialmente compartidos.

Al principio de este apartado subrayamos que desde la perspectiva de las prácticas cotidianas (los roles conyugales), el análisis cualitativo reiteró las relaciones básicas reveladas por lo cuantitativo, aunque también incorporó mayor complejidad. Esa mayor complejidad vino a través de la identificación de un tercer tipo de constitución de la cotidianidad, que desde el punto de vista de los roles conyugales se basa en la complementariedad. Recordemos que la complementariedad en los roles conyugales refiere a aquellas situaciones en las cuales los dos cónyuges participan de ciertas prácticas cotidianas, aunque lo hacen en forma independiente el uno del otro.

Este tercer tipo de constitución de la cotidianidad se caracteriza por la separación del trabajo y la residencia. Aunque, a diferencia del anterior, en ambos espacios participan los dos cónyuges, con la peculiaridad de que el lugar de trabajo no es compartido. En otras palabras, ambos cónyuges participan en el pequeño mundo doméstico y en un pequeño mundo laboral, que no comparten; además, al menos la mujer, también participa en otros círculos, como los vecinales. En este caso, antes que distanciarse del vecindario se busca el acercamiento. Éste es el único tipo de constitución de la cotidianidad en el cual hemos hallado una fuerte dispersión de la vida

---

[4] Por ejemplo, Franco Crespi destaca la necesidad de que el investigador establezca innumerables conexiones entre los acontecimientos para poder acceder a los significados sociales, como una forma de acercarnos a la realidad social. Crespi, Franco (1997), pp. 8-10.

cotidiana en distintos espacios externos a la vivienda, una fuerte participación en distintas dimensiones de la vida pública.

Una vez más, debemos destacar que el análisis cualitativo no sólo nos permite conocer las prácticas y los espacios en los cuales ellas se desarrollan, sino también el significado otorgado a ellos. En este tipo de constitución de la cotidianidad, la dispersión en múltiples espacios de vida, la participación en distintos círculos sociales por parte de, al menos uno de los cónyuges (generalmente, la mujer), la complementariedad conyugal en lo laboral y en lo doméstico, adquieren significado ·a partir de la búsqueda de la realización individual del cónyuge, que despliega ese abanico de prácticas cotidianas.

La cotidianidad del hogar (tanto en las prácticas y las interacciones como en los significados) queda subordinada a la necesidad de realización y superación personal de uno de los cónyuges. No obstante, esa búsqueda de lo individual se extiende en la definición de un proyecto de hogar, extensivo al otro cónyuge y a los hijos. También se proyecta en la relación con el entorno socioterritorial, como un fuerte sentido de compromiso comunitario y de pertenencia respecto al barrio. Se pertenece a ese territorio y el territorio genera confianza por ser un espacio conocido y apropiado. La búsqueda de la identidad personal encuentra una posibilidad fuerte en el entorno territorial, en el cual se despliega la cotidianidad. Es fuerte el sentido de pertenencia respecto al espacio de la vivienda, pero es aún mayor la relación de pertenencia por el territorio barrial.

Éste es un tipo de constitución de la cotidianidad fuertemente subordinado a un proyecto de progreso. La diferencia con el primer tipo es que aquí se trata de un proyecto que se está construyendo, por eso el sentido de la cotidianidad está dominado por el futuro. Este tipo corresponde a una concepción acabada de un proyecto de progreso; en cambio en el primer tipo, la perspectiva del proyecto venía del pasado. El proyecto es lo que orienta la cotidianidad hacia la fragmentación de los espacios y los tiempos en los que se dispersa la existencia. De manera tal, que la fragmentación de las prácticas cotidianas y la multiplicidad de encuentros cara a cara toman sentido por el proyecto, primero, de realización personal, luego, de progreso familiar.

Sintetizando los resultados del análisis cuantitativo y cualitativo, podemos observar que los roles conyugales conjuntos, como lo que más se aleja de lo instituido socialmente, quedan articulados con la forma de producción de la cotidianidad más rutinaria, donde lo repetitivo aparece justificado por el mantenimiento de un cierto progreso material ya alcanzado. Lo rutinario se explica por un proyecto de progreso del pasado, pero que ya ha se ha concretado. Ésta es una forma de constituir la cotidianidad en la cual no hay una reconstrucción del proyecto familiar. No deja de resultar significativo que la construcción de relaciones sociales no instituidas, innovadoras, recreadas internamente al hogar, quede vinculada con la forma más rutinizada de constituir la cotidianidad, en donde sólo queda un margen para lo no rutinario en breves tiempos débiles, de tipo intersticial.

Por su parte, la situación diametralmente opuesta: los roles conyugales segregados, como lo más instituido socialmente, la separación-diferenciación entre los cónyuges, sólo permite una forma de cuasi invención de la cotidianidad. Es una cuasi invención porque lo nuevo sólo ocurre en el nivel de lo imaginario, con relación a un consumo imaginario. Tan imaginaria (en el sentido de desvinculada de lo real) es esta forma de producción de la cotidianidad, que todo se vive en presente, no hay proyección sobre el futuro, porque no hay proyecto, ni familiar ni individual, sólo hay un mundo imaginariamente construido y materialmente distanciado del entorno territorial.

En este tipo, hallado en algunos hogares del Valle, el mundo de la vida cotidiana, que normalmente es el ámbito de las ejecuciones ("el extremo más concreto" del que hablaba Walter Benjamin), parece entremezclarse con el mundo de la fantasía. En términos generales, el mundo de la vida cotidiana se vive en presente, mientras que en el mundo de la fantasía es posible eliminar el tiempo estándar. En este tipo particular que estamos considerando, ambos mundos se entrecruzan, y como resultado se tiene la vivencia de un presente que ha llegado sin ser anticipado. Es algo así como vivir en un presente desconectado del futuro y del pasado; incluso, este último, es negado y rechazado. En este tipo es particularmente pertinente una afirmación de Alfred Schutz: "en el mundo de la fantasía no hay 'logros posibles', si interpretamos esta expresión como sinónimo de 'efectuables'. El sí mismo que imagina no actúa ni efectúa".[5] No obstante, no se trata de la subordinación del mundo de la vida cotidiana al mundo de la fantasía, sino del cruce de ambos en forma intermitente. Por eso, lo imaginado, la fantasía, se refiere a componentes materiales, más específicamente, al consumo.

Es interesante observar que el entrecruzamiento de estos dos mundos también nos permite comprender otras dimensiones de la cotidianidad, como la falta de arraigo al territorio inmediato. Usualmente, el barrio como territorio inmediato, es parte del mundo al alcance de las ejecuciones del individuo: el mundo de la vida cotidiana. Cuando el individuo entrecruza el mundo de la vida cotidiana con el mundo de la fantasía, lo que está a su alcance es lo imaginario, por lo cual este tipo habla de un desprendimiento de todo aquello que está al alcance de las ejecuciones, como el barrio.

Por último, la situación intermedia entre lo más instituido y lo menos instituido, los roles conyugales complementarios, es la situación que se articula con la forma más concreta de invención de la cotidianidad, aquella en la cual lo renovado se encuentra en las múltiples interacciones sociales, en los diversos encuentros cara a cara, en la fragmentación de los espacios de vida y los tiempos cotidianos. En este contexto, es importante subrayar que esta forma más acabada de invención dentro de la cotidianidad se cristaliza como tal a la luz de un proyecto individual y familiar de progreso. El proyecto orienta todas las prácticas cotidianas, que siempre se viven en función de un futuro. En suma, en este tipo de cotidianidad se puede distinguir un núcleo fuerte de sentidos que se define en torno al proyecto, al futuro, al arraigo al entorno territorial, porque está progresando, y a la propia vivienda, por ser una expresión materializada del progreso del hogar.

Este tipo constituye la forma más definida de invención en la cotidianidad, o bien de alejamiento de lo alienante en la vida cotidiana, que hemos hallado dentro del conjunto de los hogares pobres metropolitanos que estudiamos. No deja de ser relevante que la invención como forma de constituir la cotidianidad en contextos de pobreza urbana, sólo se presente en forma nítida

[5] Schutz, Alfred (1974a), p. 218.

cuando la cotidianidad se vive en futuro, cuando hay un proyecto de progreso. Esto último nos lleva a plantear que no es lo repetitivo propio del tiempo cotidiano lo que conduce al carácter alienante[6] de la cotidianidad, sino lo repetitivo orientado sobre un presente que no se puede proyectar hacia el futuro.

7.1.3. De la vida cotidiana al modo de vida

Nuestro análisis se refiere a la vida cotidiana de los hogares, a las prácticas con sentido que van integrando ese "sistema reticular" —para traer una vez más la expresión de Michel Maffesoli—[7] que constituye la trama de la vida cotidiana. Sin embargo, desde un comienzo nos hemos planteado el estudio de la vida cotidiana orientado hacia el modo de vida; nos propusimos estudiar la vida cotidiana recuperando los debates y reflexiones teóricas acerca del modo de vida. Esto no deja de evidenciar una primera dificultad: ¿cuál es la relación entre la vida cotidiana y el modo de vida? En el discurso de muchos autores que trabajan sobre estas temáticas, fácilmente se confunden ambos términos. En última instancia, ambos se refieren directamente a esa totalidad que se llama vida. Sin embargo, en nuestro estudio hemos procurado no utilizarlos indistintamente.

Después de haber realizado un análisis detallado de la vida cotidiana de los hogares del Valle, buscar la relación entre la vida cotidiana y el modo de vida de estos hogares, nos exige una reflexión acerca de qué estamos entendiendo por modo de vida, ya que la concepción de la vida cotidiana ha sido presentada en forma explícita a través de las prácticas de los sujetos.

Tal como lo señalamos en el primer capítulo parafraseando a Jacques Curie,[8] el modo de vida siempre se relaciona con hogares, con procesos dinámicos referidos a los hogares y con espacios-tiempos de estos hogares. No obstante, con ello no aclaramos la cuestión, ya que al estudiar la vida cotidiana también hemos tratado sobre las mismas dimensiones. En todo caso, de estas tres dimensiones la que no hemos abordado en la vida cotidiana es la de los

---

[6] Estamos utilizando el término alienante asociado al de rutinario.
[7] Maffesoli, Michel (1993b), p. 89.
[8] Curie, Jacques, Gérald Caussade y Violette Hajjar (1986), p. 314.

procesos dinámicos de los hogares. En términos metodológicos también se ha subrayado que la perspectiva del modo de vida tiene la característica de ubicarse en los intersticios de las sociologías particulares o parcelarias. Por su parte, el modo de vida cruza al menos, el campo de la sociología de la familia, la del trabajo y la del tiempo libre, por no incluir otros ámbitos disciplinarios.[9] Tampoco esta particularidad resuelve nuestro interrogante acerca de la relación entre el modo de vida y la vida cotidiana, ya que también la perspectiva de la vida cotidiana cruza estos subámbitos disciplinarios. Todo parece indicar que no podemos avanzar si no se analiza más detenidamente el concepto de modo de vida.

De manera un tanto esquemática podemos diferenciar dos líneas pioneras de aproximación al modo de vida. Una es la que surgió en los inicios de la sociología urbana,[10] mientras que la otra se construye con una serie de aportes procedentes del pensamiento marxista. En ambos casos, más que conceptualizaciones precisas se destaca algún rasgo propio del modo de vida. Así, para la sociología urbana de la Escuela de Chicago el modo de vida tomó interés en tanto "urbano" y el rasgo más fuerte que se priorizó fue el individualismo en distintas expresiones, así como la cuestión de las distancias físicas y socioafectivas. Por su parte, las aproximaciones marxistas destacaron otro rasgo, lo conservador, lo estable como algo inherente al modo de vida.

Beatriz Albores ha realizado un estado del arte respecto al modo de vida en el pensamiento marxista, sobre todo a través de aportes antropológicos y arqueológicos, aunque también ha incorporado autores clásicos de este pensamiento, como Trotski y Heller.[11] Nuestra interpretación de sus resultados, nos lleva a observar que los enfoques marxistas no han desarrollado una conceptualización acabada del modo de vida. Antes que conceptualizarlo, estas perspectivas constituyen aproximaciones que han destacado un

---

[9] Curie, Jacques, Gérald Caussade y Violette Hajjar (1986), p. 315.
[10] Esta línea la hemos revisado detalladamente en el capítulo 2 (apartados 2.2.1 a 2.2.3), ya que recuperamos algunos de sus interrogantes para problematizar nuestro estudio empírico.
[11] Albores, Beatriz (1995), pp. 410-432. En realidad, Albores hace una revisión sobre el modo de vida como una introducción a su tema, que es el "modo de vida lacustre".

rasgo del concepto: lo conservador, lo inmóvil y difícil de cambiar, resulta propio de los modos de vida.

Dentro de estas perspectivas marxistas, la autora que proporciona una conceptualización más acabada del modo de vida es Agnes Heller, para quien "En el ámbito de una determinada fase de la vida, el conjunto (el sistema, la estructura) de las actividades cotidianas está caracterizado [...] por la *continuidad absoluta*, es decir, tiene lugar precisamente 'cada día'. Éste constituye el fundamento respectivo del modo de vida de los particulares".[12] Como toda la visión de Heller sobre la cotidianidad, el modo de vida aparece dominado por lo repetitivo, que en sí mismo supone alienación. Cuando Heller habla de la vida cotidiana parecería que el referente empírico que sostiene sus afirmaciones, es el obrero industrial de fines del siglo pasado y principios del presente. Lo repetitivo de la cotidianidad parece asemejarse a lo repetitivo del trabajo industrial.

En el pensamiento de Heller, el modo de vida es presentado como un conjunto de prácticas cotidianas, lo que podría converger en la idea de una estructura o red de prácticas, antes que con prácticas en sí mismas y aisladas. En las versiones marxistas más dogmáticas, ese conjunto de prácticas corresponde a las actividades económicas. Evidentemente, esto es una visión muy limitada de las prácticas cotidianas. Un ejemplo oportuno lo constituyen las prácticas cotidianas estudiadas por Claude Javeau, la risa, el gruñido, etc.[13] A pesar de nuestro desacuerdo con esa restricción economicista, nos parece más relevante destacar que esta visión marxista no va más allá de la concepción de la red de actividades;[14] aunque no deja de ser significativa la insistencia en el carácter conservador.

Además de estas dos formas de aproximación al modo de vida que denominamos pioneras, podemos distinguir una serie de esfuerzos teóricos por conceptualizar explícitamente y de manera más o menos precisa el modo de vida, desarrollados más recientemente, sobre todo desde la sociología de la vida cotidiana. Respecto a estos enfoques existe una valiosa revisión crítica realizada por

[12] Heller, Agnes (1977), p. 23.
[13] Javeau, Claude (1987 y 1996).
[14] Hemos hablado de sistemas parciales de prácticas cotidianas con relación al estudio de la trama de la vida cotidiana.

Jacques Curie.[15] En este conjunto de reflexiones más actuales podemos distinguir una primera perspectiva, en la cual al modo de vida se le ha otorgado la capacidad para referir a los aspectos fenoménicos de cuestiones cognitivas (como representaciones, imágenes y categorías utilizadas por los individuos), cuestiones normativas (como valores, *ethos*, esperanzas y deseos) y cuestiones prácticas de los individuos, que reflejan las distintas posiciones en la sociedad.

Como una expresión particular de la anterior concepción podemos citar la conceptualización de los modos de vida de Caroux, donde los modos de vida designan las prácticas cotidianas de un grupo social, en sus dimensiones subjetivas y objetivas. Estas prácticas resultan determinadas por causas que se sitúan en otros niveles,[16] pero que no son parte del modo de vida.

Dentro del conjunto de enfoques más recientes, que buscan una conceptualización precisa del modo de vida, podemos demarcar una segunda perspectiva, más o menos cercana a la anterior, en la que se ha planteado que lo relevante no es la realización de una cierta práctica social o la presencia de una representación social particular, sino la red organizada en la que se integran las distintas prácticas y representaciones sociales. En este enfoque, el modo de vida toma el carácter de una estructura, que integra prácticas y representaciones. Señalemos que en estos casos el concepto de representaciones está sintetizando todo un amplio espectro de cuestiones cognitivas y normativas (más arriba detalladas).

Por último, podemos mencionar una tercera conceptualización del modo de vida, según la cual más que una estructura, éste sería una estructuración. En esta perspectiva se puede ubicar la obra de Agnès Pitrou, y también la de Benoit-Guilbot.[17] Esto significa que el modo de vida da cuenta de los procesos productores de la estructura, en otras palabras, el modo de vida refiere a procesos a la luz de los cuales se produce esa red organizada de prácticas y representaciones. Así, el modo de vida viene a constituir un conjunto de procesos con los cuales los individuos organizan sus respuestas ante las condiciones de vida. En esta concepción, el modo de vida expresa una situación relativamente estable ya que no sólo es la

---

[15] Curie, Jacques *et al.* (1986), pp. 313-349.
[16] Caroux, Jacques (1975), 322 pp. La traducción es nuestra.
[17] Pitrou, Agnès (1972), pp. 103-113.

expresión fenoménica. En el modo de vida entran en juego prácticas actuales y también representaciones y creencias heredadas del pasado, como proyectos y estrategias elaboradas para superar las condiciones de vida actuales, es decir, prácticas y proyectos orientados hacia el futuro. En esta perspectiva también se ha planteado explícitamente, que el modo de vida se constituye en el cruce de los procesos históricos y la vida cotidiana de los sujetos.

De estas tres concepciones actuales que buscan conceptualizar explícitamente el modo de vida, la primera que comentamos refiere a componentes que evidentemente integran el modo de vida, las prácticas y las cuestiones cognitivas y normativas que permiten conformar los significados de las prácticas. No obstante, subsiste el problema de que no nos permite establecer una diferencia entre el modo de vida y la vida cotidiana, ya que esta última también se integra de prácticas y representaciones sociales.[18] La segunda concepción representa un avance en cuanto a que las prácticas y representaciones se presentan articuladas en una red o una estructura; sin embargo, tampoco en este caso se le otorga al modo de vida un contenido específico que permita superar la idea de la red o trama de la vida cotidiana. En última instancia, la vida cotidiana también puede ser vista como una red de prácticas y representaciones articuladas internamente.

Esto último nos muestra que las dos primeras conceptualizaciones del modo de vida, a pesar de dar cuenta de sus componentes, no expresan algo específico del concepto, tal como se señaló con relación al enfoque marxista más general. Es por ello por lo que creemos que sólo la última de estas concepciones actuales logra un nivel de especificación que permite orientarnos en la interrelación y diferenciación entre el modo de vida y la vida cotidiana. Sin embargo, nos parece importante recuperar las componentes planteadas por las dos perspectivas anteriores, vale decir, el modo de vida como un conjunto de prácticas y representaciones articuladas en una red. Todo ello a la luz de lo que agrega la última concepción: que esa red se constituye frente a las condiciones de vida que resultan de los distintos procesos históricos, que cruzan la vida de

---

[18] Utilizamos el término representaciones sociales sintetizando todo el abanico de cuestiones cognitivas y normativas ya mencionadas.

los individuos. Así, esta visión integradora nos permite recuperar la cotidianidad pero a la luz de la historicidad, con lo cual el modo de vida incluye la vida cotidiana, pero no se confunde con ella.

En este conjunto de visiones actuales desarrolladas sobre todo desde la sociología, en busca de una conceptualización precisa, no podemos dejar de considerar el trabajo de Salvador Juan. Es importante retomar su visión del modo de vida, que una vez más es concebido como conjuntos o sistemas de prácticas cotidianas, con la especificidad de ser prácticas "fosilizadas". En palabras de Salvador Juan, el modo de vida corresponde a "sistemas de prácticas cotidianas que aparecen como regularidades sociales por ser producto de procesos de institucionalización de las innovaciones culturales".[19]

Otra vez está presente la idea de los sistemas de prácticas cotidianas, muy próximo a la de red articulada de prácticas, que ha sido casi un común denominador en todos los enfoques citados. Lo particular de la conceptualización de Salvador Juan está en el carácter fosilizado de dichas prácticas, que viene a aproximarse a lo conservador e inmóvil de los planteamientos marxistas más dogmáticos. Evidentemente, lo fosilizado es una expresión metafórica de lo instituido socialmente, de lo "conservador" e inmóvil.

No obstante, resta reflexionar acerca de lo que significa considerar lo cotidiano a la luz de la historicidad. Evidentemente, este interrogante nos enfrenta a una perspectiva de análisis, nos enfrenta a lo metodológico y no a unas objetivaciones específicas. Desde las objetivaciones, o las prácticas cotidianas en sí mismas, éstas no cambian si las estudiamos o no a la luz de la historicidad. La relevancia de introducir la historicidad radica en que ella viene a actuar como un nexo de lo microsocial con lo macrosocial, o mejor aún, como una expresión de las múltiples formas en que lo micro puede albergar a lo macro.[20] En otras palabras, la introducción de la historicidad con relación a la red de prácticas cotidianas con sentido, tiene implicaciones analíticas, porque permite vincular distintos niveles de análisis.

---

[19] Juan, Salvador (1991), pp. 23-24. La traducción es nuestra.
[20] Knorr-Cetina, Karim y Aron Ciccourel (1981), pp. 1-43.

En este camino, la vida cotidiana y el modo de vida siguen integrándose ambos por los mismos elementos: prácticas cotidianas con sentido articuladas en una red. Sin embargo, hay una diferencia analítica: el enfoque de la vida cotidiana nos acerca al "concreto más extremo" del que hablaba Walter Benjamin, las prácticas cotidianas, en tanto que el enfoque del modo de vida establece un vínculo entre la vida cotidiana y la historicidad, entendida como ciertos procesos históricos que afectan la vida de los individuos.

En la primera parte de este apartado comentamos que el modo de vida siempre se relaciona con hogares, con espacios y tiempos de los hogares y con procesos dinámicos de los mismos. La vida cotidiana considera los dos primeros aspectos, pero no el tercero. Precisamente, la cuestión de lo instituido, lo fosilizado, viene a marcar una conexión con ese tercer aspecto: los procesos que no cambian por apego a lo normado, a lo instituido, por reproducción de la norma social en cada acción.

Esta última cuestión nos permite comprender que tal vez sería más preciso decir que el modo de vida se relaciona con hogares, con espacios y tiempos de los hogares y con las historias de los hogares. Al sustituir los procesos de cambio por las historias de los hogares, lo que hacemos es incluir la temporalidad de los grupos familiares en la cual se dan los procesos de cambio, pero también los procesos que marcan la persistencia de algo, lo que no cambia. En cierta medida, también Heller advierte sobre la importancia de considerar la temporalidad dada por el curso de vida de las familias. Cuando esta autora dice "en una determinada fase de la vida",[21] en realidad no se refiere exactamente a la introducción del tiempo familiar como un trasfondo sobre el cual se pueda observar lo que cambia y lo que perdura, sino que su advertencia se orienta más en la actual perspectiva del "ciclo vital", ya que indica luego, que las necesidades cambian con la edad de los individuos. No obstante, en alguna medida se puede acercar a nuestra observación de introducir la temporalidad de las familias.

Así, la consideración de la temporalidad vista a través de las historias familiares, introduce un segundo eje que permite avanzar en la diferenciación entre el modo de vida y la vida cotidiana. En

---

[21] Heller, Agnes (1977), p. 23.

síntesis, de las distintas concepciones del modo de vida que hemos revisado, entendemos que hay dos aspectos que cobran relevancia por su capacidad para diferenciar el modo de vida de la vida cotidiana. Estos aspectos son las temporalidades histórica y biográfica:

• La incorporación de lo instituido o lo "fosilizado", para recuperar la expresión de Salvador Juan, en cuanto a las prácticas cotidianas, en una perspectiva temporal. Estamos frente al tiempo biográfico de los individuos y los hogares, en el cual se van dando los procesos de fosilización de las innovaciones. La petrificación de las prácticas se da en la vida cotidiana de los hogares (el tiempo biográfico) teniendo en cuenta que ese tiempo de vida está atravesado por el tiempo histórico, en el cual las sociedades institucionalizan las prácticas.

• La vinculación entre las prácticas cotidianas con sentido y los procesos históricos que afectan a los hogares. Ésta es la temporalidad histórica.

El primero de estos aspectos marca un rasgo propio de los componentes del modo de vida, mientras que el segundo indica una perspectiva analítica. Ambos aspectos incorporan la temporalidad en el modo de vida. Significativamente, es una temporalidad diferente de la que incluimos en la vida cotidiana como enfoque: aquélla era la temporalidad del ciclo cotidiano, el presente vivido, mientras las temporalidades que están en el modo de vida operan en tiempos más largos. El primero de ellos es el tiempo biográfico; el otro, el tiempo histórico.

Todo lo anterior nos lleva a plantear que no es posible distinguir el modo de vida y la vida cotidiana por sus componentes, ya que son los mismos, las prácticas cotidianas con sentido. Sin embargo, es posible diferenciarlos desde otro ángulo: las temporalidades. Lo particular del modo de vida está en las temporalidades en las cuales se contienen las prácticas: la biográfica y la histórica.[22] En cambio,

---

[22] En el primero de los trabajos más arriba citados de Agnès Pitrou, es muy notorio el peso que se le otorga al tiempo histórico. Por ejemplo, en el primer capítulo de esta obra desarrolla un apartado que se titula "la marca del tiempo", en el que analiza las transformaciones de la vida cotidiana a través del tiempo. En el segundo de los trabajos citados, la autora insiste sobre la importancia del tiempo biográfico en la conformación del modo de vida.

la temporalidad de la vida cotidiana es la del ciclo cotidiano y el presente vivido, la temporalidad de cada instante.

Las reflexiones anteriores, entre otras cuestiones, nos llevan a concluir que si lo común entre el modo de vida y la vida cotidiana son las prácticas con sentido, no es posible estudiar los modos de vida sin estudiar las prácticas con sentido. Asimismo, al ser las prácticas cotidianas con sentido lo común a ambos conceptos, ha favorecido que en el discurso de muchos autores se confunda un concepto con el otro.

En cuanto a lo que es diferente entre ambos conceptos, las temporalidades, también nos interesa destacar lo siguiente. Si consideramos que la temporalidad histórica es propia del modo de vida, se puede comprender el fuerte interés por el tema en los debates teóricos de fin del siglo pasado y en el actual, nuevamente de fin de siglo. En ambos periodos está en juego la historicidad; precisamente, los modos de vida se constituyen a la sombra de las distintas historicidades, por lo que no es extraño que en esas épocas aparezca la cuestión del modo de vida en el discurso de los científicos sociales.

De acuerdo con las reflexiones anteriores, los tipos de constitución de la cotidianidad que identificamos en los hogares del Valle de Chalco, al agrupar prácticas cotidianas distintas podrían pensarse como distintos modos de vida. No obstante, resta reflexionar acerca de las temporalidades biográficas e históricas en esos tipos.

Uno de estos tipos fue caracterizado por estar estructurado en torno a la conjunción conyugal. En este caso, evidentemente que estamos frente a una componente no instituida socialmente. No obstante, si esta conjunción conyugal no es un tipo de vínculo instituido socialmente, es notorio que se está instituyendo en numerosos hogares de los estudiados, en el tiempo dado por los cursos de vida de los mismos. En última instancia, la falta de correspondencia entre lo instituido socialmente y el "hacer" ("haceres" concretos como los que se utilizaron para construir la conjunción conyugal) de algunas parejas puede interpretarse como una forma de cambio social a través de lo minúsculo.

Por otra parte, este tipo de vínculo conyugal, al igual que la socialidad interna al hogar (fuertemente integrada interiormente y compartida) y la socialidad externa (restringida para evitar la dispersión), resultan a la luz de un proceso histórico particular que está involucrando a estos hogares: "el regreso del trabajo a la vivienda". De esta forma, vemos que un proceso histórico toma contenidos particulares en la vida cotidiana de un conjunto de hogares. Lo no instituido de la conjunción conyugal no nos permite plantear un modo de vida. En todo caso, podríamos estar frente a un modelo o tipo de sistema de prácticas cotidianas, que aún no llega a constituir un modo de vida, precisamente porque la conjunción conyugal sigue siendo una innovación cultural. Puede parecer paradójico que esta innovación cultural aparezca asociada a una fuerte rutinización de la cotidianidad. Tal vez no resulte tan paradójico si se considera que es innovación en relación con la historicidad que está en juego y la normatividad social, en cambio lo rutinario se define como tal desde la repetición de prácticas concretas en la cotidianidad de los individuos.

El otro tipo de constitución de la cotidianidad, que caracterizamos por la fragmentación de los espacios de vida y los tiempos cotidianos asociado a la complementariedad conyugal, no está cruzado por el proceso histórico del regreso del trabajo a la vivienda. Desde la perspectiva laboral, el proceso histórico que se articula con este tipo es el de la inserción de la mujer-cónyuge en los mercados de trabajo, o bien la salida de la mujer del espacio privado para insertarse en los espacios públicos. Éste es un proceso mucho más instituido socialmente que la conjunción conyugal.

Desde la perspectiva de lo instituido, podríamos plantear que en este caso estamos frente a un modo de vida estructurado en torno a la complementariedad conyugal, a una forma de socialidad con el entorno territorial inmediato de tipo extendido y a una socialidad interna al hogar fundada en la división de las actividades a fin de alcanzar un proyecto de progreso material. Éste es un modo de vida fuertemente comunitario en sus prácticas cotidianas. En este sentido se aleja de lo característico del modo de vida urbano, pero recupera del modo de vida urbano la idea de progreso como la noción que orienta toda la cotidianidad.

Por último, reconocimos un tercer tipo de constitución de la vida cotidiana organizado en torno a la segregación conyugal. Este tipo de relaciones sociales entre los cónyuges es indicador de una fuerte institucionalización. En cuanto a la historicidad en lo laboral que afecta la vida cotidiana de este tipo de hogares, evidentemente es la división del ámbito laboral y doméstico y la especialización de los espacios y de los cónyuges. El nivel de lo instituido en este tipo es muy fuerte, no sólo en la segregación conyugal, sino también en la imagen de lo que debe ser el hogar, que se impone sobre las prácticas cotidianas y las orienta. El nivel de lo instituido es fuerte en casi todos los ángulos de constitución de la cotidianidad, por lo que en este caso no es arriesgado postular un modo de vida.

Éste es el único modo de vida que hallamos en el conjunto de los hogares estudiados que mantiene tan nítidamente la vigencia de la mayor parte de los rasgos con los que siempre se ha caracterizado al modo de vida urbano, excepto en la cuestión del proyecto de progreso, que en este tipo está ausente. Ése es uno de los pocos aspectos de divergencia con el perfil teórico del modo de vida urbano. Por otra parte, no parece extraño que este tipo sea el que más fielmente reproduzca ese modelo general, si se lo considera desde la perspectiva de los procesos laborales. La historicidad que se articula con este modelo es la de los procesos de trabajo basados en la especialización de los espacios. Estos procesos laborales, en cierta forma cargan consigo una historicidad recesiva. En ese sentido, no es inesperado que los hogares que se identifican con este modelo mantengan los rasgos con los que desde principios de siglo se caracterizó al modo de vida urbano, a veces también identificado como modo de vida obrero.

Los resultados presentados nos conducen a plantear, que ni podemos rechazar las enseñanzas de la sociología urbana clásica sobre el modo de vida por extemporáneas, ni tampoco creemos pertinente aceptarlas incondicionalmente. Por el contrario, nos resulta necesario buscarles contextos de validez definidos a partir de los procesos históricos, particularmente la historicidad que influye en el trabajo y su espacialidad. Asimismo, queremos recuperar los contenidos del modelo clásico sobre el modo de vida urbano, aunque recuperando la capacidad de los individuos para recrear distintas formas de cotidianidad, ante unas mismas condiciones estructurales. En otras palabras, el modelo general nos sigue resultando sugerente sólo si no concebimos la dimensión material de lo urbano como una imposición estructural que determina la cotidianidad de los sujetos.

7.2. La reflexión sobre el camino metodológico seguido

De acuerdo con nuestra forma de concebir la investigación social,[23] más allá de los resultados particulares de nuestro trabajo, nos resulta pertinente reflexionar sobre el camino metodológico construido. La reflexión sobre este aspecto se puede separar en varios niveles: uno más teórico-metodológico y otro más bien de tipo técnico-metodológico. Esto se asocia con el hecho de que, aun cuando tenemos un fuerte compromiso con el objeto de investigación, con los pobladores del lugar y con el lugar mismo, también tenemos un muy fuerte interés con relación al "oficio del sociólogo"[24] (la investigación sociológica). Este balance respecto al conjunto de la investigación también puede entenderse como un intento por analizarla tomando distancia.

7.2.1. La dimensión teórica

Desde el punto de vista del proceso de teorización, queremos destacar dos aspectos de nuestra investigación. Uno, porque en cierta forma navega a contracorriente y el otro, porque entendemos que construye unas bases, aun tenues, en un campo en el que el rasgo predominante es la falta de conceptos operativos. El primero es la revalorización del concepto de trabajo con su componente espacial, el segundo se refiere a nuestro intento por darle contenido teórico a lo que usualmente no ha pasado de ser un término de sentido común, nos referimos a la trama de la vida cotidiana.

i. El concepto de trabajo espacializado

La revalorización del fenómeno trabajo no es novedosa en la sociología; tal como lo hemos planteado desde un principio, ella se ubica en una larga tradición sociológica. Se puede decir que la preemi-

---

[23] Como un constante diálogo entre la teoría y un fragmento de la realidad, en cuyo proceso la teoría se especifica y el fragmento de la realidad va tomando profundidad más allá de lo aparente.

[24] Respecto a lo cual creemos que el conjunto de la obra de Pierre Bourdieu sigue siendo un referente fundamental. Bourdieu, Pierre (1980), pp. 127-142. Bourdieu, Pierre y Loïc Wacquant (1995), pp. 11-81 y 99-110.

nencia del concepto trabajo atraviesa prácticamente todo el desarrollo del pensamiento social. Incluso, se ha recurrido a este concepto desde posturas notoriamente opuestas.[25] En todo caso, lo que puede parecer novedoso[26] es revalorizar el trabajo actualmente, cuando destacados pensadores como Claus Offe y Michel Maffesoli, han llamado la atención respecto a su pérdida de centralidad en las sociedades actuales, que transitan por el fin del siglo. En cambio, si quisiéramos revalorizar la categoría empleo no sería necesaria demasiada argumentación, ya que existe consenso respecto a la importancia del empleo. Sin embargo, nuestro propósito ha sido la revalorización del trabajo (en tanto "trabajar") antes que del empleo. Evidentemente, esta decisión ha supuesto ubicarnos desde el punto de vista de los individuos que trabajan y no desde el ángulo de las estructuras sociales (mercados de trabajo) en las cuales los individuos se insertan.

La pérdida de centralidad del concepto de trabajo en la teoría sociológica, está siendo acompañada por el interés creciente en cuestiones como el aumento social del tiempo libre y las nuevas formas recreativas de uso del tiempo. En última instancia, el alejamiento del concepto de trabajo se vincula con dos fenómenos principales: uno, el "supuesto" aumento del tiempo libre frente a la reducción del tiempo de trabajo, y el otro, es lo relativo al retroceso del trabajo asalariado. Sin embargo, al enfrentarnos al conocimiento de la vida cotidiana de hogares urbanos pobres, creemos necesario relativizar los anteriores fenómenos sociales (el aumento del tiempo libre y la reducción del tiempo de trabajo), que pueden llegar a ser muy importantes en algunas sociedades desarrolladas e incluso en nuestras sociedades metropolitanas, pero si así fuera, es con relación a otras franjas de la sociedad, por cuyo motivo estamos convencidos de que el trabajo sigue siendo un concepto particularmente relevante para abordar el estudio de la vida cotidiana de sectores populares urbanos de escasos recursos. En condiciones

[25] Al respecto Hugo Zemelman ha señalado que "el trabajo ha resultado ser la relación básica necesaria para caracterizar los diferentes modos de interacción social entre los hombres [...] No obstante, el predominio del trabajo como fenómeno y como categoría de análisis ha tendido a confundirse". Zemelman, Hugo (1996), p. 61.

[26] El calificativo novedoso es una forma de evitar la expresión más directa de "navegar en contra de la corriente".

de pobreza urbana,[27] el trabajo sigue cruzando toda la vida cotidiana. Incluso, a modo de hipótesis no explorada por nosotros, nos preguntamos, si acaso el trabajo no sigue manteniendo esa centralidad también para otros sectores sociales, como puede ser el caso de los intelectuales.

Por otra parte, si el pensamiento sociológico ha experimentado un creciente distanciamiento respecto al concepto de trabajo, creemos que algunos de los procesos históricos que van acompañando el fin de siglo, pueden llegar a poner en tela de juicio ese alejamiento. Nos referimos particularmente al "retorno del trabajo al hogar". Si este proceso histórico se cristaliza como fenómeno social, posiblemente pueda llegar a producir un retorno de la mirada sociológica sobre el viejo concepto de trabajo, aunque evidentemente, requiere ser renovado. No dudamos respecto al hecho de que hoy parecería no tener demasiada relevancia empírica reflexionar acerca del trabajo del obrero industrial, acerca de la conciencia obrera, de los ritmos impuestos por la industria. En cambio, es un campo poco explorado en la actualidad metropolitana el conocimiento de las formas en que se articulan internamente el trabajo y la familia cuando su espacialidad es una sola.

La articulación interna del trabajo y la familia implica analizar esas dos esferas desde componentes internos a alguna de ellas, como es el caso de los roles conyugales, aunque también podrían ser otros, pero siempre como dimensiones internas a la familia. En otros términos, pensar la articulación entre el trabajo y la familia en este sentido, es diferente de lo que se ha hecho cuando el trabajo es considerado hacia afuera (en relación con los mercados de trabajo). En esa perspectiva existe una extensa tradición de estudios que ha mostrado distintas "estrategias" basadas en la reproducción de los hogares para enviar más miembros del hogar a los mercados de trabajo o incrementar la jornada de trabajo. La diferencia entre esa perspectiva y la nuestra radica en que en esos casos, el trabajo es visto hacia afuera, por eso no son enfoques desde el trabajar, sino desde la inserción laboral en los mercados de trabajo.

Nuestra forma de tratar el trabajo, desde la articulación interna con la familia, le da profundidad a lo que consideramos uno de

---

[27] En contextos urbanos es particularmente relevante por la centralidad que adquiere el consumo urbano, bajo distintas modalidades.

nuestros aportes teóricos: el regreso al concepto de trabajo, pero renovado, al ser enfocado desde su espacialidad. La consideración del trabajo espacializado nos permitió elaborar ese concepto más complejo que hemos denominado "relación trabajo/residencia" (relación T/R). Éste es un concepto complejo por dos razones: una, porque refiere a dos ámbitos de la vida social, el trabajo y la familia, y otra, porque da cuenta de lo que está fijo en el espacio y al mismo tiempo del movimiento espacial.

De alguna manera, el recurso a este concepto complejo implica poner en tela de juicio la pertinencia de seguir pensando al trabajo y la familia como dos esferas de la vida social diferenciadas y factibles de ser analizadas en forma independiente una de la otra. Desde este enfoque revalorizamos el concepto de trabajo para comprender la vida cotidiana en condiciones de pobreza urbana, aunque renovado. En nuestro estudio nos resultó pertinente introducir la renovación del trabajo dándole contenido espacial. La espacialización del concepto tuvo la ventaja de permitir tratar al trabajo y la familia como una unidad.

ii. El concepto de trama de la vida cotidiana

El concepto de trama de la vida cotidiana lo hemos concebido como una especificación de dos de los ejes centrales de la perspectiva fenomenológica de Schutz sobre la vida cotidiana. Estos dos ejes son la "relación nosotros" (y la transición de la relación nosotros a la relación con meros contemporáneos) y la "posición". Revisemos rápidamente cada uno de ellos.

Con el fin de comprender el significado de la relación nosotros en el pensamiento de Schutz, es necesario revisar su contextualización teórica. En principio, recordemos que para Schutz la realidad social se construye en varios "ámbitos finitos de sentido",[28] uno de

---

[28] Alfred Schutz habla de la realidad constituida por "múltiples ámbitos finitos de sentido" o de significado, rechazando la idea de los subuniversos (de William James), ya que "lo que constituye la realidad es el sentido de nuestras experiencias". "Esto quiere decir que: a) todos ellos [*los ámbitos finitos de sentido*] tienen un estilo cognoscitivo peculiar". Algunos de estos mundos o ámbitos son: "el mundo de los sueños, de las imágenes y la fantasía (el mundo del arte), el mundo de la experiencia religiosa, el mundo de la contemplación científica, el mundo del juego del niño, el mundo de la locura". Schutz, Alfred (1974a), pp. 215 y 217.

ellos es el mundo de la vida cotidiana, dentro del cual se dan las experiencias directas con los otros. Todos los demás sectores de la realidad social se legitiman por la experiencia directa.[29] Por eso, de acuerdo con este autor, la clave está en comprender ese mundo de la experiencia directa.[30]

De acuerdo con Schutz, "el mundo de la vida cotidiana no es un mundo privado, sino compartido con mis semejantes. Los otros hombres a quienes experimento en este mundo no se me aparecen en perspectivas idénticas [...] mis relaciones con ellos tienen distintos grados de intimidad y anonimia".[31] En esta visión, los semejantes son los individuos más cercanos, no por intimidad, sino porque son los otros con quienes se comparte un espacio y un tiempo, con quienes es posible la experiencia directa. No obstante, en la experiencia directa es posible diferenciar grados de intimidad y anonimia.

En esta parte de la realidad social que está al alcance de la experiencia directa, es en donde se constituye la "relación nosotros" como la base de todas las relaciones sociales. Schutz considera que la "orientación tú" supone "el reconocimiento de un semejante que está ante mí".[32] Cuando la "orientación tú" es recíproca se transforma en la "relación nosotros", es decir, "si me oriento hacia usted, y usted, a su vez, toma en cuenta mi existencia [...] se constituye en una relación social".[33] Evidentemente, todo esto ocurre en el contexto de relaciones sociales cara a cara. Para Schutz, "las relaciones sociales concretas, en situaciones cara a cara, se basan en la relación Nosotros pura".[34] Señalemos que la situación

---

[29] Para Schutz, "el mundo del ejecutar cotidiano es el arquetipo de nuestra experiencia de la realidad. Todos los demás ámbitos de sentido pueden considerarse modificaciones suyas". Schutz, Alfred (1974a), p. 28.

[30] *Ibid.*, pp. 32-34.

[31] *Ibid.*, p. 33.

[32] *Ibid.*, p. 35.

[33] *Ibid.*, p. 36.

[34] Respecto al carácter de relación pura, recordemos que Schutz, en todas las relaciones establece la diferencia entre la relación pura y la relación concreta. La primera sería "el concepto formal que designa la estructura de relaciones sociales", mientras que la segunda viene siendo una especificación de la primera pero en el contacto con un individuo particular, en un espacio particular y en un tiempo concreto. Schutz, Alfred (1974a), p. 38.

cara a cara presupone compartir un espacio y un tiempo con el semejante. El propio Schutz llegó a considerar el caso particular del matrimonio desde la perspectiva de la "relación nosotros". En principio, la relación entre los cónyuges es una relación nosotros, y como tal una relación cara a cara. No obstante, este autor nos advierte que es más oportuno entender la relación entre los cónyuges como una "sucesión de situaciones", en las que algunas de ellas son relaciones nosotros, mientras que otras deben ser comprendidas como relaciones con contemporáneos que están orientados recíprocamente. La discontinuidad de la relación nosotros se produce por las fases solitarias de cada uno de los cónyuges que rutinariamente se suceden.[35]

El segundo eje de análisis del pensamiento de Alfred Schutz que recuperamos es el de "posición". A través de la posición de este autor introduce directamente el espacio y el tiempo como experiencias subjetivas. La posición de todo individuo representa el origen del propio sistema de coordenadas, que se expresa en un Aquí y un Ahora. Desde ese origen espacio-temporal (que cambia constantemente en virtud de la locomoción) los individuos se orientan y van determinando cuál es el sector del mundo de su vida cotidiana que está a su alcance.[36]

En este punto también es importante traer la cuestión del acervo de conocimientos a la mano, tan característica de esta línea del pensamiento fenomenológico. Este acervo, los individuos lo van conformando a lo largo de la situación biográfica, en función de las experiencias vividas, experiencias que son tipificadas por el individuo y permiten comprender a los otros y actuar. Schutz incluye dentro del acervo de conocimientos "la noción de distancia como tal y la posibilidad de superar la distancia por [...] locomociones".[37] Esto muestra que la posición espacial de los individuos no es un dónde desprendido de sus acciones, sino un *locus* al que están intrínsecamente asociadas las ejecuciones del individuo, un *locus* en movimiento.

---

[35] *Ibid.*, pp. 48-50.
[36] *Ibid.*, pp. 209-212.
[37] *Ibid.*, p. 210.

Algo semejante ocurre con la otra componente de la posición: el tiempo. Dice al respecto Schutz: "el mundo a mi alcance actual pertenece en esencia al tiempo presente, sin embargo, muestra una estructura temporal más complicada. Es necesario distinguir dos zonas de potencialidad":[38] lo que estuvo a mi alcance en el pasado y lo que puede estar a mi alcance en el futuro.

Ahora bien, ¿cuál es la relación entre estos dos ejes del pensamiento fenomenológico de Schutz y nuestro concepto de trama de la vida cotidiana? El término "trama" se utiliza frecuentemente en el análisis social y más aún en los enfoques de la vida cotidiana. No obstante, en general no pasa de ser una simple expresión de sentido común sin tomar contenido sociológico. En este trabajo, hemos hecho un intento por darle contenido sociológico dentro de la perspectiva que acabamos de revisar y específicamente, en relación con los dos ejes fenomenológicos presentados. Esto debe entenderse como un intento de hacer operativos los dos ejes anteriores, en el contexto del análisis de información empírica. Nuestra interpretación de la "relación nosotros" y la "posición", es que son dos puntos desde los cuales Schutz nos muestra un camino para comprender el mundo de la vida cotidiana. Están al nivel de lo epistemológico. Para recuperarlos al nivel de lo teórico-metodológico, entendemos que es necesario hacerlos operativos de alguna manera. Nuestro intento por hacerlos operativos ha sido desde "aquello" que estamos denominando "trama de la vida cotidiana".

En esta perspectiva, hemos entendido que la trama de la vida cotidiana se puede comprender analizando sus dos componentes: los vínculos sociales básicos y el fondo espacio-temporal en el cual se establecen esos vínculos.[39] Evidentemente, partir de vínculos sociales y no de prácticas sociales, significa asumir que la unidad es la interacción y no los individuos. Asimismo, señalemos que al reconocer el fondo espacio-temporal como otra dimensión básica para comprender la trama, estamos reconociendo que la unidad de análisis tampoco es la interacción sino la "situación de interacción".

Los vínculos sociales que integran la trama de la vida cotidiana son diversos. En nuestra investigación decidimos tomar específica-

---

[38] *Ibid.*, p. 211.
[39] En última instancia, es una forma de manejar la relación entre el fondo y la forma.

mente un tipo de vínculo social: los roles conyugales. No obstante, también consideramos otros vínculos, como por ejemplo las interacciones de los cónyuges con el vecindario y con la parentela. Los vínculos sociales de la trama han sido nuestro recurso para hacer operativa "la relación nosotros".

En cuanto al fondo espacio-temporal, decidimos especificarlo en los espacios en los que las personas dispersan su cotidianidad: los espacios de vida y también, el sentido que las personas le atribuyen a los lugares cotidianos. En cuanto a la dimensión temporal decidimos especificarla en las temporalidades sociales, los ritmos temporales y los horizontes de tiempo sobre los que se despliegan las prácticas cotidianas. En suma, el fondo espacio-temporal de la trama ha pretendido ser una especificación de la "posición" de Schutz.

7.2.2. La dimensión teórico-metodológica

En términos teórico-metodológicos insistimos en la necesidad de incluir la espacio-temporalidad en el análisis sociológico, y particularmente la subjetividad en cuanto al espacio y el tiempo.

i. La perspectiva espacio-temporal

En nuestra opinión, el análisis sociológico tradicional se ha caracterizado por una notoria ausencia: la de la espacialidad. No nos referimos al espacio como mera localización, sino como una componente de la vida social. A nuestro juicio, es necesario incorporar el espacio desde el interior del análisis, no como sustrato, particularmente si pensamos que la vida cotidiana y la vida social en general, siempre están espacializadas y temporalizadas.[40] En esta visión, entendemos que es posible afirmar que la sociología cuenta con una fuerte tradición a-espacial; sólo muy tangencialmente se ha incorporado el espacio. Nos referimos a la ausencia del espacio

---

[40] Recordemos que José Ortega y Gasset decía que el hombre no puede superar la condena de que su propia existencia siempre esté espacializada. Ortega y Gasset, José (1983), p. 340. También nuestro artículo: "El espacio y el territorio: contexto de significado en las obras de Simmel, Heidegger y Ortega y Gasset", en *Estudios Sociológicos*, vol. XIV, núm. 40, CES, El Colegio de México, México, pp. 227-239.

desde el interior de las relaciones sociales, considerando que pensar una relación social en términos de su espacialidad implica una verdadera redefinición de la propia relación. Evidentemente, esta visión dista mucho de la otra más frecuente, que estudia distintos fenómenos sociales en un cierto recorte territorial, sin que el espacio sea visto como parte de esa sociedad local o que se le otorgue capacidad como para redefinir las relaciones sociales en juego. Este último enfoque, que localiza los fenómenos sociales, ha sido frecuente; sin restar importancia a la localización de los fenómenos sociales, insistimos en la necesidad de espacializarlos.

Paralelamente a esta tradición a-espacial, en los últimos años se ha extendido el interés sociológico por la subjetividad. En nuestra opinión, el interés por la subjetividad abre la posibilidad de que el análisis sociológico se comience a espacializar. ¿Por qué?, debido a que el estudio de la subjetividad, en muchas ocasiones, se ancla en unas bases epistemológicas de corte fenomenológico, y en consecuencia, ello trae aparejada la inclusión del espacio. Para el pensamiento fenomenológico, el tiempo y el espacio son las dos coordenadas básicas desde las cuales se pueden pensar las interacciones sociales y la intersubjetividad. Al respecto, podemos recordar el concepto de Alfred Schutz de "posición".

En este contexto y particularmente en el de la investigación sociológica que se realiza en México, creemos que nuestra investigación, fuertemente permeada por la visión espacial de la sociedad, en cierta forma intenta advertir sobre las posibilidades de espacializar y temporalizar el análisis sociológico, para acceder al conocimiento de dimensiones no consideradas usualmente por análisis más tradicionales.

ii. La dimensión subjetiva de los microespacios

Una vez señalada la relevancia de incluir el espacio en el análisis sociológico, podemos avanzar sobre las posibilidades de espacializar. Usualmente, cuando se hace investigación social desde una perspectiva espacial, la espacialidad es considerada en su aspecto material y el análisis se ubica en escalas macrosociales. Estas dos características que han seguido por mucho tiempo los estudios espaciales, no son exclusivos de lo espacial; en cierta medida es lo que ha pasado con buena parte de la investigación social, se ha dado prioridad al nivel macro y a lo material, tal vez por una supuesta asociación entre las objetivaciones y la objetividad de la investigación. La cuestión es que en esta perspectiva espacial material y de macroescala, existe importante conocimiento acumulado, aunque no necesariamente desde la sociología.[41] En estos enfoques lo que entra en juego —de manera explícita o implícita— es el estudio de la organización del espacio.[42] Mucho más recientemente, los estudios espaciales comenzaron a desplazarse hacia las microescalas y hacia el espacio como experiencia subjetiva.[43]

En nuestro caso, nos orientamos por esta última línea: la de los espacios vividos. Así, en nuestro trabajo nos interesamos por espacializar el objeto de investigación, por espacializar las relaciones problematizadas, aun cuando nuestro objetivo no se centra ni en una escala macrosocial ni exclusivamente en términos de la espacialidad material, aunque también incluimos esta última. En este sentido y considerando que hemos hecho trabajo empírico, creemos que son promisorias ambas cuestiones: la consideración del espacio en una microescala y la dimensión subjetiva del espacio: las formas en que es vivido el espacio. De paso, podemos señalar que en este último aspecto han sido de gran utilidad conceptos clave de la geografía de las percepciones y de las representaciones, como es el caso de "la territorialidad-apropiación de los lugares" y también el concepto de "sentido del lugar". Esta disciplina nos proporcionó conceptos más o menos elaborados; no obstante, no podemos dejar de mencionar la dificultad a la que nos enfrentamos cuando, en el análisis cualitativo, comenzamos a darle contenidos específicos a estos conceptos.

Por último, señalemos que esta perspectiva significó que, en vez de interesarnos por la organización de microespacios, al introducir la subjetividad con relación al espacio e incorporar el significado otorgado a los espacios, nos preocupáramos por el espacio vivido y

---

[41] En este tipo de perspectiva es necesario reconocer el papel destacado de los geógrafos.

[42] Tal es así, que la geografía clásica definió en estos términos su objeto de estudio: "la organización del espacio".

[43] En esta vertiente, la geografía de las percepciones, y luego, la geografía de las representaciones han cobrado particular importancia.

no por la organización del espacio. Con ello nos hacemos eco de las palabras de Maurice Natanson: "el espacio y tiempo uniformados de la ciencia natural no son la base de las tipificaciones de ubicación espacial y temporal utilizadas por los hombres en la vida diaria. En verdad sucede lo contrario: el basamento primordial de nuestro ser en el mundo reside en el espacio y el tiempo subjetivos".[44]

7.2.3. La dimensión técnico-metodológica

En el comienzo de este apartado planteamos que la reflexión sobre nuestra propia investigación nos ha conducido nuevamente a lo metodológico. Hablar de lo metodológico nunca está libre de cierta ambigüedad ya que tanto puede conectarse más directamente con los niveles de la abstracción teórica —lo que estamos denominando teórico-metodológico— como con el nivel más instrumental: lo técnico-metodológico. A continuación consideramos tres dominios técnico-metodológicos de nuestra investigación, que no están desvinculados de las "fases" del proceso de investigación y que son: la etapa del trabajo de campo, la del análisis cuantitativo y la del análisis cualitativo.

En principio planteamos un conjunto de reflexiones respecto a la fase del trabajo de campo,[45] y sobre este último también nos parece necesario subrayar lo que no se hizo: las entrevistas reiteradas. Hoy, después de haber concluido la investigación, estamos convencidos de la relevancia que hubiese tenido recurrir a entrevistas reiteradas, el mismo tipo de entrevista que hicimos, pero regresando en varias ocasiones a cada uno de los hogares. Esta ausencia en nuestra investigación no se debe a problemas surgidos imprevistamente que nos hayan obligado a tomar la decisión de "recortar". Debemos reconocer que no fue una estrategia por nosotros prevista, sólo muy tarde tomamos conciencia de su necesidad o más bien, de la riqueza que hubiese incorporado.

---

[44] Natanson, Maurice (1974), p. 19.
[45] Estamos hablando de la "fase" del trabajo de campo en relación con el conjunto del proceso de investigación, ya que el trabajo de campo supuso varias "fases" o etapas, claramente diferenciadas.

i. La pertinencia de los relatos de vida cotidiana en el trabajo de campo

La reflexión sobre el trabajo de campo con miras a recuperar y valorizar esa experiencia, nos conduce a desarrollar algunas ideas respecto a una cuestión en particular. Nos referimos a uno de los obstáculos más frecuentes que se puede enfrentar un investigador en la interacción con los entrevistados (y que nosotros enfrentamos), cuando está indagando acerca del trabajar.

En principio, destaquemos que nuestra forma de concebir el trabajo de campo ha sido en términos de producción de información, antes que como una instancia en la que se recogen o recolectan datos preexistentes, que sólo esperan que el investigador se acerque a tomarlos.[46] La información producida, y particularmente las narraciones, no existían previamente a la situación de entrevista. En todo caso, lo que existía con anterioridad eran los sujetos que actuaron como narradores en nuestras entrevistas y sus acervos de experiencias vividas,[47] reunidas en su memoria. La forma en que se vincularon esos acervos de experiencias y las narraciones ocurrió en la situación de entrevista, ya que es en ella en donde la memoria del entrevistado procede a seleccionar lo que "recuerda" y lo que "olvida". Con esto buscamos hacer explícitos los fundamentos de la concepción del trabajo de campo como una fase de producción, o más exactamente como una coproducción entre el investigador y el entrevistado, y no como una simple recolección.

Esta concepción implica comprender el trabajo de campo como una etapa de la investigación en la que no se pierde la creatividad propia del proceso de investigación, aunque se comparte esa creación con los sujetos entrevistados. La relación entrevistado-entrevistador deviene en una interacción creativa y compartida, una "situación dialógicamente coproducida".

Esta concepción de la relación entrevistado-entrevistador nos interesa inscribirla en lo que Erving Goffman ha denominado "situación",[48] siempre en referencia a encuentros cara a cara. Re-

---

[46] Jesús Ibáñez, con la ironía que siempre lo caracterizó, cuando aborda este tema señala que la información no se recolecta como se puede hacer con un fruto. Ibáñez, Jesús (1985), pp. 203-250.

[47] Nos referimos al concepto de Alfred Schutz de "acervo de experiencias a la mano".

[48] Goffman, Erving (1981), 273 pp.

cordemos que Goffman ha definido la situación por tres procesos que realizan los actores simultánea y espontáneamente, en toda interacción cara a cara:

- La identificación del otro individuo (sexo, edad, *status*, etc.).
- La identificación del rol del otro individuo (la interpretación del discurso, de los gestos, la intención, etc.).
- La identificación del entorno físico y social.

Estas tres dimensiones son centrales en la conformación de la situación de entrevista, en la cual se desarrolla la relación entrevistado-entrevistador. Es por eso por lo que entendemos la situación de entrevista, y la producción de la información en el trabajo de campo en general, como una "situación goffmaniana". Esto significa que estas reflexiones no se están planteando desde la otra posición, también frecuente, como es la de buscar estrategias para "mejorar" la formulación de preguntas cerradas, realizadas antes de salir al campo, en nuestro gabinete y en forma unilateral.

a) La polisemia del concepto de "trabajo"

En nuestro trabajo de campo, la temática del "trabajar" ha sido central y las reflexiones que presentamos a continuación están orientadas por esta experiencia. En general, las dificultades en la interacción con el entrevistado se producen porque actualmente, cuando abordamos el trabajo como categoría analítica lo hacemos con criterios amplios, debido a las transformaciones estructurales que están transformando el trabajo. La diversidad que le otorgamos al concepto trabajo, en general se construye en varias dimensiones; algunas de ellas son las siguientes:

  i. Las formas de inserción laboral (asalariada, por cuenta propia).
 ii. La espacialidad del trabajo: el lugar en donde se trabaja (las calles, plazas, una fábrica, el hogar).
iii. La realización individual o colectiva de la actividad.
 iv. La temporalidad de la actividad: permanente, esporádica, cíclica.
  v. La temporalidad cotidiana de la actividad: la cantidad de tiempo dedicada a la actividad cada vez que se realiza, y la secuencia (en una parte fija del día o en distintos tiempos distribuidos en el día).

vi. Las formas de remuneración que pueda generar la actividad realizada (monetaria, contraprestación de bienes o servicios, reciprocidad amistosa, etc.).

vii. Las actividades u ocupaciones a que pueda referir.

La inclusión de estas dimensiones y los contenidos específicos que se puedan hallar en cada una de ellas, es una expresión de la polisemia del concepto trabajo. Por ejemplo, la diversidad en cuanto a las distintas temporalidades, permite que el concepto de trabajo involucre la condición de inestabilidad, aspecto que suele introducir notorias dificultades en el trabajo de campo.

Ante el reconocimiento del carácter polisémico del trabajo, la investigación nos demanda una visión amplia, que respete esa diversidad, lo que nos conduce a recuperar antiguos contenidos del trabajo, muchas veces perdidos ante la difusión del trabajo industrial. Por ejemplo, en la Edad Media occidental fue frecuente que las calles funcionaran como espacios muy poblados, en los cuales se realizaban múltiples actividades laborales, tal como sucede hoy con las calles de nuestras ciudades que han sido apropiadas por el comercio informal.[49] En estos casos, la espacialidad del trabajo incluía los espacios públicos de la circulación. Asimismo, podemos recordar que la producción de paños y lienzos en Flandes, durante la Edad Media, también se fundó en talleres artesanales localizados dentro de la vivienda,[50] de manera semejante a lo que hoy ocurre con buena parte de los talleres domiciliarios de maquila, que responden a la lógica actual de la "subcontratación". En este otro caso, la espacialidad del trabajo se superpuso con el espacio vivencial del hogar. Recuperar estas dimensiones del trabajo, así como otras, es renovar el concepto de trabajo y respetar su polisemia.

b) Las representaciones del trabajo como obstáculo en la interacción entrevistado-entrevistador

Cuando se comienzan a explorar la diversidad de prácticas cotidianas de trabajo (el trabajar), en la interacción con los propios actores, comienzan a presentarse fuertes dificultades para abordar-

---

[49] Korosec-Serfaty, Perla (1991), pp. 29-63.
[50] Pirenne, Henri (1939), 183 pp.

las. Nuestra experiencia de campo nos indica que estas dificultades se relacionan con las representaciones del trabajo que tienen las personas.[51] Las representaciones se van construyendo a partir de preconstruidos culturales e ideologías que circulan societalmente, también a través de la propia experiencia. Con relación a las representaciones, es necesario tener en cuenta que funcionan como conocimientos elementales y socialmente admitidos que, a modo de filtro, orientan la acción y el discurso.

Nuestra experiencia de campo nos ha hecho comprender que las representaciones que tienen las personas entrevistadas respecto al trabajo, o el concepto de sentido común de trabajo, se nos imponen como uno de los primeros obstáculos fuertes que enfrentamos en el trabajo de campo. Este obstáculo se constituye debido a que el concepto de trabajo que societalmente ha permeado las representaciones con las que las personas se manejan en su vida cotidiana, está fuertemente restringido a un cierto tipo de trabajo, el cual se apoya en la noción de trabajo asalariado, industrial, cronometrado, individual, realizado en un lugar *ad hoc*. Estas representaciones del trabajo que tienen las personas a quienes entrevistamos se concreta en un primer problema técnico-metodológico, que consiste en un problema de comunicación entre el entrevistado y el entrevistador, o entre el investigador y el narrador.

Dicha dificultad de comunicación se debe a un manejo de lenguajes diferentes, ya que la adopción de una posición conceptual abierta (de nuestra parte, como investigadores) respecto al trabajo generador de ingresos, se enfrenta a una concepción del trabajo restringida, que manejan los entrevistados: los narradores.

Esta falta de sincronización entre lenguajes tiene relación con el hecho de que las representaciones del trabajo (como todas las representaciones sociales) se construyen en una compleja relación individuo-sociedad que opera en tiempos muy largos, los tiempos de las mentalidades.[52] Por ello, hoy, cuando los procesos de producción han cambiado (expandiendo las modalidades de trabajo) y los científicos sociales hemos adoptado un concepto de trabajo polisémico, los actores del trabajo, al menos entre los sectores

---

[51] Al hablar de representaciones estamos apegándonos al enfoque de Moscovici, Jodelet, Farr.

[52] Le Goff, Jacques (1986), pp. 148-162. Bagú, Sergio (1975). Ariès, Philippe (1988).

populares urbanos, muy reiteradamente manejan en su pensamiento las representaciones del trabajo de una época en la cual, efectivamente, el trabajo estaba limitado en contenidos y modalidades, con respecto a la diversidad actual.

Así, mientras el trabajo (como proceso societal) funciona en un tiempo rápido, acelerado, influido por el tiempo de las innovaciones tecnológicas y económicas, las representaciones del trabajo operan en un tiempo muy lento, más próximo al tiempo de las mentalidades. Esta divergencia es crucial en términos metodológicos para cualquier trabajo de campo que aborde la heterogeneidad del trabajo.

La toma de conciencia respecto a este problema de comunicación en las situaciones goffmanianas de entrevista, no es suficiente. En otros aspectos, cuando tomamos conciencia del manejo de un lenguaje diferente al del entrevistado, la solución es relativamente sencilla: cambiamos nuestro lenguaje para equipararlo al del entrevistado. Sin embargo, en este caso no podemos hacer eso, ya que si así lo hiciéramos (es decir, aceptar el concepto restringido de trabajo) no se abordaría la heterogeneidad y complejidad de las formas del trabajo.

En la práctica del trabajo de campo, esto se expresa en el hecho de que, aun cuando estemos conscientes de este problema, la generación de información sobre las diversas formas de trabajo se enfrenta a una enorme barrera que opone el entrevistado: la negativa a reconocer como trabajo a todas esas diversas actividades que estamos estudiando, aunque tal negativa no sea explícitamente racionalizada en estos términos.[53]

Así, aun cuando incorporemos fórmulas que relativicen el peso del vocablo "trabajo", como por ejemplo: "cualquier actividad que usted realice, en su casa o fuera de ella, regularmente o esporádicamente, solo o colaborando con otros miembros de la familia", el entrevistado sistemáticamente comprende la intención goffmaniana del entrevistador (el rol) y responde de manera muy semejante a lo que hubiese respondido a una pregunta directa sobre trabajo. El recurso a la flexibilización terminológica parece no evitar los

---

[53] La exclusión del trabajo doméstico respecto al trabajo puede ser un ejemplo de este proceder del pensamiento, sobre el que se ha generado una extensa reflexión teórica.

obstáculos, precisamente por la dinámica propia de la situación de entrevista, en donde el entrevistado rápidamente comprende la intención del engaño goffmaniano.

Desde la perspectiva goffmaniana del engaño en las relaciones cara a cara, esto se puede interpretar en los siguientes términos: el entrevistador desarrolla un artificio del lenguaje para "engañar" al narrador (el entrevistado), que inmediatamente capta la intención y continúa el juego sin dejarse engañar, por lo cual responde de igual forma a la que lo hubiera hecho ante una pregunta directa sobre el trabajo.[54]

El bloqueo del narrador respecto a algunas de sus prácticas de trabajo (que toma la apariencia del engaño) se debe a que en su pensamiento, estas actividades no están ni siquiera tipificadas como una actividad que realiza en su vida cotidiana, sino que son un "algo" muy difuso que aún no ha alcanzado a ser etiquetado con un nombre.[55] En consecuencia, se hace extremadamente difícil que se exprese acerca de ellas ante una pregunta relativa al trabajo. Por eso, la solución que en general se ha ofrecido a este problema desde la técnica de las encuestas por cuestionario estructurado (recurrir a las expresiones de "ayuda al hogar" o "colaboración de algún tipo"), generalmente no resuelve el problema de fondo.

c) La insuficiencia de las alternativas indirectas estructuradas en los cuestionarios de encuesta

Debido a la anterior dificultad, nuestra experiencia nos indica que una salida alternativa es recurrir a las vías indirectas, que quedan fuera de la intención del engaño. No obstante, señalemos que hay vías indirectas desde los cuestionarios de encuesta estructurados

---

[54] La incorporación de la mentira y el engaño como dimensiones centrales de la vida cotidiana es uno de los aportes principales de Erving Goffman, que han sido recuperados por autores que actualmente estudian la vida cotidiana; nos interesa mencionar en particular a Claude Javeau y Christian Lalive d'Epinay. Estos autores han planteado que no solamente el engaño es parte de la vida cotidiana, sino que la vida cotidiana misma es engaño. Javeau, Claude (1991a), pp. 37-44. Lalive d'Epinay, Christian (1985), pp. 9-10.

[55] Cuando hablamos de la "tipificación" que realiza el pensamiento humano en el conocimiento ordinario (el conocimiento que disponemos en la vida cotidiana), intentamos seguir la perspectiva de Alfred Schutz, Berger y Luckmann, etc. Schutz, Alfred (1972). Schutz, Alfred (1974a), 235 pp.

hasta las entrevistas orientadas como relatos de vida. El camino indirecto para abordar estas cuestiones desde los cuestionarios estructurados, no nos deja más posibilidades que la de introducir las conocidas preguntas control, que en distintos momentos del cuestionario regresan sobre lo mismo, aunque preguntado con otras palabras, incluso empleando las expresiones más arriba comentadas de "ayuda y colaboración".

En suma, la respuesta estructurada a este problema sugiere retornar en distintos momentos del interrogatorio sobre el mismo tema, con distintas preguntas, además del recurso a la estrategia de sustituir el término trabajo por otros, presumiblemente más amplios. Respecto a esta alternativa, nuestra experiencia nos conduce a evaluarla como una opción limitada para salir del problema. Las preguntas control, efectivamente permiten captar ciertos niveles de complejidad y heterogeneidad laboral. No obstante, esta opción no escapa al problema de las contradicciones internas, lo que para el análisis cuantitativo posterior puede significar dificultades.

d) Las alternativas indirectas no estructuradas:
los relatos de vida cotidiana y los relatos de vida

La otra vía indirecta, que creemos mucho más fructífera, son las entrevistas abiertas que toman la forma de relatos de la vida cotidiana. Los relatos de la vida cotidiana corresponden a la narración de un día completo y cualquiera de la vida actual de la persona.

Este tipo de entrevistas se construyen sobre un tiempo particular, que es el tiempo delimitado en el ciclo cotidiano de las 24 horas. Otro tipo de entrevistas semejantes son las autobiografías, que se desarrollan sobre el eje dado por el tiempo biográfico de la persona, siendo completas, vale decir, que no deben quedar periodos sin relatar. Un tercer tipo lo conforman los relatos de vida autobiográficos o simplemente relatos de vida, que por su carácter autobiográfico también toman como eje organizador el tiempo del curso de la vida de la persona, aunque se relatan como fragmentos en los que no es necesaria la secuencia cronológica ni tampoco abarcar todo el tiempo de la vida de la persona.[56] En última instancia, son

---

[56] Burgos, Martine (1993), pp. 149-163. Ferrarotti, Franco (1991), pp. 156-166.

tipos de narraciones autobiográficas, entre las cuales la diferencia principal está en las coordenadas temporales en las que se ubica al narrador: en dos de ellas, el tiempo de la vida; en la otra, el tiempo cotidiano.

El relato de la vida cotidiana se puede iniciar con la clásica fórmula de: "cuénteme su día de ayer desde que se levantó hasta que se fue a dormir en la noche". La fórmula "cuénteme su día de ayer..." supone la articulación de varias cuestiones. La primera de ellas es la partícula "cuente", que implica "elabore una narración". La segunda es la forma "me", que va ligada a la anterior expresión; esta partícula introduce en forma explícita el carácter dialógico propio de la situación de entrevista, es como si dijéramos: "cuénteme usted a mí", o bien: "en la elaboración de este discurso vamos a ser dos". Por último, tenemos la expresión "su día de ayer", que introduce la cuestión autobiográfica al hacer explícito que la narración no va a referirse a cualquier evento externo, sino a una parte de la vida del narrador. "Su día" equivale a decir "su vida, en ese día". Todo esto ocurre en el inicio de la entrevista y sirve para marcar el curso que va a tomar la coproducción dialógica.

Una vez que el entrevistado asume el papel de narrador de un relato de vida cotidiana, va haciendo referencia a las distintas actividades que realiza cotidianamente, entre las cuales aparecerán las más diversas prácticas, algunas de las cuales nos permitirán reconstruir sus diversos "haceres" de trabajo. No obstante, muchas de esas prácticas no serán consideradas trabajo por parte del entrevistado. Lo importante es acceder a esas diversas prácticas, más allá del concepto de sentido común (o "concepto de experiencia próxima") que le otorgue el narrador.

La diferencia central entre la pregunta estructurada sobre el trabajo heterogéneo y el relato de vida cotidiana, se ubica en la dimensión del pensamiento a la que remite una y otra estrategia. En la primera (la pregunta directa sobre el trabajo o la indirecta, que recurre al artificio de sustituir la palabra trabajo por otras más flexibles), el pensamiento del entrevistado está siendo trasladado a la dimensión laboral de su vida cotidiana. Esta dimensión está constituida por prácticas y representaciones, que durante la producción de la narración, la persona hace converger a partir de las representaciones, ya que está haciendo una reconstrucción mental de prácticas ya realizadas, aunque correspondan a un tiempo muy próximo, es un tiempo pasado que ha sido retenido en el nivel de la memoria. La construcción de la narración supone una prioridad del pensamiento, por lo cual subordina las prácticas a las representaciones, que están en el nivel del pensamiento. En la segunda estrategia (los relatos de vida cotidiana) se está remitiendo el pensamiento del entrevistado a la secuencia dada por su ciclo de tiempo cotidiano de 24 horas.[57] Ubicado en este punto de referencia, podrá relatar sus prácticas, más allá de que las tenga tipificadas como trabajo, como "no hacer nada", como ocio, o de cualquier otra forma. Así, a través del ciclo de tiempo cotidiano, como una secuencia de prácticas realizadas diariamente, podemos conocer sus prácticas de trabajo (y también otras prácticas cotidianas), eludiendo el problema de que las representaciones del trabajo del individuo actúan como un filtro, que deja expresar sólo algunas de estas actividades y oculta otras.

Las dificultades que venimos planteando, en principio aparecen cuando buscamos conocer las prácticas cotidianas que realizan las personas, susceptibles de ser categorizadas como trabajo en sentido amplio. Cuando nos interesa conocer otras dimensiones del trabajo, como la temporalidad, la espacialidad, si es una actividad de realización individual o grupal, las limitaciones de las técnicas directas y estructuradas son aún mayores.

Las representaciones restringidas de la categoría trabajo, lo identifican con una actividad que se desarrolla individualmente. El peso de las representaciones dominantes del trabajo dificulta el acceso al conocimiento de las formas del trabajo realizadas en forma colectiva o en pequeños grupos (incluidos los grupos familiares y domésticos), ya que la actividad parece adjudicarse íntegramente a un miembro del grupo, que generalmente es el responsable de dicha actividad.

Otra dimensión del trabajo que resulta compleja de abordar a través de los interrogatorios directos o indirectos es la inestabilidad laboral. El peso de la imagen del trabajo como una inserción estable, que está en la base de las representaciones sobre el trabajo

[57] Respecto a la pertinencia de tomar como unidad temporal de la vida cotidiana el ciclo cotidiano de las 24 horas, nos remitimos al trabajo de Sansot y Pillet. Sansot, Pierre y Gonzague Pillet (1981), 269 pp.

generalizadas (al menos entre los sectores populares urbanos), hace que las entradas y salidas consecutivas de los mercados de trabajo difícilmente se puedan aprehender, si no es a través de relatos de vida. En este caso, los relatos de vida cotidiana no son una vía apropiada; es más apropiado recurrir a las entrevistas bajo la modalidad de relatos de vida, ya que éstos se construyen sobre el eje temporal de la vida de la persona.

Estos filtros que se imponen durante la construcción de la narración (en la situación de entrevista), resultan aún más fuertes cuando se trata de conocer el trabajo femenino generador de ingresos. En estos casos, el obstáculo se multiplica porque además de las restricciones dadas por las representaciones del trabajo en términos generales, se cruzan las representaciones de los roles sociales y familiares de género, que conducen a las mismas mujeres a negar muchas de las actividades generadoras de ingresos que realizan cotidianamente, por no encuadrarse en la representación instituida de los roles familiares. Evidentemente, esto se vincula con el peso que ejerce la imagen del hombre-jefe del hogar, trabajador y proveedor.[58] Este mismo tipo de obstáculos también se presenta en relación con el trabajo realizado por los niños y jóvenes.

En síntesis, creemos que una vez que el investigador ha superado los obstáculos formales de la interacción con los entrevistados (temor o desconfianza del entrevistado) —vale decir, una vez que se han abierto los sucesivos "contratos de palabra"—[59] se enfrenta con una serie de barreras encadenadas, que se originan en las representaciones y tipificaciones sobre el trabajo que manejan las personas. Estas dificultades son casi imposibles de superar cuando se recurre a las estrategias directas y estructuradas. Así, nuestra experiencia nos indica que una de las mejores formas para acceder al trabajo heterogéneo y polisémico es a través de vías indirectas que

---

[58] Recordemos la visión de Parsons sobre los roles conyugales instrumentales. Parsons, Talcott (1980), pp. 43-60.

[59] Franco Ferrarotti ha planteado la cuestión del "contrato de confianza", mientras que Marie-Françoise Chanfrault-Duchet ha realizado una elaboración más compleja y muy sugerente respecto a "los contratos de palabra", entendidos como una serie de contratos sucesivos que se van abriendo en el inicio de un relato. Son: "el preámbulo", "el contrato de investigación", "el contrato de narración", "el contrato autobiográfico" y "el pacto interpersonal". Ferrarotti, Franco (1990), p. 12. Chanfrault-Duchet, Marie-Françoise (1988), pp. 26-31.

no se crucen con el filtro (y en este caso, obstáculo) constituido por las representaciones y tipificaciones del trabajo de la persona. Esas vías indirectas son las que ubican el pensamiento del entrevistado en "el tiempo cotidiano" (recurso técnico: los relatos de vida cotidiana) o en "el tiempo biográfico" (recurso técnico: los relatos de vida). De esta forma, nuestra reflexión no se orienta simplemente en el sentido de proponer sustituir una técnica de naturaleza cuantitativa (el cuestionario de encuesta estructurado y cerrado) por otra de corte cualitativo (las entrevistas en profundidad). Antes bien, estamos señalando las ventajas de algunas técnicas cualitativas en particular: los relatos de vida cotidiana como un recurso para abordar algunas dimensiones del trabajo heterogéneo (las actividades realizadas, la temporalidad cotidiana, la espacialidad, la realización individual o colectiva de la actividad) y los relatos de vida, cuando el objetivo es abordar más específicamente la dimensión de la inestabilidad en el trabajo.

Esta propuesta técnico-metodológica que resulta de nuestra experiencia, no debe ser asociada solamente con la mayor fluidez de comunicación y el carácter no impositivo de una técnica cualitativa no estructurada fundada en la narración,[60] sino que se debe a una cuestión más específica: las coordenadas en las que se ubica al narrador para que comience a reconstruir los fragmentos de su vida o su vida completa. Más concretamente, diríamos que si queremos conocer la esfera del trabajo actual en la vida del entrevistado, las coordenadas en las que lo debemos ubicar no estarán en el trabajo, sino en algo que en principio es diferente al trabajo, aunque lo contiene: como es el "tiempo cotidiano". Cuando el objetivo es conocer la estabilidad/inestabilidad en la esfera laboral, la ubicación tendrá que darse a través del tiempo de la vida del entrevistado, que también resulta continente del trabajo.

ii. El tratamiento de la información-datos cuantitativos

La segunda reflexión técnico-metodológica que queremos plantear se refiere al tratamiento de la información y los datos cuantitativos.

---

[60] Respecto al carácter impositivo de las encuestas por cuestionario cerrado y estructurado, nos remitimos a las reflexiones de Ibáñez, Jesús (1985), pp. 203-240.

En este sentido, debemos reconocer que nuestra investigación no realiza ningún aporte particular por el tipo de técnica utilizada, ya que hemos recurrido a los conocidos modelos de regresión logística, ampliamente utilizados en la investigación sociológica y más aún en la sociodemográfica. Sin embargo creemos que es posible revalorizar dos dimensiones de nuestro análisis de la información cuantitativa, una en referencia al tipo de variables que hemos construido y utilizado y otra, por el tipo de análisis que realizamos de dichos modelos multivariados.

a) La naturaleza de las variables empleadas

Usualmente, cuando se trabaja con modelos multivariados, y particularmente con modelos de regresión logística, se incluyen variables sociodemográficas más o menos tradicionales, como la edad, el estado civil, la inserción laboral, la ocupación, el nivel educativo, etc. En nuestro caso, no recurrimos a variables de esa naturaleza debido al tipo de interrogantes que nos estábamos planteando. Esto implicó un enorme esfuerzo por construir y categorizar variables más o menos complejas y no usuales, como los roles conyugales en cada uno de los ámbitos de la cotidianidad que delimitamos.

A nuestro entender, esta estrategia tiene el mérito de dejar abierta en forma explícita y empírica, la posibilidad de recurrir a estos modelos, aun cuando el investigador se esté formulando interrogantes que no se pueden operacionalizar en variables más sencillas o más conocidas, como son la edad, el sexo, el parentesco, etcétera.

En realidad, en términos teóricos estos modelos han sido diseñados para variables categóricas o dicotómicas, esto es, variables no métricas. En ese sentido, nuestro trabajo no tiene nada de innovador. Sin embargo, cuando el investigador comienza a explorar experiencias anteriores, encuentra un amplio predominio de investigaciones que acuden a esas variables tradicionales. En esos casos se ha acumulado una enorme experiencia en cuanto a posibles formas de manipular dichas variables. Es en este sentido donde aparece la dificultad de cómo construir variables sobre las que no existe tanta experiencia acumulada, y más aún, cómo categorizarlas. Más allá de la claridad teórica que el investigador pueda tener al respecto, siempre puede facilitar el camino el encuentro de experiencias empíricas anteriores, cercanas a sus intereses o a su campo de interés.

b) El análisis comprensivo de lo cuantitativo

Los analistas cuantitativos más ortodoxos posiblemente puedan discrepar del análisis que hicimos a partir de los modelos multivariados. Sin embargo, creemos que es posible revalorizar una perspectiva comprensiva que busca reconstruir constelaciones de fenómenos. En otras palabras, creemos que nuestra estrategia de análisis de los modelos multivariados puede ser un ejemplo de la posibilidad de analizar cualitativamente información de carácter cuantitativo. Son más frecuentes los ejemplos inversos, como aquellos que trabajando con información de naturaleza cualitativa —como discursos de las personas— proceden a un análisis de contenido de tipo cuantitativo.

Nuestra estrategia ha sido la opuesta: con datos construidos cuantitativamente (modelos logísticos) procedimos a realizar un análisis cualitativo, no porque hayamos buscado significados, sino por habernos interesado en la existencia de ciertas relaciones fuertes, prescindiendo del número que indica el nivel de intensidad de la relación. Nos interesó más la presencia de la relación que el nivel de intensidad de la misma. En este sentido, estamos convencidos de la importancia de plantear este tipo de análisis, con el cual los instrumentos cuantitativos pueden resultar atractivos para investigadores que buscan enfoques no cuantitativos, al menos para ciertos momentos de la investigación.

Además, consideramos que este tipo de tratamiento de los resultados de los modelos logísticos ha sido una forma de colocar por delante las relaciones sociales expresadas en ellos, antes que (como frecuentemente se hace) anteponer la técnica misma.

iii. El análisis cualitativo

Con respecto al análisis cualitativo propiamente dicho, queremos destacar dos momentos. El primero es el análisis de contenido interpretativo visto como un procedimiento que fuimos estructurando, no limitado a los resultados. El segundo momento es la construcción de los tipos.

a) El análisis de contenido interpretativo

Con relación al análisis cualitativo nos parece importante destacar la elaboración y aplicación sistemática de una estrategia de análisis de contenido de tipo interpretativo. Consideramos que tanto el diseño como la aplicación de nuestra estrategia analítica pretende ser un aporte metodológico en el sentido en que propone una serie de pasos sistemáticos para acercarse a los textos resultantes de los discursos e ir elaborando, primero, interpretaciones en las que buscamos el sentido de las prácticas, para luego pasar al nivel de las categorizaciones densas por la condensación de dichas interpretaciones. En este proceso hemos destacado constantemente la necesidad de elaborar previamente una matriz de análisis, que encuentre correspondencia con los objetivos de la investigación y recupere los ejes teóricos presentes en el objeto de investigación.

A nuestro juicio, uno de los principales aportes de esta estrategia, más allá de los resultados particulares que alcanza, es la presentación de manera sistemática del desarrollo de todo el proceso de análisis cualitativo, con el que se condensan muchas palabras en categorías densas y complejas. Esta presentación no es muy frecuente en investigaciones de esta naturaleza, ya que lo usual es presentarle al lector los resultados del análisis, sin exteriorizar demasiado el cómo se llegó a ellos. Con relación a este proceso, hemos sido muy reiterativos en la importancia de que el investigador pase de las palabras del narrador a la elaboración de interpretaciones con sentido, para luego dar el siguiente paso a las categorías interpretativas densas.

Esta forma de concebir el análisis cualitativo es la razón por la cual no quisimos organizar nuestro análisis como colecciones de párrafos extraídos de los discursos, seguidos de comentarios. De la misma manera que no quisimos hacer un análisis de la información cuantitativa dominado por los "tecnicismos" estadísticos, tampoco acordamos con los análisis cualitativos que se limitan a recortar y comentar palabras y frases de los discursos.

b) De los hechos nodales a los tipos construidos

Por último, la otra etapa del análisis cualitativo sobre la que queremos reflexionar es la elaboración y la aplicación de una estrategia concreta para la construcción de tipos, que va más allá de la mera colección o agrupación de elementos particulares en pretipos o patrones. Muchas veces el análisis sociológico cualitativo recurre a la estrategia de la construcción de tipos, aunque en términos prácticos es frecuente que esos supuestos tipos no superen el nivel de la agrupación de una serie de rasgos particulares, sin llegar a constituir un sistema de relaciones que estructure el tipo.

Nuestra preocupación por superar esa simple estrategia de agrupación de elementos particulares, nos condujo a tejer una trama sobre la cual se van integrando esos elementos particulares, formando subgrupos y cadenas de relaciones. La construcción de esa trama —que representa el esqueleto del tipo construido— se ha logrado a partir de la identificación de elementos que, dentro del tipo, interactúan como detonantes o elementos fuertes porque tienen la capacidad de aglutinar a los demás.

Estas agrupaciones las hemos identificado con la denominación de "hechos nodales", ya que dentro del tipo vienen a actuar como verdaderos nodos o nudos clave. Esto significa que cada hecho nodal deja de ser la suma de los elementos individuales para pasar a constituir un elemento complejo o "elemento denso" que tiene la capacidad de articularse con algunos de los otros elementos particulares que integran el tipo, y no con todos sus elementos. En otras palabras, el recurso metodológico a los hechos nodales nos permitió reconstruir cadenas de relaciones entre elementos e identificar algunos elementos más fuertes que otros, así como también distinguir elementos simples y elementos densos.

En esta perspectiva, el tipo construido no se caracteriza sólo por ser un modelo que construye el investigador y con el cual la realidad no tiene que coincidir exactamente sino que es comparada con él (cuestión sobre la que hay consenso entre los investigadores),[61] sino que además, el tipo deja de ser una colección plana de elementos

---

[61] Consenso que en buena medida se debe a que este planteamiento fue muy claro en los escritos metodológicos de Weber, así como en los de Schutz. Weber, Max (1990), pp. 79-101. Schutz, Alfred (1974a y 1974b), pp. 81-91.

que sólo pueden ser nombrados, para pasar a ser un modelo con una trama interna en la que se distinguen "rugosidades" o si se quiere, distintas intensidades. Trama interna en la que se distinguen los elementos básicos o simples, de los complejos o densos, que resultan de la interacción entre varios elementos básicos. En este sentido, los tipos construidos a los que llegamos intentan ser modelos conceptuales.[62]

7.3. ¿Renovados horizontes para la investigación urbana?

En el contexto de los estudios urbanos, hemos buscado evidenciar el desafío de regresar a la subjetividad, entendida como el sentido y los significados sociales que los individuos les otorgan a sus prácticas cotidianas y a su entorno socioterritorial, hemos buscado regresar a la gente, a la vida social. En otras palabras, en el campo de la investigación urbana, esperamos estar esbozando alternativas —para quienes así lo quieran leer— para pensar la ciudad y la urbanización no sólo en términos de los procesos socioeconómicos o desde las políticas sino también, en función de otros procesos que aun cuando se instituyan socialmente, son de carácter más cultural. Evidentemente, pensar la ciudad y lo urbano desde la subjetividad y desde las personas implica otorgarle un papel importante a lo cultural, ya que el sentido y los significados sociales de nuestras prácticas cotidianas, aunque los construyamos desde nuestras posiciones individuales,[63] siempre se conforman en contextos socioculturales.

En esta perspectiva, hemos buscado mostrar la posibilidad de que la investigación urbana se extienda fuera de las temáticas y enfoques que usualmente se vienen privilegiando. Nos referimos a los conocidos temas de la vivienda, los servicios y equipamientos, los mercados de suelos, el medio ambiente, etc. No negamos la

---

[62] Al respecto podemos recordar que John McKinney plantea que el tipo construido: "Es una construcción formada por elementos abstractos e integrada en un modelo conceptual unificado en donde puede haber intensificación de uno o más aspectos de la experiencia concreta". McKinney, John (1968), p. 23.

[63] Aunque pueda resultar obvio, aclaramos que una vez más hablamos de "posición" en el sentido fenomenológico de Schutz.

relevancia de continuar estudiando esas temáticas. Señalamos, más bien, que sobre ellas se ha podido acumular cierto conocimiento,[64] mientras que con relación a cuestiones fundantes de las sociedades urbanas, como es la socialidad conyugal, el sentido de pertenencia respecto al territorio inmediato, la vivencia del tiempo, los horizontes temporales con los cuales las personas actúan, etc., es muy poco lo que conocemos en nuestro país y en relación específica con los numerosos habitantes de las llamadas periferias metropolitanas pobres.

Los antropólogos, y los etnólogos en particular, que por vocación natural estudian este tipo de procesos, también por vocación natural se sienten más inclinados a realizarlos en comunidades rurales y cuando lo hacen en comunidades urbanizadas, preferentemente se ubican en aquellos pueblos tradicionales que han sido envueltos en la mancha urbana a través del proceso de expansión de la ciudad. Las áreas urbanas en las que no hay una comunidad tradicional que haya sido alcanzada por la expansión de la ciudad, sino que sobre la frontera agrícola (sobre los ejidos, que en virtud de los procesos especulativos ligados a la tierra aparecieron como tierra desierta) avanzó la expansión de la ciudad con pobladores procedentes de diversos lugares y contextos socioculturales, suelen ser lugares que no llegan a constituirse frecuentemente en foco de interés para los estudios culturales. Estos estudios se interesan principalmente por las culturas tradicionales que se están transformando al ser atravesadas por procesos históricos recientes. Así es que áreas como la que nosotros estudiamos no se han constituido en el foco prioritario para las perspectivas antropológicas o culturales, precisamente porque no hay una cultura tradicional en el lugar,[65]

---

[64] Respecto a la acumulación de conocimiento en una temática o una perspectiva vale la pena señalar dos cuestiones. Una de ellas, que desde cualquier posición epistemológica que se pueda tomar siempre aspiramos a la acumulación de conocimiento; la acumulación de conocimiento es totalmente legítima y deseable. La otra cuestión, que no pretende entrar en contradicción con la primera, es que la preeminencia de ciertos ejes de estudio ha traído la reproducción de investigaciones muy semejantes, en las cuales la diferencia (o la originalidad) se construye exclusivamente por el recurso de "distintos datos" que ponen a prueba las mismas hipótesis. Esta característica, a nuestro entender, restringe los ámbitos del conocimiento.

[65] Sólo estamos intentando esbozar líneas fuertes, aunque hay importantes ejemplos que muestran el interés actual de los antropólogos por este tipo de espacios urbanos. Uno de los ejemplos más destacados, sin duda lo constituye la investigación

sino una hibridación en la perspectiva desarrollada por García Canclini. Creemos que para el Valle de Chalco, como campo de estudio urbano, siguen siendo pertinentes las palabras que Hannerz rememoraba a principios de los ochenta respecto a la relación entre lo urbano y los antropólogos: "[...] los antropólogos eran una 'gente notoriamente agoráfoba', antiurbana por definición [...]"[66]
Esta situación ha dejado a este tipo de lugares destinados preferentemente a estudios urbanos de corte más o menos convencional, es decir, los que estudian lo urbano desde las políticas o desde los procesos económicos. Tal vez sea arriesgada nuestra interpretación siguiente, pero tenemos la impresión de que ante la evidente ausencia de una cultura tradicional, los científicos sociales asumen que en este tipo de lugares, la prioridad está en conocer las condiciones materiales de la vivienda, los servicios, los equipamientos, el transporte, la inversión pública, las formas de inserción laboral; en todo caso y si hubiesen ocurrido, acciones colectivas relevantes también pueden ameritar su conocimiento.[67] Esto ha traído un importante vacío respecto a toda la extensa gama de procesos y acciones que no salen de la cotidianidad, de la vida privada, que no alcanzan a expresarse en la vida pública como fuertes reivindicaciones, como violentas demandas, pero desde los cuales se construye la historicidad.

En este contexto nos parece necesario recordar las palabras de Antoine Prost: "la vida privada no es una realidad natural que nos

---

en antropología urbana de Néstor García Canclini y su equipo de trabajo. Evidentemente, tampoco podemos dejar de mencionar la investigación pionera de Larissa Lomnitz sobre sectores populares de la ciudad de México, como también los trabajos de Mercedes González de la Rocha sobre Guadalajara. Lomnitz, Larissa (1975), p. 229. González de la Rocha, Mercedes (1986).

[66] Hannerz toma esta cita de Francisco Benet, en relación con el poco interés que ofrecía la ciudad para los antropólogos hasta los años sesenta y con particular referencia a los antropólogos americanos. Aunque en el campo disciplinario de la antropología americana las cosas han cambiado y en nuestro país se está constituyendo un campo de la antropología urbana, aún poco consolidado. Benet, Francisco (1963), pp. 211-226. Hannerz, Ulf (1986), p. 11.

[67] Cuando decimos que los científicos sociales "asumen (...)", estamos tomando una posición etnometodológica, en el sentido más garfinkeliano del término. En otras palabras, no queremos decir que los científicos sociales hayan discutido la cuestión, llegando a ese acuerdo, sino que en el quehacer cotidiano de la investigación social, este supuesto estaría dentro de esas "cláusulas del etcétera" que norman la interacción, aunque no se reflexiona respecto a su existencia.

venga dada desde el origen de los tiempos, sino más bien una realidad histórica construida de manera diferente por determinadas sociedades. No hay una vida privada cuyos límites se encuentren definidos de una vez por todas, sino una distribución cambiante de la actividad humana entre la esfera privada y la esfera pública".[68]

En suma, nuestro alegato por conocer la vida cotidiana de los pobladores de nuestras extendidas áreas metropolitanas, es una forma de plantearnos el "regreso del sujeto", pero desde los individuos en interacción, antes que desde las estructuras sociales. En este sentido, entendemos que para los estudios urbanos hay un campo muy vasto no explorado, o abordado muy escasamente, que parte del individuo situado en un contexto intersubjetivo y de su capacidad para producir a la sociedad, para renegociar en cada momento el orden social, a través de la renegociación del orden microsocial, en el sentido que ya ha planteado Karim Knorr-Cetina.[69]

Desde otro punto de vista, nuestra investigación también busca llamar la atención respecto a la relevancia de indagar procesos que aún no están claramente instituidos, pero que comienzan a expresarse, aunque sea de manera aislada. En este sentido quisiera traer una cuestión que a los sociólogos siempre nos preocupa. ¿En qué tiempo debemos construir nuestro objeto de investigación: en el presente, o es válido avanzar sobre el futuro? Hugo Zemelman ha respondido a este interrogante, recuperando toda una tradición sociológica, diciendo que es necesario que nos ubiquemos en el "filo del presente".[70] ¿Qué significa esto? Evidentemente, no podemos producir conocimiento social de lo que no ha ocurrido; en consecuencia, debe ser desde el presente; sin embargo, resta aclarar ¿cuál es el filo del presente? Nuestra respuesta es que el filo del presente lo tenemos que buscar en "lo no instituido", en "la multiplicidad de lo no instituido", en lo que no es una absoluta mayoría (de acuerdo con los parámetros de los cuantitativistas), lo que comienza a esbozar caminos del cambio social, pero sólo a esbozarlos.

En este camino se debe entender nuestro interrogante primero: "el regreso del trabajo al hogar". La emigración del trabajo

[68] Prost, Antoine (1991), p. 15.
[69] Knorr-Cetina, Karim y Aron Cicourel (1981), pp. 1-43.
[70] Estamos parafraseando a Zemelman, ya que en realidad la expresión "filo del presente" es nuestra. Zemelman, Hugo (1996).

fuera de la esfera privada y su inserción en la vida pública, sólo se instituye socialmente en Occidente, en las primeras décadas de este siglo, aunque como proceso histórico se lanza con anterioridad. El interrogante que nos orientó en la investigación desde el principio, se define desde el proceso inverso. En ese sentido nos ubicamos en el filo del presente; se puede decir que partimos de un proceso histórico que socialmente "no está instituido", como es el regreso del trabajo al hogar, o a la vida privada. Sin embargo, como proceso histórico ha sido lanzado, lo que nos permite ubicarnos en ese filo del presente para indagar cómo está permeando en microsituaciones.

En síntesis, nuestra aspiración es que esta investigación pueda ser leída como un posicionamiento en un particular filo del presente, para conocer algo de lo no instituido socialmente, que puede estar indicando horizontes de cambio social, y conocerlo en el nivel del "concreto más extremo": la vida cotidiana. Por eso, no nos preocupan aquellas críticas que alguna vez nos plantearon, con relación a que "el regreso del trabajo al espacio del hogar" en el Valle de Chalco no es un proceso absolutamente mayoritario. Si se pudiera cuantificar ese retorno, seguramente que la respuesta oportuna en aquel momento no coincidiría con la actual, lo que no dejaría de ser una interesante expresión de cambio. Por otra parte, si ese retorno fuera algo totalmente instituido ("mayoritario" para los que piensan en función de porcentajes), no nos generaría numerosos interrogantes de conocimiento social.

8. PROCEDIMIENTOS METODOLÓGICOS

Este último capítulo está concebido desde un ángulo diferente a los anteriores. Aquí, nos desprendemos del objeto de investigación y nos posicionamos en el proceso de investigación. Esto significa que el objetivo de este capítulo es mostrarle al lector los procedimientos que fuimos realizando a lo largo de la investigación. Eso que muchas veces no se muestra o bien se presenta de manera muy escueta; aunque, también estamos obviando numerosas decisiones tomadas a lo largo de la investigación.

Este capítulo no debería interpretarse como una intención de ofrecer los elementos principales para la conocida "auditoría externa" (es decir, que otro investigador pudiera reproducir la investigación y llegar a los mismos resultados). Realmente, no es nuestra preocupación la posibilidad de tal auditoría. La intención es doble, por un lado se trata de un sinceramiento con el lector respecto a lo que hemos hecho y también a lo no realizado, y por el otro, se trata de nuestra reflexión con relación al proceso de investigación y a los microprocedimientos seguidos.

De esta forma decidimos integrar el capítulo en cuatro apartados. El número no es arbitrario. Estos cuatro apartados recorren cuatro momentos centrales de la investigación. El primer apartado se refiere al trabajo de campo, a la producción de la información en campo. El segundo está dedicado a presentar la forma de organizar la información cuantitativa producida, es decir, los procedimientos de construcción de los datos cuantitativos. El tercer apartado muestra el tipo de análisis cuantitativo que realizamos. Por último, dedicamos un apartado al análisis cualitativo: qué tipo de análisis escogimos y por qué, cómo construimos los datos cualitativos y cómo realizamos el análisis.

8.1. La producción de la información en el trabajo de campo

En este apartado presentamos todo lo referente a la producción de la información. El trabajo de campo se realizó desde dos instrumentos de generación de información, uno, el cuestionario de encuesta, el otro, las entrevistas en profundidad bajo la modalidad de relatos de vida cotidiana, entendidos como una variante de los relatos de vida. Desde la temporalidad del proceso de investigación, podríamos decir que el trabajo de campo se desarrolló en dos etapas principales: el levantamiento de la encuesta y la realización de las entrevistas en profundidad autobiográficas.

La decisión de recurrir a estos dos instrumentos es una expresión de nuestra convicción respecto a la posibilidad de articular el análisis cuantitativo y cualitativo, integrando la información procedente de ambos caminos en un solo esquema analítico abierto a ambas dimensiones (cuadro 1, capítulo 4). Esta aspiración de integración no desconoce la aceptación generalizada de que los cuestionarios proporcionan principalmente información de tipo socioestructural fragmentada, que se analiza como agregados, mientras que las entrevistas biográficas permiten acceder a la comprensión de lo sociosimbólico entendido como contextos de significados. No se ha otorgado mayor peso a ninguno de estos tipos de análisis y en consecuencia, tampoco se ha trabajado como si uno de los mecanismos de producción de información fuera más relevante que el otro en la investigación, como si uno fuera el principal y el otro complementario. Ambos son instrumentos principales, aunque cada uno orientado hacia aspectos distintos del mismo objeto de investigación.

Se ha partido de la idea de que el material procedente de la encuesta permite hablar de proporciones de fenómenos agregados, en nuestro caso, las prácticas cotidianas. Dado que el cuestionario ha contemplado varias dimensiones temporales —se ha incluido un módulo biográfico— esto nos permitió manejar el tiempo, no procesualmente sino como cortes sincrónicos en los cuales se registra información estática, por la misma naturaleza del cuestionario. Por otra parte, la dimensión más subjetiva del problema no ha sido posible de captar mediante el cuestionario, para lo cual se recurrió a las entrevistas, aunque tampoco se buscó lo subjetivo en sí mismo, sino anclado en prácticas, en el hacer concreto de las personas. La segunda parte del trabajo de campo, las entrevistas en profundidad de tipo autobiográfico,[1] han posibilitado el manejo del tiempo como un presente vivido en el cual las personas disponen y utilizan un acervo de conocimientos y experiencias pasadas *(Wissenvorrat)*. La información procedente de los relatos de vida no ha sido utilizada para buscar proporciones; aunque se ha visto que algunos análisis cualitativos de entrevistas finalmente vuelven a intentar cuantificar, ésta no ha sido nuestra estrategia. Por otra parte, la riqueza de la información cualitativa, su capacidad para mostrar la asociación de una multiplicidad de situaciones, particularmente en distintas conjunciones espacio-temporales, podría quedar desdibujada si se la intentara reducir a simples proporciones. Lo cualitativo se orientó hacia la dimensión sociosimbólica, hacia los contextos de significados sociales en los cuales se desarrollan las prácticas del individuo.

Franco Ferrarotti ha reconocido —a través de su propia trayectoria científica— tres formas de utilizar el material cualitativo en la investigación en las ciencias sociales. Una de ellas, muy difundida, en la cual el material biográfico se utiliza a título puramente ilustrativo respecto a conocimientos adquiridos desde otras fuentes. Otra manera es aquella en la cual se maneja tanto información cuantitativa procedente de encuestas como el material cualitativo generado a través de técnicas biográficas. En este caso, la información cuantitativa se utiliza para explicar una parte de los fenómenos (sobre todo, la componente más socioestructural del problema), mientras que lo biográfico resulta esencial e insustituible para dar cuenta de los comportamientos humanos, de la naturaleza humana del fenómeno. Finalmente, este autor reconoce otra vía, que reivindica, en la cual sólo se utiliza información cualitativa, poniendo en tela de juicio el recurso a la información cuantitativa, desde su misma

---

[1] No realizamos entrevistas heurísticas para tomar un primer contacto con la realidad, como frecuentemente se hace, debido a que el inicio de esta investigación coincidió con el fin de otra en la misma área de estudio, que nos había dejado un conocimiento bastante detallado del área y de su población. De modo tal, que cuando nos referimos a las entrevistas, siempre se trata de entrevistas en profundidad con fines analíticos.

forma de generación.[2] Esta última posición es conocida como la autonomía del método biográfico.

Ateniéndonos a las vías señaladas por Ferrarotti, nuestra aspiración ha sido la de trabajar la información cualitativa y cuantitativa en términos de la segunda perspectiva, con lo cual se está negando toda posibilidad de utilizar el material producido en los relatos de vida como una fuente de "frases ilustrativas" de las relaciones encontradas en el análisis cuantitativo. Esto es lo que Demazière y Dubar califican como posturas ilustrativas, los extractos son seleccionados para ejemplificar un razonamiento construido independientemente de los textos de las entrevistas.[3] Rechazar estas "posiciones ilustrativas" implica asumir que los relatos de vida tienen una capacidad propia para comprender dimensiones que no aparecen a través del material cuantitativo, como por ejemplo, el "sentido del lugar", la "apropiación de los espacios urbanos" o el "sentido del confinamiento en microespacios", por nombrar temáticas de interés en nuestro trabajo.

Por último, parece necesario plantear una justificación al orden seguido en el uso de ambas estrategias, es decir, justificar por qué se acudió en la primera fase al cuestionario de encuesta y en la segunda, a los relatos de vida. Como para tantas otras cuestiones metodológicas creemos que Bertaux ayuda a esclarecer el motivo de esta decisión.

El material biográfico puede ser utilizado de muy distintas formas (descontando las citas ilustrativas, ya que a esa estrategia no le estamos otorgando el *status* de análisis cualitativo) y en distintos momentos de la investigación. Al respecto, Bertaux ha distinguido tres momentos en el análisis cualitativo: una fase exploratoria, una fase analítica y una fase sintética o expresiva. En la primera los relatos sirven para iniciarnos en el tema, es el primer acercamiento al problema, así como otras veces se recurre a la observación o a entrevistas con informantes clave, es decir, entrevistas testimoniales. En esos casos, lo que se busca es información empírica. En la segunda fase, se utilizan para sostener o discutir una teoría, son concurrentes y complementarios con el discurso teórico, y en la

---

[2] Ferrarotti, Franco (1990), pp. 43-46.
[3] Demazière, Didier y Claude Dubar (1997), pp. 20-21.

tercera se utilizan para transmitir un mensaje o un hallazgo sociológico.

En nuestro caso, no nos interesó utilizar los relatos de vida en una fase exploratoria, sino que el sentido de recurrir a ellos ha sido el de utilizarlos para argumentar proposiciones teóricas relativas a aspectos sociosimbólicos, que difícilmente hubiesen podido surgir con los datos construidos a partir de la encuesta. Es decir, los relatos de vida se utilizaron en la fase analítica, sin que ello cerrara la posibilidad de recurrir a ellos también en la fase exploratoria. Asimismo, queremos destacar que no se hicieron entrevistas puramente exploratorias porque esa fase exploratoria fue sustituida por nuestra experiencia de trabajo previo en la zona (desde 1990).

Por último podemos señalar que la información que hemos producido en el trabajo de campo en conjunto profundiza sobre dimensiones de la vida cotidiana, e incluso de la vida privada, sobre las cuales la información oficial, como los censos o encuestas permanentes, no incursionan.

A lo anterior se suma otra cuestión. Dado que en la producción de nuestra información también abordamos esferas más conocidas —como la edad de la población, los lugares de origen, la ocupación, etc.— eso nos dio la posibilidad de comparar nuestra información con la oficial (en esas dimensiones sociodemográficas), encontrando correspondencia.[4] Esto último, en alguna medida puede ser tomado como un indicador de la confiabilidad de nuestra información.[5] Aunque evidentemente, si fuéramos a considerar esto en una perspectiva estrictamente positivista, habría que agregar que esa supuesta confiabilidad sólo es abarcativa de una parte de nuestra información: la de carácter sociodemográfico, que es la que ha

---

[4] Tanto a través de la información del censo nacional de población y vivienda de 1990 tomándolo a escala de las Ageb's, como con la recientemente publicada información provisional del Conteo 95. Aunque, en este último caso son muy pocas las variables. INEGI (1996), p. 133.

[5] Recordemos que en la investigación cualitativa, la confiabilidad se refiere a la posibilidad de que a través de otras investigaciones u otros instrumentos de producción de información, se pueda llegar a los mismos resultados. Es en este sentido que algunos autores han aludido a la confiabilidad como una "auditoría externa". La confiabilidad no se debe confundir con la validez. Esta última se refiere a la capacidad de que los datos construidos sirvan para responder nuestros interrogantes teóricos. Ruiz Olabuénaga, José Ignacio y María Antonia Ispizúa (1989), pp. 70-78. Kirk, Jerome y Marc Miller (1986), pp. 9-85.

podido ser contrastada por este medio, y por cierto la menos relevante para nuestra investigación.

No obstante, hemos tenido la oportunidad posterior de someter a prueba otra parte de nuestra información más específica, que no es de carácter estrictamente sociodemográfico, a través de experiencias directas y no estructuradas con los colonos.[6] Además, en realidad nuestro acercamiento al Valle de Chalco no se ha limitado a las dos instancias generadoras de información que se llevaron a cabo en el contexto de esta investigación (la encuesta y las entrevistas), que presentamos a continuación. Nuestro acercamiento fue previo; en instancias anteriores, también se pudo generar información de corte cuantitativo con instrumentos estructurados,[7] además de los acercamientos no sistemáticos. Estos antecedentes también se tomaron como instancias en las que distintas dimensiones de la información han dado pruebas de su confiabilidad.

8.1.1. La encuesta por cuestionario

La encuesta fue diseñada como una encuesta dirigida a hogares residentes en el Valle de Chalco. La unidad de observación, es decir las unidades a través de las cuales se generó la información, han sido los hogares y los individuos; así, algunos módulos del cuestionario se orientaron hacia el grupo residencial y otros a miembros particulares del grupo: el hombre-cónyuge y la mujer-cónyuge.

---

[6] Nos estamos refiriendo a las conversaciones informales que hemos sostenido recientemente (mayo de 1996) con colonos del Valle, en ocasión de la realización de la Mesa Itinerante de El Colegio Mexiquense: *El Valle de Chalco y su evolución*. Lindón, Alicia (1996), pp. 53-72.

[7] Nuestro trabajo de campo en el Valle de Chalco se inició en 1989 con una fase de recorridos no estructurados, observación y un levantamiento de usos del suelo. Luego, en los primeros meses de 1990 aplicamos un cuestionario estructurado por encuesta en 250 hogares, distribuido en forma aleatoria y proporcional a la población de cada colonia. En forma casi simultánea aplicamos otro cuestionario por encuesta dirigido exclusivamente a pequeños negocios del Valle de Chalco, cuyos propietarios fueran residentes del Valle, en una muestra de 100 negocios. En 1991, aplicamos otro cuestionario de encuesta a hogares sobre una muestra aleatoria de 100 hogares. En 1993 aplicamos en 220 hogares el cuestionario de encuesta estructurada, diseñado para esta investigación, que denominamos "Trabajo y vida cotidiana...". Durante 1993 y 1994 realizamos las entrevistas en casos seleccionados de la última encuesta.

Por la forma en que se fue construyendo el objeto de estudio, se decidió *a priori* no entrevistar a hogares unipersonales (ya que una dimensión analítica eran los roles conyugales), aunque se sabía por nuestro trabajo anterior en la zona que tenían muy escasa presencia. No obstante, existía la posibilidad de que la selección aleatoria de domicilios hallara alguno de estos eventos poco frecuentes. Los resultados fueron que no se presentó ningún hogar constituido por una sola persona.

Asimismo, dado que el trabajo se orientó a "hogares con residencia permanente en el Valle de Chalco", también se decidió *a priori* que no se considerarían los casos de comercios del Valle que no estuviesen asociados a la residencia permanente en el lugar, aun cuando pudiesen residir en el lugar algunos días en la semana, como el fin de semana. Así, por ejemplo, se halló el caso de una familia cuya residencia permanente estaba en el Distrito Federal, aunque contaba con una vivienda en el Valle de Chalco, en la colonia San Miguel de Xico, en donde permanecían sólo los fines de semana, tiempo dedicado a la venta de comida en la calle. El resto de la semana vivían y trabajaban en el Distrito Federal. Este caso no fue utilizado.

8.1.1.1. El trabajo de gabinete previo a la aplicación del cuestionario

El trabajo de gabinete previo a la aplicación de la encuesta consistió en la elaboración del cuestionario y el trabajo vinculado a la distribución de la muestra en los planos manzaneros por colonia. La elaboración del cuestionario supuso la primera fase de codificación, ya que sobre todo se ha trabajado con preguntas cerradas.

i. El tamaño de la muestra y su distribución aleatoria por colonias

El tamaño de la muestra fue definido en función de los recursos disponibles y al mismo tiempo, considerando un número que permitiera mínimamente realizar un análisis multivariado, intentando evitar el problema de las celdas vacías con demasiada intensidad. A pesar de estas previsiones, sabíamos que hasta tanto no se dispusiera de la captura de los cuestionarios en una base de datos, era muy difícil prever "las celdas vacías", ya que ello está directamente relacionado con las categorías que se definen en la codificación, e incluso con las variables que se van construyendo en el proceso de síntesis gradual.

Con el mismo objetivo —limitar las celdas vacías— se procuró posteriormente no definir para cada variable demasiados códigos, que pudieran llevar a la situación no deseada. No obstante, la definición de los códigos también se tuvo que ajustar a los problemas teóricos que se quería analizar, que a veces llevaron a la necesidad de ampliar el número de las categorías de una variable, para poder captar comportamientos específicos. Por otra parte, por la forma en que se fue elaborando el cuestionario, muchas de las variables resultaron dicotómicas (particularmente, las generadas a partir de preguntas a las que sólo les cabe la respuesta sí o no), de modo tal que en esos casos tampoco se presentó el problema de la definición del código y la evaluación de cuál es el número de categorías deseado para una variable.

Resta una última observación respecto al tamaño de la muestra. Por el tipo de cuestiones que interesaba captar con el cuestionario de encuesta (como por ejemplo, aspectos referidos a la realización de las prácticas cotidianas, uso del tiempo cotidiano, etc.) no había forma de conocer los parámetros del universo (es decir, la población total del Valle de Chalco para esas cuestiones muy específicas). En estas condiciones, determinar "un tamaño de muestra" en función de los clásicos parámetros sociodemográficos, como la edad, el sexo, la ocupación, los ingresos, etc. (variables de las que se podían obtener los parámetros para el universo a través de la información censal por Ageb's), implicaba pasar por alto la especificidad del problema que se estaba estudiando, y en cierta forma, significaba hacer depender de estas variables tradicionales las cuestiones centrales para el problema de investigación. Así, se hizo evidente la imposibilidad de determinar un tamaño de muestra de acuerdo con las normas estadísticas, además de las dificultades de aplicación que hubiesen podido aparecer, de haber sido posible su cálculo.

Así, a partir de estas consideraciones se optó por una muestra de alrededor de 200 casos, distribuidos en cuatro grupos o estratos espacio-laborales predeterminados. La cualificación de "espacio-laboral" se debe a que los grupos se definieron a partir de combinatorias entre la forma de inserción laboral y el lugar de trabajo.

El paso siguiente fue la distribución aleatoria por lotes dentro del área de trabajo, asumiendo el supuesto de que en cada lote vivía una familia. Este supuesto implicó que durante el trabajo de campo hubiese que proceder a realizar remplazos, ya que algunas veces en el lote enumerado sólo había un comercio. En los casos en que en un lote había más de una familia, se eligió a la que se definía como propietaria, más allá de que estuviese concluido enteramente el trámite de la regularización del predio (que es lo que define legalmente al propietario).

La distribución aleatoria por lotes se hizo con base en información previamente generada en un trabajo de campo realizado entre 1990 y 1991 en la misma zona. En aquella oportunidad se realizó un censo de viviendas y usos del suelo. Se disponía de esta información en el nivel de las manzanas, y en consecuencia a escala de las colonias. Con base en ello, se estimó el número de viviendas por colonias, lo que permitió obtener el total de viviendas del Valle de Chalco. Luego se determinó la proporción de viviendas de cada colonia en relación al total de viviendas enumeradas para el conjunto del Valle de Chalco.

Estas mismas proporciones se aplicaron con relación a la muestra de los 200 casos que interesaba distribuir, con lo cual se obtuvo un número de cuestionarios a aplicar en cada colonia del Valle de Chalco con base en el censo anteriormente mencionado. En realidad no se distribuyeron 200 casos sino 350, a fin de tener un margen considerable para efectuar los remplazos necesarios, ya que se iban a buscar cuotas fijas de cuatro estratos predeterminados y también porque la base de la distribución era de dos años atrás, lo que implicaba posibilidades de cambios en los usos del suelo, además de los posibles rechazos por parte de los hogares.

El citado censo de viviendas y usos del suelo había generado material cartográfico: es decir, los planos de cada colonia con su respectiva división manzanera e identificación de las viviendas, comercios, baldíos y áreas verdes. Disponiendo de este material, el paso siguiente fue distribuir aleatoriamente el número antes determinado de cuestionarios, en el respectivo plano de cada colonia (cuadro 1).

CUADRO 1

Número de viviendas y distribución de la muestra por colonias
del Valle de Chalco

| | | | Cuestionarios | |
Colonia	Viviendas	Porcentaje	Necesario (base 200)	Remplazos (base 350)
San Miguel de Xico	6 216	13.69	27	49
Ampl. Sta. Catarina	544	1.19	2	4
Guadalupana	4 052	8.92	21	32
Jardín	1 183	2.60	5	9
Niños Héroes	2 485	5.47	11	20
Santa Cruz	5 039	11.09	22	39
Providencia	2 639	5.81	12	21
San Isidro	3 483	7.67	16	27
Independencia	2 948	6.49	13	23
La Concepción	2 366	5.21	10	18
María Isabel	3 089	6.80	14	24
Santiago	2 057	4.53	9	16
Del Carmen	1 226	2.70	5	10
Unión Guadalupe	1 892	4.16	8	15
Alfredo del Mazo	1 101	2.42	5	8
1a D. Martínez	1 765	3.88	8	10
Tlalpizáhuac	7 23	1.59	3	6
2a D. Martínez	1 511	3.32	7	13
Avándaro	1 079	2.37	5	9
Total	45 398	100.00	200	350

Fuente: "Censo de viviendas y usos del suelo, Valle de Chalco" (1991), en Proyecto: *Crecimiento metropolitano y desarrollo regional,* UAM-Xochimilco.

ii. Los estratos muestrales

Debido a la forma en que se construyeron las hipótesis, se decidió que la muestra se integrara por igual número de casos correspondientes a los cuatro estratos definidos previamente. Los estratos fueron determinados a partir de la esfera laboral entendida con su componente espacial, esto es, el lugar de trabajo y la forma de inserción laboral. Esta decisión se debió a que en las hipótesis se ha considerado al trabajo con su componente espacial como la variable control, buscando analizar ciertas relaciones internas y externas a la familia a partir de distintas situaciones espacio-laborales. En pocas palabras, las hipótesis se estructuraron en torno a la cuestión de que el trabajo y la vida familiar se definan como dos unidades espacio-temporales disociadas o como una sola, diferenciable sólo parcialmente. Esto llevó a la necesidad de buscar una muestra integrada por los cuatro grupos espacio-laborales predefinidos.

CUADRO 2
Definición de los estratos y cuotas

Estrato 1: Asalariados
Cuota: 50 casos
− Tienen patrón
− Trabajan fuera del Valle
− No trabajan en su casa
Estrato 2: Trabajadores por su cuenta, en la casa
Cuota: 50 casos
− No tienen patrón
− Trabajan en el Valle de Chalco
− Trabajan en su casa
Estrato 3: Trabajadores por su cuenta, en el Valle de Chalco y fuera de la casa
Cuota: 50 casos
− No tienen patrón
− Trabajan en el Valle de Chalco
− Trabajan en su casa
Estrato 4: Trabajadores por su cuenta, fuera del Valle de Chalco
Cuota: 50 casos
− No tienen patrón
− Trabajan fuera del Valle de Chalco
− Trabajan fuera de su casa

Así, el cuestionario se inició con un módulo-filtro que permitió determinar el estrato del hombre-cónyuge[8] al inicio de la entrevista. En este módulo-filtro se indagó con seis preguntas las siguientes cuestiones: conocer el número de trabajos realizados por el hombre-cónyuge y el tipo de actividades; esto permitió encuadrar al hombre-cónyuge en uno de los cuatro estratos predefinidos. Una

_____

[8] Esta decisión empírica se funda en la siguiente hipótesis (revisada en el capítulo 4). Cuando la espacialidad del trabajo de la mujer-cónyuge coincide con el espacio de la vivienda, ello no se constituye en un factor de reestructuración de los roles conyugales ni de la vida cotidiana del hogar; en cambio, puede ocurrir dicha reestructuración cuando es la espacialidad del trabajo del hombre-cónyuge la que coincide con el espacio de la vivienda.

vez aplicado el módulo-filtro, se analizaban inmediatamente los resultados obtenidos en las preguntas núms. 3, 4 y 5, para definir el estrato y continuar aplicando el cuestionario en el caso en el que procediera (es decir, si no se contaba ya con 50 casos de ese estrato), de lo contrario la entrevista se suspendía por no encuadrar en los tipos y cuotas requeridas.

Esta característica del muestreo implicó que en la primera fase del levantamiento todos o casi todos los casos que se presentaron servían, pero en la medida en que se avanzó fue aumentando la posibilidad de hallar eventos correspondientes a estratos "completos" (es decir, sobre los que ya se había alcanzado la cuota de los 50).

iii. La definición de la estructura del cuestionario

Tal como se comentó anteriormente, el primer módulo exploratorio del cuestionario ha sido el módulo-filtro, además de éste, el cuestionario se integró con los siguientes módulos:

   I. Trabajo
  II. Sociodemográfico y de la vivienda
 III. Tiempo libre
  IV. Trayectorias residenciales y laborales
   V. Toma de decisiones y círculos sociales
  VI. Redes sociales

Los módulos sobre trabajo, redes sociales y de trayectorias se enfocaron en el hombre-cónyuge, mientras que los restantes se refieren al núcleo conyugal y al grupo familiar. El módulo de las trayectorias se orientó hacia el reconocimiento de las trayectorias laborales y territoriales, donde la componente territorial tanto se refirió al lugar de residencia como al lugar de trabajo. Este módulo también incluyó la dimensión familiar, es decir, el núcleo familiar en el que estaba inserto anteriormente el hombre-cónyuge.

El módulo sobre trabajo, aunque se dirigió al hombre-cónyuge, también permitió captar información sobre el grupo familiar, ya que contempla la posibilidad de que en el trabajo principal o secundario del hombre-cónyuge participen otros miembros de la familia. Además de ello, también se interrogó sobre las actividades remuneradas realizadas por otros miembros del grupo familiar, aun cuando en ellas no participara el hombre-cónyuge.

En el caso del módulo sobre redes sociales, se lo integró por un conjunto de preguntas generales sobre la temática, todas orientadas a determinar participaciones en distintos círculos sociales (además del trabajo y el hogar), como por ejemplo, centros recreativos o espacios verdes, sindicatos, partidos y grupos políticos, grupos religiosos, organizaciones vecinales, etc. Luego se elaboró una serie de subcuestionarios especializados para cada uno de estos ámbitos de socialización, que se iban aplicando en los casos en los que se hubiese aceptado la participación en el respectivo círculo social. Por ejemplo, quienes reconocieron participar en organizaciones vecinales, fueron interrogados con el subcuestionario específico de participación en organizaciones vecinales.

Los resultados obtenidos mostraron que estos subcuestionarios no se aplicaron en todos los casos entrevistados, ya que aun cuando contemplan la participación en muy distintos círculos de socialización, muchos individuos no participan en ninguno de estos círculos. En los casos en que se registró la participación en círculos de socialización ajenos al hogar, lo usual fue que dicha participación se limitara a uno o dos de estos ámbitos, siendo los más frecuentes: la participación en espacios verdes (los polígonos verdes del Valle) y lugares recreativos, así como en las organizaciones de colonos.

La mayor parte de las preguntas se plantearon como preguntas cerradas, algunas de ellas sólo pudieron cerrarse después de la prueba piloto. En algunos pocos casos, se dejaron preguntas abiertas.

8.1.1.2. El trabajo de campo relativo a la encuesta

El trabajo de campo relativo a la encuesta se integró en dos momentos. El primero consistió en la aplicación de la prueba piloto, que se realizó durante la primera semana del mes de junio de 1993. El segundo momento ha sido la aplicación del cuestionario definitivo, sobre una muestra prevista originalmente en 200 casos, pero que al final fue de 217 casos.

La prueba piloto se realizó en 20 hogares de las colonias Xico, Darío Martínez (Primera y Segunda Sección), Providencia, Guadalupana y San Isidro. El resultado de esta prueba no cambió ningún aspecto sustancial del cuestionario, básicamente permitió agregar nuevos códigos en algunas preguntas que ya estaban cerradas, cerrar otras que habían quedado abiertas, y desagregar algunos de los subcuestionarios de redes sociales. En particular se abrieron en dos los subcuestionarios correspondientes a actividades religiosas y juntas vecinales, ya que originalmente sólo habían sido planteados para el hombre-cónyuge y luego se definió uno para el hombre y otro para la mujer.

La aplicación del cuestionario puso en evidencia que uno de los estratos definidos ha tenido el comportamiento de un "evento raro". Esto ocurrió con el estrato 4, es decir, los hogares en los cuales el hombre-cónyuge corresponde a un trabajador por cuenta propia fuera del Valle de Chalco.

La muestra que se distribuyó fue de 350 casos, con el objetivo de aplicar de manera efectiva 200. La diferencia se debió a la necesidad de efectuar remplazos, básicamente debidos al objetivo de alcanzar cuotas fijas para cada estrato (50 casos). Al final, se aplicaron 66, 58 y 68 cuestionarios para los estratos 1, 2 y 3, respectivamente, habiendo utilizado la mayor parte de los casos distribuidos para remplazos para detectar eventos del estrato 4, que sólo han proporcionado 23 éxitos (cuadro 3).

Nuestro trabajo de campo realizado entre 1990 y 1991 en la misma zona, mostraba que dentro del conjunto de los trabajadores por cuenta propia que no desarrollaban su actividad dentro del hogar, eran más frecuentes quienes trabajaban fuera del Valle de Chalco, haciéndolo principalmente en las delegaciones de Iztapalapa e Iztacalco. El trabajo de campo de 1993-1994 mostró la situación inversa, son muy frecuentes los trabajadores por cuenta propia que realizan su actividad fuera del hogar, pero dentro del Valle de Chalco, antes que aquellos que lo hacen fuera del Valle.

Es posible que esta situación se pudiera explicar en términos de la consolidación urbana, proceso que ha sido sumamente acelerado, en especial por la cuantiosa inversión pública dedicada a la zona en esos años. Por cierto, este proceso ha sido tan evidente que se pudo observar muy notoriamente a lo largo de los meses que se ha extendido nuestro trabajo de campo, periodo en el que los cambios más fuertes se relacionaron con la pavimentación de algunas calles y la construcción de banquetas y guarniciones. La consolidación urbana parece incrementar las posibilidades de trabajo por cuenta propia dentro de la zona, lo que en nuestra muestra, ha significado una dificultad adicional para hallar trabajadores por cuenta propia que optaran por salir del Valle de Chalco (estrato 4), antes que realizar un desplazamiento menor y trabajar dentro del mismo Valle (estrato 3), e incluso en la misma colonia en la cual residen.

CUADRO 3

Distribución de la muestra cuantitativa definitiva

Colonia	Estrato				Total
	1	2	3	4	
La Concepción	3	5	3	0	11
San Isidro	10	2	3	1	16
Niños Héroes	4	3	3	1	11
Santa Cruz	5	10	8	2	25
María Isabel	4	4	2	2	12
San Miguel de Xico	14	4	6	3	27
Jardín	3	2	0	0	5
Guadalupana	7	3	7	4	21
Avándaro	1	1	0	1	3
2a D. Martínez	3	3	6	0	12
1a D. Martínez	2	4	2	2	10
Alfredo del Mazo	1	2	2	1	6
Del Carmen	0	1	4	0	5
Providencia	7	4	3	5	19
Unión Guadalupe	2	3	3	0	8
Independencia	1	3	7	0	11
Santiago	0	4	4	1	9
Ampl. Sta. Catarina	0	0	2	0	2
Tlalpizáhuac	0	3	0	0	3
Total	67	61	65	23	216

Fuente: Nuestra encuesta realizada entre junio y octubre, 1993, en el contexto del proyecto: "El trabajo y la vida cotidiana en la conformación de los modos de vida urbanos. El Valle de Chalco".

Esta situación nos llevó a tomar la decisión de cerrar la aplicación del cuestionario con los resultados mencionados, lo que proporcionó una muestra total de 217 casos, en la que el estrato 4 quedó con una menor cantidad de casos que los otros tres. Desde ese momento se contempló la posibilidad de agrupar los estratos 3 y 4 durante el análisis, ya que ambos son hogares en donde el hombre-cónyuge trabaja por su cuenta fuera de la casa, aunque como muestra se optó por mantener la diferenciación. Finalmente, se tomó esa decisión, originando ello un tipo definido como hogares en los cuales el hombre-cónyuge es un trabajador por cuenta propia que trabaja fuera de su casa (sin diferenciar si es dentro o fuera del Valle), mientras que el estrato 2 continuó siendo el de los hogares en los que el hombre-cónyuge es trabajador por cuenta propia dentro del hogar, y el estrato 1 siguió como el grupo de los hogares en los que el hombre-cónyuge es asalariado.

Una vez concluida la aplicación de los cuestionarios, las tareas siguientes en relación con ello fueron la elaboración del manual de códigos (aunque la mayor parte de las preguntas estaban precodificadas), la codificación de los cuestionarios, y por último, la captura de esta información en varias bases de datos (se desarrolla en el apartado metodológico siguiente, 8.2).

8.1.2. Las entrevistas autobiográficas en profundidad

Si la primera parte de nuestro trabajo de campo se organizó en torno a la encuesta, la segunda se centró en las entrevistas en profundidad bajo la modalidad de relatos de vida cotidiana. El recurso a los relatos fue concebido como una forma de buscar la conexión entre lo individual y lo social, o dicho en palabras de Bertaux: de buscar la forma en que "lo social se expresa a través de las voces individuales", en otros términos, buscar las formas en que lo macro reside y se recrea en las microsituaciones, para recordar a Knorr-Cetina.[9] Esa conexión entre lo social y lo individual creemos que puede hallarse por medio de los contextos sociales de significado incorporados por los individuos y a través de los cuales distintas personas (sin ponerse de acuerdo) pueden significar de la misma forma un cierto fenómeno.

---

[9] Bertaux, Daniel (1993), "Los relatos de vida en el análisis social", en Aceves Lozano, Jorge (comp.), p. 143.

Estos contextos sociales de significado (apropiados como universos simbólicos, acervos sociales de conocimientos a la mano, saber común, o como se prefiera denominarlos)[10] creemos que están fuertemente asociados al lenguaje y por eso, la construcción de la narración que la persona hace en el momento de la entrevista puede constituirse, para el investigador, en un recurso para acceder a esos contextos de significado.[11] Ésa fue nuestra decisión.

8.1.2.1. Los relatos de vida cotidiana

En este punto nos interesa hacer dos aclaraciones principales. Una es el sentido que le estamos atribuyendo a los "relatos de vida" en términos generales; la otra es qué entendemos específicamente por "relatos de vida cotidiana". Respecto a la primera cuestión creemos muy importante no asimilar los relatos de vida a los testimonios e historias de vida. Esta advertencia es necesaria ya que lo que estuvo en juego en estos relatos no fue el acceso a una "supuesta verdad" o a una "cierta información de la que teníamos que apropiarnos" sino,[12] precisamente se trata del acceso a las experiencias de los individuos, considerando que al narrarlas se expresa su significación social, es decir, los contextos de significado en los cuales las acciones relatadas tomaron sentido. En cambio, cuando se hacen testimonios de vida es importante la información sobre algún evento particular.

Asimismo, tanto los relatos como las historias de vida incursionan en el pasado del individuo, pero las segundas son completas acerca de una vida en particular y se tejen sobre el tiempo de la vida de la persona, incluso en algunas versiones se las llega a estructurar cronológicamente. En las historias de vida interesa la información sobre los acontecimientos de la vida en cuestión, por eso además de

---

[10] Hablar de "universos simbólicos" nos remite al interaccionismo simbólico, los acervos de conocimiento son la referencia obligada a Alfred Schutz, y el saber común es la versión propia de Anthony Giddens.

[11] Evidentemente, nos estamos refiriendo a lo que Alfred Schutz denomina "significados objetivos".

[12] "Esto implica asumir que no existe una versión verdadera o pura de la vida de una persona, frente a otras que puedan ser falsas o contaminadas por distorsiones". Piña, Carlos (1989), "Sobre la naturaleza del discurso autobiográfico", en *Argumentos*, UAM-X, México, pp. 131-160. Piña, Carlos (1988), pp. 135-176.

incluir la propia versión del personaje, en una historia de vida se puede incluir información que otros den sobre el personaje en cuestión. En cambio, los relatos de vida muestran fragmentos de la vida de la persona sobre el eje temporal de su vida, pero no en forma completa. El relato sólo recupera fragmentos porque no busca la información sobre acontecimientos preestablecidos, sino la reconstrucción de una narración de experiencias propias.[13] A lo que se agrega otra cuestión central que los diferencia de las historias de vida, para los relatos no interesan ciertas vidas en particular, más bien nos interesan los sujetos anónimos.

En nuestras entrevistas, lo que buscamos precisamente ha sido la construcción de "un discurso particular de tipo interpretativo y no la reconstrucción verbal de ciertos acontecimientos. Cuando se cuenta una vida o parte de ella nunca se accede a una versión verbal de lo que ella fue, sino a un discurso interpretativo (retazos de hechos dibujados por una particular perspectiva, omisiones, montajes, atribuciones de causalidad, etc.), cuya particularidad es estar estructurado en torno a la construcción de una figura que se puede denominar personaje".[14] A través del relato que una persona da de sí misma es posible aprehender ciertos procesos colectivos y compartidos como son los contextos de significados sociales. En el relato la persona busca darle sentido a su experiencia vivida, organizándola en una estructura narrativa.

Con relación a la segunda cuestión, es decir "de qué hablamos cuando hablamos de relatos de vida cotidiana", es necesario destacar que éstos son un tipo particular de relato de vida. Dentro del campo de los relatos de vida se pueden distinguir relatos de prácticas, relatos de vida cotidiana, entre otros. En general, se considera que los relatos de vida cotidiana son el instrumento característico de la sociología de la vida cotidiana porque permiten captar el *ciclo cotidiano* visto como una sucesión articulada de situaciones con prácticas "rutinarias" y "eventos" que rompen con esas rutinas. El relato de vida cotidiana se centra en el "hacer" del individuo en un día cualquiera. Por lo anterior, la forma más frecuente de iniciar el

---

[13] Ferrarotti, Franco (1991), pp. 156-166. También: Chanfrault-Duchet, Marie-Françoise (1988), pp. 26-31. Chanfrault-Duchet, Marie-Françoise (1987), pp. 11-28.
[14] Piña, Carlos (1989).

relato de vida cotidiana —y en nuestro caso en particular, ésta fue— es con la fórmula "cuénteme su día de ayer".

El ciclo cotidiano toma sentido dentro de ciclos más largos ya que para que algo sea vivido como rutina o ruptura de esa rutina debe ser "comparado" con sucesos ocurridos en lapsos más prolongados. Así, un suceso producido en un día puede ser visto como distinto o igual a otros producidos en la semana.[15]

Por ejemplo, el comienzo de un periodo de "desempleo" (por citar un ejemplo cercano a las poblaciones con las que trabajamos, antes que el conocido ejemplo de las "vacaciones"), en el relato de una jornada puede ser el evento que rompe con lo repetitivo, sin embargo, evaluado en la totalidad de la historia laboral de la persona puede aparecer como rutinario. Este tipo de situaciones da cuenta de las distintas temporalidades, de lo que cambia y lo que permanece, en última instancia, son expresiones de la dinámica social, a las que es posible acceder a través de la construcción de la narración.

El relato de un día de la vida de un individuo no necesariamente tiene que referirse a la jornada del día anterior, aun cuando sobre ese día se pueda reconstruir una mayor cantidad de detalles (aunque no siempre es así), también es posible que el relato sea sobre una jornada de un pasado más lejano. Precisamente, esto también fue una estrategia desarrollada en nuestro trabajo de campo, se construyeron narraciones sobre días del pasado, siempre identificados a partir de los trabajos que el individuo realizaba anteriormente, también buscamos narraciones sobre días actuales.

Al comenzar con la mencionada fórmula, el relato de vida cotidiana desde un inicio pudo ubicar la memoria del entrevistado temporalmente. Como todo posicionamiento temporal también lo es en el espacio, por eso este tipo de relatos tienen particular capacidad para acceder a las relaciones unificadoras entre el "hombre y su entorno". En otras palabras, a partir del posicionamiento temporal, se identificó el espacial y se reconstruyeron las relaciones sociales producidas en esos escenarios.

El interés por acceder a la narración de los hechos ocurridos en un día de la vida de los individuos no ha sido el interés por conocer

[15] Lalive d'Epinay, Christian (1983b), pp. 13-38.

lo único, sino que buscamos "la transformación de las prácticas cotidianas en prácticas de agrupamientos organizados" (de colectivos).[16] Buscábamos lo singular, esto es, lo que Daniel Bertaux expresó alguna vez como la búsqueda de lo general en lo único;[17] el mí social de Chanfrault-Duchet,[18] o lo que Franco Ferrarotti explica en las siguientes palabras:

> Una vida es una praxis que se apropia de las relaciones sociales [las estructuras sociales], las interioriza y las retraduce en estructuras psicológicas por su actividad desestructurante-reestructurante. Cualquier vida humana se revela hasta en sus aspectos menos generalizables como la síntesis vertical de una historia social. Todo comportamiento o acto individual nos parece, hasta en sus formas más propias, la síntesis horizontal de una estructura social. ¿Cuántas biografías son necesarias para una "verdad" sociológica? ¿Qué material biográfico será el más representativo y nos dará más verdades generales? Tantas preguntas que quizá no tengan ningún sentido. Pues nuestro sistema social está todo entero en cada uno de nuestros actos [...][19]

Siguiendo esta línea, en nuestro trabajo de campo no buscamos producir relatos de vida "únicos", centrados en la persona, sino que el interés se enfocó en el evento entendido como prácticas sociales, antes que en el individuo en sí mismo.

El tiempo cotidiano en el cual se organiza la vida de un individuo da cuenta de dos aspectos, uno es lo individual de esa vida particular, el otro es un aspecto que expresa una longitudinalidad de los fenómenos, estructuras de secuencias, un tiempo social. Ambos aspectos están profundamente unidos, pero al hacer el esfuerzo por separarlos analíticamente, resulta —como ha expresado Passeron— que el tiempo social siempre "parasita" al tiempo individual,[20] por lo que todo esto ha sido una estrategia para encontrar lo social en lo individual.

---

[16] Lalive d'Epinay, Christian (1983b), p. 22.

[17] Bertaux, Daniel (1980), pp. 197-226.

[18] Chanfrault-Duchet, Marie-Françoise (1988), pp. 26-31.

[19] Ferrarotti, Franco (1982), pp. 125-145. Cabe señalar que Franco Ferrarotti se está refiriendo al "método biográfico", sin embargo, el sentido de totalidad que le atribuye a una vida también está presente en el otro método muy cercano a aquél, como es el de los "relatos de vida".

[20] Passeron, Jean-Claude (1989), pp. 3-22.

Así, el sentido de utilizar la estrategia de los relatos de vida no ha sido la de conocer los relatos personales en sí mismos, sino tomarlos como una forma de conocer partes de un universo social. Dado que un relato de vida es un relato de experiencias, y éstas son interacciones entre un individuo y su mundo, en ese sentido el relato puede revelar "ese mundo" a través del individuo.[21] La importancia del relato de vida radica en su capacidad para relacionar el nivel "microsocial" del tiempo biográfico, con el nivel "macrosocial" del tiempo histórico, en otros términos, conectar una vivencia personal con un contexto social.[22] Es por ello por lo que antes que relatos de vida de carácter psicobiográfico, la tarea ha sido la de producir relatos de vida etnobiográficos, es decir, privilegiando las prácticas y sus significados sobre el individuo que narra.[23] Aunque asumimos como condición necesaria que la narración siempre se construyera a partir del "personaje" (el narrador que expresa el sí mismo social), ya que si el individuo comienza a hablar en tercera persona deja de ser un relato de vida para constituirse en un testimonio de vida, ése no ha sido nuestro objetivo y buscamos evitarlo.

8.1.2.2. El trabajo de gabinete previo a la realización de las entrevistas

En nuestra investigación, el trabajo previo a la realización de los relatos se centró en encontrar respuestas a tres cuestiones. Dos de estas cuestiones fueron: a quiénes entrevistar y cuántos entrevistar. La tercera fue la elaboración de un "instrumento" (si es que se lo puede denominar así) con el cual pudiéramos llegar (en nuestro rol de investigador) a la situación de entrevista. Las dos primeras cuestiones tienen relación con lo que técnicamente se conoce como el problema de la "muestra cualitativa". La última se refiere al conocido guión o guía de entrevista.

---

[21] Bertaux, Daniel (1980), pp. 197-226.

[22] Hernández, Francesc (1986), pp. 277-294.

[23] En la perspectiva etnobiográfica la persona es considerada como espejo de su tiempo y de su entorno espacial. El investigador busca colocar el discurso en situación en que el narrador quede ubicado en relación con el grupo y con el medio sociocultural del que forma parte.

i. La selección de la muestra cualitativa

En principio, creemos oportuno recordar que en la investigación cualitativa se recurre, y así lo hemos hecho, al muestreo no probabilístico. Esto no es una limitación, ya que para el análisis cualitativo no es una meta la generalización, sino dar cuenta de situaciones particulares en sí mismas. En todo caso, en el análisis cualitativo se puede plantear la meta de la "transferibilidad" de las relaciones halladas a otros contextos de análisis semejantes.

El muestreo no probabilístico busca reproducir lo más fielmente posible una población global, al menos en los rasgos conocidos, pero no por dejarlo librado al azar sino por la intención del investigador de diversificar lo más posible los casos. Así, mientras el muestreo probabilístico reposa sobre la idea fuerza del "azar", el muestreo no-probabilístico reposa sobre la "intencionalidad",[24] que siempre es la intencionalidad de diversificar.

La selección de la muestra para la realización de los relatos la definimos, precisamente de manera intencional. Esto se hizo sobre la base de los cuestionarios de encuesta, revisando manualmente cada uno de sus cuestionarios a fin de reconstruir la totalidad de la historia de cada hogar, a través de la información fragmentada que nos proporcionaban las preguntas del cuestionario. Es así que antes de realizar la segunda visita a cada hogar (para la realización de la entrevista), se preparó un informe del hogar sobre aspectos que consideramos relevantes, extraídos del respectivo cuestionario. Los criterios con los que buscamos la diversificación intencional, fueron los siguientes:

a) Hogares que respondieran a los distintos estratos o grupos espacio-laborales definidos para la encuesta, a esto lo denominamos *distribución por estratos*.
b) Hogares cuyo lugar de residencia correspondiera a las diferentes colonias del Valle de Chalco, fue la *distribución por colonias*.
c) Hogares en los cuales el núcleo conyugal, o uno de sus miembros fuera originario del interior del país, y otros casos en los cuales, el núcleo familiar (o uno de los cónyuges) fuera originario del Área Metropoli-

---

[24] Deslauries, Jean-Pierre (1991), pp. 56-60.

tana de la Ciudad de México. Éste fue el criterio de *distribución por lugar de origen*.

d) Hogares en los cuales se hubiese captado la recurrencia a diversas estrategias laborales por parte del grupo familiar. Aunque los estratos o tipos se definieron a partir del trabajo principal del hombre, también se captaron otros trabajos realizados por los distintos miembros del hogar e incluso por el mismo hombre-cónyuge. Este conjunto de estrategias laborales mostró una notoria diversidad en algunos hogares, que supera la definición "cerrada" de los cuatro grupos o estratos. De esta forma, un criterio para la selección de los casos a entrevistar fue captar hogares en los que las estrategias laborales fueran diversas y heterogéneas y otros hogares en los que dichas estrategias fueran escasas, por ejemplo, que un solo miembro del hogar que trabaje. Ése fue nuestro criterio de *distribución por diversidad de estrategias laborales*.

Con base en esto construimos una submuestra de la muestra principal, dejando un margen para los posibles rechazos, que efectivamente ocurrieron.

ii. La guía de entrevista

Hablamos de la guía de entrevista como un instrumento, no obstante no lo hacemos en el sentido de instrumento que se le otorga al cuestionario de encuesta. La diferencia central es que mientras el cuestionario supone una forma minuciosamente elaborada y cerrada con anterioridad a la aplicación, la guía de entrevista consistió en una enumeración de temas que queríamos abordar, siempre y cuando fueran cuestiones que efectivamente hubiesen atravesado la vida del entrevistado. En realidad, la guía no fue más que eso, un recordatorio para nosotros mismos de una serie de cuestiones.

De lo anterior, se aclara que la guía de entrevista no tuvo una forma estandarizada (como sí la tuvo el cuestionario). Cuando hablamos de la forma del instrumento nos referimos, entre otras cosas, a la secuencia entre los temas, el nivel de detalle de cada tema, la terminología, etc. El relato se fue construyendo en la entrevista, correspondiendo a las estructuras narrativas del entrevistado. En todo caso, lo que llevamos armado a la entrevista fue la demanda inaugural o "fórmula inicial", que fue la clásica del "cuentéme su día de ayer" y su variante del "cuentéme un día de su vida cuando vivía en ..." (un lugar de residencia anterior al actual, que conocíamos por el cuestionario).

En todos los casos en los que fue necesario introducir temáticas, se hizo a partir de preguntas abiertas y recreadas en la situación de la entrevista, en correspondencia con las experiencias que se estaban relatando, y sobre todo, retomando palabras dichas previamente por el narrador.

Una advertencia importante respecto a los relatos de vida es que el objetivo fue realizar un mismo tipo de entrevista en distintos individuos, por lo cual siempre se tuvo como base la misma fórmula inicial. A pesar de ello, la especificidad de las distintas biografías ha llevado a que en cada caso sean diferentes las cuestiones que estimulan más al narrador. Nos parece necesario hacer esta aclaración ya que son diversas las formas de trabajar con entrevistas. Por ejemplo, es conocido el estudio de Nicole Gagnon, sobre Québec, en el cual realizó 150 entrevistas diferentes y no una misma entrevista a 150 personas.[25]

Otra cuestión que es necesario subrayar es que los relatos de vida que se han producido se caracterizan porque la biografía del sujeto aparece fragmentada en una serie de líneas de interés para la investigación, por lo cual no se han generado biografías completas, no era nuestro objetivo la producción de historias de vida, sino de fragmentos de vida.

Algunos autores, como Martine Burgos,[26] mantienen una postura crítica ante la fragmentación de la vida del individuo en las temáticas de investigación; sin embargo, otros autores —como Bertaux— plantean que es inevitable para el análisis sociológico, y que no debe constituir un foco problemático porque la realidad está segmentada y lo mismo ocurre con cada vida. Finalmente, muestra la necesidad de diferenciar "fragmentos de la vida" de "fragmentos de la narración". En nuestro caso, decidimos que nos interesaba evitar lo segundo (fragmentar la narración), sin preocuparnos por lo primero (fragmentar la vida).

En cuanto al problema del número, nuestro objetivo ha sido obtener un número semejante de entrevistas por cada uno de los estratos diseñados, No obstante, esto no implicó asumir una meta

---

[25] Gagnon, Nicole (1980), pp. 291-304.
[26] Burgos, Martine (1993), pp. 149-163.

"numérica", ya que precisamente creemos que el análisis cualitativo no puede quedar en dependencia del número.

Una salida a este problema hubiese sido asumir que el número de entrevistas iba a estar dado por el "punto de saturación", sin embargo, ello también resulta complejo. Esta complejidad se debe precisamente a que el centro o foco de las entrevistas ha sido el "espacio-tiempo cotidiano", lo cual implica la convergencia de distintas temáticas que forman parte de la vida cotidiana de los individuos, siempre ancladas en un espacio-tiempo individual y social.

Una de las consecuencias metodológicas de este hecho, es que el punto de saturación de algunas temáticas parecería alcanzado muy rápido, mientras que en otras cuestiones es más difícil de lograr. Estas diferencias, en parte se vinculan con la trascendencia diferencial que adquieren las diversas temáticas en cada biografía, pero no exclusivamente.

En este sentido, creemos que la cuestión del punto de saturación debe ser tratada con toda la complejidad que Bertaux advirtió respecto a este concepto.[27] Bertaux ha observado que alcanzar el punto de saturación es una meta más compleja de lo que parece en principio, porque no debe pensarse en una saturación desde la observación sino desde la construcción teórica que el investigador va haciendo por interpretación. En otras palabras, la saturación debe ocurrir cuando el investigador coloca un constructo de segundo nivel (concepto sociológico) sobre el constructo de primer nivel que planteó la persona (concepto de sentido común). Es así que Bertaux asocia la saturación con la búsqueda de individuos que permitan contradecir nuestras construcciones teóricas, de no hallarlos se estaría frente a un punto de saturación. No era nuestro objetivo encontrar esos individuos que nos permitieran contradecir nuestras primeras construcciones teóricas, más bien buscamos que la realidad local nos mostrara toda su heterogeneidad, para llegar a los constructos que fuera necesario.

Usualmente, se maneja el concepto de saturación como el momento (dado por el número de entrevista) en el que los entre-

---

[27] Bertaux, Daniel (1980) y Bertaux, Daniel (1993), pp. 136-148.

vistados no nos dicen "nada nuevo". Creemos que esta interpretación del punto de saturación puede ofrecer problemas, porque en las construcciones teóricas que resulten de los relatos de vida no se deberían manejar como motivos de la acción los que los narradores presentan como tales en forma directa en su discurso. El mismo Bertaux ha enfatizado la necesidad de trabajar los relatos analíticamente tratando de vincular "significantes", "significados" y "referentes". Los significantes son los vocablos empleados por las personas, mientras que los referentes son las ideas a las que aluden dichos vocablos. Así, suele ocurrir que nuevas entrevistas no nos digan nada en términos de significantes utilizados en el discurso, pero que en el análisis se encuentre "algo nuevo" en los referentes de esos significantes. Este simple ejemplo muestra que asumir el tamaño de muestra cualitativa por el punto de saturación no es cuestión sencilla, además, de que asumir esta meta nos hubiese colocado en la situación de hacer el trabajo de campo y el análisis en forma simultánea, lo que no fue nuestro caso.

En estas condiciones, decidimos dejar abierto el número de entrevistas a realizar, teniendo un referente aproximado de 20, sobre todo porque nos interesaba entrevistar individuos que diversificaran el perfil de acuerdo a los criterios antes señalados. Finalmente, dimos por concluida esta etapa de la investigación con 22 entrevistas. Todas las entrevistas fueron grabadas y la duración promedio osciló entre una hora y media y tres horas. Cada hogar fue entrevistado una única vez (para los relatos), aunque en cada hogar estuvimos en dos ocasiones, la primera correspondió a la aplicación del cuestionario y la segunda, fue para la realización del relato, además de las correspondientes a las citas.

Antes de terminar la realización de las entrevistas, comenzamos la tarea de transcripción del material grabado y también una primera organización del mismo, de tal modo que se pudiera hacer una primera clasificación de los relatos de vida producidos. Se realizaron transcripciones completas, en las cuales se ha respetado la presencia de los distintos interlocutores. En cuanto a la primera organización del material producido, la estrategia fue la siguiente:

- Elaboración de una ficha personal de cada personaje (entrevistado).

- Elaboración de una ficha de la situación de la entrevista y el escenario.
- Distinción en cada relato de vida de:
  — los eventos externos que alcanzan la vida del sujeto, y
  — las prácticas cotidianas del sujeto (el hacer).

A continuación se presenta un breve resumen de los casos, en función de los criterios de selección anteriormente presentados (cuadro 4).

8.2. LA CONSTRUCCIÓN DE LOS DATOS CUANTITATIVOS A PARTIR DE LA INFORMACIÓN PRODUCIDA

La finalización del trabajo de campo, como siempre ocurre, nos colocó frente a una enorme cantidad de información que en principio nos generó el conocido efecto de la "inmovilización". En realidad ese sentir se relaciona con el enfrentarnos a un pequeño fragmento de la realidad (aunque sea procesado por el diseño de los instrumentos y las estrategias por nosotros elaboradas), que como tal siempre nos parece inconmensurable.

No obstante, en esa situación comenzamos a construir estrategias para organizar toda esa enorme masa de información. En otras palabras, comenzamos a construir los datos a partir de la información producida. En el caso de la información de tipo cuantitativo la primera labor fue terminar el proceso de codificación, ya que el cuestionario estaba parcialmente precodificado. Inmediatamente después, comenzamos a elaborar las matrices o bases de datos.

El paso siguiente fue ir introduciendo sucesivas transformaciones en estas matrices, en general destinadas a elaborar variables síntesis de varias otras, con las que nos fuéramos aproximando a los conceptos que estudiamos. Así, las matrices de datos originales no contenían variables de los roles conyugales, ya que éste es un concepto al que no podíamos acceder directamente en el trabajo de campo estructurado (encuesta). La elaboración de variables de roles conyugales requirió de transformaciones sucesivas en las matrices originales, procedimiento que en buena medida resolvimos a través del recurso técnico de los índices sumatorios.

CUADRO 4
Síntesis de la muestra cualitativa

Núm.	Edad		Lugar de origen		Trabajo		Inserción		núm. hijos	Colonia
	Hombre	Mujer	Hombre	Mujer	Hombre	Mujer	Hombre	Mujer		
1	42	39	Oaxaca	Oaxaca	Comerc. ambulante	Comerciante	Cta. propia	Cta. propia	4	Santa Cruz
2	33	32	Zacatecas	Puebla	Obrero	Comerciante	Asalariado	Cta. propia	3	La Concepción
3	37	36	Guerrero	Guerrero	Obrero	Comerciante	Asalariado	Cta. propia	7	Xico
4	38	37	Puebla	Puebla	Obrero	Comerciante	Asalariado	Cta. propia	3	Santa Cruz
5	34	30	DF	Edo. Méx.	Comerciante	Comerciante	Cta. propia	Cta. propia	3	Darío Mtz.
6	44	42	Oaxaca	Morelos	Comerciante	Comerciante	Cta. propia	Cta. propia	2	Del Carmen
7			Oaxaca	DF	Obrero	No trabaja	Asalariado	—	3	Santa Cruz
8	32	28	Oaxaca	DF	Obrero industr.	Costurera	Asalariado	Asalariada	3	Xico
9	33	34	Puebla	DF	Obrero industr.	Comerciante	Asalariado	Cta. propia	2	La Concepción
10	39	32	Guanajuato	DF	Albañil	Comercio ambulante	Cta. propia	Cta. propia	7	Guadalupana
11	60	55	DF	Edo. Méx.	Comerciante	Comerciante	Cta. propia	Cta. propia	4	Darío Mtz.
12	30	31	Edo. Méx.	Morelos	Vendedor	T. doméstica	Asalariado	Cta. propia	3	Independencia
13	37	24	Veracruz	DF	Policía	No trabaja	Asalariado	—	3	Niños Héroes
14	39	37	Oaxaca	DF	Veterinario	Maestra	Cta. propia	Asalariada	2	San Isidro
15	33	35	Edo. Méx.	Michoacán	Maestro	Maestra	Asalariado	Asalariada y cta. propia	3	San Isidro
16	36	34	Hidalgo	San Luis Potosí	Agente de cobranzas	No trabaja	Asalariado	No trabaja	4	Guadalupana
17	53	51	Guerrero	Guerrero	Comerc. ambulante	Comerciante	Cta. propia	Cta. propia	10	La Concepción
18	47	47	Puebla	Puebla	Comerc. y ejidatario	Comerciante	Cta. propia	Cta. propia	5	Jardín
19	44	44	DF	Puebla	Comerciante	Comerciante	Cta. propia	Cta. propia	3	Del Mazo
20	44	44	DF	Puebla	Comerciante	Comerciante	Cta. propia	Cta. propia	3	Del Mazo
21	53	43	DF	DF	Mecánico	T. doméstica	Asalariado	Cta. propia	7	M. Isabel
22	44	41	Oaxaca	Morelos	Comerciante	Comerciante	Cta. propia	Cta. propia	2	Del Carmen

En este apartado presentamos los procedimientos de construcción de los datos cuantitativos. Básicamente, nos dedicamos a las estrategias seguidas para la construcción de las bases de datos, la generación de variables complejas, y por último, la generación de los índices sumatorios ponderados.

8.2.1. La construcción de las bases de datos a partir de los cuestionarios

La construcción de las bases de datos se hizo por medio de la captura de la información de los cuestionarios, ya codificada, en hojas de cálculo. Debido a la estructura modular del cuestionario se generaron varias bases de datos (varios archivos), que se definían por tener diferentes unidades de registro, aunque uno de ellos fue la base de datos principal en la cual se fueron agregando posteriormente variables que de manera original se habían registrado en las otras bases, previo ajuste de las unidades de registro. A continuación presentamos estos procedimientos.

8.2.1.1. La base de datos principal y la primera transformación: las participaciones domésticas

La base de datos principal se generó con registros que correspondieron a los hogares entrevistados, que fueron la unidad de registro. Esto significa que la base quedó integrada con 217 casos o registros (renglones).

Esta base corresponde al cuerpo principal del cuestionario, por lo tanto en ella se ha registrado la información correspondiente a los siguientes módulos:

— Módulo-filtro
— Módulo sobre trabajo
— Módulo sociodemográfico
— Cuadro sobre actividades domésticas
— Módulo sobre toma de decisiones
— Módulo general sobre redes

Uno de los módulos principales de esta base de datos surgió del cuadro de actividades domésticas. El registro en el cuestionario se había hecho identificando cada actividad, quién la realiza y el número de horas dedicadas. Sin embargo, al registrar esto en la base de datos se produjo una "primera transformación", generando las siguientes variables de participación de cada cónyuge en la actividad:

- La actividad es realizada por el hombre (sí: 1/no: 2)
- La actividad es realizada por la mujer (sí: 5/no: 9)
- Horas diarias dedicadas a la actividad (variable métrica)

Esta transformación indica que entre el cuestionario y este registro la diferencia consistió en la sustitución de la pregunta "quién realiza la actividad" por dos variables: "la actividad es realizada por el hombre" y "la actividad es realizada por la mujer". Evidentemente que ésta fue una estrategia con la cual iniciamos el proceso de acercarnos a la variable que buscábamos: "los roles conyugales por actividad", no obstante, esta variable apenas se construyó cuando hicimos una segunda transformación (se desarrolla en un apartado siguiente: 8.2.2.). En otras palabras, para llegar a los roles conyugales tuvimos que transitar primero por las participaciones individuales. Mientras las "participaciones" se refieren a individuos, los "roles conyugales" dan cuenta de una relación entre dos individuos. En términos técnicos, alcanzar una variable que exprese una relación supuso construir pasos intermedios, como las participaciones.

8.2.1.2. La base de datos complementaria por individuos

Ésta es una base de datos generada por individuos. Los individuos son la unidad de registro, lo que significa que la base tiene 1 100 casos (renglones o registros). Cada hogar ocupa tantos renglones del archivo como individuos tenga el hogar. La información registrada corresponde al cuadro familiar (página 6 del cuestionario). La ventaja de generar una base por individuos corresponde a la posibilidad de tener el perfil sociodemográfico básico de la población encuestada en conjunto, sin que el parentesco de cada individuo obstaculice el análisis global. Además, la variable "número de cuestionario o de hogar" permitió rearmar la información por hogares. Así, se pudo conocer, por ejemplo, el promedio de edad por hogar, pero también el promedio de edades del conjunto de la muestra. Si sólo se hubiesen tomado los hogares como registro, los promedios de edades sólo se podían obtener para cada grupo de parentesco.

La decisión de generar este tipo de base de datos (cuando nuestros interrogantes de investigación eran por hogares) partió de la consideración de que sumirla en una base por hogares hubiese implicado perder información que ya había sido producida.

8.2.1.3. El tiempo libre de los hogares y las participaciones

Esta tercera base de datos se generó con registros por hogares. La unidad de registro son los hogares, por eso el archivo se integró en 217 casos (renglones). En esta base de datos se ha registrado el cuadro de tiempo libre. En realidad en este caso originariamente se produjo esta base por separado, sólo por la comodidad de manejar bases más pequeñas en la captura, ya que en realidad hubiese sido posible integrarla desde la captura en la primera base, lo que finalmente se hizo a la hora del análisis.

Al igual que en el caso del cuadro de las actividades domésticas se realizó una primera transformación generadora de variables de participación. Las variables de participación no eran nuestro objetivo final, sino sólo un paso más en el acercamientos gradual a las variables de roles conyugales, en este caso en el tiempo libre. Esta primera transformación respondió a la misma lógica que la aplicada con las actividades domésticas. Así, de la pregunta "quién realiza la actividad", se generaron dos variables, una para registrar si la realiza el hombre, y otra para registrar si la realiza la mujer. El resultado fueron las siguientes variables:

- Participación del hombre en la actividad del tiempo libre considerada.
- Participación de la mujer en la actividad del tiempo libre considerada.
- Horas dedicadas a la actividad.

8.2.1.4. La base de datos complementaria de trayectorias residenciales

Ésta es una base de datos generada a partir del cuadro de trayectorias. La unidad de registro son "momentos" en la trayectoria del hombre-cónyuge (a partir de la constitución del hogar actual). La definición de qué es un "momento" la hicimos según los distintos lugares de residencia del hogar. Entonces, cada hombre-cónyuge (y en consecuencia cada hogar) ocupa tantos registros en la base, como tantos momentos de su trayectoria residencial hayan podido ser registrados en el cuestionario (que sabemos siempre fueron menos los que pudimos registrar, que los que la persona tuvo). El resultado de esto ha sido el registro de 489 momentos (renglones o casos del archivo). El momento identificado con el número 1 es el inmediato anterior al actual, mientras que el número más alto es el momento más lejano que se pudo registrar en la trayectoria residencial.

En cada uno de esos momentos registramos las siguientes variables:

- Número de cuestionario (como identificación del hogar)
- Lugar de residencia
- Ocupación
- Lugar de trabajo
- Tipo de inserción laboral
- Tipo de tenencia de la vivienda
- Año de establecimiento en ese lugar de residencia
- Año que dejó ese lugar de residencia (con esta variable y la anterior se obtuvo una tercera variable: el tiempo de residir en cada lugar)

Finalmente, a partir de esta base de datos se construyeron unas pocas variables en la primera base de datos por hogares. Una de estas variables y que fue recuperada incluso en el análisis multivariado fue "el número de momentos residenciales en la trayectoria del hogar", entendida como variable métrica. Otra variable que se construyó en la base principal con información procedente de esta base complementaria fue "el tipo de lugar de residencia anterior al presente", codificada como variable dicotómica (urbano o rural).

8.2.1.5. La base de datos complementaria de los círculos sociales

Esta última base de datos corresponde a los distintos subcuestionarios de las redes o círculos sociales en los que participan los cónyuges, no así al cuadro general de las redes, que está registrado en la primera base de datos.

En esta base de datos la unidad de registro son los círculos sociales externos al hogar en los cuales participan cada uno de los cónyuges. Por lo tanto, muchos de los cuestionarios no aparecen registrados en esta base; son los casos en los que ninguno de los cónyuges participa en ningún círculo social externo al hogar. Mientras que para otros cuestionarios aparecen varios registros, son los casos en los que en un hogar se han registrado varias participaciones en círculos externos al hogar. También ha ocurrido la situación de que un cuestionario tenga un solo registro, son los casos en los que hay un solo círculo externo al hogar en el que se participa. En esta base, nuevamente el registro del número de cuestionario (como número de hogar) permitió mantener el nexo con la base de datos principal por hogares.

En este caso, una de las variables más relevantes incluidas en la base principal (incluso recuperada para el análisis multivariado), fue "que el número de círculos sociales externos al hogar en los que participan el hombre y/o la mujer fuera igual o desigual". Otra variable recuperada fue "el cónyuge que participa en mayor número de círculos sociales externos al hogar".

Finalmente, resta aclarar que en la primera base de datos, la principal, se fueron incorporando distintas variables construidas a partir de las bases complementarias, de manera tal que en esa base se recogieron todas las dimensiones y variables necesarias para el análisis.

8.2.2. La generación de variables complejas: los roles conyugales por ámbitos

Recordemos que la información producida a través del cuestionario y registrada en las bases de datos se refirió a la "participación" de cada cónyuge en las distintas actividades cotidianas,[28] clasificadas

---

[28] Anteriormente explicamos con detalle esta cuestión. La realización de una actividad es una forma de expresar la "participación".

por ámbitos. Las variables de participación —cuya referencia es el individuo— se utilizaron para generar las variables de roles conyugales, que dan cuenta de una relación social entre dos individuos. Una de las primeras tareas fue reunir conjuntos de actividades y participaciones de acuerdo con los cuatro ámbitos preestablecidos: doméstico, del tiempo libre, laboral y de los círculos externos al hogar.

El procedimiento básico en los cuatro ámbitos fue el mismo, aunque variaron las categorías y los códigos asignados. La tarea de construir las variables de roles conyugales la denominamos "segunda transformación", ya que la primera transformación correspondió al tránsito de la información del cuestionario a su registro en la base de datos como participaciones, ya comentada.[29]

8.2.2.1. La segunda transformación: las variables de roles conyugales domésticos

Si la primera transformación generó las variables de "participación", la segunda transformación permitió alcanzar las variables de "roles conyugales". En el caso del ámbito de las actividades domésticas, el procedimiento fue el siguiente.

De acuerdo con lo que teníamos registrado en "actividad realizada por el hombre" y "actividad realizada por la mujer" construimos las nuevas variables (esto estaba registrado para cada actividad): "Tipo de roles conyugales para cada actividad". Para asignar categorías a estas variables, a través de códigos, los criterios que construimos fueron los siguientes:

- Cuando la actividad es realizada por "los dos cónyuges":
  Roles conjuntos (código: 1+5=6)
- Cuando la actividad es realizada "Sólo por él":
  Roles segregados hacia el hombre (código: 1+9=10)
- Cuando la actividad es realizada "Sólo por ella":
  Roles segregados hacia la mujer (código: 2+5=7)

---

[29] Apartados 8.2.1.1 y 8.2.1.3.

- Cuando la actividad no es realizada por "Ninguno de los dos":
  No existe rol (código: 2+9=11)[30]

Los valores asignados a cada categoría de la variable "rol conyugal" fueron recodificados a fin de mantener distancias numéricas fijas entre una categoría y otra (para no introducir situaciones ambiguas en la generación de los índices sumatorios ponderados). De modo que las categorías (3) de la variable "roles conyugales en el ámbito doméstico" y sus respectivos códigos quedaron de la siguiente forma:

Variable roles conyugales por actividad doméstica	
Categorías	*Códigos*
Segregados hacia la mujer	5.0
Conjuntos	7.5
Segregados hacia el hombre	10.0

Este tipo de procedimiento se realizó para cada una de las actividades registradas. Recordemos que se registraron 10 actividades domésticas, de las cuales se excluyó una de ellas, por haber resultado con muy pocos registros en el trabajo de campo.

8.2.2.2. La segunda transformación:
las variables de roles conyugales en el tiempo libre

En el caso de las actividades del tiempo libre, por la naturaleza misma de las actividades del tiempo libre, los tipos de roles que construimos fueron los siguientes:

---

[30] La ausencia de rol conyugal en esa actividad se debe a que el rol es una relación social establecida a partir de la forma en que es realizada una actividad, cuando la actividad no se realiza, no existe la posibilidad de establecer ese tipo de relación social que nos interesa.

Variable roles conyugales en el tiempo libre	
Categorías	*Códigos*
Complementarios	
(cuando ambos cónyuges participan por separado)	10
Segregados hacia la mujer	
(cuando sólo ella participa)	20
Conjuntos	
(cuando ambos cónyuges participan juntos)	15
Segregados hacia el hombre	
(cuando sólo participa él)	5

De esta forma, se generaron variables de los roles conyugales para cada una de las 12 actividades del tiempo libre. Este procedimiento de alguna manera fue registrando la existencia de patrones de especialización de cada cónyuge en cada una de las actividades.

8.2.2.3. La segunda transformación: *las variables de roles conyugales en el trabajo*

En cuanto al ámbito del trabajo generador de ingresos, también se elaboraron variables de los roles conyugales. Esta tarea se realizó a partir de las variables que registraban la participación en el trabajo de cada cónyuge. Sin embargo, en este caso, al ser un ámbito definido en función de una actividad (la generadora de ingresos, más allá de la ocupación), no fue necesario elaborar índices sumatorios. Se construyó directamente la variable correspondiente, pero a fin de realizar la regresión logística con esta variable como dependiente se la tuvo que dicotomizar (roles conjuntos y roles no conjuntos).

Variable roles conyugales en el trabajo	
Categorías	*Códigos*
Conjuntos	1
Complementarios	2
Segregados	3

8.2.2.4. La segunda transformación:
las variables de roles conyugales en los círculos externos al hogar

En los restantes círculos sociales externos al hogar resultaron muy escasos los registros de participación. La participación por círculos que estaba separada para los hombres y mujeres (dos variables por círculo: a y b), fue sintetizada en una nueva variable construida, que refiere al tipo de roles en el círculo en cuestión. Se distinguieron las siguientes categorías: roles conjuntos, segregados y complementarios. Las frecuencias simples mostraron los siguientes resultados:

Actividades en espacios verdes	50 hogares de la muestra	23.47%
Actividades políticas	11 hogares de la muestra	5.16%
Actividades sindicales	1 hogares de la muestra	0.47%
Actividades vecinales	41 hogares de la muestra	19.25%
Actividad visitar cantina	4 hogares de la muestra	1.88%
Actividades religiosas	10 hogares de la muestra	4.69%

Esta distribución de las frecuencias nos llevó a no considerar ni las actividades sindicales, ni la participación en cantinas. De igual modo se hizo con las actividades políticas y religiosas, ya que ni siquiera alcanzaban a los 30 casos. Las actividades realizadas en los espacios verdes tienen el problema de que en cierta proporción se superponen con los roles en cuanto al ámbito del tiempo libre. No obstante, se evaluaron las clases de frecuencias de las actividades políticas, vecinales y religiosas de acuerdo a su temporalidad. Esto arrojó los siguientes resultados:

Actividades políticas	100%	de los casos es de frecuencia semanal
Actividades vecinales	50%	de los casos son semanales
	25%	de los casos mensuales
	12.5%	de los casos en ocasiones especiales
	12.5%	de los casos en otras ocasiones
Actividades religiosas	25%	de los casos son semanales
	50%	de los casos son mensuales
	25%	de los casos en otras ocasiones

Estos resultados fueron el motivo por el que de todos los círculos previstos, sólo se seleccionaran las actividades vecinales.

8.2.3. La primera síntesis:
la construcción de índices sumatorios ponderados

El resultado de lo anterior fue la producción de una gran cantidad de variables de roles conyugales, nueve para las actividades domésticas y 12 para las del tiempo libre, sólo una para el trabajo. Este conjunto de variables requirió de un proceso de síntesis de muchas variables en pocas. Con este fin decidimos recurrir a la construcción de índices de roles conyugales por conjuntos de actividades. Para ello adoptamos la técnica de elaborar índices sumatorios. Sin embargo, también entendimos la conveniencia de que fueran ponderados, ya que al haber generado variables para numerosas actividades, llegamos a la situación de contar con variables para muy distintas actividades, que no tienen la misma importancia en la vida cotidiana (no ocupan el mismo tiempo cotidiano), por eso decidimos introducir un elemento ponderador que fuera relevante para nuestros interrogantes teóricos.

8.2.3.1. Los índices sumatorios ponderados en el ámbito doméstico

Las actividades domésticas fueron agrupadas de acuerdo con su espacialidad y temporalidad. Así, se distinguieron actividades espacialmente internas a la vivienda y actividades espacialmente externas a la misma. En cuanto a la temporalidad, la agrupación separó las actividades de realización diaria y las actividades cuya realización no es diaria.

Una vez clasificadas las actividades domésticas de este modo, se procedió a hacer lo propio con las variables de roles conyugales correspondientes a dichas actividades. Como resultado de ambos criterios, se llegó a la necesidad de construir tres índices sumatorios de los roles conyugales en el ámbito doméstico, que fueron los siguientes:

1. Índice de los roles conyugales domésticos internos a la vivienda y de realización diaria
2. Índice de los roles conyugales domésticos externos a la vivienda y de realización diaria
3. Índice de los roles conyugales domésticos internos a la vivienda y de realización no diaria

Anteriormente se había decidido que los índices fueran ponderados. El paso siguiente fue decidir cuál sería el criterio ponderador. En esta cuestión se asumió que la ponderación se iba a establecer con base en el tiempo cotidiano (en horas) dedicado a cada actividad, en el conjunto de la muestra. Este tiempo cotidiano fue evaluado a través del promedio de horas semanales registradas para cada actividad en cuestión en el conjunto de la muestra.

Las horas promedio insumidas por cada subconjunto de actividades fueron sumadas y sobre este total se hallaron las participaciones promedio de cada actividad sobre el subconjunto. Así, se obtuvieron los ponderadores de cada subíndice.

El último paso consistió en la elaboración de un índice general de los roles conyugales en el ámbito doméstico. Sin embargo, a los efectos analíticos resultaron de más utilidad los tres subíndices anteriores, ya que permitieron detectar diferencias que en el índice general quedaban desdibujadas, por lo tanto, este índice general no se utilizó en el análisis.

i. Índice de los roles conyugales domésticos e internos a la vivienda y de realización diaria

Las actividades realizadas en el espacio interno a la vivienda que pudieron ser registradas en el trabajo de campo son las siguientes:

> Cocinar
> Limpieza de la casa
> Lavado de la ropa
> Planchar
> Arreglos de la vivienda

De estas cinco actividades "intravivienda", las tres primeras se realizan diariamente, mientras que las dos últimas no se hacen en forma diaria. Estas tres primeras actividades (cocinar, lavar la ropa y limpiar la casa) definieron nuestro primer índice de los roles conyugales en el ámbito doméstico, índice que hemos identificado como "el índice de los roles conyugales domésticos diarios e internos a la vivienda".

La decisión de que estos índices fueran ponderados en la primera de estas dos etapas (la que concluyó en la elaboración de tres índices), se fundó en que el tiempo cotidiano absorbido por cada una de las actividades en cuestión era muy diferente, por cuyo motivo se estableció una ponderación con base en el tiempo (en horas) dedicado a cada actividad, en el conjunto de la muestra. Este tiempo cotidiano fue evaluado a través del promedio de horas semanales registradas para cada actividad en cuestión en el conjunto de la muestra. El paso consecuente fue obtener estos promedios de horas semanales. Los resultados fueron los siguientes:

- Horas semanales dedicadas a la preparación de los alimentos: 16.364, sobre un total de 209 casos (ocho casos no respondieron).
- Horas semanales dedicadas a la limpieza de la casa: 11.01, sobre un total de 204 casos (13 casos no respondieron).
- Horas semanales dedicadas al lavado de la ropa: 12.25, sobre un total de 204 casos (13 casos no respondieron).
- Total de horas promedio dedicadas a las tres actividades: 39.624 horas semanales.

Las horas promedio insumidas por las tres actividades fueron sumadas y sobre este total se hallaron las participaciones promedio de cada actividad sobre el subconjunto. El resultado fue el siguiente:

1. Cocinar: 41% de las horas semanales dedicadas al conjunto de las tres actividades del grupo.
2. Limpiar la casa: 28% de las horas semanales dedicadas al conjunto de las tres actividades del grupo.
3. Lavar la ropa: 31% de las horas semanales dedicadas al conjunto de las tres actividades del grupo.

Recordemos que para cada actividad, se disponía de una variable denominada tipo de roles, cuyos códigos fueron 5, 7.5 y 10 (según fueran roles segregados hacia la mujer, conjuntos o segregados hacia el hombre). El paso siguiente fue ponderar estos valores de la variable tipo de roles por el promedio de participación de la respectiva actividad, antes obtenido. El resultado fue una nueva medición de los roles por cada actividad, que incluye la ponderación por tiempo que consume esa actividad. Obtenidos estos valores, se elaboró el respectivo índice sumando los valores que obtenían los roles en cada actividad con la respectiva ponderación por horas promedio. El resultado fue el índice de los roles conyugales domésticos diarios e internos a la vivienda (roles de las actividades 1, 2 y 3).

En el nivel de cada una de las tres actividades, los puntajes de los códigos originales de 5, 7.5 y 10, por efecto de la ponderación se transformaron en:

Actividad 1	Actividad 2	Actividad 3
5 ⇒ 2.05	5 ⇒ 1.40	5 ⇒ 1.55
7.5 ⇒ 3.08	7.5 ⇒ 2.10	7.5 ⇒ 2.33
10 ⇒ 4.10	10 ⇒ 2.80	10 ⇒ 3.10

*ii. Índice de los roles conyugales domésticos
externos a la vivienda y de realización diaria*

Luego se procedió de la misma forma para otras tres actividades que fueron definidas como "actividades domésticas externas a la vivienda y de realización diaria". Éstas son: la realización de las compras de provisiones para el hogar, sacar la basura e ir a comprar la leche en las mañanas.

Los promedios de horas semanales que se dedican a estas tres actividades resultaron ser los siguientes:

5. Hacer las compras de aprovisionamiento: 6.291 horas promedio por semana. Casos: 203. El 65.36% del total de horas semanales dedicadas a este grupo de actividades.

6. Sacar la basura: 1.221 horas promedio por semana. Casos: 195. El 12.57% del total de horas semanales dedicadas a este grupo de actividades.

8. Ir a comprar la leche en las mañanas: 2.136 horas promedio por semana. Casos: 100. El 22.06% del total de horas semanales dedicadas a este grupo de actividades.

Total de las tres actividades: 9.648 horas promedio por semana dedicadas a este grupo de actividades.

En este grupo de actividades domésticas, las participaciones de cada actividad fueron corregidas en los siguientes términos. El 22.13% de la actividad: ir a comprar la leche en las mañanas, se ponderó en 11% porque sólo fue registrado en la mitad de los casos. Sin embargo, se lo elevó a 15% porque es una actividad condicionada a un horario fijo. Entonces quedó:

5. Hacer las compras de aprovisionamiento: 75% del total de horas semanales dedicadas a este grupo de actividades.
6. Ocuparse de la basura: 12% del total de horas semanales dedicadas a este grupo de actividades.
8. Ir a comprar la leche en las mañanas: 15% del total de horas semanales dedicadas a este grupo de actividades.

Una vez obtenidas estas participaciones porcentuales, se procedió del mismo modo que con el anterior índice de roles conyugales en el ámbito doméstico interno a la vivienda y diario. Así, se ponderó el valor de la variable tipo de roles en cada una de estas tres actividades según las participaciones del 75, 12 y 15%, respectivamente.

El valor ponderado de los roles en cuanto a la realización de las compras de aprovisionamiento, el ocuparse de la basura e ir a comprar la leche, fue sumado. Con ello se obtuvo un "índice de los roles conyugales en el ámbito doméstico, correspondiente a actividades realizadas externamente a la vivienda y diarias" (roles en las actividades 5, 6 y 8).

En el nivel de las actividades individuales, los códigos de 5, 7.5 y 10, quedaron en los siguientes valores:

Actividad 5	Actividad 6	Actividad 8
5 $\Rightarrow$ 3.75	5 $\Rightarrow$ 0.60	5 $\Rightarrow$ 0.75
7.5 $\Rightarrow$ 5.63	7.5 $\Rightarrow$ 0.90	7.5 $\Rightarrow$ 1.13
10 $\Rightarrow$ 7.50	10 $\Rightarrow$ 1.20	10 $\Rightarrow$ 1.50

*iii. Índice de los roles conyugales domésticos,
internos a la vivienda y no diarios*

El tercer índice que se elaboró corresponde a los "roles conyugales en el ámbito doméstico interno a la vivienda y cuyas actividades no son de realización diaria". En este caso las actividades consideradas han sido sólo dos, planchar y la realización de arreglos a la vivienda.

4. Planchar: 8.942 horas semana. Casos: 190. Correspondiendo a 75.84% del total de horas semanales dedicadas al conjunto de estas dos actividades.
9. Arreglos de la casa: 2.857 horas semana. Casos: 77. Correspondien-do a 24.21% del total de horas semanales dedicadas al conjunto de estas dos actividades. Esta ponderación ha sido corregida de modo de reducir esta participación porque el número de casos registrados ha sido considerablemente menor que en las restantes actividades.
Total de las dos actividades: 11.79 horas promedio por semana dedicada a ambas actividades.

La ponderación final resultó ser la siguiente:

4. Planchar: 81.2%
9. Arreglos casa: 18.8%

Posteriormente, se procedió igual que en los dos casos anteriores, y con ello se obtuvo un "índice de los roles conyugales en el ámbito doméstico interno a la vivienda y de actividades no diarias" (rol de actividades 4 y 9). Los códigos por actividades, luego de las ponderaciones quedaron en:

Actividad 4	Actividad 9
5 ⇒ 4.06	5 ⇒ 0.94
7.5 ⇒ 6.09	7.5 ⇒ 1.41
10 ⇒ 8.12	10 ⇒ 1.88

Los procedimientos anteriores permitieron reducir las variables de roles conyugales correspondientes a las nueve actividades domésticas a tres índices sumatorios ponderados de los roles conyugales por grupos de actividades. Esta reducción nos ha permitido un mejor manejo de la información, con las ventajas adicionales de que los grupos de actividades se han definido en función de nuestros ejes analíticos generales: espacios y tiempos.

8.2.3.2. Los índices sumatorios ponderados en el ámbito del tiempo libre

En relación con el ámbito del tiempo libre, se realizó un proceso de síntesis similar al anterior, con la diferencia de que en este caso la mayor parte de las actividades del tiempo libre que fueron registradas (8 de 12) tienen muy escasa relevancia en la vida cotidiana de los sujetos en estudio. Esto no se debe a que la selección de las actividades no haya sido oportuna, sino a que se trató de indagar sobre la mayor cantidad posible de actividades del tiempo libre, aunque sabíamos que la categoría general de tiempo libre tiene escasa relevancia en la población estudiada. No obstante, algunas de estas actividades (sólo cuatro) resultaron ser frecuentes, y son las que hemos sintetizado en los índices.

Las cuatro actividades seleccionadas permitieron construir dos índices sumatorios ponderados. Para ello, primero se elaboraron las variables de los roles conyugales en cada una de estas actividades, a partir de las variables de participación de cada cónyuge. Luego, se elaboraron dos índices sumatorios ponderados. En cada uno de estos índices resultaron sintetizadas dos actividades. Estos índices fueron:

1. Índice de los roles conyugales en el ámbito del tiempo libre internos a la vivienda
2. Índice de los roles conyugales en el ámbito del tiempo libre externos a la vivienda

Las categorías y códigos que se asignaron originariamente fueron los siguientes:

Variable de roles conyugales en el tiempo libre	
Categorías	*Códigos*
Segregados hacia el hombre	5
Complementarios	10
Conjuntos	15
Segregados hacia la mujer	20

Tal como se realizó en el ámbito doméstico, el primero de los índices corresponde a los roles conyugales que agrupan a dos actividades del tiempo libre espacialmente definidas en el "interior del espacio de la vivienda". Estas actividades son "ver TV" y "leer". El otro índice resume los roles conyugales correspondientes a otras dos actividades del tiempo libre que se realizan "espacialmente fuera de la vivienda". Se trata de pasear y visitar familiares. En este caso, ninguno de los dos índices ha sido ponderado en función del tiempo (evaluado en horas) que insumen estas actividades, como se hizo con el ámbito doméstico. Esto se debe a que esta variable (horas dedicadas a la actividad) no fue registrada para el ámbito del tiempo libre, decisión que en su momento se fundó en el supuesto de que la confiabilidad de esta medición resultaría muy escasa. Los dos índices de tipos de roles conyugales en el ámbito del tiempo libre quedaron definidos de la siguiente forma:

1. Índice de los roles conyugales del tiempo libre, espacialmente internos a la vivienda (ver TV y leer)
2. Índice de los roles conyugales del tiempo libre, espacialmente externos a la vivienda (pasear y visitar familiares)

Para el primer índice se tomaron las siguientes ponderaciones (roles actividades 1 y 5):

Ver TV (actividad 1)   75% (información para 172 casos).
Leer (actividad 5)   25% (información para 77 casos).

Para el segundo índice se tomaron las siguientes ponderaciones (roles actividades 10 y 12):

Pasear (actividad 10)   30% (información para 84 casos).
Visitar familiares (actividad 12)   70% (información para 137 casos).

Cabe señalar que al formar este índice se redujo el número de casos, ya que sólo se asignó un valor cuando las dos actividades de referencia del índice tenían un valor.[31] Si en una de las actividades se encontraba un caso en el cual no había un valor, entonces ese caso no era considerado en el índice. Fue frecuente que algunos registros no tuviesen valor asignado, ya que correspondían a las

_____

[31] Esto ocurrió en los casos en que la pregunta correspondiente del cuestionario fue respondida.

situaciones en las que o no había respuesta. Al aplicar las ponderaciones, los valores de 5, 10, 15 y 20, tomaron los siguientes códigos
(en el nivel de las actividades individuales):

| Categorías | Actividad tiempo libre | | | |
	1: ver TV	5: leer	10: pasear	12: visita fam.
Segregados hacia el hombre	5 ⇒ 3.75	5 ⇒ 1.25	5 ⇒ 1.5	5 ⇒ 3.5
Segregados hacia la mujer	20 ⇒15	20 ⇒ 5		20 ⇒14
Complementarios	10 ⇒ 7.5	10 ⇒ 2.5		10 ⇒ 7
Conjuntos	15 ⇒11.25	15 ⇒ 3.75	15 ⇒ 4.5	15 ⇒10.5

8.2.4. Acerca del análisis multivariado

Estos índices sumatorios ponderados (que permitieron sintetizar
una enorme cantidad de variables) constituyeron el procedimiento
de construcción de variables cuantitativas más relevante, aunque
también construimos otras variables cuantitativas con procedimientos más directos. Una vez que se reconstruyó la base de datos
principal con estas variables, comenzamos el análisis multivariado.
La regresión logística resultó particularmente apropiada por la
naturaleza de las variables que teníamos, ya que en su mayoría eran
variables no-métricas, unas veces dicotómicas y en otros casos, categóricas.

En esta etapa, la primera tarea fue recategorizar las variables.
Por ejemplo, para poder incorporar los índices de los roles conyugales en los distintos ámbitos (tenían tres y cuatro categorías), como
variables explicadas, fue necesaria la dicotomización previa, la cual
también se impuso en el caso de muchas otras variables, además de
los roles conyugales. En otros casos, algunas variables categóricas
tuvieron que ser recategorizadas, por ejemplo, disminuyendo el
número de categorías. Todo esto complicó sobremanera el llegar a
obtener modelos ajustados estadísticamente y significativos desde el
punto de vista de las relaciones teóricas que se buscaban.

Finalmente, se lograron seis modelos logísticos (que se detallan
en el apartado siguiente). Un aspecto particular de esta fase de

nuestro trabajo, es que los seis modelos logísticos obtenidos no son remplazables entre sí, como usualmente se hace. En numerosos trabajos, se presentan varios modelos logísticos semejantes, mostrando las ventajas y desventajas de cada uno y finalmente se opta por uno de ellos. Nosotros construimos seis modelos que se orientan hacia distintos niveles de la socialidad de los hogares (después de haber construido muchos otros que no resultaron aceptables). Dos de estos modelos se refieren a la socialidad interna al hogar; mientras que los otros cuatro van dirigidos hacia la socialidad externa al hogar. Cada uno de estos últimos cuatro modelos, también expresa distintos niveles de la socialidad externa, vale decir, que los cuatro modelos de la socialidad externa al hogar tampoco son sustituibles entre sí. En síntesis, los seis modelos no son distintas alternativas para explicar unas mismas relaciones, sino que dan cuenta de distintos niveles analíticos de nuestro objeto de estudio.

8.3. La técnica de análisis cuantitativo empleada: los modelos de regresión logística

El minucioso procedimiento que acabamos de describir en el apartado anterior cumplió la función de colocarnos en condiciones de comenzar el análisis cuantitativo, sin que pueda ser considerado parte del análisis mismo. Evidentemente, sin haber realizado esos procedimientos de construcción de los datos no hubiese sido posible realizar el análisis.

El análisis cuantitativo lo organizamos con base en la técnica denominada "regresión logística". Al respecto, conviene recordar que la regresión logística es uno de los modelos multivariados particularmente apropiados cuando se busca explicar una variable no métrica (dicotómica, con sólo dos categorías polares) a través de un conjunto de variables explicativas que interactúan simultáneamente, entre las cuales también puede haber variables no métricas, ya sean consideradas como categóricas (más de dos categorías) o también como dicotómicas (sólo dos categorías opuestas).[32]

---

[32] Cortés, Fernando y Rosa María Rubalcava (1993), pp. 59-92. Christenson, Bruce, Brígida García y Orlandina de Oliveira (1989), pp. 251-280. García, Brígida y Orlandina de Oliveira (1994), pp. 75-95.

Las variables que hemos considerado en nuestro estudio en su gran mayoría son de tipo no métrico y particularmente, dicotómicas. Esto se relaciona con la misma naturaleza del objeto de investigación. Por ejemplo, los roles conyugales en los distintos ámbitos difícilmente puedan ser estudiados a partir de variables métricas, en cambio es más oportuno acercarse con variables categóricas o dicotómicas que midan el fenómeno simplemente en una escala nominal: existen roles conyugales segregados-existen roles conyugales conjuntos.

Los transformaciones sucesivas de nuestras bases de datos nos permitieron generar una base de datos principal (como se explica en el apartado anterior) que hemos denominado "trabajo y vida cotidiana en el Valle de Chalco". A partir de esta base de datos, hemos elaborado seis modelos logísticos con los cuales buscamos construir contextos de relaciones cotidianas (sistemas parciales de prácticas cotidianas), referidos al mundo interno y externo de los hogares. Esto implica que los seis modelos no son excluyentes entre sí, sino que refieren a distintas dimensiones de la vida cotidiana de los hogares en estudio, pero siempre dan cuenta de prácticas cotidianas.

La identificación que le damos a cada uno de los modelos se funda en la categoría considerada en cada modelo como los "éxitos" de la variable explicada (y). Los modelos construidos son los siguientes:

CUADRO 5
Sistemas parciales de prácticas cotidianas
resultantes del análisis cuantitativo

1. Sistema parcial de prácticas cotidianas asociadas a los roles conyugales conjuntos en el ámbito doméstico de la atención a los hijos.
2. Sistema parcial de prácticas cotidianas asociadas a los roles conyugales segregados en el ámbito doméstico de la atención a los hijos.
3. Sistema parcial de prácticas cotidianas asociadas a la relación extendida con el vecindario.
   En este sistema, la noción de relación extendida se operativiza en el hecho de que el hogar mantenga interacciones —de distinto tipo— con, al menos dos hogares vecinos.

4. Sistema parcial de prácticas cotidianas asociadas a la relación restringida con el vecindario.

En este sistema, la noción de relación restringida se operativiza en el hecho de que el hogar mantenga interacciones —de distinto tipo— con un solo hogar de vecinos, o incluso con ninguno.

5. Sistema parcial de prácticas cotidianas asociadas a la relación distante con el vecindario.

En los dos sistemas anteriores se considera el número de hogares vecinos con los que se interactúa, y en este sistema y en el siguiente se considera el tipo de interacción. Así, la relación distante está haciendo referencia a aquellos casos en los que todas las interacciones se limitan al saludo.

6. Sistema parcial de prácticas cotidianas asociadas a la relación cercana con el vecindario.

En este modelo, la relación cercana se refiere al tipo de interacción que va más allá del saludo, por ejemplo, reuniones y conversaciones informales.

Identificados los modelos (que en nuestro caso constituyen sistemas parciales de prácticas cotidianas), presentamos las variables incluidas en cada modelo. En primer término señalemos que hemos agrupado las variables por dimensiones de la vida social, como una estrategia organizativa del análisis.[33] Las esferas de la vida social en las que hemos agrupado las variables son las siguientes:

1. Laboral o del trabajo
2. Familiar (estructura interna del hogar)
3. Entorno socioterritorial (incluye el vecindario y la parentela)
4. Tiempo libre
5. Trayectoria residencial

Para cada una de estas esferas o dimensiones, a continuación se especifica el nombre de la variable, la etiqueta con la que ha sido identificada, el tipo de variable (dicotómica, categórica o métrica), las categorías (para las variables no métricas), y por último, la categoría de contraste (*indicator*) utilizada en el modelo. Luego se adjunta el cuadro con la distribución de los valores observados y predichos, con los correspondientes porcentajes. El porcentaje indicado como éxitos, corresponde a la categoría de la variable "x" que se está explicando con el modelo, mientras que el último

[33] Esto no es una estrategia técnica en la construcción de los modelos, sino una estrategia metodológica para iniciar el análisis de los modelos.

porcentaje (*overall*) muestra la capacidad explicativa del modelo para la variable explicada en las dos categorías consideradas. El cuadro siguiente corresponde a la tabla de ANOVA (análisis de varianza), con las variables que finalmente han quedado en la ecuación. Por último, adjuntamos otra tabla con las variables que han sido sacadas de la ecuación en la selección etápica (*backward wald*) para alcanzar el mejor modelo.

8.3.1. Variable explicada: "roles conyugales conjuntos en el ámbito doméstico de la atención a los hijos"

La variable que se explica en este modelo es roles conyugales en el ámbito doméstico de la atención a los hijos. Esta variable ha sido dicotomizada en dos categorías: roles conjuntos y roles no conjuntos (o segregados) En este modelo se explica la categoría "conjuntos".

Variables explicativas

Esfera laboral

x_1. Estrato (variable categórica, tres categorías: estrato 1, estrato 2 y estrato 3, contraste la última: estrato 3). *Categorías explicadas* estrato 1 y 2.

x_2. Roles conyugales en el trabajo (variable dicotómica, 0: no conjuntos, 1: conjuntos, contraste la primera: no conjuntos). *Categoría explicada*: conjuntos.

x_3. Años de unión (variable métrica).

x_4. Número de personas que viven en la casa (variable métrica).

Esfera del entorno socioterritorial

x_5. Recibir ayuda de personas no miembros del hogar (variable dicotómica, 1: sí, 2: no, contraste la última: no). *Categoría explicada*: recibir ayuda de no miembros del hogar.

x_6. Años de residencia en el Valle de Chalco (variable métrica).

x_7. Número de círculos sociales del hombre y la mujer (variable categórica, 0: más el hombre, 1: más la mujer, 2: igual, contraste la última: igual). *Categorías explicadas*: más círculos el hombre y más círculos la mujer.

Interacciones

Interacción 1: $x_3 * x_4$ (años de unión y personas que viven en la casa)
Interacción 2: $x_5 * x_6$ (recibir ayuda de no miembros del hogar y antigüedad de vivir en el Valle de Chalco).

CUADRO 6

Distribución de los valores observados y predichos
de la variable explicada (y) en el modelo logístico núm. 1

		0	1	
		0	1	
0	0	60	6	90.91%
1	1	8	24	75.00% (éxitos)[34]
			Overall	85.71%

El cuadro de distribución de los valores observados y predichos
muestra que el modelo explica 75% de la variable en la categoría
tomada en cuenta (roles conyugales conjuntos), vale decir que
explica 24 casos de un total de 32.

CUADRO 7
Tabla de ANOVA del modelo logístico núm. 1

	Variables en la ecuación						
Variable	B	SE	Wald	df	Sig	R	Exp(B)
Roles trab. (1)	2.2993	0.7488	9.4286	1	0.0021	0.2449	9.9669
Núm. pers. hog.	-1.0043	0.3313	9.1919	1	0.0024	-0.2410	0.3663
Inter. 1	0.0246	0.0089	7.6098	1	0.0058	0.2129	1.0249
Inter. 2	0.1969	0.0716	7.5669	1	0.0059	0.2120	1.2176
Estrato			7.6511	2	0.0218	0.1717	
Estrato (1)	-1.2524	0.4693	7.1210	1	0.0076	-0.2034	0.2858
Estrato (2)	1.2468	0.5410	5.3124	1	0.0212	0.1636	3.4793
Núm. círculos social			6.7781	2	0.0337	0.1498	
Núm. circ. (1)	-2.9147	1.1289	6.6662	1	0.0098	-0.1941	0.0542
Núm. circ. (2)	1.5507	0.7723	4.0313	1	0.0447	0.1281	4.7148
Constante	0.3403	1.1909	0.816	1	0.7751		

Variables que no están en la ecuación				
Residual Chi Square	2.456 *with*	3 *df*	*Sig* =	0.4833
Variable	*Score*	*df*	*Sig*	*R*
Años unión	0.0872	1	0.7678	0.0000
Años residir en Valle	0.1663	1	0.6834	0.0000
Ayuda n/miembros (1)	1.9890	1	0.1584	0.0000

La anterior tabla de ANOVA se puede interpretar en los siguientes
términos, con un nivel de confianza de 75 por ciento:

[34] En este caso, los éxitos corresponden a la categoría "conjuntos", mientras
que los fracasos corresponden a la categoría "segregados".

- Es 9.96 veces mayor la posibilidad de que los roles conyugales en el ámbito del trabajo sean conjuntos, antes que segregados (x), cuando *los roles conyugales en el ámbito doméstico de la atención de los hijos también son de tipo conjunto (y)*.
- Es 3.47 veces más probable que el hombre trabaje por su cuenta y en la vivienda antes que por su cuenta y fuera de la vivienda (x), cuando *los roles conyugales en el ámbito doméstico de la atención de los hijos son de tipo conjunto (y)*.
- Es 0.28 veces menos probable que el hombre trabaje como asalariado fuera del Valle de Chalco (x), cuando *los roles conyugales en el ámbito doméstico de la atención de los hijos son de tipo conjunto (y)*.
- Es 0.05 veces menos probable que el hombre sea el cónyuge que tenga más círculos sociales, antes que los dos tengan igual número de círculos sociales (x), cuando *los roles conyugales en el ámbito doméstico de la atención de los hijos son de tipo conjunto (y)*.
- Es 4.71 veces más posible que la mujer tenga más círculos que el hombre, antes que ambos tengan igual número de círculos sociales (x), cuando *los roles conyugales en el ámbito doméstico de la atención de los hijos son de tipo conjunto (y)*.
- Es 1.21 veces más probable que el hogar reciba ayuda de no miembros del hogar, al tiempo que se suma cada año de vivir en el Valle de Chalco (x), cuando *los roles conyugales en el ámbito doméstico de la atención de los hijos son de tipo conjunto (y)*.
- Por cada miembro más que tiene el hogar (x) disminuye en 0.36 veces la posibilidad de que *los roles en la atención de los hijos sean conjuntos (y)*.
- Por cada año más de unión de la pareja que se suma, al tiempo que cada miembro más del hogar se cuenta (x), aumenta en 1.02 veces la posibilidad de que *los roles conyugales en el ámbito doméstico de la atención de los hijos sean de tipo conjunto (y)*.

En el análisis de esta información que hacemos en el capítulo 4 no hemos recuperado la evaluación cuantitativa que nos indica la razón de momios. En términos analíticos hemos optado por recuperar solamente los factores que se asocian positivamente con cada una de las variables explicadas (y).

8.3.2. Variable explicada: "roles conyugales segregados en el ámbito doméstico de la atención de los hijos"

La variable que se explica en este modelo es "los roles conyugales en el ámbito doméstico de la atención a los hijos". Esta variable ha sido dicotomizada en dos categorías: roles conjuntos y roles no conjuntos. En este modelo se explica la categoría "no conjuntos", lo que en términos conceptuales es sinónimo de roles segregados o separados.

Variables explicativas

Esfera laboral

x_1. Estrato (variable categórica, categorías: estrato 1, estrato 2 y estrato 3, contraste la última: estrato 3). *Categorías explicadas*: estratos 1 y 2.

x_2. Roles conyugales en el trabajo (variable dicotómica, 0: no conjuntos, 1: conjuntos, contraste la última: conjuntos). *Categoría explicada*: roles no conjuntos.

Esfera familiar

x_3. Años de unión (variable métrica)

x_4. Número de personas que viven en la casa (variable métrica)

Esfera del entorno socioterritorial

x_5. Recibir ayuda de personas no miembros del hogar (variable dicotómica, 1: sí, 2: no, contraste la primera: sí). *Categoría explicada*: no recibir ayuda de no miembros del hogar.

Interacciones

Interacción 1: $x_4 * x_3$ (por cada año de unión que se suma al mismo tiempo que por cada persona más que vive en la casa).

CUADRO 8

Distribución de los valores observados y predichos
de la variable explicada (y) en el modelo logístico núm. 2

		0	1	
		0	1	
0	0	21	11	65.63%
1	1	4	62	93.94% (éxitos)[35]
			Overall	84.69%

[35] En este caso, los éxitos corresponden a la categoría "segregados", mientras que los fracasos corresponden a la categoría "conjuntos".

El cuadro de distribución de los valores observados y predichos por el modelo muestra que el modelo explica 93.94% de la variable explicada en la categoría elegida (roles conyugales segregados). Explica 62 casos de un total de 66.

CUADRO 9

Tabla de ANOVA del modelo logístico núm. 2

	Variables en la ecuación						
Variable	B	SE	Wald	df	Sig	R	Exp(B)
Roles trab. (1)	1.4442	0.6127	5.5556	1	0.0184	0.1695	4.2384
Núm. pers. hog.	-0.6784	0.2614	6.7327	1	0.0095	0.1955	1.9707
Inter. 1	-0.0207	0.0077	7.2321	1	0.0072	-0.2056	0.9795
Ayuda n/miembros del hogar	1.2129	0.5553	4.7718	1	0.0289	0.1496	3.3634
Estrato			7.1970	2	0.0274	0.1607	
Estrato (1)	1.1079	0.4279	6.7027	1	0.0096	0.1949	3.0281
Estrato (2)	-1.1085	0.4842	5.2417	1	0.0221	-0.1618	0.3301
Constante	-3.1435	1.2693	6.1335	1	0.0133		

Variables que no están en la ecuación					
Residual Chi Square	2.263 with	2 df	Sig =		0.3226
Variable	Score	df	Sig	R	
Años unión	0.0648	1	0.7990	0.0000	
Años residir en Valle	2.0800	1	0.1492	0.0254	

La anterior tabla de ANOVA se puede interpretar en los siguientes términos, con un nivel de confianza de 93.94 por ciento:

- Es 4.23 veces más probable que los roles conyugales en el trabajo sean de tipo no conjunto (segregado) antes que conjunto (x), *cuando los roles conyugales en el ámbito doméstico de la atención a los hijos son segregados (y).*
- Por cada persona más que vive en la casa (x), es 1.97 veces más probable que *los roles conyugales en el ámbito doméstico de la atención a los hijos sean segregados (y).*
- Por cada año más de unión de la pareja que se suma, al tiempo que por cada persona más que vive en la casa (x), es 0.97 veces menos probable que *los roles conyugales en el ámbito doméstico de la atención a los hijos sean segregados (y).*
- Es 3.36 veces más probable que el hogar no reciba ayuda de personas que no sean miembros del hogar (x), *cuando los roles*

conyugales en el ámbito doméstico de la atención a los hijos son segregados (y).

- Es 3.02 veces más probable que el hombre-cónyuge sea un trabajador asalariado fuera del Valle de Chalco, antes que un trabajador por su cuenta en el Valle de Chalco (x), *cuando los roles conyugales en el ámbito doméstico de la atención a los hijos son segregados (y).*
- Es 0.33 veces menos probable que el hombre-cónyuge sea un trabajador por su cuenta que se desempeña dentro de la vivienda, antes que un trabajador asalariado por su cuenta fuera de la vivienda y en el Valle de Chalco (x), *cuando los roles conyugales en el ámbito doméstico de la atención a los hijos son segregados (y).*

8.3.3. Variable explicada: "relación extendida con el vecindario"

La variable que se explica en este modelo es "la relación del hogar con el vecindario" (y), como se menciona más arriba, en este caso la relación se considera en función del número de hogares de vecinos con los que se establecen interacciones. Esta variable ha sido dicotomizada en dos categorías: "relación restringida" (0) y "relación extendida" (1).

En este modelo se explica la categoría "relación extendida", lo que implica que las interacciones se desarrollan con al menos dos hogares de vecinos, pudiendo llegar, el número de hogares vecinos con los que se interactúa, hasta 50 hogares.

Variables explicativas

Esfera laboral

x_1. Roles conyugales en el trabajo (variable dicotómica, 0: no conjuntos, 1: conjuntos, contraste la primera: no conjuntos). *Categoría explicada:* roles conjuntos en el trabajo.

x_2. Número de trabajos del hombre (variable dicotómica, 1: un trabajo, 2: dos trabajos, contraste la última: dos). *Categoría explicada:* el hombre tiene un solo trabajo.

Esfera familiar

x_3. Número de personas del hogar que contribuyen al gasto familiar (variable dicotómica, 1: una persona, 2: más de una, contraste la primera: una persona). *Categoría explicada:* más de una persona contribuye al gasto familiar.

Esfera del tiempo libre

x₄. El hombre hace salidas de tiempo libre solo (variable dicotómica, 1: sí, 2: no, contraste la primera: sí). *Categoría explicada:* el hombre no hace salidas de tiempo libre solo.

CUADRO 10
Distribución de los valores observados y predichos
de la variable explicada (y) en el modelo logístico núm. 3

		0	1	
		0	1	
0	0	10	40	20.00%
1	1	4	142	97.26% (éxitos)[36]
			Overall	77.55%

El cuadro de distribución de valores observados y predichos muestra que el modelo explica 97.26% de los casos de la variable explicada en la categoría escogida (relación extendida con el vecindario). Explica 142 casos de un total de 146.

CUADRO 11
Tabla de ANOVA del modelo logístico núm. 3

Variable	Variables en la ecuación						
	B	SE	Wald	df	Sig	R	Exp(B)
Roles trab. (1)	1.2260	0.5103	5.7728	1	0.0163	0.1302	3.4076
Núm. pers. gasto (1)	1.2995-	0.4047	10.3125	1	0.0013	0.1932	3.6675
Tiempo libre hombre (1)	1.2053	0.4309	7.8222	1	0.0052	0.1617	3.3377
Núm trab. hombre (1)	1.1393	0.5940	3.6790	1	0.0551	0.0868	3.1246
Constante	-2.0686	0.7425	7.7620	1	0.0053		

La anterior tabla de ANOVA se puede interpretar en los siguientes términos, con un nivel de confianza de 97.26 por ciento:

- Es 3.40 veces más probable que los roles conyugales en el ámbito laboral sean conjuntos, antes que segregados (x), cuando *la relación que mantiene el hogar con el vecindario es de tipo extendido (y)*.

---

[36] En este caso, los éxitos corresponden a la categoría "relación extendida", mientras que los fracasos corresponden a la categoría "relación restringida".

- Es 3.66 veces más probable que más de una persona contribuya al gasto familiar, antes que sólo una (x), cuando *la relación que mantiene el hogar con el vecindario es de tipo extendido (y)*.
- Es 3.33 veces más probable que el hombre-cónyuge no haga salidas de tiempo libre solo, antes que sí las haga (x), cuando *la relación que mantiene el hogar con el vecindario es de tipo extendido (y)*.
- Es 3.12 veces más probable que el hombre-cónyuge tenga un solo trabajo, antes que tenga dos (x), cuando *la relación que mantiene el hogar con el vecindario es de tipo extendido (y)*.

8.3.4. Variable explicada: "relación restringida con el vecindario"

La variable que se explica en este modelo es "la relación del hogar con el vecindario", como se aclara más arriba; en este caso la relación se considera en función del número de hogares de vecinos con los que se establecen interacciones. Esta variable ha sido dicotomizada en dos categorías: "relación restringida" y "relación extendida". En este modelo se explica la categoría "relación restringida", lo que implica que las interacciones se limitan a un hogar de vecinos o ninguno.

Variables explicativas

Esfera laboral

x_1. Roles conyugales en el trabajo (variable dicotómica, 0: no conjuntos, 1: conjuntos, contraste la última: conjuntos). *Categoría explicada*: roles no conjuntos en el trabajo.

x_2. Número de trabajos del hombre-cónyuge (variable dicotómica, 1: uno, 2: dos, contraste la primera: uno). *Categoría explicada*: el hombre tiene dos trabajos.

Esfera familiar

x_3. Número de personas del hogar que contribuyen al gasto familiar (variable dicotómica, 1: una persona, 2: más de una persona, contraste la última: más de una persona). *Categoría explicada*: una sola persona contribuye al gasto familiar.

Esfera del tiempo libre

x_4. El hombre-cónyuge hace salidas de tiempo libre solo (variable dicotómica, 1: sí, 2: no, contraste la última: no). *Categoría explicada*: el hombre-cónyuge hace salidas de tiempo libre solo.

Esfera del entorno socioterritorial

x_5. Recibir ayuda de no miembros del hogar (variable dicotómica, 1: sí, 2: no, contraste la primera: sí). *Categoría explicada:* el hogar no recibe ayuda de no miembros del hogar.

x_6. Número de círculos sociales de los cónyuges (variable dicotómica, 0: desigual número de círculos para ambos cónyuges, 1: igual número de círculos para ambos cónyuges, contraste la primera: desigual número). *Categoría explicada:* igual número de círculos sociales para ambos cónyuges.

Esfera de la trayectoria residencial

x_7. Origen geográfico de la mujer (variable dicotómica, 1: rural, 2: urbano, contraste la última: urbano). *Categoría explicada:* origen rural de la mujer.

Interacciones

Interacción 1: x_1*x_6 (roles en el trabajo no conjuntos e igual número de círculos sociales en ambos cónyuges)

Interacción 2: x_1*x_3 (roles en el trabajo no conjuntos y una sola persona contribuye al gasto familiar)

Interacción 3: x_7*x_5 (origen rural de la mujer y no recibir ayuda de no miembros del hogar)

CUADRO 12

Distribución de los valores observados y predichos
de la variable explicada (y) en el modelo logístico núm. 4

		0	1	
		0	1	
0	0	129	17	88.36%
1	1	17	32	63.31% (éxitos)[37]
			Overall	82.56%

El cuadro de distribución de los valores observados y predichos muestra que el modelo explica 65.31% de la variable explicada en la categoría escogida (relación restringida con el vecindario). Explica 32 casos de un total de 49.

[37] En este caso, los éxitos corresponden a la categoría "relación restringida", mientras que los fracasos corresponden a la categoría "relación extendida".

CUADRO 13

Tabla de ANOVA del modelo logístico núm. 4

Variable	Variables en la ecuación						
	B	SE	Wald	df	Sig	R	Exp(B)
Tiempo libre							
hombre (1)	1.4841	0.4765	9.7003	1	0.0018	0.1871	4.4111
Origen mujer (1)	2.4950-	1.1531	4.6815	1	0.0305	0.1104	12.1213
Núm. trab.							
hombre (1)	1.4122	0.6187	5.2096	1	0.0225	0.1208	4.1051
Ayuda n/miembros							
del hogar (1)	2.7918	1.1453	5.9425	1	0.0148	0.1339	16.3107
Inter. 1	1.3524	0.4768	8.0452	1	0.0046	0.1658	3.8668
Inter. 2	1.7743	0.4332	16.7732	1	0.0000	-0.2592	5.8959
Inter. 3	-2.4313	1.2448	3.8145	1	0.0508	-0.0908	0.0879
Constante	-5.5439	1.1960	21.4874	1	0.0000		

	Variables que no están en la ecuación				
Residual Chi Square	3.722 with	3 df	Sig =		0.2931
Variable	Score	df	Sig		R
Núm. circ. soc. (1)	1.0985	1	0.2946		0.0000
Roles trabajo (1)	0.0446	1	0.8328		0.0000
Núm. pers. gasto (1)	0.4013	1	0.5264		0.0000

La anterior tabla de ANOVA se puede interpretar en los siguientes términos, con un nivel de confianza de 65.31 por ciento:

- Es 4.41 veces más probable que el hombre-cónyuge haga salidas del tiempo libre solo, antes que no las realice (x), cuando *la relación con el vecindario es restringida (y)*.
- Es 12.12 veces más probable que la mujer-cónyuge sea de origen rural antes que urbano (x), cuando *la relación con el vecindario es restringida (y)*.
- Es 16.31 veces más probable que el hogar no reciba ayuda de no miembros del hogar, antes que la reciba (x), cuando *la relación con el vecindario es restringida (y)*.
- Es 4.10 veces más probable que el hombre-cónyuge tenga dos trabajos antes que uno solo (x), cuando *la relación con el vecindario es restringida (y)*.
- Es 3.86 veces más probable que los roles conyugales en el trabajo sean no conjuntos (segregados) antes que conjuntos, al tiempo que es igual el número de círculos sociales de ambos cónyuges (x), cuando *la relación con el vecindario es restringida (y)*.

- Es 5.89 veces más probable que los roles conyugales en el trabajo sean no conjuntos (segregados) antes que conjuntos, al tiempo que una sola persona es la que sostiene el gasto familiar (x), cuando *la relación con el vecindario es restringida (y)*.
- Es 0.08 veces menos probable que la mujer-cónyuge sea de origen rural antes que urbano, al tiempo que el hogar no reciba ayuda de no miembros del hogar (x), cuando *la relación con el vecindario es restringida (y)*.

8.3.5. Variable explicada: "interacción distante con el vecindario, sólo el saludo"

La variable que se explica en este modelo es "la naturaleza de la interacción del hogar con el vecindario", como ya se señaló anteriormente; en este caso la relación se considera en función de su naturaleza, en cierta forma, podríamos decir que esto implica considerar el nivel de profundidad de las interacciones con el vecindario. Esta variable ha sido dicotomizada en dos categorías: "interacción distante" e "interacción cercana", en donde la categoría distancia social nos está sirviendo para diferenciar niveles de profundidad en la interacción. En este modelo se explica la categoría "interacción distante", lo que implica que las interacciones se limitan al saludo.

Variables explicativas

Esfera laboral

x_1. Roles conyugales en el trabajo (variable dicotómica, 0: no conjuntos, 1: conjuntos, contraste la primera: no conjuntos). *Categoría explicada*: roles conjuntos en el trabajo.

x_2. Número de trabajos del hombre (variable dicotómica, 1: uno, 2: dos, contraste la última: dos trabajos). *Categoría explicada*: el hombre tiene un solo trabajo.

Esfera del tiempo libre

x_3. Actividades del tiempo libre individuales del hombre (variable dicotómica, 1: sí, 2: no, contraste la primera: sí). *Categoría explicada*: el hombre no hace salidas del tiempo libre solo.

Esfera del entorno socioterritorial

x_4. Parientes que trabajen fuera del país (variable dicotómica, 1: sí, 2: no, contraste la primera: sí). *Categoría explicada*: El hogar no tiene parientes que trabajen fuera del país.

Esfera de la trayectoria residencial

x_5. Número de momentos en la trayectoria residencial del hogar (variable métrica).

x_6. Residencia anterior a la actual de tipo urbana (variable dicotómica, 0: urbana, 1: rural, contraste la última: rural). *Categoría explicada*: residencia anterior del hogar de tipo urbano.

Interacciones

Interacción 1: x_5 * x_6 (número de momentos en las trayectorias residenciales y residencia anterior urbana).

CUADRO 14

Distribución de los valores observados y predichos de
la variable explicada (y) en el modelo logístico núm. 5

		0	1	
		0	1	
0	0	12	44	21.43%
1	1	10	117	92.13% (éxitos) [40]
			Overall	70.49%

El cuadro de distribución de valores observados y predichos muestra que el modelo explica 92.13% de la variable explicada en la categoría escogida (interacción distante con el vecindario). Explica 117 casos de un total de 127.

CUADRO 15

Tabla de ANOVA del modelo logístico núm. 5

Variable	Variables en la ecuación						
	B	*SE*	*Wald*	*df*	*Sig*	*R*	*Exp(B)*
Roles trab. (1)	0.9384	0.4083	5.2832	1	0.0215	0.1207	2.5560
Núm. resid. anteriores	-0.8264	0.3254	6.4504	1	0.0111	-0.1405	0.4376
Tpo. libre hombre(1)	0.8382	0.3590	5.4529	1	0.0195	0.1238	2.3123
Parientes ext. (1)	1.1140	0.5190	4.6074	1	0.0318	0.1076	3.0464
Inter. 1	0.5821	0.2780	4.3857	1	0.362	0.1029	1.7898
Núm. trab. hombre (1)	1.0717	0.5728	3.5008	1	0.0613	0.0816	2.9205
Constante	-1.2820	0.9565	1.7963	1	0.1802		

[38] En este caso, los éxitos corresponden a la categoría "interacción distante con el vecindario", mientras que los fracasos corresponden a la categoría "interacción cercana con el vecindario".

Variables que no están en la ecuación				
Residual Chi Square	0.989 *with*	1 *df*	*Sig* =	0.3199
Variable	*Score*	*df*	*Sig*	*R*
Residencia	0.9892	1	0.3199	0.0000
Anterior				
Urbana (1)				

La anterior tabla de ANOVA se puede interpretar en los siguientes términos, con un nivel de confianza de 92.13 por ciento:

- Es 2.55 veces más probable que los roles conyugales en el trabajo sean conjuntos antes que segregados (x), cuando *la interacción con el vecindario es distante (y)*.
- Por cada momento más que se agrega en la trayectoria residencial del hogar (x), es 0.43 veces menos probable que *la interacción con el vecindario sea distante (y)*.
- Es 2.31 veces más probable que el hombre-cónyuge no realice salidas del tiempo libre solo antes que las haga (x), cuando *la interacción con el vecindario es distante (y)*.
- Es 3.04 veces más probable que el hogar no tenga parientes que trabajen fuera del país (x), cuando *la interacción con el vecindario es distante (y)*.
- Por cada momento más que se agrega en la trayectoria residencial del hogar, al tiempo que la residencia anterior del hogar haya sido en el Área Metropolitana de la Ciudad de México (x), es 1.78 veces más probable que *la interacción con el vecindario sea distante (y)*.
- Es 2.92 veces más probable que el hombre-cónyuge tenga un solo trabajo, antes que dos (x), cuando *la interacción con el vecindario es distante (y)*.

8.3.6. Variable explicada: "interacción cercana con el vecindario, conversaciones y reuniones"

La variable que se explica en este modelo es "la naturaleza de la interacción del hogar con el vecindario", como ya se señaló anteriormente; en este caso la relación se considera en función de su naturaleza, dicotomizada en "interacción distante" e "interacción cercana". En este modelo se explica la categoría "interacción cercana", lo que implica que las interacciones van más allá del saludo, se realizan reuniones y conversaciones informales.

Variables explicativas

Esfera laboral

x_1. Número de trabajos del hombre (variable dicotómica, 1: uno, 2: dos, contraste la primera: uno). *Categoría explicada:* el hombre tiene dos trabajos.

x_2. Horas trabajadas al día por el hombre-cónyuge (variable métrica).

Esfera familiar

x_3. Roles conyugales domésticos segregados en la atención de los hijos (variable dicotómica, 0: segregados, 1: conjuntos, contraste la última: conjuntos). *Categoría explicada:* roles conyugales segregados en la atención de los hijos.

Esfera del tiempo libre

x_4. Actividades del tiempo libre individuales del hombre (variable dicotómica, 1: sí, 2: no, contraste la primera: sí). *Categoría explicada:* el hombre no hace salidas de tiempo libre solo.

Esfera del entorno socioterritorial

x_5. Parientes en el Valle de Chalco (variable dicotómica, 1: sí, 2: no, contraste la última: no). *Categoría explicada:* el hogar tiene parientes que trabajen fuera del país.

x_6. Número de familias de parientes en el Valle de Chalco (variable métrica).

Esfera de la trayectoria residencial

x_7. Origen de la mujer-cónyuge (variable dicotómica, 1: rural, 2: urbano, contraste la última: urbano). *Categoría explicada:* la mujer-cónyuge es de origen rural.

Interacciones

Interacción 1: $x_3 * x_4$ (roles conyugales segregados en la atención de los hijos y ausencia de salidas de tiempo libre del hombre solo).

Interacción 2: $x_3 * x_7$ (roles conyugales segregados en la atención de los hijos y mujer-cónyuge de origen rural).

CUADRO 16
Distribución de los valores observados y predichos de
la variable explicada (y) en el modelo logístico núm. 6

		0	1	
		0	1	
0	0	41	9	82.00%
2	2	12	25	67.57% (éxitos)[39]
			Overall	75.86%

El cuadro de distribución de los valores observados y predichos
muestra que el modelo explica 67.57% de la variable explicada para
la categoría escogida (interacción cercana con el vecindario). Explica 25 casos de un total de 37.

CUADRO 17
Tabla de ANOVA del modelo logístico núm. 6

	Variables en la ecuación						
Variable	B	SE	Wald	df	Sig	R	Exp(B)
Núm. hr/trab./hom. (1)	-0.3744	0.1537	5.9355	1	0.0148	-0.1821	0.6877
Núm. trab homb. (1)	2.5072-	1.0146	6.1067	1	0.0135	0.1860	12.2709
Núm. parien. Valle	-0.3273	0.1676	3.8160	1	0.0508	-0.1237	0.7208
Roles dom. (1)	-3.0314	1.1367	7.1121	1	0.0077	-0.2076	0.0482
Inter. 1	2.2969	0.9464	5.8905	1	0.0152	0.1811	9.9435
Inter. 2	1.6126	0.7089	5.1742	1	0.0229	0.1636	5.0159
Constante	3.6393	1.5822	5.2910	1	0.0214		

Variables que no están en la ecuación					
Residual Chi Square	1.803 with	3 df	Sig =		0.6143
Variable	Score	df	Sig		R
Parientes en el Valle (1)	0.2904	1	0.5900		0.000
Origen mujer (1)	0.7987	1	0.3715		0.000
Tiempo libre hombre (1)	0.2432	1	0.6219		0.000

La anterior tabla de ANOVA se puede interpretar en los siguientes
términos, con un nivel de confianza de 67.57 por ciento:

[39] En este caso, los éxitos corresponden a la categoría "interacción cercana con
el vecindario", mientras que los fracasos corresponden a la categoría "interacción
distante con el vecindario".

- Por cada hora más trabajada diariamente por el hombre-cónyuge (x), es 0.68 veces menos probable que *la interacción con el vecindario sea cercana (y)*.
- Es 12.27 veces más probable que el hombre-cónyuge tenga dos trabajos antes que uno (x), cuando *la interacción con el vecindario es cercana (y)*.
- Por cada familia de parientes que reside en el Valle de Chalco(x), es 0.72 veces menos probable que *la interacción con el vecindario sea cercana (y)*.
- Es 0.04 veces menos probable que los roles conyugales domésticos en la atención de los hijos sean segregados, antes que conjuntos(x_3), cuando *la interacción con el vecindario es cercana (y)*.
- Es 9.94 veces más probable que los roles conyugales en la atención de los hijos sean segregados, al tiempo que el hombre-cónyuge no hace salidas de tiempo libre solo (x), cuando *la interacción con el vecindario es cercana (y)*.
- Es 5.01 veces más probable que los roles conyugales en la atención de los hijos sean segregados, al tiempo que la mujer-cónyuge es de origen rural (x), cuando *la interacción con el vecindario es cercana (y)*.

8.4. La construcción de los datos cualitativos
A PARTIR DE LOS RELATOS DE VIDA

La estrategia analítica cualitativa que presentamos en este apartado metodológico muestra la forma en que nos enfrentamos a los textos, resultantes de la transcripción de los discursos producidos en las entrevistas. El análisis cualitativo lo hemos orientado como análisis de contenido de tipo interpretativo. Esto requiere dos aclaraciones, una respecto al análisis de contenido y otra, en relación a lo interpretativo. La decisión por el análisis de contenido se debe a que nos ha permitido recuperar la dimensión subjetiva, el sentido, lo simbólico, sin dejar de lado las prácticas cotidianas. La segunda aclaración, es que la perspectiva interpretativa ha significado que los textos originados a través de las entrevistas no han sido objeto de ningún tipo de cuantificación, sino que los analizamos como una expresión significativa de la realidad social que estudiamos, por reconocerlos como significativos buscamos interpretarlos.[40] Esta aclaración es necesaria debido a que, aun cuando todos los autores que recurren al análisis de contenido coinciden en su capacidad para captar la subjetividad, lo que no es generalizado es el análisis de contenido en términos cualitativos e interpretativos. Por el contrario, la corriente tradicional ha sido la que lo concibe de manera cuantitativa.[41] A continuación sistematizamos los procedimientos analíticos seguidos.

8.4.1. La elaboración de los esquemas analíticos

El análisis de contenido, entre otras cosas, se caracteriza porque entre el texto (resultante de la transcripción en nuestro caso)[42] y el nivel interpretativo de los significados construidos por el investigador, se interpone un nivel analítico que supone la construcción de un instrumento que integre los ejes teóricos desde los cuales se quiere realizar el trabajo interpretativo, a la luz de lo que plantean los textos.

En esta perspectiva cualitativa, la primera tarea a la cual nos abocamos fue la elaboración de dos esquemas analíticos desde los cuales hemos leído cada uno de los textos, no obstante, la elaboración de estos esquemas también exigió repetidas lecturas de los textos. Estos esquemas no son otra cosa que la sistematización de

---

[40] Toda vez que hablemos de "textos" en este apartado —tal como se acostumbra en el análisis de contenido— lo estamos haciendo en referencia a los textos originados en la transcripción de las narraciones elaboradas por los entrevistados.

[41] Conviene mencionar que, incluso dentro de los cuantitativistas del análisis de contenido hay distintas líneas, ya que unos sostienen que el análisis de contenido cuantitativo debe limitarse al sentido manifiesto, como lo ha hecho Berelson, uno de los autores clásicos del tema. Mientras que Krippendorff y Bardin representan la línea opuesta, que defiende el análisis de contenido cuantitativo, pero enfatizando lo oculto, el sentido latente y la inferencia. De todo ello podemos concluir, que si dentro del análisis de contenido cuantitativo se pueden notar estas divergencias centrales, no se puede esperar menos heterogeneidad en el análisis de contendido de corte cualitativo. Krippendorff, Klaus (1990). Berelson, Bernard (1952). Bardin, Lawrence (1977).

[42] Hacemos esta aclaración ya que el análisis de contenido también puede ser aplicado a documentos que se originan bajo la forma escrita, lo que no es el caso de una entrevista biográfica, que en el momento de su producción es bajo la forma oral y sólo después de la primera transformación se constituye en texto escrito. Además de esta aclaración, hay que tener en cuenta que el análisis de contenido también se puede realizar sobre documentos no escritos, por ejemplo pinturas y otros materiales iconográficos.

ejes de lectura, vale decir, lo que hicimos fue sistematizar las dimensiones que se iban a buscar en las narraciones elaboradas por las personas. En otras palabras, construimos unos filtros que fueron interpuestos a la lectura de los textos, que permitían formular interrogantes específicos a los textos. Evidentemente, tomar esto como punto de partida significa reconocer explícitamente que el análisis de contenido cualitativo requiere partir de intereses teóricos claramente especificados, aunque también éstos son puestos a prueba desde las primeras lecturas de los textos.[43]

La elaboración de estos esquemas supuso una reflexión previa: ¿desde qué ángulo social se iban a hacer estas lecturas interpretativas? Nuestra decisión fue que las haríamos desde los individuos portadores de lo social, con la especificidad de que son individuos-cónyuges que viven en un contexto familiar, que a su vez está inserto en un entorno socioterritorial, que denominamos vecindario, y que cuentan con un acervo de conocimientos tipificados, que han sido acumulados a lo largo de las trayectorias de vida individuales y familiares, por la sedimentación de las distintas experiencias vividas.[44] Esta respuesta se desprende de la posición desde la cual hemos construido nuestro objeto de estudio.

El primero de los esquemas analíticos recoge las dimensiones que se utilizaron para el análisis de los sistemas parciales de prácticas cotidianas, conformados a partir del análisis cuantitativo. En consecuencia, con esta interpretación se busca la integración de los ámbitos de la vida cotidiana en una totalidad que identificamos como "los sistemas de prácticas cotidianas" (cuadro 18). En términos metodológicos, esta estrategia supone un enlace entre el análi-

---

[43] Para ilustrar esta posición podemos recordar que Ruiz Olabuénaga y María Antonia Ispizúa resumen tres situaciones en las que se suele encontrar el investigador cuando se enfrenta a la instancia del análisis de contenido. La primera es tener clara la matriz de análisis, pero no haber obtenido los textos adecuados (los relatos, en nuestro caso). La segunda, es tener los textos, pero no haber construido una matriz de análisis. Por último, está la situación en la que el investigador tiene la matriz de análisis y tiene los textos (los relatos). Estos autores destacan que solamente cuando el investigador está en la tercera situación se encuentra en condiciones de emprender un análisis de contenido con garantías de validez y confiabilidad. Ruiz Olabuénaga, José Ignacio y María Antonia Ispizúa (1989), p. 192.

[44] Esta respuesta buscó la coherencia con la perspectiva fenomenológica general que hemos pretendido seguir.

sis cuantitativo y el cualitativo, que la ubica dentro de un particular tipo de "triangulación".[45]

Cuadro 18
Esquema analítico de los sistemas de prácticas cotidianas

1. Ámbito del trabajo
2. Ámbito familiar
3. Trayectoria residencial
4. Parentela
5. Entorno socioterritorial: barrio
6. Tiempo libre
7. Esfera de las valoraciones
   Respecto al trabajo
   Respecto al Valle de Chalco
   Respecto a la ciudad
   Respecto al vecindario
   Otras

Es necesario destacar que de las siete esferas consideradas en este primer esquema analítico, sólo las primeras seis también fueron empleadas en el análisis de la información cuantitativa. La esfera de las valoraciones que incluimos en esta primera lectura de las narraciones fue incorporada porque es lo que nos ha permitido integrar las anteriores esferas, referidas a cuestiones materiales, o materializadas. Así, estamos aceptando la perspectiva interpretativa según la cual las "cosas sociales" son comprensibles si se las plantea como acciones sociales (lo que en nuestro caso han sido las prácticas cotidianas), y éstas son comprensibles por "el sentido" (la esfera valorativa) que viene asociado al propósito ("el para") y también por la causa o razón ("el por qué").[46]

---

[45] Denzin, Norman (1978).

[46] "Los motivos "para" están dominados por el tiempo futuro; los motivos "porque", por el pasado. Cuando ahora proyecto mi acción, soy consciente de mis motivos "para"; en verdad, precisamente estos motivos instigan mi acción; pero los motivos "porque" que podrían explicar ciertos aspectos de mi proyectar, sus condiciones causales, permanecen ocultos y marginales para mi conciencia. Estas diferencias temporales conducen a una diferenciación más amplia: los motivos "para" forman una categoría subjetiva; los motivos "porque", una categoría objetiva". Natanson, Maurice (1974), p. 26.

CUADRO 19

Esquema analítico de la invención/reproducción de la vida cotidiana

Casos	Dimensión social					Dimensión temporal				Dimensión espacial				Pautas generales	
	Relación yo-tú laboral (roles conyugales)	Relación yo-tú doméstica (roles conyugales)	Relación nosotros (el lugar)	Relación nosotros ellos (el vecindario)	Relación nosotros-ellos (la parentela)	Horizontes de tiempo	Ciclo cotidiano	Ritmos temporales	Temporalidades cotidianas	Dimensiones proxémicas	Sentido del lugar	Apropiación del espacio de la vivienda	Apropiación del espacio barrial	Clave gral.	Dimensión más fuerte
Relato núm. 1															
Relato núm. 2															
Relato núm. 3															
...															
						Primeras interpretaciones									
...															
Relato núm. 22															
...															

El segundo esquema analítico con el que hemos realizado una lectura de los relatos de vida se ha conformado por tres dimensiones: la dimensión social, la dimensión espacial y la dimensión temporal (cuadro 19).[47] Este esquema analítico fue el más importante para el análisis, en tanto que el primero de ellos, sólo cumplió la función de permitirnos ingresar en el análisis cualitativo, fue como una bisagra de vinculación con el análisis cuantitativo. Por su parte, cada una de las dimensiones del segundo esquema contempla varios ejes. En todos los casos (dimensiones y ejes), las unidades han sido los individuos, vale decir, cada uno de los cónyuges entrevistados. Esto muestra que estamos sosteniendo nuestro enfoque a partir de los individuos, considerando que son individuos que constituyen parejas y éstas se integran en hogares, donde la pareja y el hogar devienen en contextos de significado, contextos en los que toman sentido buena parte de las prácticas cotidianas. A su vez, los hogares se insertan en ámbitos vecinales y de parientes, que también sirven para conformar sentidos. De esta forma, nos planteamos el análisis a partir de los individuos (cónyuges), pero en relación con los "otros". Esta concepción tiene detrás la perspectiva proxémica según la cual los individuos en sus interacciones delimitan distintos perímetros de seguridad, conformando las distancias sociales y afectivas, a partir de su particular posición espacio-temporal.

8.4.2. La lectura horizontal: las primeras interpretaciones

Una vez definidos ambos esquemas, nos dedicamos a la tarea de comenzar la interpretación. Sistemáticamente, el primer paso seguido ha sido la realización de una lectura interpretativa de tipo horizontal, esto es, entrevista por entrevista, y en cada una de ellas procedimos a interpretar cada eje. El paso siguiente fue la lectura

---

[47] Estas tres dimensiones corresponden con las tres vías señaladas para abordar la vida cotidiana, como se plantea en el capítulo 2, apartado 2.2.2. En la definición de estas dimensiones nos ha resultado particularmente sugerente el trabajo de Christian Lalive d'Epinay, aunque para el caso de los ejes temporales y espaciales hemos seguido nuestros propios criterios. Lalive d'Epinay, Christian (1990), pp. 37-68.

vertical de cada uno de los ejes interpretativos en el conjunto de los relatos.[48] El primer paso, la lectura horizontal de cada texto, implicó interpretar las narraciones de las personas, interponiendo el filtro de los anteriores esquemas analíticos. El resultado de ello fue la obtención de cuatro fichas analíticas para cada entrevista (la resultante del primer esquema, la ficha de la dimensión social, la de la dimensión espacial y la correspondiente a la dimensión temporal). En cada ficha se registraron nuestras interpretaciones, con las que se buscó el sentido de las prácticas, para cada uno de los respectivos ejes.

El material producido —interpretaciones por eje— fue organizado en una matriz interpretativa general, en la cual los renglones correspondieron a los individuos (las narraciones), mientras que en las columnas se registraron las dimensiones analíticas divididas en sus respectivos ejes.[49] En cada celda se registraron nuestras propias interpretaciones generadas para cada eje de análisis, en el respectivo caso.[50]

De esta forma construimos una primera matriz interpretativa, en la que lo que registramos no fueron extractos de los discursos de las personas sino elaboraciones nuestras, en las cuales buscamos articular el sentido de las experiencias vividas por cada uno de los sujetos, a la luz de nuestras categorías teóricas. Por ello, muchas de nuestras interpretaciones no se pueden justificar a partir de un párrafo preciso (no se limitan al nivel sintáctico), sino que resultan de "muchos párrafos" o del estilo del conjunto de la narración, o incluso de lo no dicho. Ésta es la razón por la cual no estamos ejemplificando constantemente con segmentos de los discursos. De esto se evidencia que la interpretación no es un simple procedi-

---

[48] En la definición de las estrategias vertical y horizontal, seguimos a Poirier, J., S. Clapier-Valladon y P. Raybaut (1983), pp 150-202, además de otros autores.

[49] A este esquema lo estamos denominando "matriz interpretativa", aunque no es exactamente lo que en términos cuantitativos se conoce como matriz de doble entrada.

[50] El término "esquema interpretativo" lo empleamos para referir a los ejes de lectura, mientras que el de "matriz interpretativa" lo reservamos para el anterior esquema interpretativo pero con los contenidos resultantes de la lectura interpretativa. El esquema interpretativo está vacío de los contenidos particulares, mientras que la matriz interpretativa es el esquema, pero una vez que ha sido completado con los contenidos particulares.

miento de reducción sino una condensación que busca sentidos socialmente compartidos.

Esto último significa que ese registro interpretativo supuso un primer paso en un proceso de producción o construcción del dato cualitativo, con el cual intentamos iniciar el proceso de fusión "teoría-realidad", a partir de la interpretación teórica de los discursos de las personas.

8.4.3. La lectura vertical: la categorización densa

El paso siguiente significó iniciar la lectura vertical (a lo largo de cada columna), vale decir, se tomaron todas las interpretaciones de un mismo eje analítico para proceder a transformar las interpretaciones anteriores en categorías interpretativas. En otras palabras, iniciamos un proceso de "síntesis" interpretativa. Esto significó que si en la primera matriz interpretativa se tenían 22 interpretaciones diferentes para cada eje, este segundo paso redujo las 22 interpretaciones a un número menor de categorías interpretativas.

Por ejemplo, para el eje analítico "horizontes de tiempo" de la dimensión temporal del segundo esquema interpretativo, se contaba con 22 interpretaciones diferentes, a partir de las cuales se construyeron tres categorías complejas en las que se expresaron sintéticamente esas 22 interpretaciones. Así, para el ejemplo citado de los horizontes de tiempo se construyeron las siguientes categorías densas o complejas:

- Futuro como proyecto de progreso.
- Presente construido.
- Presente en la sobrevivencia, no construido.

En alguna forma, podríamos asemejar este proceso a una "codificación cualitativa"; aunque preferimos hablar de categorías densas, que evidentemente no deben de cumplir con los requisitos de los códigos cuantitativos ser excluyentes y exhaustivos.[53]

---

[51] Con relación a la codificación cualitativa —como en muchos otros aspectos de la metodología cualitativa— no hay un acuerdo respecto a si los códigos deben ser o no excluyentes y exhaustivos, como ocurre en la codificación cuantitativa. En referencia a nuestra posición nos remitimos a Deslauries, Jean-Pierre (1991), pp.

Para darle profundidad a la advertencia anterior, señalemos que los códigos cuantitativos conducen a un proceso de simplificación por tomar en cuenta nada más que un aspecto del fenómeno social en cuestión. Por ejemplo, cuando un individuo trabajador es codificado cuantitativamente como asalariado, se está considerando sólo el tipo de inserción laboral, y no así la actividad, su horario de trabajo, su antigüedad, o muchas otras dimensiones que hacen a la condición de trabajador. En este caso, la definición de un código de "trabajador asalariado" y otro de "trabajador por su cuenta", cumplen con la condición de ser mutuamente excluyentes y también con la exhaustividad, ya que no hay otra opción posible.

Cuando "codificamos" —aunque no concordamos con el término— cualitativamente, la categoría resultante no es una categoría simple (en tanto dé cuenta de una sola dimensión) como en el anterior ejemplo, sino densa, en el sentido de que puede estar expresando distintas cosas, precisamente por el proceso de "condensación" interpretativa que realizamos. La condensación cualitativa no puede ser confundida con el proceso de recorte exacto que se hace con el código cuantitativo. Este proceso de condensación tampoco puede ser equiparado al de construcción de variables complejas, usual en el análisis cuantitativo, ya que ese proceso se funda en la agregación, aun cuando sea una agregación compleja. Es por este carácter denso, propio de las categorías cualitativas, por lo que resulta muy difícil sostener la pertinencia de que sean excluyentes y exhaustivas. Lo excluyente y exhaustivo se opone a lo denso en su misma esencia.[52] Todo lo anterior, creemos que es una diferencia fundamental entre la codificación cuantitativa y la categorización densa cualitativa.

71-74. Como referencia de la posición opuesta citamos a Ruiz Olabuénaga, José Ignacio y María Antonia Ispizúa (1989), pp. 181-218.

[52] En principio, no estamos hablando de categorías densas en el sentido en el que Clifford Geertz habla de "descripción densa", concepto que es tomado de Gilbert Ryle. La descripción densa de Geertz es una referencia a la descripción etnográfica, en la cual el investigador construye un relato que articula situaciones y eventos (prácticas situadas), con sentidos interpretados por el investigador, tanto en razón de "motivos porque" como de "motivos para". Nuestras "categorías densas", directamente reconocen una diferencia con la descripción densa porque lo nuestro no es un relato, sino categorías; aunque se acerca a la perspectiva de Geertz en cuanto a que son categorías que conllevan sentidos interpretados por el investigador, se alejan en la forma y en la síntesis que suponen. Geertz, Clifford (1996), pp. 20-24.

Regresando a nuestra lectura vertical, densa y categorizadora, señalemos que nos permitió obtener una segunda matriz interpretativa, la cual supuso un considerable proceso de síntesis respecto a la anterior, porque los contenidos de las celdas comenzaron a acercarse, pero no por simplificación, ya que las categorías cualitativas que elaboramos han sido "densas"; la síntesis operó por interpretación categorizadora. Sintetizando los pasos hasta aquí recorridos, diremos que primero elaboramos los esquemas interpretativos (2); luego, una matriz interpretativa y por último, una matriz de categorías interpretativas.

El proceso de categorización interpretativa supuso una reducción del número de palabras, pero buscando los sentidos. Precisamente, ésa es la razón por la que la condensación no puede ser confundida con la simplificación que aísla aristas del fenómeno social (como en el análisis cuantitativo). Al "condensar buscando sentidos", no fue posible aislar, ya que los individuos no construyen el sentido de cada una de sus prácticas sobre la práctica en sí misma o sobre una dimensión precisa de su vida. Por ejemplo, cuando encontramos la práctica de limitar el trato con los vecinos al saludo, el sentido de la práctica fue el "evitar problemas". Sin embargo, ¿cómo se construye este sentido?, ¿se construye con referencia a la práctica misma? Nuestra respuesta es negativa. Ese sentido se construye con referencia a múltiples experiencias residenciales —que incluyen los movimientos migratorios— a lo largo de la trayectoria de vida familiar, aunque también se construye con relación a las estrategias de sobrevivencia y de progreso del hogar que, por las tipificaciones disponibles en el acervo de conocimiento, conciben las interacciones con el vecindario como desviaciones de los objetivos básicos del hogar.

Un ejemplo más o menos claro de esta complejidad se puede observar en las tres categorías interpretativas que identificamos para el sentido del lugar:

- El mundo urbano no alcanzado
- El tránsito al mundo urbano
- Al margen del mundo urbano

En las tres categorías se articulan varios referentes inmediatos y profundos, así como varios aspectos de la imagen resultante.[53] Las tres categorías del sentido del lugar que construimos son categorías densas, porque expresan varios aspectos de un fenómeno y relaciones entre ellos. A continuación presentamos las categorías que construimos para cada eje analítico.

8.4.3.1. Las categorías de la dimensión temporal[54]

i. Horizontes de tiempo
Futuro como proyecto de progreso
Presente construido
Presente en la sobrevivencia, no construido

ii. Ciclo cotidiano
La invención imaginaria: la ilusión del pequeño consumo
La invención en las prácticas:
   a) Fragmentación del tiempo para el progreso material
   b) Fragmentación del tiempo por el compromiso social y comunitario
   c) Fragmentación del espacio para la sobrevivencia
   d) Fragmentación del tiempo y el espacio, en dos mundos
La no invención rutinaria

iii. Ritmos temporales
Intensidad temporal constante
Articulación de tiempos fuertes (trabajo) y tiempos débiles intersticiales (ocio)
Articulación de tiempos fuertes y tiempos débiles demarcados espacialmente
Dominio de tiempos fuertes
Articulación de tiempos fuertes y tiempos débiles demarcados temporalmente (no trabajo)

iv. Temporalidades cotidianas
Unicidad temporal
Multiplicidad temporal
Dualidad temporal

---

[53] Para ello nos remitimos al esquema correspondiente del capítulo 5.
[54] Estas categorías se analizan teóricamente en el apartado 4.4.1 del capítulo 4.

8.4.3.2. Las categorías de la dimensión espacial[55]

i. Dimensiones proxémicas
Concentración en el espacio vivencial con desplazamientos externos reducidos
Concentración en el espacio hogar/trabajo
Dispersión espacial de la existencia
Dualización espacial de la existencia

ii. Sentido del lugar
El mundo urbano no alcanzado
  a) Carencias urbanas
  b) Escasas distancias sociales
  c) Pobreza extendida
El tránsito al mundo urbano
  a) Proceso de consolidación urbana
Al margen del mundo urbano
  a) Ausencia de agresión metropolitana
  b) Igualdad en la pobreza

iii. Apropiación del espacio vivencial
Progreso asociado a la propiedad de la vivienda (perspectiva socioeconómica)
Ubicación comercial (perspectiva socioeconómica)
Autonomía otorgada por la propiedad de la vivienda (perspectiva individual-familiar)
Logro expresado en vivienda propia (perspectiva individual-familiar)

iv. Apropiación del espacio barrial
Ausencia de apropiación barrial
Conocimiento-acostumbramiento que da seguridad
Trabajo y espíritu comunitario
Pertenencia por la localización comercial

---

[55] Estas categorías se analizan teóricamente en el apartado 4.4.2 del capítulo 4.

8.4.3.3. Las categorías de la dimensión social[56]

i. Relación yo-tú (los roles conyugales en el trabajo)
Conjunción conyugal
Complementariedad conyugal
Segregación conyugal

ii. Relación yo-tú (los roles conyugales en el ámbito doméstico)
Conjunción conyugal
Complementariedad conyugal
Segregación solidaria
Segregación no solidaria

iii. Relación nosotros-nosotros (el hogar)
La complementariedad para la sobrevivencia
La cooperación para sostener el progreso alcanzado
El hogar como motivo del proyecto de progreso
Ámbito autocontenido y cerrado, creador de sentido de la vida
cotidiana

iv. Relación nosotros-ellos (el vecindario)
La distancia social como protección
La distancia social inversa a la distancia física
La distancia social directa a la distancia física
La unidad como progreso y compromiso comunitario

v. Relación nosotros-ellos (la parentela)
Distancia social y afectiva
Solidaridad, cooperación y cercanía social y afectiva
La distancia socioafectiva inversa a la distancia física
La distancia socioafectiva directa a la distancia física
La construcción de las diferencias sociales

Finalmente, resta señalar que si bien estas categorías fueron utilizadas en la segunda matriz interpretativa, no todas ellas fueron recuperadas en la tipología. A continuación presentamos la segunda matriz interpretativa categorizada y dividida en sus tres dimensiones: temporal (cuadro 20), social (cuadro 21) y espacial (cuadro 22).[57]

[56] Estas categorías se analizan teóricamente en el apartado 4.2 del capítulo 4.
[57] En estos tres cuadros, los casos no los hemos ordenado numéricamente sino que los agrupamos de acuerdo con los tres patrones identificados.

CUADRO 20

Matriz interpretativa categorizada (2da). Dimensión temporal

Casos	Horizontes de tiempo	Ciclo cotidiano	Ritmos temporales	Temporalidades cotidianas
3	Futuro como proyecto de progreso	3 Invención en las prácticas de fragmentación del tiempo para el progreso material	3 Dominio de tiempos fuertes p/mujer Tiempos fuertes y débiles demarcados temporalmente para el hombre	3 Tres temporalidades para la mujer y dos para el hombre
8	Futuro como proyecto de progreso	8 Invención en las prácticas de fragmentación del tiempo por compromiso social y comunitario	8 Dominio de tiempos fuertes p/mujer Tiempos fuertes y débiles demarcados temporalmente para el hombre	8 Multiplicidad de tiempos vividos p/mujer y dos p/hombre
9	Futuro como proyecto de progreso	9 Invención en las prácticas de fragmentación del tiempo por compromiso social y comunitario	9 Dominio de tiempos fuertes p/mujer Tiempos fuertes y débiles demarcados temporalmente para el hombre	9 Multiplicidad de tiempos vividos p/mujer y dos p/hombre
10	Presente en la sobrevivencia, no construido	10 Invención en las prácticas de fragmentación del espacio para la sobrevivencia	10 Articulación de tiempos fuertes y tiempos débiles intersticiales mujer y demarcados temporal para hombre	10 Unicidad temporal mujer y tres para el hombre
16	Presente construido	16 Invención en las prácticas de fragmentación del tiempo por compromiso social y comunitario	16 Articulación de tiempos fuertes y tiempos débiles demarcados temporal (no obligación) ambos	16 Multiplicidad de tiempos vividos ambos
17	Presente en la sobrevivencia, no construido	17 Invención en las prácticas de fragmentación del espacio para la sobrevivencia	17 Articulación de tiempos fuertes y tiempos débiles demarcados temporal (no obligación) ambos	17 Unicidad temporal mujer y dos para el hombre
19	Presente construido	19 Invención en las prácticas de fragmentación del tiempo por compromiso social y comunitario	19 Articulación de tiempos fuertes (trabajo) y tiempos débiles intersticiales (ocio) ambos	19 Unicidad temporal ambos
14	Futuro como proyecto de progreso	14 Invención en las prácticas de fragmentación del espacio para la sobrevivencia	14 Articulación de tiempos fuertes y tiempos débiles demarcados espacialmente para el hombre y demarcados temporalmente para la mujer	14 Tres temporalidades para el hombre y dos para la mujer
20	Presente construido	20 La no invención rutinaria	20 Articulación de tiempos fuertes y tiempos débiles demarcados espacialmente (no trabajo) ambos	20 Unicidad temporal ambos
2	Presente en la sobrevivencia, no construido	2 La no invención rutinaria (cerca de una ruptura) tiende a imaginario: "el regreso del hombre"	2 Intensidad temporal constante para la mujer (hombre en Estados Unidos)	2 Unicidad temporal

4 Presente en la sobrevivencia, no construido	4 La no invención rutinaria, tiende a imaginario: irse del Valle de Chalco	4 Intensidad temporal constante p/mujer y tiempos débiles y fuertes demarcados temporal para el hombre	4 Unicidad temporal p/mujer y dos temporalidades para el hombre
13 Futuro como proyecto de progreso	13 Invención en las prácticas de fragmentación del tiempo para el progreso material	13 Intensidad temporal constante p/mujer y tiempos débiles y fuertes demarcados temporal para el hombre	13 Tres temporalidades para el hombre y unicidad para la mujer
15 Presente no construido	15 La no invención rutinaria	15 Intensidad temporal constante p/mujer y tiempos débiles y fuertes demarcados temporal para el hombre	15 Unicidad para la mujer (tres temporalidades para el hombre)
12 Presente construido	12 La invención imaginaria: la ilusión del pequeño consumo	12 Intensidad temporal constante p/mujer y tiempos débiles y fuertes demarcados temporal para el hombre	12 Unicidad temporal p/mujer y dos temporalidades para el hombre
7 Presente en la sobrevivencia no construido	7 La invención imaginaria: la ilusión del pequeño consumo	7 Intensidad temporal constante p/mujer y tiempos débiles y fuertes demarcados temporal para el hombre	7 Unicidad temporal p/mujer y dos temporalidades para el hombre
21 Presente en la sobrevivencia, no construido	21 La no invención rutinaria, tiende a imaginario: tener trabajo	21 Intensidad temporal constante para el hombre y tiempos débiles y fuertes demarcados temporalmente para la mujer	21 Unicidad temporal para el hombre y dos temporalidades para la mujer
1 Futuro como proyecto de progreso	1 La no invención rutinaria	1 Intensidad temporal constante ambos	1 Unicidad temporal ambos
11 Presente construido	11 La no invención rutinaria	11 Intensidad temporal constante ambos	11 Unicidad temporal ambos
18 Presente construido	18 Invención en las prácticas de fragmentación del tiempo/ espacio: dos mundos	18 Articulación de tiempos fuertes (trabajo) y tiempos débiles intersticiales (ocio) ambos	18 Unicidad temporal ambos
5 Presente construido	5 La no invención rutinaria	5 Articulación de tiempos fuertes (trabajo) y tiempos débiles intersticiales (ocio) ambos	5 Unicidad temporal ambos
6 Presente construido	6 La no invención rutinaria	6 Articulación de tiempos fuertes y tiempos débiles intersticiales (no trabajo) ambos	6 Unicidad temporal ambos
22 Presente construido	22 La no invención rutinaria	22 Articulación de tiempos fuertes y tiempos débiles intersticiales (no trabajo) ambos	22 Unicidad temporal ambos

CUADRO 21
Matriz interpretativa categorizada (2da). Dimensión social

Casos	Relación yo-tú laboral	Relación yo-tú doméstica	Relación nosotros-nosotros (el hogar)	Relación nosotros-ellos (el vecindario)	Relación nosotros-ellos (la parentela)
3	Complementariedad	Conjunción en los hijos y doméstica	La cooperación para el progreso	La distancia social-el aislamiento	La solidaridad, cooperación y cercanía socioafectiva
8	Complementariedad	Segregación solidaria	El motivo y justificación del proyecto de progreso	La unidad para el progreso-el compromiso comunitario	La distancia socioafectiva
9	Complementariedad	Conjunción en los hijos y doméstica	El motivo y justificación del proyecto de progreso	La unidad para el progreso-el compromiso comunitario	La construcción de las diferencias sociales
10	Complementariedad	Segregación no solidaria	La complementariedad para la sobrevivencia	La unidad para el progreso-el compromiso comunitario	La distancia socioafectiva
16	Conjunción/complementariedad	Conjunción en los hijos	La cooperación para el progreso	La distancia social inversa a la distancia física	La distancia socioafectiva inversa a la distancia física
17	Complementariedad	Segregación	La complementariedad para la sobrevivencia	La distancia social	La distancia socioafectiva
19	Conjunción/complementariedad	Conjunción en los hijos y doméstica	La cooperación para el progreso	La unidad para el progreso-el compromiso comunitario	La socioafectiva direCta. a la distancia física
14	Complementariedad	Conjunción doméstica	La complementariedad para la sobrevivencia	La unidad	La distancia socioafectiva inversa a la distancia física
20	Complementariedad	Conjunción doméstica y en los hijos	La cooperación para el progreso	La distancia social	La distancia socioafectiva
2	Segregación	Segregación no solidaria	La complementariedad para la sobrevivencia	La distancia social	La distancia socioafectiva
4	Segregación	Segregación	Ámbito autocontenido y cerrado creador de sentido de la vida cotidiana	La distancia social-el aislamiento	La distancia socioafectiva
13	Segregación	Segregación	El motivo y justificación del proyecto de progreso	La distancia social	La solidaridad, cooperación y cercanía socioafectiva

15 Segregación	15 Segregación	15 Ámbito autocontenido y cerrado creador de sentido de la vida cotidiana	15 La distancia social	15 La distancia socioafectiva inversa a la distancia física
12 Segregación	12 Segregación	12 La cooperación/complementariedad para la sobrevivencia	12 La distancia social direCta. a la distancia física	12 La solidaridad, cooperación y cercanía socioafectiva
7 Segregación	7 Segregación	7 Ámbito autocontenido y cerrado creador de senudo de la vida cotidiana	7 La distancia social	7 La distancia socioafectiva
21 Segregación	21 Conjunción doméstica y en los hijos	21 Ámbito autocontenido y cerrado creador de sentido de la vida cotidiana		21 La distancia socioafectiva inversa a la distancia física
1 Conjunción y complemen-tariedad	1 Conjunción	1 La cooperación para el progreso	1 La distancia social	1 La distancia socioafectiva
11 Conjunción laboral	11 Segregación doméstica	11 La cooperación para el progreso	11 La distancia social	11 La distancia socioafectiva
18 Conjunción	18 Segregación solidaria	18 La cooperación para el progreso	18 La distancia social inversa a la distancia física	18 La solidaridad, cooperación y cercanía socioafectiva
5 Conjunción	5 Conjunción	5 La cooperación/complementariedad para la sobrevivencia	5 La distancia social	5 La solidaridad, cooperación y cercanía socioafectiva
6 Conjunción	6 Conjunción	6 Ámbito autocontenido y cerrado creador de sentido de la vida cotidiana	6 La distancia social-el aislamiento	6 La construcción de las diferencias sociales
22 Conjunción	22 Conjunción	22 Ámbito autocontenido y cerrado creador de sentido de la vida cotidiana	22 La distancia social-el aislamiento	22 La construcción de las diferencias sociales

CUADRO 22

Matriz interpretativa categorizada (2da). Dimensión espacial

Casos	Dimensiones proxémicas	Sentido del lugar	Territorialidad del espacio vivencial	Territorialidad del espacio barrial
3	Concentración en el espacio R/T: mujer y dualización: hombre	3 El tránsito al mundo urbano	3 Progreso asociado a la propiedad	3 Conocimiento-acostumbramiento
8	Dispersión espacial para la realización personal: mujer y dualización: hombre	8 El tránsito al mundo urbano	8 Progreso asociado a la propiedad	8 Trabajo y espíritu comunitario
9	Dispersión espacial para la realización personal: mujer y dualización: hombre	9 El tránsito al mundo urbano	9 Progreso asociado a la propiedad	9 Trabajo y espíritu comunitario
10	Dispersión espacial para la sobrevivencia: ambos	10 Al margen del mundo urbano (i, ii)	10 Autonomía que da la propiedad	10 Conocimiento-acostumbramiento
16	Concentración en el espacio vivencial con desplazamientos externos reducidos: ambos	16 El mundo urbano no alcanzado (ii, iii)	16 Progreso asociado a la propiedad	16 No hay apropiación
17	Concentración en el espacio vivencial con desplazamientos externos reducidos: ambos	17 El tránsito al mundo urbano	17 Logro por la construcción de la vivienda propia	17 Conocimiento que da seguridad y protección
19	Concentración en el espacio R/T: ambos	19 El tránsito al mundo urbano	19 Negocio	19 Trabajo y espíritu comunitario
14	Dispersión espacial: hombre y dualización: mujer	14 El tránsito al mundo urbano	14 Negocio	14 Localización comercial
20	Concentración en el espacio R/T: ambos	20 El tránsito al mundo urbano	20 Negocio	20 Localización comercial
2	Concentración en el espacio R/T: mujer y dualización: hombre	2 Al margen del mundo urbano (i)	2 Autonomía que da la propiedad	2 Trabajo y espíritu comunitario
4	Concentración en el espacio R/T: mujer y dualización: hombre	4 El mundo urbano no alcanzado (i, ii)	4 Autonomía que da la propiedad	4 No hay apropiación
13	Concentración en el espacio R/T: mujer y dualización: hombre	13 El tránsito al mundo urbano	13 Logro por la construcción de la vivienda propia	13 No hay apropiación
15	Concentración en el espacio R/T: mujer y dualización: hombre	15 El mundo urbano no alcanzado (i, ii, iii)	15 Autonomía que da la propiedad	15 No hay apropiación
12	Concentración en el espacio vivencial con desplazamientos externos reducidos: mujer y dualización: hombre	12 Al margen del mundo urbano (i, ii)	12 Progreso asociado a la propiedad	12 Conocimiento-acostumbramiento

7	Concentración en el espacio R/T: mujer y dualización: hombre	7	El mundo urbano no alcanzado (i)	7	Autonomía que da la propiedad	7	No hay apropiación
21	Concentración en el espacio R/T: hombre y dualización: mujer	21	El tránsito al mundo urbano	21	Logro por la construcción de la vivienda propia	21	No hay apropiación
1	Concentración en el espacio R/T: ambos	1	El mundo urbano no alcanzado (i, ii, iii)	1	Progreso asociado a la propiedad	1	No hay apropiación
11	Concentración en el espacio R/T: ambos	11	El mundo urbano no alcanzado (i)	11	Autonomía que da la propiedad	11	No hay apropiación
18	Concentración en el espacio R/T: ambos	18	El tránsito al mundo urbano	18	Progreso asociado a la propiedad	18	No hay apropiación
5	Concentración en el espacio R/T: ambos	5	El tránsito al mundo urbano	5	Logro por la construcción de la vivienda propia	5	Conocimiento-acostumbramiento
6	Concentración en el espacio R/T: ambos	6	Al margen del mundo urbano (i, ii)	6	Logro por la vivienda y el negocio	6	Localización comercial
22	Concentración en el espacio R/T: ambos	22	Al margen del mundo urbano (i, ii)	22	Logro por la vivienda y el negocio	22	Localización comercial

8.4.4. Ejemplificación del proceso de análisis interpretativo

A continuación presentamos ejemplos del proceso que seguimos para realizar la interpretación, en referencia con algunas de nuestras categorías.

8.4.4.1. En relación con el eje Sentido del lugar (i)

i. Las palabras de las personas, registradas como texto escrito:

> si le digo que aquí, en el Valle de Chalco, hay mucha gente pobre que se viene del Distrito Federal pus allá no ... no la pueden ver ... porque paga renta, porque pus ... todo es ... no, no,... no le alcanza lo que ella gana ... para solventar sus ... sus necesidades sí, y aquí la verdad hay mucha gente pobre porque ... pues al menos no paga renta y así, y otra cosa de que pues o sea se vienen acá... pues, pues aquí no, no ... no es igual que anden descalzos o que anden ... pues cómo le quisiera decir ... como remendados de su ropa, pus aquí casi pus todos somos iguales ¿no?, no hay, no hay este ... distinción de eso, sino pus aquí pus puede uno andar como ... con los zapatos rotos o ... o sin calcetines o X cosa ... y ahora sí que, ... sin criticarse ..., mucha gente de allá de ... esas mismas personas que vienen de México ... pues por lo mismo de que pus ... con el vecino o que sé yo ... en donde viven pues ya no los quiere porque pus ... en sí ... hay ocasiones de que uno tiene la culpa de que pues es uno pobre pero no es uno limpio, ¿no?, mucha gente corre por acá porque allá, quién me dice algo no ... voy a estar encerrado en mí casa o X cosa, ¿no?, y por eso es que mucha gente se viene de por allá y también ... pus como por acá les queda cercas el estado de Puebla, el estado de Oaxaca, de esos estados aquí caen.[58]

⇩

ii. Primera interpretación, registrada en la primera matriz interpretativa:

⇩

> El Valle de Chalco se identifica por la homogeneidad social de la gente. Igualdad en la pobreza e igualdad en haber migrado del D.F. por falta de recursos y de propiedad.

---

[58] Extracto de la entrevista núm. 6, de acuerdo con la numeración establecida en el correspondiente anexo metodológico 8.1., cuadro núm. 4.

iii. Segunda interpretación, categorización, registrada en la
segunda matriz interpretativa categorizada (cuadro 3):

⇩

Un lugar al margen del mundo urbano
(igualdad en la pobreza).

En relación con el eje Sentido del lugar (ii)

i. Las palabras de las personas, registradas como texto escrito:

Mi primera impresión cuando llegué, me dio mucha tristeza ...fue
llorar ... porque no había servicios y veníamos, pues estábamos acos-
tumbrado a los servicios ¿no? a ver la tele, a tener un foquito que me
alumbrara ... a oír mi música, mi radio y nada, ni televisión llegué y
dije, cómo es posible que aquí vamos a vivir, no, por qué aquí, qué va
a ser de nosotros y ya no, nadie, nos va a sacar más, pero ... por decir
allá nos subían la renta ... entonces no le gustaba algo a la dueña y
problemas ... y acá no, porque pus ya este ... los primeros días sí, fue
así ... Ahora lo que me gusta es pues en sí, sí, la tranquilidad del barrio,
porque voy al Distrito, ya nos lloran los ojos, nos abochornamos, la
gente nos atropella, los camiones ... tengo que fijarme dónde paro,
dónde voy a pisar, porque no nos vayan a aventar, que no me vayan a
tirar, tengo miedo a los carros porque, sí, sí los veo pero no me paran
... y como por ahí ... estoy así toda nerviosa y no .... estoy tensa de los nervios
cuando voy al Distrito. Aquí no, acá no, acá camino muy a gusto, estoy
muy a gusto, aquí se me hace más bonito ... más tranquilo ... pues no
... más tranquilas las calles, y del Centro del Distrito no me gusta nada
[se ríe], todo se me hace muy ... muy este... cómo le diré ... muy así,
muy ... muy mala la gente ... como ya te está tirando ... por todos lados
... no ... que me vayan a jalar el bolso ... que me vayan a topar...[59]

⇩

ii. Primera interpretación, registrada en la primera matriz
interpretativa:

⇩

El Valle de Chalco se identifica porque permite llevar una vida
tranquila, aunque con carencias urbanas.

[59] Extracto de la entrevista núm. 22, de acuerdo con la numeración establecida
en el correspondiente anexo metodológico 8.1., cuadro núm. 4.

iii. Segunda interpretación, categorización, registrada en la segunda matriz interpretativa categorizada (cuadro 3):

Un lugar al margen del mundo urbano
(ausencia de la agresión metropolitana).

8.4.4.3. En relación con el eje Relación nosotros-ellos (el vecindario)

i. Las palabras de las personas, registradas como texto escrito:

aquí las personas habla uno con ellas pero así nada más los buenos días porque a la vez busca uno problemas, yo he tenido problemas pero por lo mismo, pues porque, no les parece que tire uno el agua, no les parece que jale las piedritas de por ahí, de todo se molestan, entonces na más los buenos días y ya ... porque una vez que tuve un problema con este señor, salimos de pleito ... en las rayas ... entonces ya desde ahí, como dice mi esposo: para evitar problemas mejor los buenos días y hasta aquí, si no tienes que comer pus te aguantas, pero no andes en las casas, entonces para evitar problemas pus ahora si...[60]

ii. Primera interpretación, registrada en la primera matriz interpretativa:

El vecindario como un ámbito de conflictos, que se potencian por las carencias urbanas. La estrategia: mantener la distancia social y el aislamiento.

---

iii. Segunda interpretación, categorización, registrada en la segunda matriz interpretativa categorizada (cuadro 3):

La distancia social que protege.

---

[60] Extracto de la entrevista núm. 4, de acuerdo con la numeración establecida en el correspondiente anexo metodológico 8.1., cuadro núm. 4.

8.4.4.4. En relación con el eje Relación nosotros-ellos (el vecindario)

i. Las palabras de las personas, registradas como texto escrito:

...nuestra delegada siempre nos acompaña a Chalco, ella mete el plan de alguna solicitud para material para arreglar las calles, siempre busca la forma de mejorar la colonia, es una de las colonias un poquito mejor organizada y menos problemática, porque precisamente somos como una familia grandota que ... algún problema, vamos con ella y se trata de, sino de solucionarlo, por lo menos nos escucha y trata de aclarar las cosas ... es una persona bien luchona, porque como dice ella, pues aquí vivo yo y yo también aspiro a vivir mejor, entonces tenemos en ella un ... un gran apoyo, yo creo que en todas las gentes, porque no tan sólo en los vecinos, sino en los servidores públicos, que son los policías, en todos, somos como una familia pero grande ... nos ayudamos unos con otros ... ya ve que a veces ha sucedido y sucede que se cae usted por alguna cosa en la calle, porque se desmaya o eso y pasa la gente y bien indiferente, ni en cuenta y aquí no, aquí tratamos más que nada de ayudarnos, es bien bonito porque usted no se siente sola ... no se siente sola porque sabe que si algo le pasa o si usted sale y pide ayuda, alguna vecina la ayuda, en serio ... hay vecinos muy serviciales ... como yo, ahorita vive mi hermana conmigo, pero como nadie de mi familia vive por aquí cerca, o sea que yo siempre estoy sola, siempre he recibido ayuda de mis vecinos, de mi vecina contigua o enfrente; si me han ayudado ... Además, por lo que estoy haciendo en el centro de salud y por el salón, ya amplié más mi sector de sociales, nosotros anduvimos haciendo trabajo social en las escuelas primarias, estuvimos en la delegación, entonces se ampliaron mucho mis amistades, no tan sólo mías, sino también las de mis compañeras...[61]

⇩

ii. Primera interpretación, registrada en la primera matriz interpretativa:

⇩

La solidaridad y la unión vecinal para mejorar las condiciones materiales impiden el desarrollo del sentido de soledad y/o aislamiento. La ampliación de los círculos sociales.

---

[61] Extracto de la entrevista núm. 9, de acuerdo con la numeración establecida en el correspondiente anexo metodológico 8.1., cuadro núm. 4.

⇩

iii. Segunda interpretación, categorización, registrada en la segunda matriz interpretativa categorizada (cuadro 3):

⇩

La unidad vecinal: compromiso y progreso.

8.4.4.5. En relación con el eje Horizontes de tiempo

i. Las palabras de las personas, registradas como texto escrito:

...le digo no vive uno con comodidades pero pues más o menos va uno mejorando, va uno mejorando y viviendo un poquito más desahogadamente y en mejores condiciones ... las personas a veces dicen: tiene negocio porque le sobra el dinero, no, no es cierto, no es cierto porque se imagina, si yo tuviera dinero de más yo no me quedaba aquí, la mera verdad yo no me quedaba aquí, buscaría un nivel de vida mejor para mis hijos, no se trata de eso, sino que cuando usted tiene el gusanito de llegar a ser alguien, casi siempre empieza desde abajo, absteniéndose de muchisísimas cosas, porque para que una persona de mi nivel económico logre algo, cuesta muchísimo trabajo, pero también se siente una satisfacción bonita de que no estamos a todo dar pero, ahí vamos ... como le digo yo y mi esposo precisamente pensamos en vivir mucho mejor, no a todo lujo, no, pero por lo menos para que usted diga, si aquí vivo y aquí estoy viviendo, pues que viva yo lo mejor que se pueda ... salimos muy poco porque como le digo, no se puede todo, no se puede todo, por ejemplo, como ahorita que está arreglando mi esposo el piso, póngale que el material está caro, sí, pero la mano de obra le dobla la cantidad, la mera verdad, ése ha sido uno de mis propósitos, le digo yo a él, ahorita que los niños están chiquitos más que nada hay que pensar en el futuro, que ya cuando los niños estén grandes y sean los gastos mucho más grandes y que los niños ya quieran pasear, por lo menos pues su casa ya está, sino a todo lujo por lo menos, más o menos presentable...[62]

⇩

ii. Primera interpretación, registrada en la primera matriz interpretativa:

[62] Extracto de la entrevista núm. 9, de acuerdo con la numeración establecida en el correspondiente anexo metodológico 8.1., cuadro núm. 4.

⇩

Orientación a futuro. El modelo proyectivo: trabajar para que la familia pueda vivir en mejores condiciones materiales.

⇩

iii. Segunda interpretación, categorización, registrada en la segunda matriz interpretativa categorizada (cuadro 3):

⇩

Orientación al futuro como proyecto de progreso.

8.4.5. Hacia una tipología: tres patrones o pretipos

A partir de la segunda matriz interpretativa sintética, comenzamos a buscar patrones de comportamiento que sirvieran de base para construir una tipología. El resultado fue la construcción de tres patrones de comportamiento o pretipos, en los que pudieron representarse —con mayor o menor aproximación— los 22 casos. La asignación de los casos a los tres patrones la presentamos en el cuadro núm. 23.

Nuestro objetivo ha sido el de construir una tipología; sin embargo, primero era necesario identificar patrones, para luego poder llegar a los tipos. De modo tal que estos tres patrones, hasta ese momento no podían ser confundidos con una tipología, sino que venían a constituir la base para llegar a ella. Los patrones sólo son colecciones de elementos parciales, mientras que un tipo construido supone un conjunto de elementos articulados a partir de un sistema de relaciones. Al respecto podemos recordar la conceptualización del tipo construido que hace John McKinney: "Es un sistema ideado con atributos (criterios, rasgos, elementos, aspectos, etc.) no experimentados directamente, útil para comparar. Es una construcción formada por elementos abstractos e integrada en un modelo conceptual unificado en donde puede haber intensificación de uno o más aspectos [...]".[63]

---

[63] McKinney, John (1968), p. 23.

En realidad, la tipología no la presentamos en este anexo, sino que se desarrolla en el capítulo 6, en donde los elementos parciales que aparecen en estos patrones son relacionados de manera tal que se constituyan en un modelo explicativo de un fragmento de la realidad.[64] No obstante, en los apartados siguientes se presentan las relaciones básicas entre los elementos parciales, que permiten alcanzar la tipología.

A continuación presentamos, primero, el cuadro de representación de los casos en los patrones, y luego, los elementos parciales que integran los tres tipos construidos de la constitución de la vida cotidiana de los hogares del Valle de Chalco,[65] vale decir, los elementos que vienen a constituir el esqueleto base de dichos tipos.

CUADRO 23

Asignación de los casos a los patrones de la constitución de la vida cotidiana de los hogares del Valle de Chalco

Patrón 2	Patrón 1	Patrón 3
Entrevista núm. 3	Entrevista núm. 1	Entrevista núm. 2
Entrevista núm. 8	Entrevista núm. 5	Entrevista núm. 4
Entrevista núm. 9	Entrevista núm. 6	Entrevista núm. 7
Entrevista núm. 10	Entrevista núm. 22	Entrevista núm. 12
Entrevista núm. 14	Entrevista núm. 11	Entrevista núm. 13
Entrevista núm. 16	Entrevista núm. 18	Entrevista núm. 15
Entrevista núm. 17	—	Entrevista núm. 21
Entrevista núm. 19	—	—
Entrevista núm. 20	—	—
	Síntesis	
9 casos	6 casos	7 casos

[64] Schutz, Alfred (1974b), pp. 29-31 y 84-91.

[65] Cada vez que utilizamos la expresión "tipos ideales" en relación con nuestro análisis cualitativo, estamos refiriéndonos a los "tipos ideales de la constitución de la vida cotidiana de los hogares del Valle de Chalco". Hacemos esta aclaración, de acuerdo con el principio de significatividad planteado por Alfred Schutz, según el cual todo tipo ideal sólo tiene validez en el dominio del objeto de estudio. Schutz, Alfred (1974a), pp. 86-88.

8.4.5.1. Los elementos componentes del pretipo 1

a. Dimensión temporal

Ciclo cotidiano (presente vivido: tiempo espacial y tiempo interior)[66]
    No invención rutinaria
Horizontes de tiempo (tiempo interior)
    Presente construido
Ritmos temporales (presente vivido)
    Tiempos fuertes y tiempos débiles intersticiales
Temporalidades (presente vivido)
    Unicidad temporal

b. Dimensión espacial

Sentido del lugar
    Al margen del mundo urbano
Territorialidad vivencial
    Logro (como desafío individual-conyugal)
    Progreso (como visión socioeconómica del hogar)
Territorialidad barrial
    Ausencia de apropiación barrial
Proximia
    Ambos cónyuges: Concentración T/R

c. Dimensión social

Relación yo-tú (ámbito laboral)
    La conjunción conyugal
Relación yo-tú (ámbito doméstico)
    La conjunción conyugal
Relación nosotros-nosotros (hogar)
    La cooperación para sostener el progreso alcanzado
Relación nosotros-ellos (vecindario)
    La distancia social que protege
Relación nosotros-ellos (parentela)
    Entre la distancia y la cercanía

---

[66] Recordemos que las categorías de tiempo espacial, tiempo interior y presente vivido, las estamos tomando de Alfred Schutz.

8.4.5.2. Los elementos componentes del pretipo 2

a. Dimensión temporal

Ciclo cotidiano (presente vivido: tiempo espacial y tiempo interior)
Fragmentación de espacios y tiempos como formas de invención. El tiempo se fragmenta por el compromiso social y el espacio por la sobrevivencia
Horizontes de tiempo (tiempo interior)
Futuro
Ritmos temporales (presente vivido)
Dominio de tiempos fuertes articulados con tiempos débiles demarcados espacialmente o intersticiales
Temporalidades (presente vivido)
Varias

b. Dimensión espacial

Sentido del lugar
Tránsito al mundo urbano
Territorialidad vivencial
Apropiación por el progreso que significa la propiedad
Territorialidad barrial
Apropiación por "la seguridad dada por el conocimiento del lugar"(desde una visión individual) y también por "el trabajo comunitario realizado" (desde una visión social)
Proximia
Dispersión existencial de un cónyuge y dualización existencial del otro

c. Dimensión social

Relación yo-tú (ámbito laboral)
Complementariedad conyugal
Relación yo-tú (ámbito doméstico)
Conjunción conyugal
Relación nosotros-nosotros (hogar)
La complementariedad para el progreso
Relación nosotros-ellos (vecindario)
La unidad vecinal
Relación nosotros-ellos (parentela)
La distancia social

8.4.5.3. Los elementos componentes del pretipo 3

a. Dimensión temporal

Ciclo cotidiano (presente vivido: tiempo espacial y tiempo interior)
    Invención imaginaria (la esperanza)
Horizontes de tiempo (tiempo interior)
    Presente no construido
Ritmos temporales (presente vivido)
    Intensidad constante: mujer
    Tiempos débiles y fuertes demarcados temporalmente: hombre
Temporalidades (presente vivido)
    Unicidad: la mujer
    Dualidad: el hombre

b. Dimensión espacial

Sentido del lugar
    Mundo urbano no alcanzado
Territorialidad vivencial
    Apropiación por la autonomía que otorga la propiedad
Territorialidad barrial
    Ausencia de apropiación barrial
Proximia
    Mujer: concentración espacial de la existencia
    Hombre: dualización existencial

c. Dimensión social

Relación yo-tú (ámbito laboral)
    La segregación conyugal
Relación yo-tú (ámbito doméstico)
    La segregación conyugal
Relación nosotros-nosotros (el hogar)
    Ámbito autocontenido y cerrado, creador de sentido de la vida cotidiana
Relación nosotros-ellos (el vecindario)
    La distancia social que protege
Relación nosotros-ellos (la parentela)
    Distancia social inversa a la distancia física

8.4.6. Los tipos construidos

A partir de los elementos representados en cada uno de los patrones, construimos un sistema de relaciones para cada patrón. La estructura interna de estos sistemas de relaciones se definió a partir de la identificación de nodos de análisis o "hechos nodales", en los cuales articulamos varios de los elementos parciales. Los hechos nodales son ciertos puntos de anclaje del análisis, que en última instancia constituyen campos de articulación de experiencias y significaciones, que sirven para armar un sistema mayor: el tipo construido.

En este punto conviene recordar que John McKinney, cuando analiza los tipos construidos señala que son una clase particular de concepto, aunque se diferencian de los conceptos porque en éstos operan simultáneamente sólo dos procesos: el de selección y el de limitación, mientras que en los tipos construidos operan cuatro procesos: selección, limitación, combinación y acentuación.[67] Si recuperamos los últimos dos procesos como característicos de los tipos, podemos observar que nuestros hechos nodales vienen a cumplir con esas dos funciones. Los patrones o pretipos "seleccionan" y "limitan" elementos, en tanto que los hechos nodales son una manera de "combinar" los rasgos seleccionados y también indican una forma de "acentuar" ciertos rasgos, que operan como desencadenantes de otras relaciones.

Si repasamos todo el proceso de construcción de los datos cualitativos que hemos seguido una vez que los relatos fueron transformados en textos, podemos decir que primero construimos los esquemas interpretativos, luego pasamos a la matriz interpretativa y posteriormente elaboramos la matriz de categorías interpretativas. El paso siguiente fue la delimitación de los patrones o pretipos, para pasar a la identificación de los hechos nodales dentro de cada pretipo y terminando con la construcción de los tipos. Aun cuando estas etapas las estamos esquematizando en forma secuencial, debemos subrayar que el tránsito de una a otra no fue progresivamente lineal, sino que muchas veces fue necesario regresar hasta los textos mismos. A continuación presentamos los sistemas

[67] McKinney, John (1968), p. 22.

de relaciones que establecimos para conformar los tres tipos construidos.

8.4.6.1. Esquema base para el sistema de relaciones del Tipo 1

CUADRO 24
Sistema de relaciones del tipo 1
La reproducción rutinaria de la vida cotidiana
en la conjunción conyugal

i. El tiempo vivido y el espacio como productores de la socialidad conyugal
  Ciclo cotidiano (presente vivido: tiempo espacial y tiempo interior):[68] No invención rutinaria
  Ritmos temporales (presente vivido): tiempos fuertes y tiempos débiles intersticiales
  Temporalidades (presente vivido): Unicidad temporal
  Proximia: Ambos cónyuges: Concentración T/R
  Relación yo-tú (ámbito laboral): La conjunción conyugal
  Relación yo-tú (ámbito doméstico): La conjunción conyugal
ii. La socialidad conyugal reproducida en la socialidad del hogar y externa al hogar
  Relación yo-tú (ámbito laboral): La conjunción conyugal
  Relación yo-tú (ámbito doméstico): La conjunción conyugal
  Relación nosotros-nosotros (el hogar): La cooperación para sostener el progreso alcanzado
  Relación nosotros-ellos (vecindario): La distancia social que protege
  Relación nosotros-ellos (parentela): Entre la distancia y la cercanía
iii. La socialidad del hogar conformadora de la vivencia espacial
  Relación nosotros-nosotros (el hogar): La cooperación para sostener el progreso alcanzado
  Territorialidad vivencial: Logro (como desafío individual-conyugal) y Progreso (como visión socioeconómica del hogar)
  Relación nosotros-ellos (vecindario): La distancia social que protege
  Territorialidad barrial: Ausencia de apropiación barrial

[68] Recordemos que las categorías de tiempo espacial, tiempo interior y presente vivido las estamos tomando de Alfred Schutz.

iv. La vivencia espacial en la conformación del tiempo interior y el sentido del lugar
Territorialidad vivencial: Logro (como desafío individual-conyugal) y Progreso (como visión socioeconómica del hogar)
Horizontes de tiempo (tiempo interior): Presente construido
Territorialidad barrial: Ausencia de apropiación barrial
Sentido del lugar: Al margen del mundo urbano

8.4.6.2. Esquema base para el sistema de relaciones del Tipo 2

CUADRO 25
Sistema de relaciones del tipo 2
La invención de la vida cotidiana por la fragmentación de espacios y tiempos vividos en la complementariedad conyugal

i. La identidad de al menos uno de los cónyuges conforma la socialidad con el entorno socioterritorial
Relación yo-yo: búsqueda de la realización personal
Relación nosotros-ellos (vecindario): La unidad vecinal

ii. La socialidad con el entorno socioterritorial en la conformación de la socialidad conyugal-familiar y de la espacialidad barrial
Relación nosotros-ellos (vecindario): La unidad vecinal
Relación yo-tú (ámbito laboral): Complementariedad conyugal
Relación yo-tú (ámbito doméstico): Conjunción conyugal
Relación nosotros-nosotros (hogar): La complementariedad para el progreso
Territorialidad barrial: Apropiación por "la seguridad generada en el conocimiento del lugar" (desde una visión individual) y también por "el trabajo comunitario realizado" (desde una visión social)

iii. La socialidad conyugal y con el entorno en la demarcación del espacio y en la vivencia del tiempo
Relación yo-tú (ámbito laboral): Complementariedad conyugal
Proximia: Dispersión de un cónyuge y dualización del otro
Ritmos temporales (presente vivido): Dominio de tiempos fuertes articulados con tiempos débiles demarcados espacialmente o intersticiales
Temporalidades (presente vivido): Varias
Horizontes de tiempo (tiempo interior): Futuro
Ciclo cotidiano (presente vivido: tiempo espacial y tiempo interior): Fragmentación de espacios y tiempos como formas de

invención. El tiempo se fragmenta por el compromiso social
y la realización personal; el espacio por la sobrevivencia

iv. *La temporalidad de los horizontes de tiempo en la conformación de la espaciali-*
dad vivida (territorialidad vivencial y sentido del lugar)
Horizontes de tiempo (tiempo interior): Futuro
Sentido del lugar: Tránsito al mundo urbano
Territorialidad vivencial: Apropiación por el progreso que signi-
fica la propiedad

8.4.6.3. Esquema base para el sistema de relaciones del Tipo 3

CUADRO 26
Sistema de relaciones del tipo 3
La invención imaginaria de la vida cotidiana a través de
la esperanza en un contexto de segregación conyugal

i. *El espacio material en la conformación de la socialidad conyugal y del presente*
vivido
Proximia: Mujer: concentración espacial y Hombre: dualización
Relación yo-tú (ámbito laboral): La segregación conyugal
Relación yo-tú (ámbito doméstico): La segregación conyugal
Ritmos temporales (presente vivido): Intensidad constante: mu-
jer y Tiempos débiles y fuertes demarcados temporalmente
en el hombre
Temporalidades (presente vivido): Unicidad: la mujer y Dualidad:
el hombre

ii. *La historia residencial en la conformación de la vivencia espacial interna al*
hogar y de la socialidad del hogar
Trayectoria de movimientos residenciales del hogar extensa
Territorialidad vivencial: Apropiación por la autonomía que
otorga la propiedad
Relación nosotros-nosotros (el hogar): la división del trabajo y la
diferenciación de roles. El hogar como ámbito autocontenido y cerrado, creador de sentido de la vida cotidiana

iii. *La espacialidad interna al hogar y la socialidad del hogar en la conformación*
de la espacialidad externa al hogar y la socialidad con el entorno socioterritorial
Territorialidad vivencial: Apropiación por la autonomía que
otorga la propiedad
Relación nosotros-nosotros (el hogar): Ámbito autocontenido y
cerrado, creador de sentido de la vida cotidiana

Relación nosotros-ellos (el vecindario): La distancia social que protege

Relación nosotros-ellos (la parentela): Distancia social inversa a la distancia física

Territorialidad barrial: Ausencia de apropiación barrial

iv. *La espacialidad externa al hogar y la socialidad con el entorno socioterritorial como productoras del tiempo interior y el sentido del lugar*

Relación nosotros-ellos (el vecindario): La distancia social que protege

Relación nosotros-ellos (la parentela): Distancia social inversa a la distancia física

Territorialidad barrial: Ausencia de apropiación barrial

Sentido del lugar: Mundo urbano no alcanzado

Horizontes de tiempo (tiempo interior): Presente no construido

Ciclo cotidiano (presente vivido: tiempo espacial y tiempo interior): Invención imaginaria (la esperanza)

8.4.7. Hacia la ubicación de los tipos construidos en una estructura socioterritorial

La construcción de los anteriores tipos viene a constituir el corazón mismo del análisis cualitativo. No obstante, también construimos un "espacio" socioterritorial en el cual ubicamos posiciones de los hogares vallechalquenses, como un intento de aproximarnos a la estructura social local. Este espacio analítico lo definimos por algunos rasgos socioterritoriales que hemos considerado a lo largo de todo el trabajo,[69] que fueron los siguientes:

- la estructura interna del hogar de acuerdo al parentesco
- el tiempo de unión de la pareja
- el origen geográfico (rural o urbano) de cada cónyuge
- el tipo de trayectoria territorial-residencial de la pareja (por el número de movimientos)

El resultado fue la ubicación (clasificación) de los hogares vallechalquenses estudiados en tres posiciones dentro de ese espa-

---

[69] Estos mismos ejes son algunos de los que consideramos en el capítulo 3, aunque en aquél es a partir de la información cuantitativa.

cio analítico. Por último, buscamos correspondencias entre estas tres posiciones en el espacio analítico y los tres tipos construidos de formas de constitución de la vida cotidiana.

El sentido de identificar los tipos construidos en un espacio analítico de posiciones socioterritoriales, de alguna manera fue el de ubicar los tipos basados en las vivencias de los individuos en una estructura de posiciones sociales.[70] No obstante, es necesario destacar que este intento por encontrar posiciones en la sociedad local es sumamente parcial, no ha constituido uno de nuestros objetivos de investigación. A pesar de ello, creemos que constituye una línea de interés para ampliar el conocimiento de la sociedad local.

El resultado de esto fue la identificación de las tres clases de posiciones socioterritoriales que presentamos en el cuadro a continuación y su relativa correspondencia con los tres tipos construidos de formas de constitución de la cotidianidad

[70] De alguna forma con esta estrategia quisimos recuperar, de manera propia, la propuesta con la que Bourdieu busca evitar el absoluto interaccionismo, sin que con ello neguemos el carácter fuertemente interaccionista que tiene y quiso tener nuestra investigación. También debemos aclarar que la propuesta de Bourdieu la tomamos en su espíritu, pero no exactamente en términos analíticos, ya que las posiciones en el espacio construido no las definimos por la posesión de capitales económicos, ni culturales ni simbólicos, como lo hace este autor, sino por lo que tal vez podríamos denominar "capitales" territoriales y sociodemográficos. Por otra parte, recordemos que Bourdieu elabora la propuesta del espacio social en su intención de salir de los dualismos, manifestados como "subjetivismo-objetivismo", "acción-estructura", "micro-macro" o "individualismo-explicación estructural", por nombrar sólo algunas de sus expresiones más conocidas. Si tenemos en cuenta que estos dualismos han sido "el fantasma" del pensamiento sociológico, al menos desde las últimas décadas del siglo pasado, no nos interesa asumir la meta de resolver esos dualismos o tensiones en nuestra investigación, tarea que creemos sigue en manos de sociólogos de la talla de Pierre Bourdieu (constructivismo estructuralista), Anthony Giddens (teoría de la estructuración), por nombrar sólo algunos destacados pensadores que siguen empeñados en elaborar propuestas para superarlos. Esta investigación carga sobre sí el dualismo "acción-estructura", como ocurre con la mayor parte de las investigaciones empíricas que se realizan en nuestro medio. En todo caso, la diferencia entre unas y otras está en el sentido en el que cargan con esa tensión, hacia la acción o hacia la estructura. Bourdieu, Pierre (1993), pp. 127-142. Giddens, Anthony (1995a).

CUADRO 27

Los tipos de constitución de la cotidianidad
en una estructura de posiciones socioterritoriales

	Posición socioterritorial 1	*Posición socioterritorial 2*	*Posición socioterritorial 3*
Tiempo de residencia en el Valle	Sin patrón definido	Alrededor de 10 años	Pocos años, menos de 10
Origen geográfico del hombre-cónyuge	Metropolitano	Rural	Rural
Origen geográfico de la mujer-cónyuge	Rural	Metropolitano	Rural
Tipo de hogar por parentesco	Hogares nucleares	Tendencia a hogares c/extensión lateral	Hogares nucleares
Tiempo de unión de la pareja (en años)	Alrededor de 20	Alrededor de 10 a 15	Alrededor de 15
Trayectoria residencial del hogar	Pocos movimientos	Varios movimientos	Numerosos movimientos
Correspondencia con los tipos construidos	La reproducción rutinaria en la conjunción conyugal	La invención por fragmentación espacio-temporal en la complementa-riedad conyugal	La invención imaginaria en la segregación conyugal
	(Tipo 1)	*(Tipo 2)*	*(Tipo 3)*

BIBLIOGRAFÍA

Abramo, Laís y Cecilia Montero Casassus (1995), "La sociología del trabajo en América Latina: paradigmas teóricos y paradigmas productivos", *Revista Latinoamericana de Estudios del Trabajo: Paradigmas de la sociología del trabajo*, año 1, núm. 1, Asociación Latinoamericana del Trabajo, México.

Acebo Ibáñez, Enrique del (1996), *Sociología del arraigo. Una lectura crítica de la teoría de la ciudad*, Editorial Claridad, Buenos Aires.

Aceves Lozano, Jorge (1993) (comp.), *Historia oral*, col. Antologías Universitarias. Nuevos enfoques en las ciencias sociales, Instituto Mora-UAM, México.

Aguilar, Miguel Ángel *et al.* (1998a), "Espacio y vida cotidiana en conjuntos habitacionales: dos casos de estudio", en Schteingart, Martha y Boris Graizbord (coords.), *Vivienda y vida urbana en la ciudad de México. La acción del Infonavit*, CEDDU, El Colegio de México, México.

Aguilar, Miguel Ángel (1998b), "Sentido del lugar e identidad social en Valle de Chalco: usos y relevancia del espacio cotidiano", en *Primer Simposio de Estudios Vallechalquenses: el Valle de Chalco: Economía, Sociedad y Territorio*, UAM-X y Dirección de Cultura del H. Ayuntamiento del Valle de Chalco-Solidaridad, México.

Albores, Beatriz (1995), *Tules y sirenas. El impacto ecológico y cultural de la industrialización en el Alto Lerma*, El Colegio Mexiquense-Gobierno del Estado de México, Toluca.

Alexander, Jeffrey (1989), *Las teorías sociológicas desde la Segunda Guerra Mundial*, col. Sociología, Gedisa, Barcelona.

Amphoux, Pascal *et al.* (1988), *Les Temps sociaux*, col. Ouvertures sociologiques, De Boeck Université, Bruselas.

Anderson, Michael (1980), *Sociología de la familia*, col. Lecturas de El Trimestre Económico, núm. 32, FCE, México.

—— (1988), *Aproximaciones a la historia de la familia occidental (1500-1914)*, Siglo XXI de España Editores, Madrid.

Anderson, Nels (1965), *Sociología de la comunidad urbana. Una perspectiva mundial*, FCE, México.

Antunes Capucha, Luis Manuel (1995), "Le visible et l'invisible: modes de vie et pauvreté au Portugal", *Espaces et Sociétés: Modes de vie et société portugaise*, núm. 79, L'Harmattan, París.

Arendt, Hannah (1993), *La condición humana*, col. Paidós Estado y Sociedad, Paidós, Buenos Aires.

Ariès, Philippe (1988), *El tiempo de la historia*, Paidós, Buenos Aires.

Augé, Marc (1987), *El viajero subterráneo. Un etnólogo en el Metro*, col. El Mamífero Parlante, Gedisa Editorial, Buenos Aires.

—— (1993), *Los "no lugares". Espacios del anonimato, una antropología de la sobremodernidad*, Gedisa Editorial, Barcelona.

Azuela de la Cueva, Antonio (1989), *La ciudad, la propiedad privada y el derecho*, El Colegio de México, México.

Azuela, Antonio y François Tomas (1997) (coords.), *El acceso de los pobres al suelo urbano*, CEMCA-Instituto de Investigaciones Sociales-Programa Universitario de Estudios sobre la Ciudad, Paradigma, México.

Bachelard, Gaston (1965), *La poética del espacio*, Breviarios, FCE, México.

Bagú, Sergio (1975), *Tiempo, realidad social y conocimiento*, Siglo XXI Editores, México.

Bailly, Antoine (1989), "L'imaginaire spatial: plaidoyer pour la géographie des représentations", en *Espaces-Temps*, París.

—— (1992), "Les représentations en géographie", en Bailly, Antoine, Robert Ferras y Denise Pumain (direct.), *Encyclopédie de Géographie*, Economica, París.

—— y Bernard Debarbieux (1991), "Géographie et représentations spatiales", en Bailly, Antoine (coord.), *Les concepts de la géographie humaine*, Masson, París.

—— y Renato Scariati (1990), *L'Humanisme en Géographie*, col. Géographie, Anthropos, París.

Balandier, Georges (1983), "Essai d'identification du quotidien", en *Cahiers Internationaux de Sociologie*, vol. LXXIV, PUF, París.

Bardin, Lawrence (1977), *L'analyse de contenu*, PUF, París.

Barrère-Maurisson, Marie-Agnès (1992), *La division familiale du travail. La vie en double*, col. Économie en liberté, PUF, París.

Battagliola, Françoise, Isabelle Bertaux-Wiame, Michèle Ferrand y Françoise Hubert (1990), "A propos des biographies: regards croisés sur questionnaires et entretiens", en *Entre travail et famille. La construction sociale des trayectoires*, MIRE/CSV/IRESCO, Université de Paris X, CNRS, París.

Bawin-Legros, Bernadette (1992), "Solidarités familiales dans les familles contemporaines", en Mercure, Daniel (dir.), *La culture en mouvement. Nouvelles valeurs et organisations*, Les Presses de l'Université Laval, Québec.

Bell, Daniel (1977), *Las contradicciones culturales del capitalismo*, col. Los Noventas, Alianza Editorial Mexicana-Conaculta, México.

Benería, Lourdes y Martha Roldán (1992), *Las encrucijadas de clase y género. Trabajo a domicilio, subcontratación y dinámica de la unidad doméstica en la ciudad de México*, El Colegio de México-FCE, México.

Benet, Francisco (1963), "The ideology of Islamic Urbanization", *International Journal of Comparative Sociology*, núm. 4.

Benoit-Guilbot, Odile (1986), "Quartiers-dortoirs ou quartiers-villages?", en *L'esprit des Lieux, localités et changement social en France*, Programme du Changement Social, CNRS, París.

Berelson, Bernard (1952), *Content analysis in comunication research*, Free Press, Glencoe.

Berger, Peter y Thomas Luckmann (1968), *La construcción social de la realidad*, Amorrortu Editores, Buenos Aires.

—— (1997), *Modernidad, pluralismo y crisis de sentido. La orientación del hombre moderno*, Paidós Studio, Paidós, Barcelona.

Bertaux, Daniel (1980), "L'approche biographique. Sa validité méthodologique, ses potentialités", en *Cahiers Internationaux de Sociologie*, vol. LXIX, núm. especial: *Histoires de Vie et Vie Sociale*, París.

—— (1993), "Los relatos de vida en el análisis social", en Aceves Lozano, Jorge (comp.), *Historia oral*, col. Antologías Universitarias. Nuevos enfoques en las ciencias sociales, Instituto Mora-UAM, México.

Bertaux-Wiame, Isabelle (1986), "Mobilisations féminines et trajectoires familiales: une démarche ethnosociologique", en Desmarais, Danielle y Paul Grell, *Les récits de vie. Théorie, méthode et trajectoires types*, Groupe d'analyse des politiques sociales, Éditions Saint-Martin, Montreal.

Berthelot, Jean-Michel (1990), *L'Intelligence du social*, col. Sociologie d'aujourd'hui, PUF, París.

Bidou, Catherine (1984), *Les aventuriers du quotidien*, PUF, París.

Blanchet, Alain y Anne Gotman (1992), *L'Enquête et ses méthodes: l'entretien*, col. Sociologie, 128, Nathan, París.

Bondolfi, Alberto (1981), "Lecture épistemologique et éthique des sociologies du quotidien", en *Social Compass*, vol. XVIII/4.

Bonfil Batalla, Guillermo (1991) (comp.), *Hacia nuevos modelos de relaciones interculturales*, col. Pensar la Cultura, Conaculta, México.

Bott, Elizabeth (1990), *Familia y red social*, col. Humanidades, Editorial Taurus, Madrid.

Boudon, Raymond y François Bourricaud (1994), *Dictionnaire Critique de la Sociologie*, PUF, París.

Bourdieu, Pierre (1980), *Le sens pratique*, Éditions de Minuit, París.

—— (1988), *La distinción. Criterio y bases sociales del gusto*, Editorial Taurus, Madrid.

—— (1993), *Cosas dichas*, col. El Mamífero Parlante, Gedisa, Barcelona.

—— y Loic Wacquant (1995), *Respuestas por una antropología reflexiva*, Grijalbo, México.

——, Jean-Claude Chamboredon y Jean-Claude Passeron (1975), *El oficio del sociólogo*, Siglo XXI Editores, México.

Bouvier, Pierre (1989), *Le travail au quotidien. Une démarche socio-anthropologique*, col. Sociologie d'aujourd'hui, PUF, París.

—— (1994), *Le travail*, col. Que sais-Je?, PUF, París.

—— (1995), *Socio anthropologie du contemporain*, Galilée, París.

Bruyn, Severyn (1972), *La perspectiva humana en sociología*, Amorrortu Editores, Buenos Aires.

Burgess, Ernest (1926), *The urban community selected papers from the proceedings of the American Sociological Society*, American Sociological Society, New York Greenwood.

—— *et al.* (1967), *Urban sociology*, University of Chicago, Chicago.

—— y Robert Park (1942), *Introduction to the science of sociology*, University of Chicago, Chicago.

Burgos, Martine (1993), "Historias de vida. Narrativa y búsqueda del yo", en Aceves Lozano, Jorge (comp.), *Historia oral*, col. Antologías Universitarias. Nuevos enfoques en las ciencias sociales, Instituto Mora-UAM, México.

Cabanes, Robert (1996), "El enfoque biográfico en sociología", en *Cuadernos del CIDS*, serie II, núm. 1, Bogotá.

Candau, Joel (1996), *Anthropologie de la mémoire*, col Que sais-je?, PUF, París.

Cariola, Cecilia, Miguel Lacabana *et al.* (1989), *Crisis, sobrevivencia y sector informal*, ILDIS-CENDES, Editorial Nueva Sociedad, Caracas.

Caroux, Jacques (1975), *Evolution des milieux ouvriers et habitat. Étude exploratoire des relations mode de vie-habitat*, Centre d'Ethnologie Social et de Psychosociologie, París.

Cassirer, Ernest (1993), *Las ciencias de la cultura*, col. Breviarios, FCE, México.

Castells, Manuel (1974), *La cuestión urbana*, Siglo XXI Editores, México.

Chalas, Yves (1984), "L'imaginaire habitant", en *Revue de l'Institut de Sociologie*, núm. 3/4, Université Libre de Bruxelles, Bruselas.

Chanfrault-Duchet, Marie-Françoise (1987), "¿Le récit de vie: donnée ou texte?", en *Cahiers de Recherche Sociologique*, vol. 5, núm. 2, otoño, Montreal.

—— (1988), "Le système interactionnel du récit de vie", en *Sociétés*, mayo, París.

—— (1995), "Mitos y estructuras narrativas en la historia de vida: la expresión de las relaciones sociales en el medio rural", en *Historia y Fuente Oral*, núm. 14, julio-diciembre, Barcelona.

Chant, Sylvia (1991), *Women and survival in Mexican cities, perspectives on gender, labour markets and low-income households*, Manchester University Press.

Chayanov, Alexander (1974), *La organización de la unidad económica campesina*, Ediciones Nueva Visión, Buenos Aires.

Chombart de Lauwe, Paul-Henry (1959-1960), *Famille et habitation*, Travaux du Groupe d'Ethnologie Sociale, CNRS, 2 vols., París.

—— (1963), "La vida familiar y los presupuestos", en Friedmann, Georges y Pierre Naville, *Tratado de sociología del trabajo*, vol. II, FCE, México.

—— (1976), *Transformations de l'environnement des aspirations et des valeurs*, Ethnologie Sociale et Psychosociologie, CNRS, París.

—— y Jacques Jenny (1963), "Lugar de trabajo y residencia", en Friedmann, Georges y Pierre Naville, *Tratado de sociología del trabajo*, vol. I, FCE, México.

Christenson, Bruce, Brígida García y Orlandina de Oliveira (1989), "Los múltiples condicionantes del trabajo femenino en México", en *Estudios Sociológicos*, vol. VII, núm. 20, mayo-agosto, México.

Clifford, James (1995), *Dilemas de la cultura. Antropología, literatura y arte en la perspectiva posmoderna*, col. Antropología, Gedisa, Barcelona.

Contamine, Philippe (1990), "Las instalaciones del espacio privado, siglos XIV-XV", en Duby, Georges y Philippe Ariès (dir.), *Historia de la vida privada. El individuo en la Europa feudal*, vol. 4, Taurus, Madrid

Cortés, Fernando y Óscar Cuéllar (coord.) (1990), *Crisis y reproducción social, los comerciantes del sector informal*, col. Ciencias Sociales-Flacso-Ediciones Porrúa, México.

—— y Rosa María Rubalcava (1993), "Algunas determinantes de la inserción laboral en la industria maquiladora de exportación de Matamoros", en *Estudios Sociológicos*, vol. XI, núm. 31, enero-abril, El Colegio de México, México.

Crespi, Franco (1997), *Acontecimiento y estructura. Por una teoría del cambio social*, Ediciones Nueva Visión, Buenos Aires.

Cuéllar, Óscar (1990), "Balance, reproducción y oferta de fuerza de trabajo familiar", en Guillermo de la Peña *et al.*, *Crisis, conflicto y sobrevivencia, estudios sobre la sociedad urbana en México*, Universidad de Guadalajara-CIESAS, México.

Curie, Jacques, Gérald Caussade y Violette Hajjar (1986), "Comment saisir les modes de vie des familles?", en *L'esprit des Lieux, Localités et changement social en France*, Programme Observation du Changement Social, Éditions du CNRS, París.

Dahrendorf, Ralf (1979), "Life chances. Dimensions of liberty in society", *Life Chances. Approaches to social and political theory*, The University of Chicago Press, Chicago.

David, Hélène (1991), "L'avenir de la sociologie du travail", en *Sociologie et Sociétés: La sociologie du travail: un nouveau rôle? un nouveau object?*, vol. XXIII, núm. 2, otoño, Montreal.

De Certeau, Michel (1990), *L'invention du quotidien. 1. Arts de faire*, col. Folio-Essais, Gallimard, París.

De la Peña, Guillermo (1994), "Estructura e historia: la viabilidad de los nuevos sujetos", en *Transformaciones sociales y acciones colectivas: América Latina en el contexto internacional de los noventa*, CES, El Colegio de México, México.

Degenne, Alain y Marie-Odile Lebeaux (1993), "Les rôles conjugaux dans leur environnement social", en *L'Année Sociologique*, núm. 43, PUF, París.

—— y Michel Forsé (1994), *Les réseaux sociaux*, col. Sociologie, Ed. Armand Colin, París.

Delgado, Juan Manuel y Juan Gutiérrez (1995) (edit.), *Métodos y técnicas cualitativas de investigación en ciencias sociales*, Editorial Síntesis, Madrid.

Demazière, Didier y Claude Dubar (1997), *Analyser les entretiens biographiques. L'exemple de récits d'insertion*, col. Essais & Recherches, Nathan, París.

Denzin, Norman (1978), "Strategies of multiple triangulation", en *The research act. A theoretical introduction to sociological methods*, Mc Graw-Hill, Nueva York.

Deslauries, Jean-Pierre (1991), *Recherche qualitative. Guide pratique*, col. Thema, McGraw-Hill Éditeurs, Montreal.

Dreyfus, Hubert y Paul Rabinow (1988), *Michel Foucault: más allá del estructuralismo y la hermenéutica*, UNAM, México.

Elias, Norbert (1990), *La sociedad de los individuos. Ensayos*, col. Ideas, Península, Barcelona.

Fernández Christlieb, Pablo (1991), *El espíritu de la calle. Psicología política de la cultura cotidiana*, Universidad de Guadalajara, Guadalajara.

Fernández Martorell, Mercedes (1997), *Antropología de la convivencia*, Col. Teorema, Editorial Cátedra, Madrid.

Ferrarotti, Franco (1971), "Sociología del trabajo", en *Cuestiones de Sociología*, Herder, Barcelona.

—— (1982), "Acerca de la autonomía del método biográfico", en Duvignaud, Jean (comp.), *Sociología del conocimiento*, FCE, México.

—— (1990), *Histoire et histoires de vie, la méthode biographique dans les sciences sociales*, col. Sociologies au quotidien, Éditions Méridiens Klincksieck, París.

—— (1991), *La historia y lo cotidiano*, col. Homo Sociologicus, Ediciones Península, Barcelona.

Fischer, Claude (1972), "Urbanism as a way of life. A Review and an Agenda", *Sociological Methods and Research*, vol. 1, number 2, Sage Publications, Berkeley.

—— (1975), "The effect of urban life on traditional values", *Social Forces*, vol. 53, núm. 3, University of North Carolina Press.

Forsé, Michel (1993), "La fréquence des relations de sociabilité: typologie et évolution", en *L'Année Sociologique*, núm. 43, PUF, París.

Franzke, Jüergen (1989), "El mito de la historia de vida", en *Historia y Fuente Oral*, núm. 2, julio-diciembre, Barcelona.

Frémont, Armand (1972), "La región, essai sur l'espace vécu", *Mélanges offerts au proffeseur A. Meynier*, PUB, Rennes.

—— (1976), *La région, espace vécu*, PUF, París.

Friedmann, Georges y Jean-René Tréanton (1958), "Vie de travail et vie hors travail. Industrie et société", en Gurvitch, Georges, *Traité de Sociologie*, tomo 1, París.

—— y Pierre Naville (1963), *Tratado de sociología del trabajo*, vols. I y II, FCE, México.

Gagnon, Nicole (1980), "Données autobiographiques et praxis culturelle", en *Cahiers Internationaux de Sociologie*, vol. 69, julio-diciembre, París.

Galindo Cáceres, Jesús (1998) (coord.), *Técnicas de investigación en sociedad, cultura y comunicación,* Adison Wesley Longman-Conaculta, México.

Gallart, María Antonia, Martín Moreno y Marcela Cerrutti (1991), "Los trabajadores por cuenta propia del Gran Buenos Aires, sus estrategias efectivas y ocupacionales", *Cuadernos del CENEP,* núm. 45, CENEP, Buenos Aires.

García Ballesteros, Aurora (1986), "¿Espacio masculino, espacio femenino? Notas para una aproximación geográfica al estudio del uso del espacio en la vida cotidiana", en García Ballesteros, Aurora (coord.), *El uso del espacio en la vida cotidiana,* Seminario de Estudios de la Mujer, Universidad Autónoma de Madrid, Madrid.

García Canclini, Néstor (1995), *Consumidores y ciudadanos. Conflictos multiculturales de la globalización,* Grijalbo, México.

García, Brígida, Humberto Muñoz y Orlandina de Oliveira (1982), *Hogares y trabajadores en la ciudad de México,* El Colegio de México-UNAM, México.

—— (1983), *Familia y mercado de trabajo, un estudio de dos ciudades brasileñas,* El Colegio de México-UNAM, México.

—— (1988), "Familia y trabajo en México y Brasil", en Oliveira, Orlandina de *et al.,* Grupos domésticos y reproducción cotidiana, colección Las Ciencias Sociales, UNAM-El Colegio de México, Ediciones Porrúa, México.

—— y Orlandina de Oliveira (1994), *Trabajo femenino y vida familiar en México,* El Colegio de México, México.

Garfinkel, Harold (1967), *Studies in Ethnomethodology,* Englewood Cliffs, Prentice-Hall.

Garza, Gustavo (1978), "Estructura y dinámica industrial del área urbana de la ciudad de México", en *Demografía y Economía,* vol. XII, núm. 2 (35), El Colegio de México, México.

—— (1983), "Desarrollo económico, urbanización y políticas urbano-regionales en México", en *Demografía y Economía,* vol. XVII, núm. 2 (54), El Colegio de México, México.

Gauthier, Benoit (1993), *Recherche sociale. De la problématique à la collecte des données,* Presses de l'Université de Québec, Québec.

Geertz, Clifford (1994), *Conocimiento local. Ensayos sobre la interpretación de las culturas,* col. Paidós Básica, Paidós, Barcelona.

—— (1996), *La interpretación de las culturas,* col. Antropología, Gedisa, Barcelona.

Giddens, Anthony (1987), *Las nuevas reglas del método sociológico,* Amorrortu Editores, Buenos Aires.

—— (1990), *Consecuencias de la modernidad,* Alianza Universidad, Madrid.

—— (1994), *Modernidad e identidad del yo. El yo y la sociedad en la época contemporánea,* col. Ideas, Editorial Península, Barcelona.

—— (1995a), *La constitución de la sociedad. Bases para la teoría de la estructuración,* Amorrortu Editores, Buenos Aires.

—— (1995b), *La transformación de la intimidad. Sexualidad, amor y erotismo en las sociedades modernas,* col. Teorema, Ediciones Cátedra, Madrid.

Giesen, Bernahard y Jeffrey Alexander (1994), "De la reducción a la vinculación: la visión a largo plazo del debate micro-macro", en Alexander, Jeffrey, Bernahard Giesen, Richard Munch y Neil Smelser (comp.), *El vínculo micro-macro*, U.d.G-Gamma Ed., Guadalajara.

Gobierno del Estado de México (1994), *Información básica geográfica y estadística del Municipio Valle de Chalco-Solidaridad*, Toluca.

Godard, Francis (1996), "El debate y la práctica sobre el uso de las historias de vida en las ciencias sociales", en *Cuadernos del CIDS*, serie II, núm. 1, Bogotá.

Goffman, Erving (1981), *La presentación de la persona en la vida cotidiana*, Amorrortu Editores, Buenos Aires.

—— (1991), *Los momentos y sus hombres,* col. Paidós Comunicación, Paidós, Barcelona.

—— (1970), *Ritual de la interacción*, Biblioteca de Ciencias Sociales, col. Análisis y Perspectivas, Tiempo Contemporáneo, Buenos Aires.

González de la Rocha, Mercedes (1986), *Los recursos de la pobreza, familias de bajos ingresos de Guadalajara*, El Colegio de Jalisco-CIESAS-SPP, Guadalajara.

Goode, William (1982), *The family*, Englewood Cliffs, Nueva Jersey.

Granovetter, M. (1973), "The strength of weak ties", *American Journal of Sociology*, núm. 78 (6), Chicago Press, Chicago.

Guerra, Isabel, Teresa Costa Pinto y María João Queidas (1995), "Appropriation du logement et modes de vie: Clandestins et Légaux", en *Espaces et Sociétés: Modes de vie et société portugaise*, núm. 79, L'Harmattan, París.

Gurvitch, Georges (1963), "La multiplicité de temps sociaux", en *La vocation actuelle de la sociologie*, t. II, PUF, París.

Habermas, Jürgen (1988), "Epílogo: Simmel como intérprete de la época", en Simmel, Georg, *Sobre la aventura. Ensayos filosóficos*, col. Homo Sociologicus, 45, Ediciones Península, Barcelona.

Hall, Edward (1994), *La dimensión oculta*, Siglo XXI Editores, México.

Hannerz, Ulf (1986), *Exploración de la ciudad*, FCE, México.

Hareven, Tamara (1982), *Family time and industrial time. The relationship between the family and work in a New England industrial community*, Cambridge University Press, Cambridge.

Heller, Agnes (1977), *Sociología de la vida cotidiana*, col. Historia/Ciencia/Sociedad, Ediciones Península, Barcelona.

Hernández, Francesc (1986), "El relato biográfico en sociología", en *Revista Internacional de Sociología*, vol. 44, fascículo 3, julio-septiembre, Instituto de Sociología Jaime Balmes, Madrid.

Hiernaux Nicolas, Daniel (1995), *Nueva periferia, vieja metrópoli: El Valle de Chalco, Ciudad de México*, UAM, México.

—— y François Tomas (1995) (comps.), *Cambios económicos y periferia de las grandes ciudades. El caso de la ciudad de México*, IFAL-UAM-X, México.

—— y Alicia Lindón (1997), "Las estrategias familiares y el acceso al suelo urbano. El Valle de Chalco", en Antonio Azuela y François Tomas (coords.), *El acceso de los pobres al suelo urbano*, CEMCA-Instituto de Investigaciones Sociales-Programa Universitario de Estudios sobre la Ciudad, Paradigma, México.

—— y Alicia Lindón (1991), "Proceso de ocupación del suelo, mercado de tierra y agentes sociales en el Valle de Chalco, Ciudad de México: 1978-91", en *Land Value changes and the impact of urban policy upon land valorisation processes in less developed countries*, Cambridge, Gran Bretaña.

—— y Alicia Lindón (1991), *Chalco, su proceso de poblamiento, una aproximación sociodemográfica y económica*, Gobierno del Estado de México, Coespo, Toluca.

—— y Alicia Lindón (1993), "El concepto de espacio y el análisis regional", en *Revista Secuencia: Revista de historia y ciencias sociales*, Nueva Época, núm. 25, enero-abril, Instituto Mora, México.

Hirschhorn, Monique y Jean-Michel Berthelot (1996), *Mobilités et ancrages. Vers un nouveau mode de spatialisation*, Col. Villes et entreprises, L'Harmattan, París.

Horkheimer, Max (1979), "Autoridad y familia", en *La teoría crítica*, Amorrortu Editores, Buenos Aires.

Ibáñez, Jesús (1985), *Del algoritmo al sujeto. Perspectivas de la investigación social*, Siglo XXI de España Editores, Madrid.

—— (1994), *Por una sociología de la vida cotidiana*, col. Sociología y Política, Siglo XXI de España Editores, Madrid.

INEGI (1992), *CODICE-90. Resultados definitivos por AGEB's del Censo General de Población y Vivienda, 1990, Resultados definitivos y tabulados básicos, Estado de México*, INEGI, Aguascalientes, Disco compacto.

INEGI (1996), *Conteo 95. Estados Unidos Mexicanos. Resultados definitivos*, INEGI, Aguascalientes.

Izquierdo, Jesusa *et al.* (1988), *La desigualdad de las mujeres en el uso del tiempo*, Instituto de la Mujer, Ministerio de Asuntos Sociales, Serie Estudios, núm. 20, Madrid.

Javeau, Claude (1969), *Les vingt-quatre heures du Belge*, Études du Centre National de Sociologie du Travail, Éditions de l'Institut de Sociologie, Université Libre de Bruxelles, Bruselas.

—— (1980), "Sur le concept de vie quotidienne et sa sociologie", en *Cahiers Internationaux de Sociologie*, vol. LXVIII, enero-junio, PUF, París.

—— (1982), "Definition de situation, temps et espace: points de vue subjectif et objectif", en Remy, Jean (dir.), *Milieu et rapport social*, Association Internationale des Sociologues de Langue Française-Institut de Sociologie de la Université Libre de Bruxelles, Bruselas.

—— (1983a), "Comptes et mecomptes du temps", en *Cahiers Internationaux de Sociologie*, vol. LXXIV, PUF, París.

—— (1983b), "La sociologie du quotidienne: paradigmes et enjeux", en *Revue Suisse de Sociologie*, núm. 1, Ginebra.

—— (1985), "Vie Quotidienne et Méthode", en *Recherches Sociologiques*, vol. XVI, núm. 2, Lovaina.

—— (1987), *Le petit murmure et le bruit du monde*, Les Éperonniers, Bruselas.

—— (1991a), "Huit propositions sur le quotidien", *La société au jour le jour. Écrits sur la vie quotidienne*, col. Ouvertures Sociologiques, De Boeck Université, Bruselas.

—— (1991b), "Le paradigme de l'acteur et la sociologie de la vie quotidienne: ¿élargissement du champ sociologique ou rétrécissement du troisième état comtien?", en *La société au jour le jour. Écrits sur la vie quotidienne*, col. Ouvertures Sociologiques, De Boeck Université, Bruselas.

—— (1991c), "Pour une sociologique descriptive de la vie quotidienne: quelques pistes et quelques détours", en *La société au jour le jour. Écrits sur la vie quotidienne*, col. Ouvertures Sociologiques, De Boeck Université, Bruselas.

—— (1991d), "Présentation", en *La société au jour le jour. Écrits sur la vie quotidienne*, col. Ouvertures Sociologiques, De Boeck Université, Bruselas.

—— (1992), "Microrituels et gestion du temps", en *Cahiers Internationaux de Sociologie*, vol. XCII, PUF, París.

—— (1996), "Parler pour ne rien dire. Ça va? Ça va!", *Ethnologie Française: La ritualisation du monde*, vol. XXVI, núm. 2, París.

Jelin, Elizabeth (1984), *Familia y unidad doméstica: mundo público y vida privada*, col. Estudios del CEDES, CEDES, Buenos Aires.

Joseph, Isaac (1988), *El transeúnte y el espacio urbano. Sobre la dispersión y el espacio público*, col. El Mamífero Parlante, Editorial Gedisa, Buenos Aires.

—— (1998), *Erving Goffman et la microsociologie*, Col. Philosophies, PUF, París.

Juan, Salvador (1991), *Sociologie des genres de vie. Morphologie culturelle et dynamique des positions sociales*, col. Le Sociologue, PUF, París.

—— (1993), "Les niveaux d'analyse sociologique des systèmes de représentations et de pratiques", *Espaces et Sociétés*, núm. 73, L'Harmattan, París.

—— (1994a), "Sur la production sociologique des types et classes de propriétés de la vie quotidienne", en *Sociétés Contemporaines*, núm. 17, París.

—— (1994b), "Estilos, modos y géneros de vida: campos y variables para el análisis socio-cultural", en Kaiero Uría, Andoni (edit.), *Valores y estilos de vida de nuestras sociedades en transformación*, Universidad de Deusto, Bilbao.

—— (1995), *Les formes élementaires de la vie quotidienne*, col. Le Sociologue, PUF, París.

Kaufmann, Jean-Claude (1992), *La trame conjugale. Analyse du couple par son linge*, col. Essais & Recherches, Nathan, París.

—— (1993), *Sociologie du couple*, col. Que sais-Je?, PUF, París.

—— (1994a), "Rôles et identité: l'exemple de l'entrée en couple", en *Cahiers Internationaux de Sociologie*, vol. XCVII, PUF, París.

—— (1994b), "Vie hors couple, isolement et lien social: figures de l'inscription relationnelle", *Revue Française de Sociologie*, vol. XXXV, CNRS, París.

—— (1996), *L'entretien compréhensif*, col. Nathan Université, Nathan, París.

Keller, Suzanne (1979), *El vecindario urbano, una perspectiva sociológica*, Siglo XXI Editores, México.

Kellerhals, Jean (1987), "Les types d'interactions dans la famille", en *L'Année Sociologique*, núm. 37, París.

—— y Louis Roussel (1987), "Les sociologues face aux mutations de la famille: quelques tendances des recherches 1965-1985", en *L'Année Sociologique*, núm. 37, París.

——, Pierre-Yves Troutot y Lucila Valente (1993), *Microsociologie de la famille*, col. Que sais-Je?, PUF, París.

Kirk, Jerome y Marc Miller (1986), *Reliability and validity in qualitative research*, Qualitative Research Methods Series i, University Paper, Sage.

Knorr-Cetina, Karim y Aron Cicourel (1981), *Advances in social theory and methodology: toward and integration of micro and macro sociologies*, Routledge & Kegan Paul, Londres.

Korosec-Serfaty, Perla (1991), "Le public et ses domaines. Contribution de l'histoire des mentalités à l'étude de la sociabilité publique et privée", en *Espaces et Sociétés*: Espaces publics et complexité du social, núm. 62-63, Éditions L'Harmattan, París.

Kosík, Karel (1967), *Dialéctica de lo concreto*, Enlace-Grijalbo, México.

Krippendorff, Klaus (1990), *Metodología de análisis de contenido. Teoría y prácticas*, col. Paidós Comunicación, núm. 39, Editorial Paidós, Buenos Aires.

Lalive d'Epinay, Christian (1983a), *Vieillesses*, Éditions Georgi, Saint-Saphirin.

—— (1983b), "La vie quotidienne. Essai de construction d'un concept sociologique et antropologique", en *Cahiers Internationaux de Sociologie*, vol. LXXIV, PUF, París.

—— (1985), "De quelques pièges d'une sociologie de la vie quotidienne", *Sociétés*, núm. 3, marzo, París.

—— (1990), "Récit de vie, ethos et comportement: pour une exégèse sociologique", en Remy, Jean y Danielle Ruquoy (dir.), *Methodes d'analyse de contenu et sociologie*, Faculté Universitaire Saint-Louis, Bruselas.

—— (1991), *Viellir ou la vie à inventer*, col. Logiques Sociales, L'Harmattan, París.

—— (1994), "Significations et valeurs du travail, de la société industrielle à nos jours", en Coster, Michel de y François Pinchault (comp.), *Traité de sociologie du travail*, col. Ouvertures Sociologiques, De Boeck Université, Bruselas.

Lazarsfeld, P., M. Jahoda y H. Zeisel (1996), *Los parados de Marienthal. Sociografía de una sociedad golpeada por el desempleo*, Ediciones de La Piqueta, Madrid.

Le Goff, Jacques (1986), *Lo maravilloso y lo cotidiano en el Occidente medieval*, Editorial Gedisa, Barcelona.

Lefebvre, Henri (1972), *La vida cotidiana en el mundo moderno*, Alianza Editorial, Madrid.

León, Emma y Hugo Zemelman (1997) (coords.), *Subjetividad: umbrales del pensamiento social*, CRIM-UNAM-Anthropos, Barcelona.

Lemel, Yannick (1993), "Les activités domestiques: qui en fait le plus?", en *L'Année Sociologique*, núm. 43, PUF, París.

—— (1994), "Presentation du dossier", *Sociétés Contemporaines. Aspects des modes de vie*, núm. 17, marzo, L'Harmattan, París.

Lenon, Mary Claire y Sarah Rosenfield (1994), "Relative fairness and the division of housework: the importance of opinions", en *American Journal of Sociology*, vol. 100, núm. 2, Chicago.

Lewis, Oscar (1959), *Antropología de la pobreza, cinco familias*, FCE, México.

—— (1988), "La cultura de la pobreza", en Bassols, Mario *et al.* (comp.), *Antología de sociología urbana*, UNAM, México.

Lindón, Alicia (1992), "La informalidad y la periferia metropolitana: el Valle de Chalco", tesis de maestría en Desarrollo Urbano, CEDDU, El Colegio de México, México.

—— (1996), "El espacio y el territorio: contexto de significado en las obras de Simmel, Heidegger y Ortega y Gasset", en *Estudios Sociológicos*, vol. XIV, núm. 40, CES, El Colegio de México, México.

—— (1996), "El Valle de Chalco: movilidad territorial, trabajo y familia", en *Cuadernos Municipales, El Valle de Chalco-Solidaridad*, núm. 4, El Colegio Mexiquense, Toluca.

—— (1997a), "De la expansión urbana a la periferia metropolitana", en *Documentos de Investigación*, núm. 4, El Colegio Mexiquense, Toluca.

—— (1997b), "El trabajo y la vida cotidiana. Un enfoque desde los espacios de vida", *Economía, Sociedad y Territorio*, núm. 1, El Colegio Mexiquense, México.

—— (1999), "Del campo de los estudios urbano-regionales y la reestructuración territorial", *Economía, Sociedad y Territorio*, núm. 4, segundo semestre, El Colegio Mexiquense, México.

Lomnitz, Larissa (1975), *Cómo sobreviven los marginados*, Siglo XXI Editores, México.

Losonczi, Agnès (1976), "Urbanisation, culture et modes de vie", en Chombart de Lauwe, Paul-Henry (dir.), *Transformations de l'environnement, des aspirations et des valeurs*, Éditions du CNRS, París.

Luckmann, Benita (1978), "The small life-worlds of modern man", en Luckmann, Thomas, *Phenomenology and Sociology*, Penguin Books/Peregrine Books, Harmondsworth.

Luckmann, Thomas (1996), *Teoría de la acción social*, col. Paidós Básica, Paidós, Barcelona.

Maffesoli, Michel (1976), *Logique de la domination*, Sociologie d'aujourd'hui, PUF, París.

—— (1979), *La conquête du présent, pour une sociologie de la vie quotidienne*, col. Sociologie d'aujourd'hui, PUF, París.

—— (1985), "La société est plusiers", en Maffesoli, Michel y Claude Rivière (dir.), *Une Anthropologie des Turbulences. Hommage à Georges Balandier*, Berg International Éditeurs, París.

—— (1991), *Le temps des tribus, le déclin de l'individualisme dans les sociétés de masses*, col. Le livre de poche: Essais, Libraire Meridiens Klincksieck, París.

—— (1993a), *El conocimiento ordinario*, col. Sociología, FCE, México.

—— (1993b), *La contemplation du monde. Figures du style communautaire*, Grasset, París.

—— (1996), *Éloge de la raison sensible*, col. Essai, Grasset, París.

—— (1997), *Du nomadisme. Vagabondages iniciatiques*, col. Biblio Essais, París.

Martin, D. y P. Royer-Rastoll (1990), *Représentations sociales et pratiques quotidiennes*, Logiques Sociales, Série Theorie en Acte, L'Harmattan, París.

Mayol, Pierre (1994), "Habiter", en De Certeau, Michel, Luce Giard y Pierre Mayol, *L'invention du quotidien. 2. Habiter, Cuisiner*, col. Folio-Essais, Gallimard, París.

McKinney, John (1968), *Tipología constructiva y teoría social*, Amorrortu Editores, Buenos Aires.

Mejía Arauz, Rebeca y Sergio Antonio Sandoval (1998) (coords.), *Tras las vetas de la investigación cualitativa. Perspectivas y acercamientos desde la práctica*, ITESO, México.

Mercure, Daniel (1979), "L'Étude des temporalités sociales", en *Cahiers Internationaux de Sociologie*, vol. LXVII, PUF, París.

Michel, Andrée (1974), *Sociología de la familia y del matrimonio*, col. Historia/Ciencia/Sociedad, Ediciones Península, Barcelona.

Moles, Abraham (1992), "Vers une psycho-géographie", en Bailly, Antoine, Robert Ferras y Denise Pumain (dir.), *Encyclopédie de Géographie*, Economica, París.

—— (1995), *Las ciencias de lo impreciso*, UAM-A y Editorial Porrúa, México.

—— y Élisabeth Rohmer (1972), *Psychologie de l'espace*, col. Mutations-Orientations, Casterman, Tournai.

—— y Élisabeth Rohmer (1983a), *Micropsicología y vida cotidiana. Soledad individual y universo colectivo*, Trillas, México.

—— y Élisabeth Rohmer (1983b), *Teoría de los actos. Hacia una ecología de las acciones*, Trillas, México.

Morin, Edgar (1986), *La Méthode, La connaissance de la connaissance*, t. III, Seuil, París.

Morris, David y Karl Hess (1978), *El poder del vecindario. El nuevo localismo*, col. Tecnología y Sociedad, Editorial Gustavo Gili, Barcelona.

Mumford, Lewis (1945), *La cultura de las ciudades*, Emecé Editores, Buenos Aires.

Natanson, Maurice (1974), "Introducción", en Schutz, Alfred, *El problema de la realidad social*, Amorrortu Editores, Buenos Aires.

Navarro, Pablo y Capitolina Díaz (1995), "Análisis de contenido", en Delgado, Juan Manuel y Juan Gutiérrez (ed.), *Métodos y técnicas cualitativas de investigación en ciencias sociales*, Editorial Síntesis, Madrid.

Naville, Pierre (1954), *La vie de travail et ses problèmes*, Armand Colin, París.

Negrete, María Eugenia y Héctor Salazar (1986), "Zonas metropolitanas en México, 1980", *Estudios Demográficos y Urbanos*, vol. I, núm. 1, El Colegio de México, México.

—— (1987), "Dinámica de crecimiento de la población de la ciudad de México (1900-1980)", en Garza, Gustavo (comp.), *Atlas de la ciudad de México*, Departamento del Distrito Federal-El Colegio de México, México.

Nisbet, Robert (1990), *La formación del pensamiento sociológico 1*, Amorrortu Editores, Buenos Aires.

—— (1996), *Historia de la idea de progreso*, col. Sociología, Gedisa Editorial, Barcelona.

Noyola, Jaime (1996), "La ciudad emergida de las aguas (Coloquios sobre la fundación del Valle de Chalco-Solidaridad)", en Loera Chávez, Margarita (coord.), *Polvos de aquellos tiempos*, AMECROM, México.

Offe, Clauss (1992), *La sociedad del trabajo. Problemas estructurales y perspectivas de futuro*, Alianza Universidad, Madrid.

Oliveira, Orlandina de, Marielle Pepin-Lehalleur y Vania Salles (1988), *Grupos domésticos y reproducción cotidiana*, col. Las Ciencias Sociales, UNAM-El Colegio de México, Ediciones Porrúa, México.

Ortega y Gasset, José (1983), "Algunos temas del 'weltverkehr'", en *Obras Completas*, Tomo IX, Alianza Editorial-Revista de Occidente, Madrid.

Ostrowetsky, Sylvia (1985), "Recherches sur l'imaginaire batisseur", *Espaces et Sociétés*, numéro spécial: *Espace et sémiotique*, núm. 47, Éditions L'Harmattan, Paris.

—— (1996) (edit.), *Sociologues en ville*, col. Géographies en Liberté, L'Harmattan, París.

Panet-Raymond, Jean y Charlotte Poirier (1986), "L'utilisation des récits de vie dans une enquête statistique", en Desmarais, Danielle y Paul Grell, *Les récits de vie. Théorie, méthode et trajectoires types*, Groupe d'analyse des politiques sociales, Éditions Saint-Martin, Montreal.

Park, Robert *et al.* (1925), *The City*, University of Chicago Press, Chicago.

Parsons, Talcott (1980), "La familia en la sociedad urbana-industrial en los Estados Unidos", en Anderson, Michael (comp.), *Sociología de la familia*, col. Lecturas de El Trimestre Económico, 32, FCE, México.

Passeron, Jean-Claude (1989), "Biographies, flux, itinéraires, trajectoires", en *Revue Française de Sociologie*, vol. XXXI-1, enero-marzo, CNRS, París.

Pastor Ramos, Gerardo (1988), *Sociología de la familia. Enfoque institucional y grupal*, Ediciones Sígueme, Salamanca.

Piña, Carlos (1988), "La construcción del 'sí mismo' en el relato autobiográfico", *Revista Paraguaya de Sociología*, año 25, núm. 71, enero-abril.

—— (1989), "Sobre la naturaleza del discurso autobiográfico", en *Argumentos*, UAM-X, México.

Pineau, Gaston y Jean-Louis Le Grand (1993), *Les histoires de vie*, col. Que sais-Je?, PUF, París.

Pirenne, Henri (1939), *Historia económica y social de la Edad Media*, FCE, México.

Pires, Alvaro (1993), "Recentrer l'analyse causale? Visages de la causalité en sciences sociales et recherche qualitative", en *Sociologie et Sociétés, La construction des données*, vol. XXV, núm. 2, otoño, Presses de l'Université de Montreal, Montreal.

Pitrou, Agnès (1972), *La famille dans la vie de tous le jours*, Privat Ed., Toulouse.

—— (1987), "L'interaction entre la sphère du travail et la sphère de la vie familiale", en *Sociologie et Sociétés*, vol. XIX, núm. 2, octubre, Montreal.

Platt, Jennifer (1969), "Some problems in measuring the jointness of conyugal role-relationship", *Sociology*, vol. 3, núm. 3, septiembre, Londres.

Poirier, J. S. Clapier-Valladon y P. Raybaut (1983), *Les récits de vie, théorie et pratique*, col. Le sociologue, PUF, París.

Pronovost, Gilles (1994), "Loisir et travail", en Coster, Michel de y François Pinchault (comps.), *Traité de sociologie du travail*, col. Ouvertures Sociologiques, De Boeck Université, Bruselas.

—— (1996), *Sociologie du temps*, col. Ouvertures Sociologiques, De Boeck Université, Bruselas.

Prost, Antoine (1992), "Fronteras y espacios de lo privado", Duby, Georges y Philippe Ariès (dir.), *Historia de la vida privada. La vida privada en el siglo XX*, vol. 9, Taurus, Madrid.

Przeworski, Adam (1982), "La teoría sociológica y el estudio de la población: reflexiones sobre los trabajos de la comisión de población y desarrollo de Clacso" en *Reflexiones teórico-metodológicas sobre la investigación en población*, El Colegio de México, México.

—— y Henry Teune (1970), *The logic of comparative social inquiry*, John Wiley, Nueva York.

Raffestin, Claude (1977), "Paysage et territorialité", en *Cahiers de Géographie de Québec*, núm. 21, Québec.

—— y Mercedes Bresso (1979), *Travail, espace, pouvoir*, Éditions L'age d'homme, Lausanne.

Reguillo Cruz, Rossana (1996), *La construcción simbólica de la ciudad. Sociedad, desastre y comunicación*, ITESO-Universidad Iberoamericana, Guadalajara.

Remy, Jean (1967), "Persistance de la famille étendue dans un milieu industriel urbain", en *Revue Française de Sociologie*, vol. VIII, núm. 4, octubre-diciembre, CNRS, París.

—— (1995) (dir.), *Georg Simmel: Ville et Modernité*, Éditions L'Harmattan, París.

—— y Liliane Voyé (1971), *La ville et l'urbanisation*, col. Sociologie nouvelle théories, Éditions Duculot, Gembloux.

—— y Liliane Voyé (1981), *Ville, ordre et violence. Formes spatiales et transaction sociale*, col. Espaces et Liberté, PUF, París.

—— y Liliane Voyé (1992), *La ville: vers une nouvelle définition?*, Éditions L'Harmattan, París.

——, Liliane Voyé y Émile Servais (1980), *Produire ou reproduire?, Une sociologie de la vie quotidienne*, tomo 2, Éditions Vie Ouvrière, Bruselas.

Rivière, Claude (1983), "Pour une approche des rituels séculiers", en *Cahiers Internationaux de Sociologie*, vol. LXXIV, PUF, París.

Rodrigo, María José, Armando Rodríguez y Javier Marrero (1993), "Teorías sobre la construcción del conocimiento", en *Teorías implícitas. Una aproximación al conocimiento cotidiano*, col. Aprendizaje, Editorial Visor, Madrid.

Rosales Ayala, Héctor (1991), *Tepito ¿barrio vivo?*, CRIM-UNAM, Cuernavaca.

Rosenblueth, Ingrid (1984), *Roles conyugales y redes de relaciones sociales*, col. Cuadernos Universitarios, núm. 15, UAM-I, México.

Ruiz Olabuénaga, José Ignacio (1996), *Metodología de la investigación cualitativa*, Universidad de Deusto, Bilbao.

—— y María Antonia Ispizúa (1989), *La descodificación de la vida cotidiana. Métodos de investigación cualitativa*, Universidad de Deusto, Bilbao.

Salles, Vania (1990), "Modernidad/posmodernidad: un contexto para pensar algunas cuestiones planteadas por Marshall Berman", en *Estudios Sociológicos*, vol. VIII, núm. 23, mayo-agosto, El Colegio de México, México.

—— (1991), "Las familias, las culturas, las identidades", CES, El Colegio de México, mimeo.

Sánchez Gómez, Martha Judith (1991), "Consideraciones teórico-metodológicas en el estudio del trabajo doméstico en México", en PIEM, *Trabajo, poder y sexualidad*, El Colegio de México, México.

Sansot, Pierre (1971), *La poétique de la ville*, Klincksieck, París.

—— y Gonzague Pillet (1981), *Les donneurs de temps*, Castella, Albeuve.

Sautter, Gilles (1992), "Géographie et anthropologie", en Bailly, Antoine, Robert Ferras y Denise Pumain (direct.), *Encyclopédie de Géographie*, Economica, París.

Schteingart, Martha (1981), "Crecimiento urbano y tenencia de la tierra, el caso de la ciudad de México", en *Revista Interamericana de Planificación*, vol. XV, núm. 60, SIAP, México.

—— (1981), "El proceso de formación y consolidación de un asentamiento popular en México: el caso de Ciudad Nezahualcóyotl", en *Revista Interamericana de Planificación*, vol. XV, núm. 57, SIAP, México.

—— (1990), *Los productores del espacio habitable. Estado, empresas y sociedad en la ciudad de México*, El Colegio de México, México.

—— y Boris Graizbord (coords.), *Vivienda y vida urbana en la ciudad de México. La acción del Infonavit*, CEDDU, El Colegio de México, México.

Schutz, Alfred (1972), *Fenomenología del mundo social, introducción a la sociología comprensiva*, Biblioteca de Psicología Social y Sociología, Editorial Paidós, Buenos Aires.

—— (1974a), *El problema de la realidad social*, Amorrortu Editores, Buenos Aires.

—— (1974b), *Estudios sobre la teoría social*, Amorrortu Editores, Buenos Aires.

—— y Thomas Luckmann (1977), *Las estructuras del mundo de la vida*, Amorrortu Editores, Buenos Aires.

Schwartz, Howard y Jerry Jacobs (1984), *Sociología cualitativa. Método para la reconstrucción de la realidad*, Trillas, México.

Segalen, Martine (1992), *Antropología histórica de la familia*, col. Taurus Universitaria-Ciencias Sociales, Taurus, Madrid.

Selby, Henry (1994), *La familia en el México urbano. Mecanismos de defensa frente a la crisis (1978-1992)*, col. Regiones, Conaculta, México.

Sevilla, Amparo y Miguel Ángel Aguilar (1996) (comps.), *Estudios recientes sobre cultura urbana en México*, Plaza y Valdés-INAH, México.

Shorter, Edward (1975), *The making of the modern family*, Basic Books, Nueva York.

Silvano, Filomena (1995), "Gérer la distance: les sauts d'échelle dans les relations sociales", *Espaces et Sociétés: Modes de vie et société portugaise*, núm. 79, L'Harmattan, París.

Simmel, Jorge (1939), *Sociología, Estudios sobre las formas de socialización*, Editorial Espasa-Calpe Argentina, Buenos Aires.

Simmel, Georg (1977), "El estilo de vida", *Filosofía del dinero*, Instituto de Estudios Políticos, Madrid.

—— (1986a), "La cantidad en los grupos sociales", en *Sociología 1. Estudios sobre las formas de socialización*, Alianza Universidad, Alianza Editorial, Madrid.

—— (1986b), "Las grandes urbes y la vida del espíritu", en *El individuo y la libertad. Ensayos de crítica de la cultura*. col. Historia/Ciencia/Sociedad, Editorial Península, Barcelona.

—— (1988a), "El concepto y la tragedia de la cultura", en *Sobre la aventura. Ensayos Filosóficos*, col. Homo Sociologicus, 45, Ediciones Península, Barcelona.

—— (1988b), "La metrópolis y la vida mental", en Bassols, Mario *et al.* (comp.), *Antología de sociología urbana*, UNAM, México.

Singly, François De (1991) (dir.), *La famille, l'état des savoirs*, Série Sociologie, Textes à l'appui, Ediciones La Découverte, París.

—— (1993), *Sociologie de la famille contemporaine*, col. Université, Nathan, París.

Sommer, Robert (1974), *Espacio y comportamiento individual*, col. Nuevo Urbanismo, IEAL, Madrid.

Sorre, Max (1967), *El hombre en la tierra*, Editorial Labor, Barcelona.

Sue, Roger (1992), "Aux origines de la sociologie des temps sociaux", *L'Année Sociologique*, núm. 42, PUF, París.

Sussman, M. y L. Buchinal (1980), "La red familiar del parentesco en la sociedad urbana-industrial de los Estados Unidos", en Anderson, Michael (comp.), *Sociología de la familia*, col. Lecturas de El Trimestre Económico, núm. 32, FCE, México.

Stern, Claudio (1996) (coord.), *El papel del trabajo materno en la salud infantil. Contribuciones al debate desde las ciencias sociales*, The Population Council-El Colegio de México, México.

Tönnies, Ferdinand (1919), *Comunidad y sociedad*, Editorial Losada, Buenos Aires.

Touraine, Alain (1962), "La vie ouvrière", en Parias, Louis Henri (dir.), *Histoire Général du Travail, La civilisation industrielle (de 1914 à nos jours)*, Éditions Nouvelle Libraire de France, París.

Trognon, Alain *et al.* (1994), *La construction interactive du quotidien*, Presses Universitaires de Nancy, Nancy.

Turner, Jonathan (1990a), "Process role theory: Ralph H. Turner", en *The structure of Sociological Theory*, Wadsworth Publishing Company, Belmont.

—— (1990b), "Structural role theory", en *The structure of Sociological Theory*, Wadsworth Publishing Company, Belmont.

Unikel, Luis *et al.* (1976), *El desarrollo urbano de México: diagnóstico e implicaciones futuras*, Centro de Estudios Económicos y Demográficos, El Colegio de México, México.

Van Haecht, Anne (1986), "Une sociologie compréhensive du travail", *Cahiers Internationaux de Sociologie*, vol. LXXXI, PUF, París.

Watson, Tony (1987), "The sociological analysis of work and industry", en *Sociology, Work and Industry*, Routledge and Kegan Paul, Nueva York.

Weber, Max (1942), *Historia económica general*, FCE, México.

—— (1944), "La dominación no legítima (tipologías de las ciudades)", *Economía y sociedad*, FCE, México

—— (1971), *Sobre la teoría de las ciencias sociales*, Ediciones Península, Nueva Colección Ibérica, Barcelona.

—— (1990), *Ensayos sobre metodología sociológica*, Amorrortu Editores, Buenos Aires.

Willmott, P. y M. Young (1960), *Family and Class in a London Suburb*, Routledge y Kegan Paul, Londres.

Wirth, Louis (1928), *The Ghetto*, Phoenix Books-University Chicago Press, Chicago.

—— (1938), "Urbanism as a way of life", *American Journal of Sociology*, 44, Chicago Press, Chicago.

—— (1988), "El urbanismo como modo de vida", en Bassols, Mario *et al.* (comp.), *Antología de sociología urbana*, UNAM, México.

Wolf, Mauro (1988), *Sociologías de la vida cotidiana*, col. Teorema, Ediciones Cátedra, Madrid.

Wright Mills, C. (1961), *La imaginación sociológica*, FCE, México.

Wright, Georg Henrik von (1979), *Explicación y comprensión*, Alianza Universidad, Alianza Editorial, Madrid.

Zagefka, Polymnia (1990), "A propos de la notion de travail: de la sociologie du travail au travail dans la sociologie", en *Documents pour l'enseignement économique et social*, núms. 78-79, París.

Zemelman, Hugo (1996), *Problemas antropológicos y utópicos del conocimiento*, col. Jornadas, núm. 126, El Colegio de México, México.

Zurla, Paolo (1990), "Calidad y cultura del trabajo en los años noventa", *Sociología del Trabajo*, núm. 8, Madrid.

De la trama de la cotidianidad a los modos de vida urbanos:
El Valle de Chalco
se terminó de imprimir en octubre de 1999
en los talleres de Corporación Industrial Gráfica, S.A. de C.V.
Cerro Tres Marías 354, Col. Campestre Churubusco, 04200 México, D.F.
Se tiraron 1 000 ejemplares
más sobrantes para reposición.
Formación y tipografía a cargo de Adrián Alcalá Castañeda.
Edición al cuidado de la Dirección de Publicaciones
de El Colegio de México.